中外管理思想史

主　编　王德清

重庆大学出版社

图书在版编目(CIP)数据

中外管理思想史/王德清主编. —重庆:重庆大学出版社,2005. 2(2023. 7重印)

(现代管理丛书)

ISBN 978-7-5624-3332-3

Ⅰ. 中… Ⅱ. 王… Ⅲ. 管理学—思想史—世界 Ⅳ. C93-091

中国版本图书馆 CIP 数据核字(2005)第 006357 号

中外管理思想史

主　编　王德清

责任编辑:马　宁　陈红兵　　版式设计:马　宁

责任校对:蓝安梅　　责任印制:张　策

*

重庆大学出版社出版发行

出版人:饶帮华

社址:重庆市沙坪坝区大学城西路 21 号

邮编:401331

电话:(023) 88617190　88617185(中小学)

传真:(023) 88617186　88617166

网址:http://www. cqup. com. cn

邮箱:fxk@ cqup. com. cn (营销中心)

全国新华书店经销

重庆升光电力印务有限公司印刷

*

开本:880mm×1230mm　1/32　印张:14. 25　字数:383 千

2005年 3 月第 1 版　2023年 7 月第 16 次印刷

印数:34 501—35 500

ISBN 978-7-5624-3332-3　定价:39. 00 元

内 容 提 要

本书以历史进程为经，以人物和事件为纬，梳理了中外古今管理活动、管理经验和管理理论的产生发展线条，展示了人类自国家产生之后从事管理活动及形成管理思想的壮观历程，具体内容包括先秦时期的管理思想、秦汉至宋元时期的管理思想、明清时期的管理思想、中国现当代管理思想、西方早期的管理思想、古典管理理论、现代管理理论、当代管理思想、中外管理思想的内在精神和管理思想发展的趋势。

本书可作为高等院校管理类专业学生及教师的学习和研究用书，也可作为管理人员的培训用书。

前　言

管理有着悠久的历史。自人类开始从事生产活动时就产生了管理。之所以如此,这样的事实不能不正视,即人类社会的最基本的活动是生产与分配。人类要生存和发展,就必须有效地组织生产活动,生产出的产品又必须按一定的规则进行分配,才有利于进一步刺激生产。而要有效地组织生产和进行公正的分配,就必须借助管理手段。因此,自觉依从管理规则进行群体性的活动是人类社会的基本属性之一。随着人类社会的发展,管理活动也跟着发展,甚至社会快速发展,管理也会快速"跟进"。只要人类社会存在,管理之花就不会凋谢。正是由于人类管理实践活动的复杂化,以及为了有效地提高管理效能,人类不断地积累管理经验并在经验的基础上提炼出具有普遍指导作用的理论。然而理论的提炼是相当不容易的,因此,虽然管理作为一种活动发展的历史是漫长的,但形成为一套系统理论并被称为管理学的历史却是短暂的。一般认为,管理形成为一套系统理论并作为一门学科是 19 世纪末 20 世纪初的事情,其标志是古典管理理论的出现。古典管理理论诞生之后,由于生产力的进一步发展和社会组织的日益复杂化以及工商业的繁荣使得管理学成为 20 世纪及 21 世纪初最有影响力的学科之一。到现在,管理学已成为学派纷呈、主张林立的学科了。

由此可见,人类历史中的一个基本活动就是人们在管理活动中不断总结经验和归纳提炼理论。后来者总是要借鉴前人的经验和理论来处理当前所面临的问题。而且,很多管理的基本原理和带规律性的东西都是人们在各个历史时期经过艰辛的探索而总结和发现的,它是人类一笔丰富的文化财富。今天对这笔财富进行梳理和认识,有利于现代管理理论的丰富和发展,有利于提高人们的管理文化素养,也有利于现实管理问题的解决。正是基于此,我们编写了这本《中外管理思想史》。而且就我们的坎井之见,写西方管理思想的书有之,写中国某一个历史时期的管理思想的书有之,写某一个人的管理思想的书或文亦有之,但系统地梳理和探索中外古今的管理思想的著作似还未见到,故这使我们感到本书有了一些原创的性质。这也就是本书的"新"之所在。

参加本书撰写工作的有(以首章出现的先后为序):

王德清(西南大学):前言,第4章;

杨全印(华东师范大学):第1章;

杨　挺、赵昌兵(西南大学):第2章;

杨　挺、张志安(西南大学):第3章;

陈金凤(西南大学):第5,9章;

欧阳霞(南京财经大学):第6,7章;

李方黎(贵州工业大学)、王德清(西南大学):第8章;

杨　挺(西南大学):第10,11章。

本书在编写过程中参阅了中外一些有代表性的文献资料,在此,对原作者致以由衷的谢意。

王德清　于西南大学

2005年1月

目　录

第 1 章　先秦时期的管理思想

人类社会自形成之日起,就必须协调在社会活动中产生的人与人、人与事、人与物以及事与事、物与物之间的各种关系,由此便促生了最早的管理活动。作为世界最古老的文明之一,中华民族在漫长的历史中创造出了灿烂的管理文化,成为人类管理思想宝库中独具特色的部分。追本求源,其端绪就在先秦。

1.1　先秦管理思想概述

1.1.1　原始社会的管理思想

在"刀耕火种"、"茹毛饮血"的原始社会,社会生产力极其落后,原始的生产生活方式决定了原始人群只能依靠体力和本能维持其基本的生存与繁衍。为了生存,他们在生产生活实践中不断探索着新的劳动生产方式。正是在这种探索过程中,逐渐萌生了现代管理思想的胚芽。

(1)朴素的劳动协作思想

在生产力水平极端低下的情况下,面对草莽丛生、猛兽横行的恶劣环境,原始人必须共同劳动才能获取食物,战胜野兽,抵御灾害以维持生命并求得发展。因此,原始人一般都采用最简单的协作式共同劳动,即按性别和年龄实行自然分工,如男子狩猎、捕鱼,女子采集和制备食物,老人制造或修补工具等。

原始人协作劳动必然要求生产资料的集体所有。土地、森林、牧场、牲畜等资料是原始人在狭小范围内协作劳动不可缺少的物质前提,其中有些物质资料,如房屋、小船、渔网、牲畜等还是他们共同协作劳动的成果,自然要为集体所有。只有那些自己制造的用于自卫的武器,如石刀、标枪、弓箭等才归个人占有和使用。同样,由于生产资料的原始公有制和生产力水平极端低下,只有共同协作劳动才能满足生存的基本需要,因此必须采取平均分配的方式。否则,在劳动成果很少的情况下,有的人如分配多了,另外一些人就可能无法生存下来,整个集体势必遭到削弱与破坏。

(2)自然的劳动分工思想

随着社会生产的不断发展,原始部族不断扩大,也有越来越多的事务要统一管理。在这种背景下,尤其是三皇五帝时期,在部族管理层面上出现了自然的劳动分工管理思想的萌芽。

据《尚书·尧典》记载,尧时就曾"允厘百工,庶绩咸熙"。社会被管理得井井有条,农业、手工、法律、音乐、教育等事务均有专人管理,这些管理者均为本行专家。如后稷作农师,他"播时百谷",教给人民耕作方法,"民皆法则之,天下得其利"。后来,后稷被人们尊为"农神"。尧时夔为乐官,据说他只有一只脚但却有非凡的音乐才能,古书《帝王世纪集校》便记载他曾仿效山川溪谷之声做了一首名叫《大章》的乐曲,人们聆听这乐曲时就会心平气和,从而减少了许多无谓的争端。舜时还正式设立了司空、司徒、士、工、秩宗、典乐、纳言等官职,尽管这些官职名称未必为当时实有,但尧舜时已重视设官分职以行使国家管理职能,当为可信。

(3)原始的组织管理思想

按照血缘关系结成的氏族是原始社会人们共同生活和劳动的

基本单位。

氏族制度中,原始人通过氏族议事会管理集体事务。氏族的一切大事均由全体氏族成年男女共同商讨决定。氏族长与军事首领也由氏族议事会选举产生。氏族长处理氏族内部日常事务,全靠风俗习惯和自身威望进行管理而非强制手段。氏族成员对氏族长既有推举权,又有罢免权。因此,氏族社会从某种程度上说是一种民主制社会。当然,对于氏族社会的民主制我们不能过分理想化,因为这种制度是建立在生产力不发达以及狭隘的血缘关系基础之上的,与现代民主制度有着本质不同。

(4)民主的社会管理思想

由于生产力水平低下,法制文明产生之前的原始氏族公有制社会的组织及关系相对简单,长期处于一种"无制令而民从"、"刑政不用而治,甲兵不起而王"的状态。维持人类社会群体秩序和调整社会组织或氏族成员之间各种关系主要依靠氏族部落内部的原始民主精神和人们在长期日常生产生活中约定俗成的传统习惯以及与此相关的道德行为规范。社会组织内部的某些群体规则、氏族部落首领的威信以及社会舆论的监督有着重要的作用。当然,在一些极端情况下,也常会以决斗或复仇的形式解决争端,但这也完全是在平等、民主的原则上进行的,并不具有奴役、压迫的不平等性。

建立在广泛氏族组织基础之上的中国早期国家也具有管理和团结广大社会成员的功能,并在行使这一功能时表现出仁慈的性质。《尚书·尧典》载,相传尧时"克明俊德,以亲九族;九族既睦,平章百姓";舜时虽有刑罚,但要"眚灾肆赦",即要赦免无心的过失犯罪。《尚书·皋陶谟》载,舜时主管刑罚的皋陶主张"允迪厥德,谟明弼谐",意在实践美德、高明和谐。禹亦主张"安民则惠,黎民怀之"。

1.1.2 夏商时期的管理思想

公元前21世纪左右，禹子启废除尧舜禹时期的“禅让”制度，自立为王，建立夏朝，我国进入奴隶社会。与黄帝、尧舜禹时期重视天人合一、服天命的社会管理指导思想不同，夏商是从“服天命”到“天命令”，宣称是受命于天来管理社会的。因此，为进行有效统治，对外保境、对内镇压，他们提出了较为丰富的军事及社会管理思想。

(1)军事管理思想

据《尚书·甘誓》记载，夏王控制军队，其下有“六事之人”，可能表明夏王辖有分工不同的人员。这时已有战车，车上的成员区分为左、右、御，对作战人员还有奖惩规定。可见，随着国家及军队的产生，出现了组织和管理军队的一些制度。

商朝的军事制度在甲骨卜辞中有较多记载。这些史料表明商王是最高军事统帅；高级军事领导职务由贵族大臣和方国首领担任，平时治民，战时领兵。士卒由贵族和平民充当，平时练习射、御，并以田猎的形式进行演习。奴隶多担任杂役。军队有步卒和车兵，作战方式以车战为主。军队的武器装备主要有战车、弓、箭、戈、矛、刀、斧、钺、干盾、矢镞、头盔、甲胄等，其中戈、矛、刀、斧、矢镞、头盔等是以青铜铸造。

(2)社会管理思想

夏商两代，由于社会生产力发展水平仍十分低下，人们认识自然的能力也极其有限，因此盛行朴素的“天命”、“鬼神”等宗教迷信思想。出于对“天”、“神”的信仰、崇拜和畏惧，夏商社会管理思想具有鲜明的“天罚”、“神判”特色。如为宣扬自己建立政权的合法性，启极力宣扬自己是“受命于天”，并对违背“天命”者代“行天之罚”。

夏商两代的社会管理以习惯法为主,其中包括礼与刑两部分内容。

早在春秋时期,孔子就已发出“夏礼,吾能言之,杞不足征也;殷礼,吾能言之,宋不足征也。文献不足故也。足,则吾能征之矣”的慨叹。而从他所说“殷因于夏礼,所损益,可知也;周因于殷礼,所损益,可知也”来看,夏商两代的“礼”以及其后的“周礼”是一脉相传的;殷礼于夏礼,周礼于殷礼,都是既有继承沿袭,也有改造增删。

据文献记载,夏商时期有很多残酷的刑罚手段,如将人剁成肉酱的醢刑、把人晾成肉干的脯刑、割取人皮肉的剔刳刑、挖取人内脏的剖心刑、强迫人在烧红的铜格上赤足行走的炮格(烙)刑等。目前所知道的夏代罪名,主要有不孝、不用命及昏、墨、贼等。在以夏后氏统治为核心、以家族与宗族制为纽带所建立的夏代,忠孝是人们自觉遵守的起码的伦理道德准则,是维护正常社会关系的基本行为规范。“不孝”必然遭到社会舆论的普遍谴责,也就成为夏代刑法打击的最大犯罪。由对尊家长的“孝”上升为对宗主权贵的“忠”,“不忠”也成为又一重大犯罪行为。除“礼”、“刑”二者所构成的习惯法外,夏、商王者的命令也是一种重要的法律形式,而且其法律效力高于其他法律。

1.1.3　西周的管理思想

武王伐纣,灭殷立周。周人以“天”代“帝”来称谓至上神,并将夏商的“君权神授”思想转化为“天命靡常,惟德是辅”的新观念,以强调人的存在地位与价值。周公还制定了以“宗法”为核心的礼乐制度以重建国家体制与人伦规范。

(1)行政管理思想

西周之初,面对新征服的广大区域,周王采取“封建亲戚,以蕃屏周”,即以“分封制”的形式来巩固自己的统治。分封对象包括同姓贵族和异姓贵族两类。异姓封国又可分为功臣谋士、先王圣贤后裔、殷商王族以及其他臣服归顺的方国贵族。

西周分封制的主要内容是“授民授疆土”，即将被征服的土地和人民授给周室子弟、亲戚或异姓诸侯。经分封后形成大小不同的诸多封国，即天子分封给诸侯，诸侯内部又分公、侯、伯、子、男五级，诸侯再分封给大夫，大夫再分封给士，由此形成了金字塔式的等级关系。经周王分封或册命的诸侯国均为周王国的卫星国。它们不但与周王有政治隶属关系，同姓国之间还有宗法关系，异姓国之间会有婚姻关系。但周王国作为中央王国，与诸侯国是一种宗族国家集团之间的联盟关系。尽管周王对它们拥有一定的支配权利，它们对周王也有一定的责任义务，但各诸侯国都是相对独立的，并不属于周王国地方政权的范畴。因此，这些诸侯国的行政体制与周王国基本大同小异，只是规模比周王国较小、政权内部组织结构较为简单而已。

(2)军事管理思想

西周王朝以“小邦周”的身份灭了“大邦殷”，当时，武王面临人多势众的殷遗民的严重威胁，在夜不能寐的情况下不得不加强军队建设，形成了较之夏商时期更为完善的军事管理思想。

周初，军权集中于周天子手中。天子下有“御事、司徒、司马、司空、亚旅、师氏、千夫长、百夫长”①等官职。各诸侯国及一些贵族大臣也都有自己的军队，但一般须听从周天子调遣。西周晚期，王室衰微，遇有战事则往往倚重一些诸侯国和贵族大臣的军队。在其管理中，规定士卒均由“国人”(都城及其周围的奴隶主和平民)充当，奴隶只能随军服杂役；主要兵种是车兵；兵器仍以青铜制造但比商朝有较大发展，出现了兼备戈、矛功能的戟和可刺可斩、便于近战的短剑；甲胄、干盾用皮革制成并缀以青铜泡，不仅更为轻便而且增强了防护力；战马也装备了护甲；战前还要检查武器

① 《尚书·牧誓》

装备;战斗中已采用旌旗金鼓指挥,要求行列整齐,攻伐协调,进退一致等。

(3)组织管理思想

在王朝的政权机构中,在王之下有太师、太保,他们是大臣中最有权势的。师保之下有司徒(管理民政和土地)、司马(管军政)、司空(管手工业和建筑工程)、司寇(管刑罚和监狱),还有管理农业的农师、农正、农大夫等。官职多是贵族世袭,官员委派也是世袭。封国内的政权机构与此类似。

随着生产的发展,在生产过程中也更多采用了更加精细的分工。如商代畜牧业已较发达,周代已设有专职官员管理马政。周代建立了我国最早的医巫制度,实行医巫分离。据《周礼》所载,六宫体制中,巫祝归于春宫之列,医师则归于天宫管辖。据《周礼·天宫》记载,宫廷医生分为以下几科:食医,专职管理饮食,为宫廷内营养医生,主管帝王膳食;疾医,相当于内科医生,已不局限于仅为王室服务,也施治万民;疡医,相当于外科医生,专管治疗各种脓疡、溃疡、金创、骨折等,其在宫廷医生中处于较低地位,属下士;兽医则主要治疗家畜之疾病或疮疡。

(4)人事管理思想

西周一开始就确立了“立嫡以长不以贤,立子以贵不以长”(《春秋公羊传·隐公元年》)的嫡长继承制,进一步完备了“宗法制”。宗法制下,除部分因功受封的异姓诸侯外,诸侯基本上按宗法关系进行分封。首先分封自己的亲属尤其是血缘最近的亲属为诸侯。诸侯以下也如法炮制。天子、诸侯、卿大夫等职位均由嫡长子世袭。这种干部制度以“礼制”为基础,以“亲亲”、“尊尊”为基本原则。

对于各级贵族官吏,西周有定期考核制度,根据其德才政绩进行升降黜陟。《孟子·告子下》称:“诸侯朝于天子曰述职”;“一不朝,则贬其爵;再不朝,则削其地;三不朝,则六师移之”。可见,诸侯定期朝见天子的制度,实则是一种以"述职"的方式考核诸侯"德才政绩"的制度。"不朝"也就意味着不向天子"述职",拒绝接受其考核,自然要受到严厉制裁。

(5)社会管理思想

作为古代宗族国家的重建和延续,西周继承了夏商时期的天命鬼神思想与宗教神权观念,也宣扬自己"受命于天"。同时,从夏桀和殷纣王暴虐而亡的前车之鉴中,西周统治者深刻认识到:"天命"的保佑并非万世不移,不可盲目地迷信或依赖。要想"祈天永命",不仅需要"敬事上帝",更重要的是"不可不敬德"。要想"享天之命",就必须以德治民,慎用刑罚。这主要表现为以礼、刑为主体的各种礼仪法律形式。

周初出现的内外叛乱使周公敏锐地意识到,没有一套完善的典章礼仪制度和宗法等级秩序,单靠武力征服或刑罚镇压是不能实现社会安定和国家大治的,也有悖于"明德慎罚"的思想原则。为此,他主持进行了大规模的立法活动,通过"制礼作乐"建立起一套典章礼仪制度与宗法等级秩序。

在制定周礼的同时,西周进行的另一项重要立法活动是编订刑书。作为成文法性质的刑事法律规范,刑书在西周初年即已出现。《左传·昭公六年》有"周有乱政,而作'九刑'"的记载。按照这一刑书规定,毁坏法度谓之贼罪,隐匿贼人是为赃罪,窃取财物属于盗罪,偷盗名器构成奸罪;凡主使藏匿罪犯,使用所盗器物,均属重大犯罪,一律以常刑严惩,不准随意赦免。从这些内容来看,其主要目的在于严厉打击危害国家统治与社会秩序的刑事犯罪。

1.1.4 春秋战国时期的管理思想

西周末年,王室衰微,诸侯争霸,礼崩乐坏,社会动荡,由是进入春秋战国时期。在这个过程中,从经济到政治,从政治到文化无不呈现出激烈竞争的局面。竞争的成败取决于治国战略的选择，正是在这一政治目标的驱动下，各国统治者、各派学者纷纷从不同角度提出了一系列关于政治问题和试图解决社会问题的思路与方法，一时呈现出百花齐放、百家争鸣的局面。从管理学角度来看，这些思想主要体现在对人才、经济以及社会的管理等方面。

(1)人才管理思想

随着生产关系与阶级关系的变动，新兴统治者为了争取自身的权力与地位，开始强烈反对旧贵族以宗法制垄断各级官职爵位的制度，一致要求按才能大小或功劳高低选任官吏，促使原来的"世卿世禄制"向君主集权控制下的官僚制度转变。如面对当时频繁的兼并争霸战争，墨家学派创始人墨子站在社会下层平民劳动者的立场提出了"尚贤"的思想，要求统治者"不党父兄，不偏富贵，不嬖颜色"，只要是有道德才能的贤者，"虽在农与工肆之人，有能则举之"。在政治方面的改革，法家主张废除各级贵族的世卿世禄制，确立"量才任用"的官僚制度。如李悝斥责那些"其父有功而禄，其子无功而食之"的贵族子弟为"淫民"，明确提出削除其爵位、剥夺其福禄，确立量才任用的新型官僚制度。由此，大批社会下层人物凭借功劳才干进入统治集团。

(2)经济管理思想

春秋战国时期，各诸侯国变法图强的终极目标只有一个，即富国强兵，建立一个强大无比的国家。有效的经济活动是实现这一目标的主要支柱。

春秋战国时期，兵丁来源于农民，财力、物力来源于农业，所以国家要富强，自然离不开农业，即所谓"谷者，民之司命也"。不论是各诸侯国的变法图强，还是先秦诸子的经典论述，始终都在强调农业生产的重要性。如商鞅始终将促进生产发展作为自己变法改革的着眼点，"圣人知治国之要，故令民归心于农"，明确地把发展农业生产作为自己变法改革所追求的基本目标。

与鼓励农业生产形成鲜明对照的是，他们认为工商业过度发展会在经济上形成“野与市争民”的矛盾，对农业生产不利。在当时征兵制度下，农民是兵役的主要来源，农民在经营工商业可获取较高利润等的诱使下，弃农经商，同时也可逃避国家的兵徭之役。这种人愈多，对保卫国家和对外扩张的“农战”愈为不利。因此，各国大多主张应适度发展甚或抑制工商业的发展。如墨子认为经济发展的关键在于农业，应控制手工业的发展；韩非则把工商业的发展视为“亡国”之兆，把工商之民斥为“五蠹”之一，主张禁止手工业的发展。

同时，随着社会生产力的飞跃发展，地区之间的商品交换日益频繁，商品经济发展水平逐步提高，工商业确实有存在的基础。因此，各国在尽量抑制工商业发展的同时，也对工商业的发展予以了规范，期望从中取得最大的利益。如管仲在中国历史上第一次将国人按职业划分为士（奴隶主阶级的下层）、农（从事农业的平民和奴隶）、工（官府控制的手工业奴隶）、商（自由商人及商人和官府控制的商业奴隶）四民。他认为应加强对工商业的管理。同时，在工商业发展中出现了诸如范蠡、白圭等的经营管理奇才。范蠡“十九年中三致千金”，“千金之家”可比“一都之君”。白圭则“积著率年倍”，每年资本翻一番。经营效果不能不令人赞叹。

(3)社会管理思想

面对社会大变革，孔子站在旧贵族的立场上，提倡“礼治”，要求人们“克己复礼”，企图维护业已走向衰落的西周的宗法等级秩序和传统礼乐制度。在此基础上，他又进一步提出了“为政在人”的“人治”思想，主张治理国家“在于得贤人也”，强调“其身正，不令而行；其身不正，虽令不从”。

道家学派创始人老子则认为，治理国家最好的方法是“无为而治”，即“我无为而民自化”，主张以自然界的本来法则为“法”，提倡“人法地，地法天，天法道，道法自然”，反对一切人为制定的法律与法制。

以法家为代表的新兴统治者为了建立和巩固新生的社会制度，大都主张实行“重刑轻罪”的刑罚原则。商鞅即提出“行刑重轻”，其目的和作用并不仅在于惩罚犯罪者本人，而在于由此产生的威慑作用和“杀一儆百”的社会效果，最终达到“以刑去刑”的目的。韩非也认为：“重一奸之罪，而止境内之邪，此所以为治也”。

随着社会的发展进步，在经历了儒、道、墨、法各家思想长时间的激烈争论后，各诸侯国逐渐以法家“法治”思想为指导，先后进行了变法改革运动，推动了法律制度的全面更新。代表“礼治”、“德治”思想的西周国家制度体系最终瓦解，以法家所倡导的“法治”原则与重刑主义为指导的法律制度体系开始产生并逐渐占据各诸侯国的统治地位。

1.2　儒家的管理思想

战乱纷飞的春秋战国时代，儒家主张关心国家兴衰与社会治乱，一向注重管理人才的培养。儒家鼻祖孔丘，先后担任过祭祀、喜庆和丧葬礼仪、仓库管理账目的“委吏”和看管牛羊的“乘田”，后在鲁国先后担任中都任、司空、司寇等官职，主管行政、工程和司法，一生念念不忘的就是如何“为政”。孔子以后的儒学大师大多沿袭了这个传统，致力于培养从政人才，多从政治的角度论述有关管理的各种主张。

1.2.1　儒家管理思想概述

尽管具有不同的人性论基础，先秦儒学大师在“和而不同”的管理目标指引下各自发展了独特但又具内在联系性的管理体系，形成了颇具特色的儒家管理思想。

(1)儒家管理思想的人性论基础

管理的对象是人,人性假设必然会成为管理思想形成的理论依据。先秦儒家管理思想的人性观主要有3种:性无善无恶论、性善论以及性恶论。

孔子认为人性无善与不善之分,"性相近也,习相远也"。[①] 人的性情本是相近,但由于个人所处的习俗不同,经过后天习染,人与人之间便渐渐拉开了距离。基于此,孔子认为在管理过程中,管理者就应主要通过道德教化来进行管理。他认为,"道之以政,齐之以刑,民免而无耻;道之以德,齐之以礼,有耻且格"。[②] 用行政命令来治理百姓,用刑法来制约百姓,老百姓只是勉强克制自己避免犯罪而不知道犯罪是耻辱的;用德来治理百姓,用礼来约束百姓,老百姓就知道做坏事可耻而且能自行纠正错误。

孟子则认为人性本善,"人之性善也,犹水之就下也。人无有不善,水无有不下",意即人性向善和水向低处流相仿。他认为,"恻隐之心,人皆有之;羞恶之心,人皆有之;恭敬之心,人皆有之;是非之心,人皆有之。恻隐之心,仁也;羞恶之心,义也;恭敬之心,礼也;是非之心,智也。仁义礼智,非由外铄我也,我固有之也"。[③] 人生来就具有仁义礼智4种善良本性,这4种本性是"不学而能","不虑而知"的"良知"、"良能"。孟子强调"恻隐之心,仁之端也;羞恶之心,义之端也;辞让之心,礼之端也;是非之心,智之端也。人之有是四端也,犹其有四体也"。在孟子看来,"四端"是仁义礼智的萌芽,而仁义礼智即为道德上的善,所以人的本性是善的。由此,孟子认为管理者应实行"仁政",并演绎出了其"仁政"管理体系。

"性恶论"是荀子提出来的。他认为"人之性恶,其善者伪

---

① 《论语·阳货》
② 《论语·为政》
③ 《孟子·告子上》

也”。荀子把人性问题分为“性”与“伪”两个层面,在此,“伪”不是通常所说的虚伪,而是人为、后天努力之意。由此,荀子提出“化性起伪”,在肯定人之性恶的基础上,特别注重后天教化的重要性,认为可以导人为善。这里突出一个“化”字,强调管理者应该自觉地担负起礼义教化的责任。

(2)儒家思想论管理的目标

儒家管理思想崇尚“和”,一切以“和为贵”,但坚持“和而不同”。可以说“和而不同”就是先秦儒家管理的最终目标。

作为儒家管理目标的“和”,主要是指人际关系的适度、自然,正所谓“和,谐也”。如孟子提出了“天时不如地利,地利不如人和”的著名观点,极大地突出了“人和”即和谐的人际关系的重要性。在《中庸》看来,中是天下之大本,而和是天下之达道,即“喜怒哀乐之未发,谓之中,发而皆中节,谓之和。中也者,天下之大本也,和也者,天下之达道也”。喜怒哀乐之情,在还没有表现时,或者作为人性的初始状况而潜在时,它是无所偏倚的,故称为中,而表现出来且都符合礼,无所乖戾,就称之为“和”。同时,孔子认为,“君子和而不同,小人同而不和”,充分认识到了“和”与“同”之间的差异。“和”指不同东西的和合与统一,强调不同事物之间的有机结合;“同”却不讲差别,盲目追求一致、同一。可见,和中有同,“和而不同”,才是传统儒家“贵和”的管理目标。

(3)儒家思想论管理的手段

管理目标的实现有赖于恰当的管理手段的运用。孔子说,“道之以政,齐之以刑,民免而无耻;道之以德,齐之以礼,有耻且格”,实际上道出了儒家管理手段的基本准则,即“德礼之治”。

儒家管理思想认为,单纯依靠政令、刑法等强制性的政治举措,实施惩罚性的管理手段进行管理,对于治民虽然可能有效,但并不会理想,即使在短期内能够奏效,其作用也不可能长期持续下去。而以道德教化贯穿管理过程的始终,强调道德价值观的精神引导作用，要求管理者把一套“设定”的价值观念灌输到民众的头脑中去并化为其内心的自觉行为，从而达到控制民众思想和稳定社会秩序的目的。

同时，以“礼”为特征的外在控制方式在儒家管理哲学中也是十分重要的管理手段。他们极力主张用“礼”的规范来约束人们的行为，使用一定程度的强制手段来实现社会管理的目标。实际上，由于“礼”具有政治法律制度、道德行为规范、礼节礼仪的内容，因此，它在管理过程中的作用就在于提供一整套规范形式，起着重要的管理功能。“礼”不仅对管理者具有约束和规范的作用，如《周礼》中的大宰、小宰、司徒、宗伯、司马、司寇等官职就是按“礼”的规定来设置的，这些官职又按“礼”的规定来管理国家政务。对所有民众而言，还具有正身和自律的作用，正所谓，“礼者，所以正身也”。[①] 古代的“礼”对于不同社会等级人的言行都有明确的规定，要求每一个人都必须按照“礼”的规定来约束自己，使之合乎“礼”的规定，“顺乎礼义”，以礼制欲，必须把“礼”贯彻到自己的一切言行之中，做到“非礼勿视，非礼勿听，非礼勿言，非礼勿动”。

“为政以德，譬如北辰，居其所而众星共之”，“其身正，不令而行；其身不正，虽令不从”。[②] 管理者自己身正，起到表率模范作用，要求下级或被管理人员做什么事情则不需要动员说服，他们就会自觉、主动地去做，就如同“天不言，而万物化成”一样，达到“不治而治”之效。

1.2.2 孔子的管理思想

孔子（约公元前551—公元前479），名丘，字仲尼，鲁国陬邑（今山东曲阜）人，儒家学派创始人，其思想主要反映在《论语》一

---

① 《荀子·修身》

② 《论语·子路》

书中。《论语》一书蕴含着丰富的管理思想，古代即有“半部《论语》治天下”的说法，近代日本著名企业家涩泽荣一更是提出备受称道的“《论语》加算盘”管理模式，现代日本及韩国的一些企业家和管理学者甚至把《论语》作为培训管理人员的教材。

(1)和而不流，以求安人

“和”是孔子管理思想的最终目标，“礼之用，和为贵”，[①]一切以“和为贵”。但孔子认为，“和”并不是要取消矛盾以及彼此之间的差异，而是在承认差异的基础上，对立双方可以相互协调，和平共处。因此，“和”并不是要让人们无原则的随声附和、随波逐流，“君子”应“和而不流”，真正的强者是那些能够与人和谐相处而又不随波逐流、不同流合污的人，他们能够保持中立、不偏不倚。国家太平，政治清明之时，不改变志向；国家混乱，政治黑暗时，则坚持操守，宁死不变平生的志节。可见，“和”中有刚，刚中有柔，刚柔相济，“和而不流”，才是孔子“贵和”的管理目标。

和而不流，所谓何故？孔子答曰：“安人”！

“仁”是孔子道德哲学的最高范畴，是处理人与人关系时所应实行的一种准则和态度，即在彼此交往中要尊重对方，把对方当人看并考虑到对方作为人的情感和权利。在《论语》中提到“仁”的地方共有109处。何谓“仁”？孔子做过诸多解释。当樊迟来问时，孔子答曰“爱人”，这是孔子为“仁”所下定义中较为重要的一个。孔子虽不主张对一切人都同样爱，而是按照贵贱亲疏有所区别，但其“爱人”之说却充分表明他并不主张把任何等级的人排除在爱的对象之外，即对于贱者、疏者也要给予关爱。他认为只有这样才有利于缓和管理者和被管理者之间的矛盾，有利于在二者之间建立和保持一种比较和谐的关系，从而有助于实现“和”的管理目标。这清楚地表明了他是主张把“仁”、“爱”的原则应用于一切管理对象的，从而实现“人不独亲其亲，不独子其子”，“老有所终，

---

① 《论语·学而》

壮有所用,幼有所长,鳏寡孤独废疾者,皆有所养”的社会“大同”。孔子所谓“安人”,就是要依靠“德礼之治”,以使君仁、臣忠、父慈、子孝、人信,国泰民安,安宁祥和,周围的人乃至所有老百姓都能过上安乐、安定的生活。

(2)德礼之治,法制为辅

“仁者,人也”。这里的“人”兼有名词和动词两种词性。作为动词,是东汉郑玄所说的“以人意相存问”;作为名词,就是指人的品德。结合起来,“仁”就是一人所以为人所应当具有的感情和心理来待人的一种品德。这样,“仁”一方面体现为人的本质,同时又是人的最高的道德标准。因此,我们可以说,在孔子的心目中,“仁”是一种高度的道德修养,甚至高于生死。但这种高标准的“仁”并不是高不可攀,因为“仁”是一个人内在固有的品德,通过有意识地修养、发挥便可显露出来,从而实现有效控制,而这一主动权乃是掌握在人自己手中。正如孔子所说,“仁”并不是高不可攀,只要你想成“仁”,就可以达到“仁”。孔子主张的这种教育方式体现的正是“道之以德”的内在控制方式。

同时,以“齐之以礼”的外在控制方式也是孔子管理思想中十分重要内容。在孔子那里,“齐之以礼”与“道之以德”二者并重且相互联系、相得益彰,二者都是为求人安的有效管理方式。实际上,“礼”在孔子管理思想中的功能乃在于提供了一套规范形式。依靠“礼”,上可以治国安民,下可以修身自好。各人皆依“礼”而行,安人之期不远矣。以孔子而言,“齐之以礼”的管理方式至少包括以下几个环节:

首先要学礼。“不学礼,无以礼”。通过学礼,使人可以有“礼”可依。

其次要约之以礼。强调社会、管理者和他人依“礼”对民众加以约束。

最后是依礼而行。经过学礼和约之以礼,民众逐渐习惯于“克己”,从而达到“复礼”,在不知不觉中转化为自己自觉的行为。

以德、礼来管理人们，不能实行强制，只能靠教育手段来引导、说服人们。因此，孔子特别注重教育手段在管理过程中的运用。但这并不意味着孔子忽视其他管理手段的运用。只是在他看来，管理主要应依靠教育，而行政、法律等手段应放在次要地位。即使在采用行政、法律手段时，也应同教育手段结合起来，“不教而杀谓之虐”。同时，孔子也并不否定经济手段在管理中的作用。他一再宣扬，治国要注意“惠民”、“利民”，认为这是调动管理对象工作积极性的重要手段，“惠则足以使人”。

(3)荐举贤才，惟才是用

孔子认为，管理问题重在“举贤才”，明确提出应“举直”，选拔正直的人进行管理。鲁哀公曾问孔子如何才能够使民众接受统治，孔子说：“举直错诸枉，则民服；举枉错诸直，则民不服”，选拔正直的人，罢黜邪恶的人，民众就会接受统治；选拔邪恶的人，罢黜正直的人，民众就不易被统治。

何种人才是“贤才”呢？孔子在一次与子张论“仁”的过程中谈到了这个问题。他说，欲成“仁”，需具 5 种美德：“恭”、“宽”、“信”、“敏”、“惠”，并分别论述了各项美德的好处。具体来讲，“恭”是恭敬、庄重，如此就会得到人们的尊重而可免于受辱；“宽”是宽厚，如此就会得到大众的拥护；“信”是诚信，如此就会得到别人的信任；“敏”是勤敏，如此就会提高工作效率，取得成功的机会就大；“惠”是关心、爱护，如此就可以得到别人的帮助。

那么，如何才能及时选拔到贤才呢？孔子认为，欲求贤才，首先要端正选才的指导方针，选拔人的人要以大局为重，以工作为重，而不能以己之好恶、以己之亲疏定贤愚。其次，要有一个正常的选贤机制。用孔子的话来讲，就是“举尔所知”，[①]随时随地保证荐贤之渠道畅通，并将之变成一项经常性的工作，同时向社会充分说明向国家、社会荐贤是每一个人的社会责任而非个别人的私事。

---

① 《论语·子路》

第三,全面、深入地进行考察和了解,既要听其言,更要观其行。坚持做到"不以言举人,不以人废言",[①]要从他的所作所为、生活背景、个人爱好等方面进行全面地观察和了解。第四,选才应打破门第之见,惟才是举。在孔子看来,一个人不论原来的出身和地位如何,只要努力学习,不断进德修业,具备了治国之德和安邦之才,就可以委以重任。正所谓"学而优则仕",而非"贵人"学而优则仕。

(4)以义取利,富国惠民

孔子认为,人人都有追求富贵的欲求,正所谓"富与贵,是人之所欲也",[②]又说,"富而可求也,虽执鞭之士,吾亦为之"。[③] 孔子以自身为例说明,即使是像他这样的贵族也是要得到富和利的,从而充分肯定了人们追求富贵,即"利"的正当性。因此,作为管理国务的最高统治者以及各级管理者就应该在承认人们这种欲求的基础上尽量加以满足。

但在人们追求"利"的过程中,难免会发生冲突和争夺,从而影响到"和"、"安人"目标的实现。为解决这个矛盾,孔子提出"利"必须服从于"义",他主张以"义"来规范人们追求物质财富和经济利益的行动。如他认为,"富与贵,是人之所欲也,不以其道得之,不处也。贫与贱,是人之所恶也,不以其道得之,不去也"。[④] 如果不是靠"道"("义")得之,虽富不要,虽贱不去。因此,在追求"利"的过程中,应"见利思义"、"见得思义",将"义"作为人们对"利"的取舍标准。

基于"人人都有追求富贵"的本性,孔子提出必须使人能得到一定的经济利益,"惠则足以使人"。劳动者得到了"惠",不仅可以提高人们的劳动积极性,从而为管理者提供更多的劳动产品,使

---

① 《论语·卫灵公》
② 《论语·里仁》
③ 《论语·述而》
④ 《论语·里仁》

管理者觉得并没有为此付出代价，即“惠而不费”，实际上也就是以尽可能少的代价取得尽可能多的成果的经济原则。另外，他还主张“节用而爱人”，“礼，与其奢也，宁俭”。把“俭”和“节用”亦即减少成本和耗费看成是管理经济的重要手段。

1.2.3　孟子的管理思想

孟子（约公元前 390—公元前 305 年），名轲，字子舆，鲁国邹邑（今山东邹县东南）人，幼年丧父，其母努力使其学习文化，留下了“孟母三迁”的千古佳话。后受业于儒家子思门下，成为儒家代表人物，现存《孟子》一书反映了其主要思想。

与儒家“爱人”一脉相承，孟子曾游说各国规劝统治者实施“仁政”，为各国统治者提出了一系列管理国家的方法。

（1）行仁政

孟子生活的战国时期，诸侯纷争，兼并激烈，民心的向背成为一个国家生死存亡的关键。孟子敏锐地抓住了这一点，他以历史上暴君夏桀和商纣王为例子，指出，桀和纣丧失天下的根本原因就在于失去了老百姓的支持，之所以失去了老百姓的支持，就在于他们失去了民心。由此，孟子提出，得民心者得天下，失民心者失天下。

如何获取民心呢？孟子把孔子主要讲个人修养的“仁”推广到政治领域，把仁爱同政治结合起来，提出了“仁政”的思想，把它作为争取“民心”的主要手段，以求安邦治国。

孟子首先论证了“仁政”的重要性，“不以仁政，不能平治天下”。[①] 在孟子那里，“仁政”被称为“不忍人之政”。他认为，人们都有一颗不忍看到别人蒙灾受难的心，比如说人们突然看到一个小孩将要爬到井里去，都会立即产生一种惊恐、不忍的心情。而作

① 《孟子·离娄上》

为统治者，看到由于自己的暴政而使百姓受苦，又该如何呢？很简单，实施“仁政”，这就要求他们能用一种对被统治者和被管理者比较宽容同情的态度来进行统治和管理，“以不忍人之心，行不忍人之政，治天下可运之掌上”，①相反，如果不行“仁政”，忽视、甚至侮辱和践踏人，那就必然衰弱败亡，“天子不仁，不保四海；诸侯不仁，不保社稷；卿大夫不仁，不保宗庙”。②

孟子“仁政”的目的在于营造一种“和”的管理氛围。正如他所说，“天时不如地利，地利不如人和。三里之城，七里之廓，环而攻之而不胜，夫环而攻之，必有得天时者矣，然而不胜者，是天时不如地利也。城非不高也，池非不深也，兵革非不坚也，米粟非不多也，委而去之，是地利不如人和也”。③ 在战争中，天时、地利、人和这些因素都有可能影响到战争的胜败，但最终能起决定作用的因素既不是天时，也不是地利，而是人和，即是否得到百姓拥护。“仁政”的目的也正在于此。

如何实施“仁政”呢？首先，孟子认为统治者应该注意摆正自己的位置并能充分认识到民众的重要性，提出了“民贵君轻”论，“民为贵，社稷次之，君为轻”，④在统治者和被统治者这对矛盾中突出和强调了被统治者的地位和作用。其次，在具体的管理措施中，管理者要能够做到“所欲与之聚之，所恶勿施尔也”，即制定具体管理措施时应充分考虑到民众需要，民众希望得到的东西，就要想方设法为他们提供，他们所厌恶的，就要尽量避免加到他们的头上。再次，孟子认为对不同人应实施不同的“仁政”，如对于士人，应加以尊重，让才德出众的人能够各在其位；对于商人，应能在市场上为他们提供储藏货物的货栈而不征收货物税，遇上货物滞销，应由国家按法定价格征购，以免长期积压；对于旅客，应设置关卡

---

① 《孟子・公孙丑上》
② 《孟子・离娄上》
③ 《孟子・公孙丑下》
④ 《孟子・尽心下》

稽查奇怪的人，并不征税，从而为旅客提供安全的生活氛围；对于农民，应只让他们帮着耕种公田而不必另交租税；对于平常居民，不管在什么情况下，都应豁免附加的徭役钱和地税。如果真能做到这五点，则“天下之民皆悦”，“仰之若父母”，“民心”可得，天下可得，“仁政”之效可见。

(2)以佚道使民

同“仁政”相联系，孟子提出了“以佚道使民”的管理之道，以别于当时各国以严峻刑法驱迫民众服役纳赋的不仁之政。他认为“以佚道使民”至少应包括3个方面的内容：

1)“取民有制”。“制”可有两种理解：一为“制度”，即应建立相应的租税徭役制度并依制度而行；二为“度”，即对民众租税徭役的征发应有一定限制。

2)“使民以时”。“使民以时”即指徭役征发要避开农忙季节，不打乱正常的农业生产秩序。如此“七十者可以食肉矣”、“数口之家可以无饥矣”。农业生产有“时”，有自己的生产规律。不少统治者为了满足自己的私欲，往往毫无节制、毫无规律的随时征发力役而使农民无法赶上农时，在主要以农业生产为主的战国时期，如此则使民众“不得耕耨养其父母”，以致“父母冻馁，兄弟妻子离散”，人们自然不愿意为统治者服务。

3)“制民之产”。他认为，“无恒产而有恒心者，惟士为能。若民，则无恒产，因无恒心”，只有读书明理的人才能做到没有一定的维持生计的产业却能一贯坚持向善的好思想。至于一般老百姓，只要失去一定的维持生计的产业，就会动摇一贯向善的思想，便有可能不守法纪，为非作歹。“制民之产”就是要发展一家一户的小农经济，让人民拥有自己的私有产业，保障人民最低限度的生活水平，使其“仰足以事父母，俯足以畜妻子，乐岁终身饱，凶年免于死亡”。

孟子“以佚道使民”，目的就是要使民“虽劳不怨”。他说“君行仁政,斯民亲其上死其长矣”,[①]统治者按照一定的规律来使民,实行宽松的统治,人民只会更努力更忠诚,这其实是一种双赢。

(3)劳心劳力的社会分工论

依孟子所言,社会分工是必要的,也有其合理性,即“且以人置身,而百工之所为备”。一个人维持生计所必需的物品应来自成千上万人的劳动,如果一定要自己制造的东西才能取用,那就会让人们疲于奔命,况且也不可能做到。因此,为维持正常生活,人们就必须交换劳动成果,而作为统治者就是用自己的管理成果参与交换。因此,为了更好地完成自己的本职工作,统治者就不能同时兼顾农业、手工业等事情。他举例说,尧为天子时洪水横流,五谷不登,野兽伤害人民,便任用舜助他管理天下,舜又任用益率领百姓以火驱赶野兽,任用大禹治水,任用稷为农师管理农业,任用契为司徒制礼教,天下因而太平昌盛。尧、舜要考虑如此重要、如此繁琐的事务,怎么能亲自去耕田呢?尧的责任就是识别选拔舜这样的人才,舜的责任就是识别选拔禹这样的人才,农夫的责任就是耕种好自己的土地。

如何进行分工呢?孟子提出了社会分工的“劳心劳力说”。他指出,天下之事各有不同,“有大人之事,有小人之事”,官有官事,民有民事,不同的人有不同的工作,“或劳心,或劳力;劳心者治人,劳力者治于人;治于人者食人,治人者食于人,天子之通义也”。[②] 在现实社会组织中,有人动脑,有人卖力,动脑的人统治别人,卖力的人受别人统治;受人统治的人得养活别人,统治人的人受别人供养,这是天下通行的法则。

(4)权变思想

孟子向来视权变管理为管理智慧、管理艺术。他认为,在管理

---

① 《孟子·梁惠王上》

② 《孟子·滕文公上》

实践中不能拘泥于某些固定的框框和僵硬的标准。当承诺因环境条件的变化而无法兑现,或者兑现承诺无益而且有害时,放弃承诺就是必要而且明智的;当已经开始的某项工作因条件的变化而无法继续下去,或继续该项工作已毫无意义时,放弃这项工作就是明智的。如他所说:“执中无权,犹执一也。所恶执一者,为其贼道也,举一而废百也”。“执中”即坚持一定的原则和标准是好的,但如果过了头,变成死板僵化就使人憎恶了,因为它违背了事物发展的规律,否定了事物的多样性。孟子还通过例子来说明了通权达变的重要。“男女授受不亲,礼也。嫂溺,援之以手者,权也”。[①]在孟子看来,嫂嫂溺水快被淹死,小叔子就应该打破“男女授受不亲”的礼制,伸手救嫂嫂上来,这就是权变。而若执拗于礼制的规定,在孟子看来,反倒成了豺狼的行为,“嫂溺不援,是豺狼也”。舜的父亲为人顽劣,几次要害死舜。舜要结婚,如果事先去征求父母同意,就不能结婚,这种情况下,“不告而娶”就是正确的选择,这时就不应拘泥于“娶妻,必告父母”的礼节规定。在明智的君子看起来,他虽然没有禀告父母,却和禀告了是一样的。当然,“变”不是无原则的放弃,而要依据一定的标准来进行。正如他所说,“大人者,言不必信,行不必果,惟义所在”,“汤执中,立贤无方”,判断是非的标准就是“义”,即符合更高的价值准则和管理原则。

孟子关于通权达变的思想对于现代管理是有启发性的,它告诉我们,现代管理必须把原则性与灵活性有机地结合起来,应根据外在的管理环境,相应地改变管理的方式、方法,只有这样才能真正达到管理的最终目标。

(5)修身平天下

所有管理思想的落实最终都要归于管理者的素质。孟子主要是从“修身”的角度来论述这个问题的。他说,“天下之本在国,国

① 《孟子·离娄上》

之本在家,家之本在身”,[①]作为一个管理者,要搞好天下国家,其根本在于搞好个人修养。又说,“君子之守,修其身而天下平”,[②]统治者只有先搞好自身修养,然后才有可能平治天下。

他还有一段名论:“故天将降大任于斯人也,必先苦其心志,劳其筋骨,饿其体肤,空乏其身,行拂乱其所为,所以动心忍性,曾益其所不能”。[③] 亦即,一个人如想有所成就,必须先经历苦难的考验和生活的磨炼,惟有如此,才能培养起成就伟大事业所需的百折不挠的意志和坚强的性格。后来《大学》将其发展为“意诚而后心正,心正而后身修,身修而后家齐,家齐而后国治,国治而后天下平”的完整表述。“修齐治平”也已成为历代政治家的人生追求和生活模式。

1.3 道家的管理思想

在中国传统文化中,儒家和道家是影响最大的两个学派。而纵观中国几千年的管理史,我们不难发现,自汉唐开始至宋元明清各时期的鼎盛阶段,管理上都是“内用黄老,外用儒术”,即儒术是招牌,道家的管理思想则是实际的领导原则。

1.3.1 道家管理思想概要

(1)“守柔”的管理特色

道家管理思想的基本特色是“守柔”。

① 《孟子·离娄上》
② 《孟子·尽心下》
③ 《孟子·告子下》

老子从世间万物由强到弱的转化中看到了“守柔”的必要性。“飘风不终朝,骤雨不终日。孰为此者?天地。天地尚不能久,而况于人乎?”[①]狂风刮不到一个早晨,暴雨下不了一整天。谁使它这样呢?是天地。天地的狂暴尚不能长久,更何况人呢?“人之生也柔弱,其死也坚强。草木之生也柔脆,其死也枯槁”。[②] 意即人活着时身体柔弱,死了以后身体变得僵硬;草木生长的时候枝干柔弱,死了以后就变得干枯了。基于此,老子认为坚强的东西实际上就是正在接近于死亡,“坚强者死之徒”,是“兵强则灭,木强则折”,而柔弱才有生命力,“柔弱者生之徒”,故“坚强处下,柔弱处上”。因此,老子认为要永远立于不败之地,就应处于柔弱和谦下的地位,以退为进,以守为攻,以不为而为。故曰“守柔曰强”,持守柔弱才为“强”。

老子认为“天下之至柔,驰骋天地之至坚。无有入无间,吾是以知无为之有益”,[③]即柔弱东西能进入到坚硬的东西中去,由此我们能知道无为是有益的。不难看出,老子认为水“利万物”、“补不足”的强大适应性与响应力是“上善”,而守柔的目标正是要追求这种“上善”,这也正是“守柔”之意义所在。也就是说,老子“守柔”的根本目的是为了加强管理的基础性,尤其提醒那些居于领导地位的领导者不能忘记管理的基础在于下层,在于民众。正是在这种意义上,老子认为“圣人无常心,以百姓之心为心”。由此不难看出,老子所倡导的“守柔”,从本质而言还是以适应民众需要和追求民众幸福为目标,达到不治而治的最终目的。

(2)“无为”的管理原则

道家哲学的最高范畴为“道”。道家认为道是宇宙的本体,是宇宙间一切事物借以形成的最终根源,而“无为”既是道或天道的

---

① 《老子·第23章》

② 《老子·第76章》

③ 《老子·第43章》

一项重要属性,也是道家管理思想的根本原则。

道家的"无为"针对统治阶级的"有为"而发。道家认为,统治者、社会管理者任意伸张自己的意志和欲望,强作妄为、行苛刑暴敛之政,干扰百姓的正常生活,谋求"有为"正是导致社会混乱不堪的根源。"民之饥,以其上食税之多,是以饥。民之难治,以其上之有为,是以难治。民之轻死,以其上求生之厚,是以轻死"。[①]人民陷于饥荒,是由于统治者蚕食的赋税繁多;人民难以统治,是由于统治者好大喜功;人民用生死去冒险,是由于统治者的贪生怕死。

当然,道家的"无为"并非"无作为"或"不为",不是要人们什么都不做,而是要"为无为",以无为达到为,在有所为时力争无为。何谓"无为"?依据道家所言,"无为"就是无违之为,就是指人的行为及其指导思想不违反事物发展的自然秩序和固有规律,必须"道法自然",顺应而不可违反自然的要求,主观随意地蛮干、胡乱作为。

作为统治者而言,应根据这一思想,遵循天地自然之道以及社会发展之规律,谋求发展变化,"为无为则无不治","无为而无不为"。若违反客观规律,则"为者败之"。在此,道家的"无为"原则就包含了对政策稳定性的强调,统治者不可朝令夕改。正如《老子》所说,"治大国若烹小鲜",治理大国就要像烹煎小鱼一样,少搅动;若不停地翻动,就不可能做出条条完整、色香味俱佳的一道菜。治理国家的大政方略同此,政策必须随形势的变化而调整、修改。但政策必须有稳定性,在形势未要求政策进行变革时,决策者不能随心所欲,否则就有可能造成大乱。

(3)辩证的管理谋略

有无相生,以退为进,欲夺固予,是道家管理谋略的重要内容。

---

① 《老子·第75章》

《老子》提出了“有无相生”的思想，“天下万物生于有，有生于无”。[①] 天下万物生于可见的具体事物，即“生于有”，而具体事物的“有”却又产生于那些不见于形、不闻于声的“无”与“道”。

道家主张以“退”为进的策略来获得最后胜利，“吾不敢为主而为客；而敢进寸而退尺”。[②] 意在说明我们不应主动挑起争端，只有在不得已的情况下才可应战；在争端中，我们不应逞强争胜而宁愿退让。当然，道家的“退”并非坐以待毙，也并非无原则的退。退的目的在于以逸待劳，避其锋芒，寻求战机。一旦时机成熟，就应采取主动措施。

“欲夺固予”是老子主张的一项谋略。“将欲歙之，必固张之；将欲弱之，必固强之；将欲废之，必固兴之；将欲夺之，必固予之”。[③] 他主张在竞争中，要隐蔽自己的意图，示弱于敌或故意让别人得到些便宜，借此引诱敌人轻举妄动、充分暴露其弱点，最后战而胜之。在经营管理中，要处理某件事情，在想收敛、削弱、废弃或除却这件事情时，必须要先给予其扩张、强盛、兴旺的机会。老子在此连用 4 个“将欲什么，必固什么”，强调了他对“将欲必固”、“先予后取”的重视。

（4）无弃人的用人思想

道家主张顺应自然，在尊重人不同特点的前提下，任用具有不同才能和特长之人。老子提出“无弃人”的思想：“圣人常善救人，故无弃人；常善救物，故无弃物”。[④]

为求“无弃人”，道家总结了知人之法。庄子曾借孔子之口提出了“观人‘九征’”，即了解人的 9 种方法：“故君子远使之而观其忠，近使之而观其敬，烦使之而观其能，卒然问焉而观其知，急与之

---

① 《老子·第 40 章》
② 《老子·第 69 章》
③ 《老子·第 36 章》
④ 《老子·第 27 章》

期而观其信,委之以财而观其仁,告之以危而观其节,醉之以酒而观其则,杂之以处而观其色”。[①] 运用这9种方法,就可以发掘到我们所需要的贤才。

(5)少私寡欲的领导品质

老子认为,治理国家、管理社会的根本目的是在于让庶民过上“甘其食,美其衣”的幸福生活。为此,好的统治者应为他人而不应为自己,应为百姓利益而不惜牺牲自己的利益。为实现为百姓服务的崇高目标,统治者必须“少私寡欲”,具有慈、俭、朴三种优良品质。老子说:“我有三宝,持而保之。一曰慈,二曰俭,三曰不敢为天下先”。[②] “慈”能使领导者取得庶民的信任和支持,做任何事情就有了勇气;“俭”可使领导者为庶民聚集财富,故能得到人民的广泛支持;“不敢为天下先”是谦虚,可使领导者获得庶民的力量与支持。能做到这三点,就能成为好的统治者。“慈”、“俭”对后世的统治者有深刻影响,他们或标榜自己慈爱百姓、节俭财用,或对此加以倡导。

1.3.2 老子的管理思想

老子,姓李名耳,字伯阳,春秋时期楚国苦县(今河南鹿邑)人,著名思想家和哲学家,道家学派创始人,代表作《老子》(又称《道德经》),其中包含丰富的哲学、管理、军事、生态以及医疗保健等方面的思想。

(1)“治大国若烹小鲜”

“治大国若烹小鲜”,是老子“无为而治”思想的完美体现。

何谓“烹小鲜”?韩非解释为:“烹小鲜而数挠之,则贼其泽;

---

① 《庄子·列御寇》

② 《老子·第67章》

治大国而数变法，则民苦之。是以有道之君贵静，不重变法”。[①] 按蒋锡昌《老子校诂》的解释，“夫烹小鱼者不可挠，挠之则鱼碎；治大国者当无为，为之则民伤”，也就是说治理国家就像煮小鱼一样，只能将调味、火候放得适中，文火烹煮不急躁，不急于翻动，煮出的食物才能色鲜味美；若火候不对，下锅后常常翻动，最后煮出来的只会是一塌糊涂。治理国家与此同道，不应变化无常。如果制度朝令夕改，国民的行为就会无所适从，不知该做什么不该做什么。如果制度稳定，国民就能心情稳定，专心工作。

《老子》中有一段话，比较好地揭示了“治大国若烹小鲜”的做法，即“始制有名。名亦既有，夫亦将知止。知止可以不殆”。[②] 意在说明从管理的开始就要确定管理的方法，但又必须适可而止以免遭失败。领导者应善于处理大事，做出规划，将具体工作的责任分配于具体机构和人员，而不是事无巨细都亲自动手。由此，分工协作、权责分明、各展其长、各尽其力，领导人看似清闲却能将各项工作都处理得井井有条并能取得最佳效果，这也就达到了“无为而无不为”。反之，如果一个领导者大事小事都亲自过问甚至亲自动手，不仅劳累自身，而且会顾此失彼、贻误全局，还会束缚下层干部的积极性与主动性，养成其依赖心理并丧失责任感。国际航运界颇具影响的企业家杨小燕在治理企业时，就是在对经理做出 4 项要求（第一不赔本，第二要赚钱，第三要老实，不能犯罪去赚钱，第四按照美国的法律行事）的前提下，将权力完全下放，结果获得了巨大成功。究其原因，就在于她成功地实施了老子“始制有名，亦将知止”的管理艺术，宏观上有为在先，具体操作看似无为，结果却达到了“知止可以不殆”的效果。

（2）“弱者道之用”

为了实现“无为而治”的目的，老子提出了“弱者道之用”的实

① 《韩非子·解老》
② 《老子·第 32 章》

施策略。

老子认为,“坚强者死之徒,柔弱者生之徒”,就如“天下莫柔弱于水,而攻坚强者莫之能胜”一样,水虽柔弱无比,随圆而圆,随方而方,却能破山毁陵、穿石销金。水质本柔弱,但众水可汇成巨流,并能冲决一切坚强之物。譬如海啸的破坏力,凡所经历者,人人对之心怀畏惧。老子用“借弱击强”的道理阐明了管理的策略应是“以弱制强”、“以柔制刚”。

他说,“弱之胜强,柔之胜刚,天下莫不知,莫能行”。强的一方优势是主要的,但也可能在某些方面有弱点或处于劣势;弱的一方在总体上是处于劣势,但往往在某些局部比较强大或处于优势。不仅如此,作为强的一方在斗争中通常会为自己强大的表象所迷惑而看不到自己的弱点,更不易看到较弱对手的强点。相反之下,弱的一方则能较充分地认识到对手的强点而注意回避,并力求寻找对方弱点而加以利用。如果弱方能巧妙地回避对手的强点,增强必胜的决心与信念,激励斗志,集中力量击其弱点,就可能给予对方以沉重且致命的打击,从而取得最终胜利。正所谓“哀兵可胜”,讲的就是这个道理。《老子》中有“其脆易泮,其微易散”一说,这就叫做“弱者道之用”。上文中我们提到的“以退为进”、“欲夺固予”等,也都体现了这种思想。

(3)“有无相生”

老子指出,“天下万物生于有,有生于无”,天下万物生于可见的有形的具体事物,而具体事物的“有”却又产生于不见于形、不闻于声的“无”,即“道”。

“有无相生”的思想对管理活动不无启发。首先,在老子看来,社会、企业管理者的创新概念是由“有生于无”的思想中产生出来的。老子说,“三十幅共一毂,当起无,有车之用;埏埴以为器,当起无,有器之用;凿户牖以为室,当其无,有室之用。故有之以为利,无之以为用”,即是说 30 根辐条集中到 1 个毂里,才有了车毂的中空之处,车才有使用价值;揉陶土胚制成器皿,有了器皿之中的空隙处,器皿才能有利用意义;开凿门、窗,建造房子,有了门、窗、四壁的中空处,房子也才具有供人居住的功能。“有”给人以便利,而“无”却赋予“有”以价值。由此,管理活动首先就不能墨守成规、因循守旧,应注重不断解放思想和创新,力求“无中生有”;其次,创新过程应遵循渐进之原则,正所谓“合抱之木,生于毫末;九层之台,起于累土;千里之行,始于足下”,不能苛求一蹴而就;再次,管理者应牢记“不进则退”,“祸兮,福之所倚;福兮,祸之所伏”,“三十年河东三十年河西”,若满足于现状,“有”也可以蜕化为“无”。

(4)“上善若水”

“上善若水,水善利万物而不争,处众人之所恶,故几于道”,其中充分表明了老子对领导者个人品德的重视。

1)自知之明。老子强调,“知不知,上,不知知,病;夫惟病病,是以不病。圣人不病,以其病病,是以不病”。知道自己还有所不知,最好;不知道而自以为知道,就是病(即缺点);有道的圣人之所以不会生病,正是因为把这种毛病当作一种病来加以预防了。因此,人贵有自知之明。

2)无私奉献。老子认为具有高尚品格的人应如水一般,善于滋润万物却又不与万物相争利益,停留于众人所不喜欢的“私”上,因而最接近于“道”。因此,管理者若要获取众人的拥戴与支持,就应具有无私奉献的精神。

3)有容为大。老子指出,“上德若谷”、“上善若水”。正所谓“海纳百川,有容乃大”;崇山峻岭,虚怀若谷。管理者率众成功的必备品格之一就是应具有容天地、纳万物的宽阔胸襟和崇高气度。

1.4 法家的管理思想

春秋末期,王室衰微,王权旁落,周天子早已失去驾驭诸侯的权势,诸侯国争夺霸权,卿大夫专权跋扈,新旧势力斗争激烈,出现了所谓“礼崩乐坏”的动荡局面。为求国富民强,新兴地主阶级走上政治舞台变法改革,相继出现了一大批重视法律,提倡“依法治国”的政治家,如齐国的管仲、郑国的子产、秦国的商鞅与韩非等。他们大都参与国政,执掌国柄,实施了不同程度的政治改革,为后世留下了可资借鉴的管理思想。

1.4.1 法家管理思想概述

(1)发展经济为治国之本

法家人物多是实践中的政治家,他们变法活动的终极目标就是富国强兵,以期建立一个强大无比的国家。有效的经济活动则是实现这一目标的主要支柱。法家人物无一例外地十分重视国家的经济建设,在他们提出的“治国之术”中包含着大量发展经济的思想。如李悝明确提出了“尽地力之教”,即充分发挥土地的潜力以达到粮食增产的目的;强调要充分利用土地,如农舍周围要栽树种桑,菜园里要多种各种蔬菜,田间地头也要种植瓜果,要种植各种粮食作物以防种植单一作物发生灾害,要精耕细作,勤于除草,加强田间管理以提高粮食产量。在粮食收购方面,他又创立“善平籴”政策,丰年由国家平价收购余粮,储存备荒;歉年平价出售这些存粮,平抑粮价,以防投机者囤积居奇,达到稳定社会秩序的目的。商鞅提出“农战”论,通过改变土地所有制关系,以法律来保障土地的私有权。为了发展农业,他主张打击工商行业,禁止农民迁徙,整顿农业税制。他不但称“岁”(农民苟安偷生)、“食”(浪费粮食)、“美”(美衣精食)、“好”(珍奇玩好)、“志”(官员消沉)为“虱害”,而且力主限制“《诗》、《书》、《礼》、《乐》、善、修、仁、廉、辩、慧”的流行,①因为他认为,所有这些都引诱人们避农耕谋图他利,是危害农业生产的事物。

(2)尚法明刑

法家主张依法治国,把法作为管理国家的根本大计,国家的一切事物都必须依法行事。

商鞅认为,“法”是人类社会发展到一定阶段的产物。他把历史分为3个时代:上世、中世和下世。上世“民知其母而不知其父,其道亲亲而爱私”,社会靠血缘关系来维持,这是指原始社会母系氏族阶段;中世,“上(尚)贤而说(悦)人”,社会靠道德观念的“仁”来治理,这是指父系氏族阶段;到了“贵贵而尊官”的下世,人们“以强制弱,以众暴寡”,社会混乱,争夺激烈,各国都致力于兼并战争,百姓也不像古代那样淳朴,虞舜、夏禹、商汤、周武时代讲礼义、行仁政的治国之道已经行不通。时代变了,治国治民的原则自然也应随之转变,应该实行封建制的刑治或法治,靠立君置官立法来统治。在两次变法期间,他都提出了一系列的具体措施,主张施行严厉刑法,对于破坏变法的人处以重刑,即使是皇亲国戚也不例外。

法家先驱子产对于为何要主张严刑有一段精彩的说明。在他即将谢世之前,曾对他的后继者游吉说,“我死了之后,你一定会继承我的位子来治理国家。治国一般有两种手段,一是宽,一是猛。用宽是第一位的,但不是随便什么都能以仁慈宽厚的手段来解决,只有品德高尚的人才能做到。其他的人来治国只有严刑峻法,用猛的手段了”。原因何在？子产说,烈火熊熊燃烧,十分凶猛,老百姓见而避之,不然就有被烧死的危险。相反,水则显得懦

---

① 《商君书·农战》

弱，没有威猛的气势，老百姓不知躲避，因而轻视他，这样溺死的人就多。所以说，仁慈宽恕是很难做到的，难以用来治国。

韩非是法家理论上的集大成者，它将法、势、术三家合而为一，建立了有机的思想体系，尤其主张理性赏罚。他认为，实行人治必然导致营私舞弊、玩弄智巧，必须坚决反对。而只有依靠法度，严格地实行赏罚，才能使机巧权变的人不敢玩弄其诈骗之术，邪恶狡猾的人不敢施展其如簧之舌，阴险奸邪的人没有钻营的机会。依法治国，依法择人，依法论功，就是受到惩罚的人，也会心安理得。

(3)君主专制

法家主张君主专制，这与当时的时代形势有关。因为当时诸侯纷争、群雄并立，人们迫切需要有一个统一稳定的国家，加强统一的中央集权已成为当务之急。

商鞅认为，治国无外乎三要素，包括法、信、权，而权应是君主所独断的，凡立官封爵、论功行赏等等权利，都要掌握在君主手中。在变法实践中，他首创郡县制，把秦国的乡邑合并为31个县，县令由国家随时任免，这样地方官的任免权就掌握在了君主手中，从而在制度上确保了中央集权制的事实。申不害明确提出，君主应该独视、独听、独断，应该使用权谋来统驭群臣，以防他们专权。韩非则将君主专制独裁的主张发展到了极致。他说，“事在四方，要在中央，圣人执要，四方来效”。主张加强君权，认为君权不能相分，也不能借给别人，“上失其一，臣以为百”，且“人主失力而能有国者，千无一人”。国君一旦给臣下放一点权力，臣下就有可能得寸进尺，最终连国君的位子也可能保不住。因而，包括制定法律在内的一切大权，均应掌握在君主一人手中，臣下百官必须依法办事，决不允许有任何法外特权。

(4)招纳贤才

法家注重人才的选择与任用，具体有以下4个原则：

第一，以功授官。“功”，是法家选拔和使用人才的首要标准。

如申不害主张废除贵族世袭特权,根据功劳的大小决定人们官职、爵位的高低、社会地位的贵贱。他指出,“宗室非有军功论,不得为属籍”,即除国君嫡系、秦之宗室外,如果没有军功,就要取消其宗室的资格。《韩非子》也反复指出,人的禀性生来就“好利”,以功劳大小按爵赏禄,就会刺激人们建功立业的积极性。

第二,任人惟贤。慎到认为,治国离不开贤能之士,主张以“智”取人,“将治乱,在乎贤使任职,而不在乎忠也”。他还说,“人各有所长,亦各有所短”,君主应“不设一方以求于一人”,应当具有聚天下人才之才,用天下人才之能的眼光,君主任人要能依其智能和所长。

第三,不拘一格。《韩非子·显学》中说,“宰相必起于州部,猛将必发于卒伍”。选拔人才必须面向基层,面向民众。国家的政治人才一定要从地方官吏中提升,军事人才一定要在士兵中挑选,不能以言取人,更不能论资排辈,不能以出身、门第及为官时间长短作选拔升迁的标准。

第四,重在实践。主要表现为,其一重在选拔对象一贯的行为表现而非说辞、宣言;其二重在考察实际工作的过程及其实际效果。韩非子在其《内储说上》中讲的著名的“滥竽充数”的故事,就充分论证了这一点。

1.4.2　商鞅的经济管理思想

商鞅(约公元前 390—公元前 338 年),卫国国君后裔,本名公孙鞅,又称卫鞅,后因在仕秦时主持变法与率军伐魏有功,封地商(今陕西省商县东南和河南省内乡、淅川两县即丹江中下游一带地区),号为商君,世称商鞅。

商鞅所处时代,兵丁来源于农民,财力、物力来源于农业,欲国家富强,自然离不开农业,这是商鞅始终把促进生产发展作为自己变法改革着眼点的主要原因。其经济管理思想主要表现为两个方面:重农、抑商。

(1)重视农业

农业是富国之本。在《慎法》篇中,商鞅从实现王霸之业的高度论述了农业发展之于国家发展的重要性。他认为统治者驱使广大劳动人民积极从事和发展农业,是巩固政权并进而在战争中兼并其他诸侯的重要保证。同时,他也明白,耕种是人民感到最劳苦的事情,就是孝子、忠臣也不一定愿意为其双亲和国君去做。要驱使人们去做这样的事情,就一定要借助刑法去强制,同时借助赏赐去鼓励。因此,在变法实践中,他运用行政和法律等管理手段,采取了一系列鼓励农业生产的管理措施,主要如下:

1)奖勤罚懒,鼓励耕种。商鞅主张,"僇力本业,耕织致粟帛多者复其身,事末利及怠而贫者,举以为收孥"。[①]"复其身"是赏,即对努力本业(农业)而生产粟帛多的,免除徭役;"为收孥"是罚,即对从事末业(商业)和懒惰游手好闲之人,罚作奴隶。

2)提高粮食价格。商鞅主张通过提高粮食价格来吸引人们从事农业。他认为,粮食价格提高了,种田的人就会得到利益,从事农业的人就多。同时,粮食价格高,买粮食不合算,再加上非农业人口要承担繁重的赋税徭役,那么人们就会自然放弃工商业而从事农业。

3)推行有利于农业的租税政策。商鞅认为,农业税收的繁杂,必然会使农民因负担过重而减少务农时间。因此,他主张对农业税征收实物并订较低的税率,以鼓励农业的发展。至于征收数量,则应以"政不烦,民不劳"为限,[②]如此,才可以使农民安心农事,才能达到"业不败,草必垦"的目的。

4)向国家交纳粮食就可以取得官职。这是商鞅开创的鼓励农业生产的新举措。他说,"民有余粮,使民以粟出(捐)官爵",[③]

---

① 《史记·商鞅列传》

② 《商君书·垦令》

③ 《商君书·勒令》

人民有余粮，政府可以让他们用粮食来买官爵。如此，“粟爵粟任，则国富”，[①]以出粮多少授爵、任官，人们自然就会积极从事农业生产，国家就会富足。

此外，商鞅认为，为了让人们更好地从事农业生产，应尽可能把人们束缚在土地上，使他们能够专心搞好农业生产。为此，他还颁布了一些禁令，诸如“废逆旅”（禁止开设旅店，让流亡人口无所居留）；“使民无得迁徙（禁止民间自由搬迁，尤其是从农村迁往城镇）”；“声（乐声）、服（戏服）无通于县”（禁止县以下的各种声色娱乐活动，避免农民分心而影响到农业生产）；富有人家不得调用农业劳动力大兴土木，为自己修改房屋和各种设施等等。商鞅甚至还为此实行愚民政策，禁止富人到农村闲住、观光和旅游，以免农民产生贪图安逸的思想；禁止读书人到乡下讲学，以防农民思想分散、放松农业生产劳动等等。如此，农民则无所闻见，“愚农不知，不好学问。则务疾农”，就是要把农民与外界完全隔离开来，使之永远处于愚昧无知的状态，专心务农，听从摆布。

（2）抑制商业

商鞅认为，如果让商人富有，商业就得不到禁止，商人就会得利，游荡混饭吃的人就必然增多，这样，要让人们归心农事，便不可能。因此，在采取各种措施鼓励人们从事农业生产的同时，他还对其他社会经济活动，只要是不利于农业的都加以严厉打击，主要表现为：

1）国家垄断粮食市场，禁止粮食自由买卖，不许商人在丰年从农民手里收购粮食，阻止他们囤积居奇、牟取暴利，迫使商人回到农业生产中去，增加农业生产劳动力，促进农业生产的发展。

2）对商业征收重税。商鞅主张对商业实行重税政策，“不农之征必多，市利之租必重”，主张加重关口和集市的商品税；加重酒肉的税额，让税额相当于成本的10倍等等。如此，“则农恶商，

---

① 《商君令·去强》

商有疑惰之心”,农民更专一于农业,商人又会转而为农,这对农业会十分有利。

3)加重商人的徭役。通过加重徭役负担可对商人产生强大的规避作用。他主张根据商人家庭人口摊派公差,他们的仆役必须按规定服役;商人家的余子都要担负徭役,不得逃避;对商人家吃闲饭的人按其人数收税,而且多派公差等。繁重的徭役就会迫使商人不得不放弃商业。

4)为商人买卖活动设置障碍。如“废逆旅”,禁止开设旅店,使商人外出经商无处食宿;“壹山泽”,山海资源商人也不得自由经营。这就会人为地给商人日常生活和交易活动造成许多不便,阻碍其经营活动的正常进行。

1.4.3 韩非的经济管理思想

韩非(约公元前280—公元前233年),战国时期人,出身韩国世家贵族,曾师从荀子,先秦法家思想集大成者,其著作保存于《韩非子》一书中。

韩非认为,对于一个国家而言,只有富才能强,只有强才能成就霸业;要富,就得发展经济。因此,《韩非子》中蕴含着丰富的经济管理思想。

(1)富国利民

韩非的治国目标是协助秦国一统天下,因此,其经济管理思想的重点就在于如何富国。正如他所说,“圣人之职也,审于法禁,法禁明著则官治,必于赏罚,赏罚不阿则民用,民用官治则国富,国富则民强,而霸王之业成矣”。①

与此同时,韩非认为,人的物质需求起源于人类自身生存的需要,是人天性使然,具有客观合理性,“人无毛羽,不衣则不犯寒;

① 《韩非子·六反》

上不属天而下不着地，以肠胃为本，不食则不能活，是以不免于欲利之心”，[①]故“饥而食，寒而衣，不令而自然也”。[②] 因此，韩非主张在富国的前提下，满足民众的合理需求以利民，百姓得利，就能满足其“欲利之心”，统治者也能得民，成就自己的“霸王之业”。

韩非又认为人的“利欲之心”永无止境，是祸患之源，正所谓“人有欲，则计会乱；计会乱，而有欲甚；有欲甚，则邪心胜；邪心胜，则事经绝；事经绝，则祸患生。由是观之，祸难生于邪心，邪心诱于可欲”。[③] 因此，韩非主张对利民有所限制，引导人们通过自我调整，对自己的物质需求加以限制。他还为人们自觉调整和限制其需求提供了标准。其上限可表示为“衣足以犯寒，食足以充虚”，下限可表示为“相忍以饥寒，相强以苦劳”，概括来讲就是：好好劳动，保持温饱。

(2)以农为本，抑制工商

韩非认为发展农业是富国的根本途径，应把农民和农业放在富国之本的位置上，彻底实行耕战政策。

为切实保障“以农为本”，韩非提出了若干加强农业的政策性措施：第一，奖励农耕，使民众可以因为农业劳动而得到富贵，“民有余食，使以粟出爵”。第二，采取各种措施，保护农业劳动力。他认为，劳动力对发展农业生产具有决定性作用，若“农夫怠于田者，则国贫也”。据此，韩非主张保护民众产业，让国民繁衍生息。同时，为增加农业劳动力，韩非主张采取强硬手段使“浮荫趋于农耕”，使全国的劳动力向农业转移。第三，尊重农业生产规律。韩非认识到了自然规律的不可抗拒性。在他看来，凭一个人的力量，即使最长于种植的后稷也不能使之高产，而按照自然规律进行种植，就是奴仆的力量也可以获得好收成。因此，他认为，在农业生

① 《韩非子·解老》

② 《韩非子·安危》

③ 《韩非子·解老》

产过程中应注意得力于天时,按照规律办事。

为了巩固农业的地位,韩非认为应相应降低工商业的地位。他认为,商人不耕不织,不生产粮食,无益于富国强兵。作为消费者,商人还像田里的害虫一样,会大量耗费粮食。同时,商人的买卖活动既不辛苦,赢利又高,会引诱农民弃农经商,这也会严重破坏农业生产,自然应加以抑制。基于此,韩非主张国家对商人和商业严加管理,打击商人的利益,使“市利尽归于农”,其主要措施有:第一,打击奢侈品贸易,提高非生活必需品的价格,阻碍商品的销售。这样商人就会因商品国家定价过高难以销售而放弃经营活动,弃商务农,增加农业劳动力。第二,调整赋税,提出应“论其赋税以均贫富”,重税工商之民,轻税农民,通过赋税来调整农民和商人之间的收入差距,使商人看不到经商优于农业的收益而主动放弃商业。第三,降低商人社会地位。韩非说,“夫明王治国之政,使其商工游食之民少,而名卑以寡”,也就是使商人成为社会上地位最卑贱的阶层,百姓自然就会不愿经商,经商之人就会减少,回归至农业生产。

(3)多种经营,多元增值

韩非认为增加社会财富有3个途径:一是“地利”,“山林泽谷之利”;二是“天时”,风调雨顺的“天功”;三是“人为”,即人类的生产劳动。

“地利”、“天时”非人力可为,但通过改善人类的生产劳动,却可以增加社会财富。在此方面,韩非基于当时的社会生产实践,主张应“以农为本”,但并不是“以农为一”来限制人们的生产活动。同时,他也发现,其他经营方式确实可以起到增加社会财富的作用。因此,与“以农为本”政策相伴而生的是他的多种经营并举的增加社会财富的途径,具体包括:农业、畜牧业、家庭纺织业、商业等。另外,韩非还认为“审于地形、舟车、机械之利,用力少,致功大，则入多”，[①]充分发挥运输的功能、提高运输效率、节省运输费用，同样可以增加社会财富。

(4)人性本恶，依法管理

韩非认为人人都有“好利恶害”或“趋利避害”的本性，基于人的这种本性，他认为君主可以利用自己所掌握的生杀予夺之权以赏罚的办法来控制臣民，“凡治天下，必因人情。人情者，有好恶，故赏罚可用。赏罚可用则禁令可立而治道具矣”，进而认为人性既然是自私自利、不可改变的，为了“禁暴治乱”就只能使用法治，“禁暴治乱”，以刑去刑。在这种思想指导下，韩非的经济管理思想非常重视制度的作用。他认为经营管理都应有制度法规为依据，而不能单凭统治者的个人意志来进行“人治”。在他看来，实行“人治”，结果必然是治国国亡、治家家败，而按照制度法规办事，进行经营管理才是最稳妥的措施。

1.4.4　《管子》的经济管理思想

管仲(？—公元前645年)，名夷吾，字仲，颍上(今安徽省颍上县)人，春秋时期的著名政治家和思想家，相齐40年，辅助齐桓公成为春秋时期的第一位霸主，取得了政治改革、军事建设与外交政策的成功，在此过程中他推行的经济改革起了基础性的作用。

《管子》一书是由后人根据管仲的事迹结合管仲治齐的政绩编辑而成，虽非管仲亲笔所为，但其中的许多言论是与管仲的经济管理思想一脉相承的。

(1)安民富民为治国之本

管仲推崇富民政策，认为“凡治国之道，必先富民。民富则易治也，民贫则难治也”(《管子治国》)。他认为，百姓有“逸乐”、

① 《韩非子·难二》

“富贵”、“存安”、“生育”4种需求，顺从这些需求，就会政通人和，受到拥戴。百姓厌恶“忧劳”、“贫贱”、“危坠”、“灭绝”4种情况，硬要去做这些事情，再亲近的人也会背叛。因此他十分强调经济生产对于政治和国计民生的重要性，反复告诫统治者要致力于农业，保护好粮仓，这样才能做到“国多财”、“地辟举”、“仓廪实”、“衣食足”，国富民强，百姓安定。“国多财则远者来，地辟举则民留处，仓廪实则知礼节，衣食足则知荣辱”，有了雄厚的物质基础，其他各国的人自然就会前来投奔，老百姓自然就能安居乐业、遵纪守法、皈依礼节，以达国治。

(2)农业管理思想

管仲非常重视对农业的管理，他在这方面的主张有许多独到之处。

1)大力发展粮食生产。他反复强调粮食生产的重要性，极力主张国家在管理农业时必须努力保证粮食生产的发展，坚持把粮食生产放在首要地位，把粮食的作用与人民生活、国家命运直接联系起来，正如他所说，“粟也者，民之所归也”，“粟者，王之本事也”。他还提出在保证粮食生产的前提下，实行多种经营综合发展。“务五谷则食足，养桑麻，育六畜则民富”，“行其山泽，观其桑麻，计其六畜之产，而贫富之国可知也”。从这些论述中我们看出，管仲认为，只有粮食充足了，多种经营也发展了，才能满足人们多方面的生活需求，实现丰衣足食，国家富强。

2)提倡因地制宜，科学种田。管仲认为，土地的自然形势不同，土质的肥沃程度不同，人们必须适应山林草泽土质肥瘠的特点，宜粮则粮，宜畜则畜，宜桑麻则桑麻，务使各得其宜。他组织人力对全国土地进行了详细的调查与规定，把全部土壤分为上土、中土及下土，进而划分为90个类别，对于每种土壤的性状、特征及其所宜种植的作物、树木都有精到的了解，用以指导农业生产。

3)注重兴修水利。管仲主张专设“水官”，调集全国力量，经常而有计划地防治水害。要求在防治水害的同时，蓄水为池、兴修水库,收分洪防洪和灌溉之利。我国历史上的第一座水库就是在齐国兴修的。

4)主张分户经营,提高生产者积极性。管仲指出:“均地分力,使民知时也”,“与之分货,则民知得正(通“征”)矣,审其分,则民尽力矣”。所谓“均地分力”,实际就是分户经营。所谓“与之分货”则民知“得正(征)”,即实行固定地租,使农民预知其自家所得与地租征收的比例。一言以蔽之,就是主张废除井田制,采取封建剥削方式。这样,有利于促进地主制经济制度的形成。显然,比起以往的隶农制和农奴制来,能显著提高生产者的积极性。

(3)矿业管理思想

在对矿业的管理实践中,管仲主张将所有权与经营权相分离,实行经营承包。

管仲所处时代,金属货币、生产工具与武器装备,都源于矿业的发展。盐和铁又是销售量最大的产品,利润极为丰厚,管仲十分清楚地看到盐铁官营是极其重要的生财、聚财之道,也是国家重要的财源。因此,为了统制市场,发展工商业,增强国家财力,管仲果断地实行矿权国有,坚决主张在矿权归属上由国家占有,由国家设置盐官、铁官,建立盐场、铁场,进行统一管理。

开山采矿、冶铁和煮盐,是一项大规模且十分繁重的劳动,因此,管仲不主张由国家强制征役直接进行开采,而是代之以利益驱动办法,由民间承包经营,利润实行“三七”分成(即“民得其七,君得其三”),同时辅以价格和税收调控政策加以管理,从而实现了矿权国有,生产权让给自由民,而将流通销售权掌握在国家手里,既调动了生产者的积极性,又将所有的盐铁产品由国家统一掌握起来,收到了经济、政治等多方面的好处。这种管理办法,近乎现在的国有民营、两权分离、经营承包,堪称深通经济管理的卓越之见。

(4)手工业管理思想

管仲在中国历史上第一次将国人按职业划分为士(奴隶主阶级的下层)、农(主要是从事农业的平民和奴隶)、工(官府控制的手工业奴隶)、商(包括自由商人及商人和官府控制的商业奴隶)四民。强调四民不能混杂居住,否则就会造成从思想上到行为上的混乱,因此主张"定四民之居",采取"参(三)其国,而伍(五)其鄙"的措施,将整个国家划分为士、工、商3部分共21个乡,其中"士乡十五,工、商之乡各三"。"五其鄙"是将野划分为五属,都是农业人口。

管仲认为应加强对手工业的管理,主张国家专设官吏并建立完备的规章制度。他在齐国置官设吏,加强对农、工、商的管理,倡导守农时、薄税敛、通有无、重奖专业人员,力戒奢侈淫巧,促进社会生产的发展。提出"非诚工不得食于工"的思想,即不是真正名副其实的工匠就不得从事手工业。主张"同业聚居,父子相承","相语以事,相示以功,相陈以巧,相高以智",实行职业世袭制,虽然比较原始,但的确促进了手工业的早期发展,并有利于稳定社会秩序,是当时的一项重要政策主张。

(5)商贸管理思想

管仲主张采取灵活的对外经济贸易政策,允许私人从事国际间的贸易,鼓励百姓将各种农副产品"鬲之四方"。对于渔业、盐业的产品,出口不征税。还在通往各国的大道上每隔15公里设一驿站,免费供给往来客商食物,极力招徕外国商贾到齐国做生意。这样一来,齐国真可谓"商贾云集,摩肩接踵,商品聚散运转如流",不仅有效缓和了士、农、工、商等各行业的矛盾,而且大大增强了国家的经济实力。

在商业与市场的管理中,他主张由国家政府直接经营商业,通过吞吐物资,掌握价格,对市场进行干预与管理。在这方面管仲特别重视3项举措:一是掌握重要商品。古代经济以农业为主体,粮食自是重要商品。因此善于治国者,就应当利用国营商业抓住粮食这个关乎国计民生的重要商品,善加经营,在粮食有余的年份组织收购与贮存,在不足的年份组织供应。至于盐、铁这类重要商品的流通,管仲更主张国家垄断专卖,将流通经营权全部掌管起来。二是掌握重要的流转环节。在商品流转过程中,国家如能抓住根本,掌握住商品购销的初始环节,就能掌握主动权,商贾们便无法控制市场了。至于如何操作,则视不同商品和商流过程的不同阶段而定,具体问题具体对待。三是掌握商品流通的重要阵地。对于已经处在流通过程中的商品,则要掌握大宗交易的批发市场。

1.5　墨家的管理思想

先秦时期,儒墨并称显学。其创始鼻祖墨子主张兼爱、非攻、尚同、尚贤、节用。由于其思想在一定程度上迎合了统治阶级以及小生产者的利益,由是获得广泛支持,遂成墨家学派。孟子时期,墨学已成为对立于儒学的一大显学。自汉代"罢黜百家,独尊儒术"之后,墨家中绝。

墨家管理思想主要体现在《兼爱》、《尚贤》、《尚同》等篇中。虽然较多是朴素、自然、经验性的推论,但见解深刻、精辟,对于当今世界企业管理和行政管理不无借鉴意义。

1.5.1　墨家管理思想概述

(1)代表先秦社会变革时期小生产者的利益和要求

春秋战国时期,我国正处于生产关系、阶级关系大变革的封建制初期。社会动荡不安,一方面是奴隶主贵族日渐没落但仍掌握着政治上的统治权;另一方面是小生产者等所谓的"贱人"开始逐渐发展，并逐渐将社会财富聚集在自己手中。在长期生产斗争中形成的户主观念使他们在动荡的社会关系中更加迫切的寻求彼此的帮助与支持，更是希望自己的财产私有权能够得到确认和保护，尤其是在政治层面上的确认和保障。如何应对这些问题？墨家管理思想顺应了社会历史发展的趋势，提出了一系列反映小生产者利益的主张，如“兼相爱、交相利”的管理目的论，实质上是小生产者互助观念的升华；新的贤才的标准，则为小生产者团体进入国家政治集团开辟了一条道路。

但是，作为小生产者利益的代言人，墨家学派管理思想不可避免地会带上小生产者自私自利、偏安一隅但求风平浪静的阶级局限性。其管理思想在很多方面都昭显出一种“改良”甚或“无助”的心态，充分暴露了小生产者在政治上的软弱性与妥协性。如墨子在主张以“尚同”观念统一天下是非善恶标准之时，最终还是以“天子”、“上天”的是非善恶标准为参照的。不求诸自身而反求于上天，客观上就显示出了他们的软弱无助。

(2)针对现实时弊

由于出身于小生产者，墨家深谙民间疾苦，对于已经腐朽了的奴隶制国家早已不感兴趣。他们所思考的是如何把握社会历史发展的趋势，有的放矢地解决当前社会中的问题，为社会历史的发展排除障碍。因此，他们的管理思想主要是针对时弊，特别是旧有奴隶制国家之弊，有感而发、有感而作，具有很强的现实针对性。如墨子针对当时国与国互相攻伐、家与家互相抢夺、人与人互相残害，强凌弱、富辱贫、贵傲贱、诈欺愚等一系列压迫欺诈的社会罪恶现象，提出了“兼相爱，交相利”的管理思想。“节用”、“尚贤使能”等也是针对当时时弊而提出的。

(3)在与儒家传统观念斗争的过程中逐步发展完善

墨家学派创始人墨子曾“学儒者之业，受孔子之术”，只是后来发现儒家学说烦扰繁琐，劳民伤财，才背周道而用夏政，遂成墨家学派。因此,从墨家管理思想产生之初,我们就可窥见儒、墨斗争的影子。墨家学派正是在对儒家学说一系列批判的基础上逐渐构筑起了自己的管理学说并逐步完善的。如在最根本的管理指导思想上,孔子提倡正名,希望以此挽回穷途末路的奴隶制国家的颓势,而墨家的着眼点已不在族有的奴隶制国家,正如墨子所言:"非以其名也,以其取也",[①]不是什么名不名的问题,关键是应了解社会发展的趋势以顺应社会历史发展。在具体的管理思想上,儒家为求仁义孝道,主张"三年之丧",墨家为求生产发展、节用、富强则提倡"非丧"。在义利关系上,儒家认为义利不可得兼,认为"君子喻于义,小人喻于利",[②]墨家认为"义,利也",[③]义利可以和谐统一。儒家主张"亲亲有术,尊贤有等"的有差别的仁爱,墨家主张无人我差别、无远近亲疏差别的泛爱。儒家主张"故旧不遗"的"亲亲"的选投制度,墨家提出了"不党父兄,不偏贵富,不嬖颜色"[④]的"尚贤"制度。

1.5.2 墨子的管理思想

墨子(约公元前480—公元前389年),姓墨名翟,鲁国人,墨家学派的创始人,其管理思想主要体现于《墨子》一书中。

(1)"兼相爱,交相利"

春秋战国时期,礼崩乐坏,天下大乱,值此制度变更之际,身处其中的墨子目睹了各诸侯国之间相互征伐,君臣、父子、兄弟之间彼此仇视、相互残害等一系列丑恶现象,以及由此造成的对社会生产活动的极大破坏。如何解决这种"强之凌弱、众之劫寡、富之辱

① 《墨子·贵义》
② 《论语·里仁》
③ 《墨子·经上》
④ 《墨子·尚贤中》

贫、贵之傲贱、诈之欺愚”的社会问题,便是墨子学说的现实出发点,也是其全部思想学说“矢”之所在。

通过对社会现实的详细考察,墨子认为“别”是一切祸患的根源。所谓“别”就是划分彼此你我,追求彼此利益的对立,只求爱己、利己,不求爱人、利人。因此,“凡天下祸篡怨恨,其所以起者,以不相爱生也”。[①] 因此,他大力提倡“以兼相爱、交相利之法易之”。[②] 所谓“兼”,就是“爱人若爱其身”,“视人之室若视其室,视人之身若视其身,视人之家若视其家,视人之国若视其国”,[③]即对待别人的国家就像对待自己的国家一样,对待别人的家族就像对待自己的家族一样,对待别人的身体就像对待自己的身体一样。在此,墨子提出,所有的人都应该相互爱护,多从对方的角度出发来思考问题,这样就可以避免误解,消除冲突,改变时弊。

另外,墨子提出,通过相互给予利益(“交相利”)的方法也可以达此目的。他认为做有利于他人之事,并不意味着只有利于他人,其实利益是相互的,因而决不可做损害他人之事。损害他人利益的同时亦会损害自己,只有人们各不相害,彼此相利,把个人利益建立在整体利益之中并把两者糅合在一起,才能实现富国安民的愿望。在此,我们需要注意的就是墨子关于个人利益与整体利益关系的论述。其“交相利”的思想,也即将个人利益建立于整体利益之中的思想,比较恰当地处理了个人利益与整体利益之间的关系,值得我们细细思考。正如墨子所说:“体,分于兼也”。“体”是指一部分,“兼”是指全体,“体分于兼”,即为部分存在于全体之中,个人利益依赖于整体利益。

墨子讲“利”也讲“义”,但与孔子之“义”大相径庭。孔子之“义”同礼相关,以礼为准则,求利要合乎义的标准。他一再强调“君子喻于义,小人喻于利”,君子当“见利思义”、“见得思义”、

---

① 《墨子·兼爱中》
② 《墨子·兼爱下》
③ 《墨子·兼爱中》

“义然后取”，就是要用伦理规范去制约利。与此相对，在义利关系上，墨子主张“义以利为准，利于人方为义，不利于人的行为就是不义。凡言凡动，利于天鬼百姓者为之”，否则就“舍之”。[①] 一切言论行动，都以是否有利为标准，甚至将义等同于利，“义，利也”。在此，他从小生产者的立场及其功利务实的作风出发，克服了儒家之君子只讲“义”不讲“利”的虚伪性，重新审视义利关系，使“义”、“利”二者从儒家之对立走向了墨家的和谐与统一。

墨子欲以“兼相爱，交相利”来医治社会时弊，如得其所愿，则“强之凌弱、众之劫寡、富之辱贫、贵之傲贱、诈之欺愚”的社会面貌则转变为“诸侯相爱则不野战，家主相爱则不相篡，人与人相爱则不相贼，君臣相爱则惠忠，父子相爱则慈孝，兄弟相爱则和调，天下之人皆相爱，强不凌弱、众不劫寡、富不辱贫、贵不傲贱、诈不欺愚”，[②]社会中将不再有祸害、篡夺、埋怨、愤恨等而只有相爱。何其美哉！

那么，如何才能构建这种诱人的“兼相爱，交相利”的社会呢？墨子提出了一系列的管理措施，如尚同、尚贤、节用等。但在当时条件下，要想真正落到实处，又是何其难哉！战国时期，王权衰微，群雄并起，各诸侯之间为争夺土地、人口而展开长期残酷的厮杀，特别是在物质财富尚未丰富到一定程度的历史阶段，阶级与阶级之间、阶层与阶层之间、个体与个体之间永远也不可能是一种完全平等、视彼若己的关系。因此，以其阶级背景来看，“别”是实然，是恶；“兼”是应然，是善，只能说是墨子所追求的理想。

(2)尚同控制

墨子通过对人类社会发展史的考察，指出天下大乱是由于缺乏行政长官的管理。他认为有史以来的社会纷乱的主要原因就在于人们判断是非标准不统一，意见不一致，“一人则一义，二人则

---

① 《墨子·贵义》

② 《墨子·兼爱中》

二义,十人则十义。其人兹众,是以人是以其义,以非人之义”。[1]个人都有一套自己的主张,彼此交互攻击,以致父子兄弟互相怨恶、百姓之间以水火毒药相残害,“天下之乱,若禽兽然”。而要从根本上消除社会动乱,不仅要“选择天下贤可者,立以为天子”组织国家,更为重要的是在思想上统一人们的是非标准。人的行为通常受思想意识的支配,没有思想的统一,便不可能有行动上的一致。因此,为求“兼相爱,交相利”的社会美景,墨子提出了“尚同”的观点。

何谓“尚同”?“尚同”即“上同”,令全民与上同。用墨子自己的话来讲就是“上之所是,必亦是之。上之所非,必亦非之”,即上司认为是正确的事情,下面也都会认为是正确的事情;上司认为是错误的事情,下面也都会认为是错误的事情。只有这样,才能真正做到令行禁止、上下同心,才能出现天下大治的局面,才能实现“兼相爱,交相利”的社会美景。

尚同,同于何处?“天下之百姓,皆上同于天子”,[2]“总天下之义,上同于天”,[3]也就是要集中统一到最高统治者那里。从墨子所设计的行政组织层级看,包括天、天子、诸侯、三公、大夫、将军、乡长、里长、士、庶人这一等级序列。从言论行为到思想意识,一切都统一于上一级,层层上同至天子与天。而为了保障这样的集中统一,墨子强调“上同而不下比”,只能服从上面的行政长官,而不能附和下面的人。每一层梯上的成员均不得随意行事,要依次由各自的上级来领导,这是贯彻最高意志的组织系统与组织原则。用这样的组织关系,建立起自上而下的绝对领导与有效的逐级管理。就此,经过自下而上的思想统一和自上而下的组织管理两个双向同构过程,一个新的和谐稳定的统治秩序就得以确立。同时,墨子规定,“一统天下之义”的天子,还必须“总天下之义,上同于

---

① 《墨子·尚同上》
② 《墨子·尚同上》
③ 《墨子·尚同下》

天”，企图建立一个超人间的权威来监督人间的最高统治者是否为圣明天子。

仔细考察墨子这些尚同主张，我们不难发现，虽然其主观上是以“一同天下之义”以求统一天下善恶之标准，使人们的行为具有相同的思想依托，但其思想本身，特别是天子“上同于天”的思想，实行自上而下的领导，思想上惟上是从，以上级之是非为是非等，价值取向和判断标准无疑只会导向集权和专制，这反映出了小生产者对自己命运的无能为力，在政治上的软弱性和对统治阶级的依赖性，客观上成为了集权主义、专制主义的思想基础。

作为墨子始终关注的问题，“尚同”思想中关键的天子怎么才能够始终以“爱利”为怀，始终能够以“兼相爱，交相利”为念呢？为此，墨子提出了上级特别是天子了解下情的重要性，“上之为政，得下之情则治，不得下之情则乱”。天子只有了解下情才能够明白人民善恶观念之所在，“上之为政得下之情，则是明于民之善非也”，[①]才能做出正确的决策，顺应民意。那么，如何才能做到上下情畅通呢？墨子建立了一个信息收集和宣传网络。于天子而言，就是要“能使人之耳目助己视听，使人之吻助己言谈，使人之心助己思虑，使人之股肱助己动作”，[②]也就是说要借用他人的耳目开阔视听，通过他人的嘴巴广泛传播观点，凭借他人心灵的思考迅速获得正确的谋略、计划，调动他的手脚高效完成各种任务，这样，“尚同”也更易于操作。

(3)尚贤使能

“尚贤”是墨子管理思想中的重要内容。

“尚贤”与“尚同”一脉相承，同时也有力地保障“尚同”的实现。依墨子看来，统治者如果能够做到以贤能为用人的标准，形成自上而下的贤人政治，就能够顺利地实现尚同。统治者应该如何

① 《墨子·尚同下》

② 《墨子·尚同中》

尚贤呢?

首先,墨子针对社会时弊提出了新的贤才标准。墨子所处时代也有“贤才”,总体而言,就是贵族之贤、君子之贤,至于君子之外的“贱人”则无贤可言。反观贵族贤才,其弊甚大,主要表现为:坐享其成,“舍余力不以相劳”;吞并社会财产,包括“腐臭余财”的山林川泽;霸占受教育权,使“贱人”奴隶们日夜劳作,但生活难以为继,且始终被排斥于统治阶层之外,愤懑之情日益增长,与贵族贤人的矛盾日益激化。针对此现实,墨子提出了“贤”的新标准,即“有力者即以助人”、“有财者勉以分人”、“有道者劝以教人”。[1]只有依照新标准选拔贤才,才可以扭转贵族贤人之时弊,才可以真正做到贤人之“尚同”。

其次,墨子提出了“有能选之,无能去之”的人才选拔观。依据新的选材标准必定会对旧的选才制度形成巨大的冲击。旧之选才,更多看重的是“故旧”、“旧遗”;新之选才,则注重“能力”。因此,墨子提出要打破尊卑贵贱的等级界限,反对世卿世袭和任人惟亲,主张“官无常贵而民无终贱,有能则举之,无能则下之”,[2]以让一切有德行、有才干的人参与政治;选拔人才应“不党父兄,不偏贵富,不嬖颜色”,“虽在农与工肆之人,有能则举之”。同样,如果管理者不称其职,则应“抑而废之,贫而贱之,以为‘徒役’”。[3] 所有这些主张都在表明应当根据一个人的贤能亦即德才条件而非出身等来取得财产和政治、社会地位。为增强说服力,墨子通过许多古代的例子论证了这一点:“古者舜,耕历山,陶河濒,渔雷泽,尧得之服泽之阳,举以为天子,与接天下之政,治天下之民。伊挚,有莘氏女之私臣,亲为庖人,汤得之,举以为己相,与接天下之政,治天下之民。傅说,被褐带索,庸筑乎傅岩,武丁得之,举以为三公,

---

① 《墨子·尚贤中》
② 《墨子·尚贤上》
③ 《墨子·尚贤中》

与接天下之政,治天下之民”。[1] 舜、伊挚、傅说等原来的地位并不高,但因其“有能”而“被举之”,不但实现了自身价值,而且为国为民做出了巨大贡献。所有这些都有力地佐证了墨子的人才选拔观。

再次,墨子提出了“听言、迹行、察能”,“合志功”的人才考评观。墨子强调对人才的考评,特别是考虑到官对民思想统一的重要性,更是强调要“慎予官”:一是要“听其言,迹其行,察其所能”,[2]全面考评当事人的实际能力之后才能给予相称的官职;二是对于当政的官员要经常考评,如果出现失误,就要给予一定的惩罚,如果出现严重错误,则应当“抑而废之,贫而贱之,以为‘徒役’”,以儆效尤。另外,在人才考评过程中,墨子特别强调要把当事人的目标与动机结合起来考察,即所谓“合志功而观”,“志”即动机,“功”即目标、效果。进行人才考评时,不仅要看他在做什么和做了什么,还要看他办事的动机,并将两者结合起来综合考评以决定具体奖惩。在日常生活中,墨子也在时刻实践着自己的标准。如鲁君曾对墨子说,我有两子,一人者好学,一人者好分人财,孰以为太子而可?你认为太子应该立谁呢?墨子曰:未可知也。墨子说:我不知道!为何?因为墨子认为只听到了鲁君二子之表面行动,至于其好学、好分钱财的真正目的何在,则未可知,因此很难判断出孰优孰劣,审慎之心溢于言表。当然,也许是墨子对于臣之不问国君家事的机智回答,但从中还是体现出了墨子“合志功而观”的人才考评观。

第四,墨子提出了“各从所能”的人才使用观。在人才使用上,墨子认为应使“凡天下群百工,轮、车、鞼匏,陶、冶、梓匠,使各从事其所能”。[3] “各从所能”可以说是墨子人才使用观的应有之义。他主张要量才而用,要根据贤德的高低、能力的大小配以相应

① 《墨子·尚贤上》
② 《墨子·尚贤上》
③ 《墨子·节用中》

的职位。而也只有做到才责相称、职能相当,才会取得最佳的管理效果。否则,致使大材小用或是小材大用,不仅是对人才的浪费,还会造成重大损失。另外,由于不同的工作需要不同才能的人,所以用人一定要合理分工,各尽所能,用人所长,使每个人都能在最合适的岗位上做出最大的贡献。如他举例到,"有谗人,有利人,有恶人,有善人,有长人,有谋士,有勇士,有巧士,有使士,有内人者,外人者,有善人者,有善斗人者,守必察其所以然者,应名乃内之",[①]就"守城"这个任务而言,就应容纳所有的这些人。

第五,墨子提出了"赏善罚暴"的人员激励观。在百家争鸣、战乱频繁的战国时期,严格的赏罚制度不仅可以决定一个团体学派的声望和生存力,对其内部成员而言也具有巨大的激励作用,对墨家学派这样一个多少带有军事团体性质的学派而言更是如此。因此,墨子十分重视运用赏罚制度来进行人员激励,并将之提高到了一个非常重要的地位。正如他所说:"天下得善人而赏之,得暴人而罚之,善人赏而暴人罚,天下必治矣"。[②] 在他的极力倡导之下,墨家学派纪律严明。墨家学派巨子(即首领)的儿子杀了人,当时秦惠王考虑到他年老且只有一个儿子,就赦免了事。但这位首领仍恪守"杀人者死"的"墨子之法",将其处死。

(4)开源节用

在墨子的管理思想中,墨子已认识到经济基础是其各项管理措施得以实施的关键,也是其"兼相爱,交相利"管理目的实现的根基。因此,必须大力发展经济。进行完善的经济管理则是促进经济发展的有力保障。其经济管理思想,大致可以分为两部分:开源与节用。

所谓"开源",就是要积极促进生产,增加财富。这是发展经济的根本之路。在此,墨子主要提出了两条管理措施:一是要劳动

---

① 《墨子·杂守》
② 《墨子·尚同下》

者强力疾作，即通过提高劳动强度，延长劳动时间来增加社会财富。与此同时，他也指出，强力疾作并非要劳动者无休止地劳动。相反，他认为劳动者应该有休养生息的权利。因此，强力疾作是在不影响劳动者休息的基础上，励精图治、奋发图强，以求社会财富的增长。二是适当控制手工业的发展。墨子认为经济发展的关键在于农业，控制手工业的发展可从一定程度上使人们回归农田，发展经济。但控制手工业不等于荒废手工业，木匠、陶器工、轮车工等手工业行业还必须要为生产和生活提供必需的工业品。但是，就生产规模和产品数量而言，则"凡是以奉给农用，则止"，至于奢侈品则属严格控制范围之内，尽量少生产，甚或不生产。

所谓"节用"，就是要尽量减少不必要的开支，杜绝浪费。首先，墨子为节用建立了可操作性的标准，就是"有用"。何谓"有用"？就是能满足人们衣食住行各方面的基本生活需求。具体而言，如穿着标准：冬季衣服轻且暖，夏季衣服轻且清；饮食标准："足以充虚，继气，强股肱，耳目聪明，则止；不极五味之调，芳香之和，不致远国珍异怪物"；住室标准："其旁可以御风寒，上可以御雪霜雨露，其中蠲洁可以祭祀，宫墙足以为男女之别，则止"。[①] 其次，墨子认为节用的关键在于统治阶级，因为在墨子构筑的"兼相爱，交相利"、"尚同"的社会图景中，上层统治阶级的一言一行都势必会影响社会风气。上层统治阶级的奢侈浪费，会对其他等级的人产生不良影响。他关于节用的论述，绝大部分也是针对上层统治阶级奢侈浪费的生活现状的。再次，墨子着重论述了"节葬"的问题。春秋战国时期，受儒家学派仁义孝道的影响，社会上有一种厚葬久丧的风气。墨子对此有不同的观点，他认为，亲人死后，丧葬乃是必需。但毕竟人死不能复生，我们必须更多地为活着的人考虑。另外厚葬久丧也会大量浪费社会财富，破坏正常生产活动，实不足取！因此，丧葬要有节制。

---

① 《墨子·节用中》

1.6 兵家的管理思想

与天斗,其乐无穷;与地斗,其乐无穷;与人斗,其乐无穷。

与中华民族几千年发展史相伴而生的也有这种"其乐无穷"的斗争史。据不完全统计,从神话传说到鸦片战争,中华大地曾经发生过3 000多次战争。"兴,百姓苦,亡,百姓苦"当是这些战争对社会生产和人民生活造成破坏的真实写照。与此同时,这些战争也造就了许多著名的军事管理人才以及我们所谓的兵家管理思想。

1.6.1 兵家管理思想[①]概述

兵家管理思想的形成和发展有赖于战争管理的实践。虽然我国原始社会也不乏战争,如传说中的神农伐斧燧之战、炎帝与蚩尤之战、炎帝与黄帝之战等,但囿于当时社会的生产力水平以及人们的认识能力,战争呈现更多的是一种"匹夫之勇"的武斗状态,还谈不上对战争的组织管理,遑论所谓的战略战术。

随着战争次数的增加,战争规模逐渐扩大,特别是在春秋战国时期,群雄鼎力,百国并举,彼此为了巩固政权,扩大领土,在发展经济的同时都不约而同地把战争作为了实现自身目的的一条捷径。为谋求战争的最大效益,战争战略战术的要求日益凸现。战

① 刘云柏在《中国兵家管理思想》中论及,我国古代兵家管理思想的发展经历了3个阶段:第一阶段为商、周到春秋战国时期,由比较零散的军事管理观点开始形成较为系统的理论体系时期;第二阶段为秦、汉至唐朝安史之乱以前,中国古代兵家管理思想比较完整,进入分支学科研究的时期,出现了所谓的谋家、势家、阴阳家等兵家流派;第三阶段从唐朝中叶直到明、清时期,是中国古代兵家管理思想逐渐发生变化并走向衰落的时期。本篇中论述的主要是先秦兵家管理思想。

场上出现的不再是“匹夫之勇”的斗士，而是侦察、伏击、奇袭等战略战术的运用。历史长河向我们呈现出了鸣条之战、牧野之战、“围魏救赵”、“退避三舍”的经典战例，“知己知彼、百战不殆”、“上兵伐谋，其次伐交，其次伐兵，其次攻城”的历史警句。在观察战争实践、总结战争经验的基础上，历经军事管理专家的系统管理、概括，先秦出现了诸多兵家管理思想典籍，如《六韬》、《孙子兵法》（以下简称《孙子》）、《孙膑兵法》、《吴子》、《尉缭子》等。在这些典籍著作中，我们不难发现先秦时期兵家管理思想的主要特点：

（1）强调“师出有名”，以合“民心”

民心向背是战争胜负的关键，已成为先秦诸多兵家管理思想者的共识。如尉缭明确划分了“挟义而战”与“争私结怨”，强调“义战”；孙膑认为战争必须是合乎民心的战争；《六韬》认为欲取得战争的胜利，必须招揽人心等。那么，如何发动给予人民生活带来巨大灾难的战争而又获取民心以争得战争的胜利呢？“师出有名”，即为战争寻找理由。如针对夏桀的荒淫无度，商汤在战前适时地提出了“今夏多罪，天命击之”的口号以获得人民的支持；针对商纣王朝的堕落，周武王在牧野决战前夕遍告诸侯“殷有重罪，不可以不毕伐”，等等，都取得了较为理想的号召效果，获得了民心，从而取得了战争的胜利。

（2）强调战争的目的不是为了战争，力求通过多种渠道解决战争

“不战而屈人之兵”、“上兵伐谋，其次伐交，其次伐兵，其次攻城，攻城为不得已”等成为指导战争的根本原则。战国时期的“合纵”、“连横”，《尉缭子》中“战胜于外，备主于内”，孙膑的“围魏救赵”等都是这种思想的典型反应。“围魏救赵”强调的是战争中的计谋，“合纵”“连横”强调的是战争外的外交，“战胜于外，备主于内”强调的是富国强兵，与其说是谋求战争的胜利，毋宁说是凭借

战争外对对方的威慑作用而真正地做到“不战而屈人之兵”,也可以说是,战争取胜的方式更趋多样化。

(3)战争过程中迷信成分逐渐减少,理性成分逐渐增加

随着战争实践的不断发展,战争过程中迷信成分逐渐减少,人们越来越多地将战争的胜负归因于以下几个方面:

1)战争中人的主观能动性的发挥以及军士的精神状态已成为诸多兵家管理思想者共同思考的主题。

2)英明将帅的选择。《孙子·计篇》明言“将者,智、信、仁、勇、严也”,提出了将帅选择的标准。《六韬·龙韬》、《吴子·论将第四》、《尉缭子·将理》、《尉缭子·将令》等均是辟专章谈论将帅选择问题,重视程度可见一斑。

3)正确、灵活的战略战术的运用。随着战争实践的增多以及人们对战争规律认识的逐渐深化,战略战术而非天命日益受到人们的重视。在兵法典籍中的表现就是战争的战略战术愈益具体、愈益具有可操作性,从《孙子》到《吴子》就是一条明显的主线。

1.6.2 《孙子兵法》的管理思想

《孙子》是春秋末期吴国名将孙武所著。孙武,字长卿,原是陈国公子陈完后裔,国内乱,避居齐国,改名田完。孙武祖父田书是齐国大夫,因伐莒有功,齐景公赐姓孙。后因齐国内乱,孙武避居吴国,经伍子胥推荐给吴王,献兵法13篇,得到吴王阖闾的赏识与重用,辅佐吴王成就霸业。

《孙子》是我国古代兵法的集大成之作。所谓“前《孙子》者,《孙子》不能遗;后《孙子》者,不能遗《孙子》”,从此,中国兵家管理思想告别了原始萌芽状态而走上了科学理性思维之途。书中蕴含的丰富的管理思想,已使其不再局限于军事管理领域,更是为一般管理理论提供了可供借鉴的资源。

(1)"全"①的管理目标

以"全"取胜,是贯穿《孙子》的核心思想。

孙武说:"凡用兵之法,全国为上,破国次之;全军为上,破军次之;全旅为上,破旅次之;全卒为上,破卒次之;全伍为上,破伍次之。是故百战百胜,非善之善者也"。何谓"善之善者"?"不战而屈人之兵,善之善者也"。为达此目的,应用正确的方式方法去实现。《孙子》中列出了具体对策:"上兵伐谋,其次伐交,其次伐兵,其次攻城"。"伐谋""伐交",不费一兵一卒,以求"全"胜,是为上策;上策不行,还有下策,当事态发展到不能用外交、谋略手段解决之际,就要"伐兵""攻城"。但是,"拔人之城而非功也,毁人之国而非久也,必以全争于天下,故兵不顿而利可全"。② 用我们今天的话来讲,就是要尽量用最小的损失,去达到争利的目的。在战略策略上战胜敌人,将战争损失减小到最低限度,达到对自己最为有利的结果。

欲求"全"胜,《孙子》提到了在具体的管理过程中应该注意的几个问题。

1)"知己知彼",信息畅通。对于指挥者和管理者而言,只有"知己知彼",做出的决策才能避免盲目性,才能"百战不殆"。同时,掌握信息必须全面,"知己""知彼"缺一不可。"不知彼而知己,一胜一负;不知彼不知己,每战必败"。如何知己知彼?《孙子》为我们提供了多种方法,如"相敌"(直接观察)、"作之"(投石问路)、"形之"(示形诱敌)、"角之"(实际较量以探虚实),以及专章《用间篇》详细论述了使用侦察手段获得对方情报的方法。另外,《孙子》中特意提到的一点就是,为保证信息畅通,所获得的信息必须绝对真实,"不可取于鬼神","必取于人,知敌之情者"。

---

① 纯玉曰"全",取其完美无瑕之意。《孙子兵法》中的"全"字,大抵可取保全、完善之意。

② 《孙子兵法·谋攻篇》

2)“经事校计”,全面谋略。为求“全”胜,孙子反对孤立谋事,提出谋略应“经之以五,校之以计”,要把用兵看成是一个系统问题,进行全面谋略,全面考虑决定战争胜负的主要原因。具体而言,应经(分析研究)之以五:一曰道,“令民与上,同意者也”,上下一心,同仇敌忾;二曰天;三曰地(管理环境);四曰将;五曰法(规范管理的水平)。校(jiao,比较研究)七件事:“主孰有道?”(哪一方的国君比较贤明?);“将孰有能?”(哪一方的将帅比较有才能?);“天地孰得?”(哪一方占据了天时地利?);“法令孰行?”(哪一方的法令能够切实地得到贯彻?);“兵众孰强?”(哪一方的军队实力强盛?);“士卒孰练?”(哪一方的士卒训练有素?);“赏罚孰明?”(哪一方的赏罚严明?)。

3)“奇正相生”,灵活管理。“兵无常势,水无恒形”,[①]世界万物始终变动,管理活动概莫能外!如何以不变应万变,因变制宜?《孙子》的“奇正观”很好地回答了这个问题。依《孙子》而言,“正”是常规管理,“奇”是非常规管理。管理者应因变制宜,在常规管理的基础上注重非常规管理,如此方能出奇制胜。正如《孙子》所云:“善出奇者,无穷如天地,不竭如江河”,诚如“五声之变,不可省听也”,“五色之变,不可胜观也”,“五味之变,不可胜尝也”。但正如“声不过五”、“色不过五”、“味不过五”一样,“奇”并不是领导者的奇想怪谈,而是由“正”生发出来的,即“奇正相生”,“正”是“奇”的基础,“奇”出于“正”,正所谓“管理有法,管无定法”。

(2)“令文齐武”“造势治众”的管理手段

《孙子》中“令之以文,齐之以武”[②]的思想深刻揭示了军队管理,甚或说是管理中存在的一个基本规律,即管理者在管理过程中要文武结合,刚柔并济,管教互补。所谓“文”相当于我们今天所

---

① 《孙子兵法·虚实篇》
② 《孙子·行军篇》

说的思想政治工作，说服教育，主张管理者应该以理服人；“武”相当于我们今天所说的法规制度。“令之以文，齐之以武”就是要实施文武并重的管理措施，教导明，管束严，既要用政治、道义甚或自己的榜样带头作用进行教育感化，使之心悦诚服，能够与己同心同德，又要用严明的法规加以规范，使之“齐勇若一”。两者相辅相成，缺一不可。如此，“是谓必取”，也就具备了必胜的基础。

孙武不仅是这种思想的提倡者，更是这种思想的躬行者。据史书记载，吴王曾对其军事指挥能力有所怀疑，于是让其训练自己宠幸的“吴宫粉娃”。孙武在事先和演练过程中，三令五申，要求遵守纪律，但效果甚微。在说服无效的情况下，置吴王的求赦命令于不顾，果断斩杀了吴王最宠幸的两个妃子，收到了“以治为胜”的效果。“吴宫演阵斩宠姬”遂成历史佳话。

同时，为达到整体化之效果，《孙子》主张“造势”，也即创造群体优势。孙吴以水为喻，“激水之疾，至于漂石者，势也”。[①] 巨石之于河水，必沉无疑，但若使用人力堵水使之成为“疾水”，就可将巨石冲走。原因何在？水势使然。管理过程中的“造势”就是要使群体能够具有“疾水”般的冲击力而所向披靡，以求整体大于部分之和之效果。有了这种势，我方就会“立于不败之地”。

如何造势？就是要调动士卒的积极性、智慧和创造力，令士卒与将帅“同欲”、“同意”“可以与之死，可以与之生，而不畏危也”，[②]从而齐心协力地去夺取战争的胜利。因此，造势的关键在于“人”之“造”，在于管理领导者的主观能力水平和态度取向，在于管理领导者能否调动群体成员积极性，使士卒与将帅“同欲”“同意”，树立群体共利共害的目标，“击其首则尾至，击其尾则首至，击其中则首尾至”，从而发挥群体优势。《孙子》中提出的将帅要“视卒如婴儿”、“视卒如爱子”等主张都是为了亲密上下关系、治众励士的做法，对强化队伍的态势不无裨益。

---

① 《孙子·势篇》

② 《孙子·计篇》

(3)“分数”的组织管理

“治寡易治众难”,何为?特别是随着战争规模的不断扩大以及战争的日益复杂,此问题的解决愈加显得迫切。针对此问题,《孙子》明确提出“治众如治寡,分数是也”①的著名论断。何为分数?即通过对士卒的组织编制来分门别类对士卒进行管理。在此,《孙子》已初步发现了“管理宽度”的问题。依《孙子》而言,“治众如治寡”,管理三军之众和管理班排连队,其理相通,都要按照严密的组织系统,实行层级管理,借助组织机构的力量,才能使“众”井然有序,协调一致,从而形成强大合力。

(4)“五德并举”的领导者修养

《孙子》重视将帅的领导作用,13 篇中几乎每篇都有关于“善用兵者”、“善战者”、“用兵之法者”的论述。

“将者,智、信、仁、勇、严也”。《计篇》中,孙子就明确提出了将之为将的 5 条标准,具体来讲:智,就是领导者的知识、才能,这是最基本的条件,“非智不可以料敌应急”;信,包括领导者的威信和领导者处事讲信两个方面,言必信,行必果,办事公平,奖罚公正,“非信不可以训人率下”;仁,即领导者要关心士卒的疾苦,“视卒如婴儿”,“视卒如爱子”,“非仁不可以附众抚士”;勇,即指领导者处事应当果断,勇于乘势而上,要有胆识,勇于承担责任,“非勇不可以决谋合战”;严,即领导者要严于律己,对工作严格管理,对部属要严格要求,“非严不可以服强齐众”。“全此五才,将之体也”,也只有“五德具备,然后可以为大将”。

将之为将不仅要具备上述 5 种品德,还应当具有良好的修养和风度。如孙子提出“将军之事,静以幽,正以治”。② 静,镇静、老练沉稳、临危不惧之意;幽,幽深、喜怒不形于色之意;正,公正之

① 《孙子·势篇》
② 《孙子·九地篇》

意;治,管理严明之意。故“将有五危,必死,可杀也;必生,可虏也;忿速,可侮也;廉法,可辱也;爱民,可烦也”。敬告为将者,若在军争中性格偏激,则会遭五危之变:有勇无谋,只知死拼者,不仅不能获胜,反会被敌诱杀;贪生怕死、战无斗志者,必为俘虏;急躁易怒者,敌可凌辱,使之失策;洁身自好,徇名不顾者,敌可侮辱激怒;不辩厉害、一味爱民、无微不救、无远不援者,敌可攻其所必救,出其所必趋,使烦而困也。“凡此五者,将之过也”。因此,领导者遇事要能从“公心”出发,具有制怒、制乐的本领,不可放纵。

1.6.3 《孙子兵法》对现代企业管理的影响

(1)“全”胜与企业决策管理

“全”,在现代管理理论中,就是最优化。如何实现管理最优化?《孙子》提供了一系列的谋攻策略:“上兵伐谋,其次伐交,其次伐兵,其次攻城”。“伐谋”“伐交”,乃为上策;“伐兵”“攻城”,实为下策。而在现代企业管理过程中,舍上策求下策者不乏其人,何为?

“伐谋”,在企业管理中就是要多开动脑筋,深思熟虑,精密策划。首先必须确定企业的经营方针,这是一个方向问题,另外还要确定企业在一定时期内的工作目标,并组织企业职工去努力实现。如我们现在企业管理中的“目标管理”、“全面质量管理”、“绩效管理”等等,都是伐谋的表现。“伐交”,就是在企业管理过程中,要重视搞好公共关系,争取各方面的支持,争取客户的信任,树立优良的厂风厂纪,塑造良好的企业形象。这些都是企业管理的上策。但在具体的企业管理实践中,有的企业领导者要么不惜以企业的信誉为代价,依靠假冒伪劣产品欺骗客户,短期行为严重,舍弃上策;要么只见树木不见森林,没有确定企业的方针目标,不注重企业形象设计,仅凭一腔热情埋头苦干,出力不讨好,其实只是下策而已。

(2)“造势治众”与企业文化塑造

知识经济时代的来临,对企业的员工管理提出了更高的要求。企业在对员工进行管理的同时,更要对员工头脑实行管理,也就是文化管理。只有这样,企业才会保持强大的竞争力。达此目标,除了不断优化组织结构与不断完善各种制度外,良好的企业文化也是营造企业核心竞争优势必不可少的因素。如何营造良好的企业文化?《孙子》的“造势治众”可以给我们诸多启示。

《孙子》有云:“激水之疾,至于漂石者,势也”。水势很急的水,其迅猛足以把硕重的石头冲得漂起来,这就是势。“混混沌沌,形圆而不可败也”,双方混战中,情况不明,方向不清时,士兵应主动积极地靠拢及团结在指挥人员的周围,团结一致,服从指挥,八方抗敌,而不被敌人打散,这也是势。所有这些至少可以使我们明白,在一定的物质基础上,结合精神,就能以柔克刚,以小胜大,以弱胜强。“故善战者,求之于势,不责于人”,善战之人,必须在求势上深下工夫,不要苛求责备自己的下属。现代企业管理也是如此,特别是对于那些“惟设备论”的企业管理者而言更是如此。

透过《孙子》对“势”的描述,我们发现,“势”强调的是一种“一致和谐”。依此而论的企业文化则应强调在企业内部员工树立共同的奋斗愿景、和谐的人际关系等。下面列出的是某企业拟定的企业文化的测试指标,仅供参考。

①企业中的员工能成为朋友并努力保持相互关系的稳定;

②企业中的员工常在办公室以外的地方交往;

③企业中的员工会与离开企业的人员保持联络;

④企业中的员工能够互相交流心事;

⑤企业中的员工愿意真诚地帮助其他成员;

⑥企业中的员工明了并愿意承担企业的奋斗目标;

⑦企业中的员工知道企业的竞争对手是谁;

⑧企业中的员工共同取胜的愿望很强;

⑨企业中的员工有强烈的团体荣誉感；

⑩企业中的员工因工作绩效差会受到严厉的批评。

(3)“知己知彼”与企业信息管理

孙子关于“知己知彼，百战不殆”及其相关论述，深刻揭示了信息在军事指挥管理中的重要作用。商场如战场，一个企业的兴旺繁荣同样离不开丰富、有效信息的支持。根据《孙子》中的相关论述，我们认为，企业管理中的信息管理至少要注意以下几个方面：

1)企业管理中的信息掌握必须全面。“知己”，充分了解本企业的现状，明白自己企业的优势所在以及不足之处，以期扬长避短；“知彼”，全面掌握竞争对手的具体情况，了解其强项与弱项，以期避其锋芒，击中要害；“知天知地”，充分利用企业所处的环境，顺天顺地，抓住时机，为我所用。

2)企业管理中的信息掌握必须准确。“不可取于鬼神”，不能靠祈求上苍赐予；“不可象于事”，不可以其他事物的表象比拟、类推；“不可验于度”，不可用星象度数来掐算，只能通过自己的主观努力，认真仔细地调查研究以求“知己”，运用各种信息侦察手段，以求“知彼”。

3)企业管理中的信息掌握“必取于人”，即依靠人的主观能动性，才能获得准确全面的信息。当今通讯技术和计算机技术相结合的信息技术已经十分先进，人的作用似乎不像古代那样重要了。其实不然！一是由于先进的信息技术设备的作用乃用以储存、处理、传递信息，而基本信息乃取诸人；二是由于即使是这些先进的技术设备，其设计、制造、运用、维修保养，也莫不依赖于人。因此，只有善于依靠人，才能获得对己有用的信息。

(4)“因变制宜”与企业动态管理

兵有常理，而无常势；水有常性，而无常形。因变制宜，突出的就是一个“变”字。孙子提出因敌情的变化发展来制定相应的用兵谋略，深刻揭示了军事管理的动态性这一客观规律，企业管理又何尝不是如此？

1）因变制宜，“正”为基础。如前所述，“正”为常规管理，“奇”为非常规管理。“奇”之何来？非天生，非臆想，正之相生。也正如《孙子》所云，音乐家善于创作绝妙的音乐，而他所用的声音却与众人相同，皆为五声。企业管理中，人们也只有熟练地掌握了常规管理的精神实质，才能从实践出发，该出“奇”时才能出“奇”。

2）因变制宜，贵在出奇。《孙子》有云：“奇正相生”“以正合，以奇胜”。企业管理过程变化多端，在常规管理的基础上，冷静稳妥地处理突发事件，做好非常规管理，才是真正的管理之道。从这种意义上讲，领导艺术的核心就是对于变化的管理，以变制变。那种“刻舟求剑”“守株待兔”的方式和按部就班的节奏远远不能适应现代企业管理的要求。

3）因变制宜，贵在神速。为适应军事管理过程中变化无常的动态性特点，孙子提出了“兵之情主速”的论断，强调了军事行动的快节奏。“变”，一方面体现了不同，另一方面，究其本质，还是在变。因此，根据客观对象的发展变化，一方面应该以变制变，另一方面就是在变之物之复变之前迅速做出应对措施，特别是在当前企业竞争日趋激烈之际，机会稍纵即逝，谁的反应快，谁就有可能抓住机会。

（5）“令文齐武”与企业的辩证管理

《孙子》中“令文齐武”的思想对当前企业管理，也不无裨益。

1）话不说不明，灯不点不亮，制度不规定难执行。无论是文，还是武，都必须以一定的标准为依托，否则，何文？何武？企业管理过程中，这个所必须依托的标准就是企业制定的制度，使员工明了自己的职责范围，“文”“武”也有“法”可依。

2）令文齐武，文为基础，武为保障。人非圣贤，孰能无过？过之能改，善莫大焉！孙武演阵斩宠姬也是在数次说服无效的前提下才断然处之。正所谓,河通才能行船,理通才能会行,管理既要靠禁令,更要靠理喻。只有把管理和理喻融为一体,紧密结合,管理工作才会更加坚强有力。

1.7　商家的管理思想

春秋战国时期,随着社会生产力的飞跃发展,地区之间的商品交换日益频繁,商品经济发展水平逐步提高,原来一直实行的“工商食官”的官工商制度已不适应社会发展的需要并逐渐解体。在此变革过程中,为追求财富,弃农经商、亦农亦商、弃官经商、亦官亦商、弃学经商、专职经商等现象不断涌现,其中就有我们称之为商家学派的杰出代表范蠡、白圭等。

司马迁笔下,范蠡、白圭实为经营管理之奇才。范蠡“十九年中三致千金”,在当时,“千金之家”可比“一都之君”。白圭则“积著率岁倍”,每年资本翻一番。经营效果不能不令人赞叹。他们在自己实践经验的基础上并总结、参照他人经验与思想,创立了颇具特色的经营管理思想,并设学授徒。在学派林立的春秋战国时期,独树一帜,形成了我们今之所谓的商家学派。

1.7.1　商家管理思想概述

以范蠡、白圭为代表的商家学派注重对经营实践规律的总结,在取得巨大经营效益之际,也逐渐形成了一整套的经营原则、策略和方法,为后世留下了宝贵的思想财富。究其主要经营管理思想,主要表现在以下几个方面。

(1)重视对“时”的认识以把握商机

“时”是商家经营管理思想中的一个重要内容,白圭的“乐观时变”和范蠡的“与时逐”都强调了在经营过程中要高度重视“时”的重要性。这个“时”主要包含了两个方面的内容:一为“天时”,二为“商业经营活动中的经营规律”。

先秦时期,农业是商业之基础和根本,谷物的种类产量和品质直接关涉到了经营的状态,因此,预知农业状况有利于选择正确的经营项目。由于这些商品主要是受季节和地区条件的影响,因而就迫使他们对“天时”有所把握,以求根据天时来正确预测农业收成状况,做出正确的商业经营决定。范蠡、白圭都有自己的“天时”观,其核心思想就是“天时有循环”。与此相适应,农业生产状况也是循环往复、有规律可循的。尽管天道循环的一套说法长期以来被现代人斥之为迷信,但不可否认的是,“天时”对商业经营的影响确不可低估,特别是在主要以农产品和用农产品加工而成的手工业品为交易对象的先秦时期,情况更是如此。其实,如果跳出天道循环的“天时”观,而将“天时”观念视为社会环境,对我们今天的商业经营活动而言,这也是一种启示。

与“天时”之“时”有密切联系的是“商业经营活动中的经营规律”之“时”,这也是商家经营管理思想中着重强调的一点。依范蠡、白圭的观点,市场需求是在不断变化的,也是有规律可循的。假设市场供应量大于需求量,商品价格自然就会下降,该商品的生产量就会减少;随着供应量的不断减少,供应量与需求量之间的关系终会逆转,供应量终有小于需求量之时,商品价格自然会上涨;随之商品供应量就会逐渐减少,从而开始新一轮的供需关系的变更。对此规律有深刻认识的范蠡、白圭等人不是如众人般贵囤之,贱卖之,而是主张先市场一步,如白圭提出了“人弃我取,人取我与”的经营原则,范蠡则提出了“待乏”的经营原则,主张“旱则资舟,水则资车”,“贵出如粪土,贱取如珠玉”,从而保证了在贵之前买之以待贵时,在贱之前卖之以避贱时。

正是对“天时”、“商业经营活动中的商业规律”中的“商机”的准确把握,才使得范蠡、白圭他们获得了巨大的经济利益。

(2)重视对经营规律的把握,更重视发挥人在商品经营过程中的主观能动性

商家管理思想强调对商业经营规律的认识,主张依“时”把握商机,但他们更重视人在商品经营过程中的主观能动性。

诚然,经营活动有“时”可乘,有规律可循,但它毕竟还是人的经营活动,若完全任其自由发展而不以人的相对控制作保障,最终可能无法控制,导致经济危机的出现。这对经营者、消费者而言,都不会是好事。那么,如何在经营活动过程中发挥人的主观能动性,防患于未然呢?先秦商家管理思想提出了较为可行的方法。

范蠡在长期的经营活动中发现,粮价对粮食的生产和流通具有双重影响,任由粮价依据市场规律自由发展,则会出现粮价过低或过高的现象。粮价过低,农民的利益就会受到损伤,农民的生产积极性就会受到打击,自然会出现田地无人耕种的现象,从而荒废农业;粮价过高,商人就无利可图,无人从商,国家就会无税收可言。无论出现哪一种现象,对国家、个人都不是好事情。范蠡认为,为避免这样状况的发生,就要由政府规定价格的浮动范围,至于具体的价格则由市场决定,于商、于农、于国而言都会是一个福音。

白圭历来重视经营者素质的培养。正如他所说,如果一个人“知不足以权变,用不足以决断,任不足以取予,强不能有所守,虽欲学吾术,终不告之矣”。因此,一个优秀的经营管理者应该能够通权变,观时变,出奇制胜(“智”);善决断,决策要有决心和魄力(“勇”);能知取予之道(“仁”);坚忍不拔,要有耐心(“强”)。这样的“智”、“勇”、“仁”、“强”的人才素质观也折射出了其对于人在经营活动中重要性的重视。

(3)认识到了经营活动中“取”和“予”之间的辩证关系,主张“先予后取,以予为取”

商家经营活动无他,就是要妥善处理“取”和“予”这一对矛

盾。那么,何为"取"? 何为"予"? 如何"取"? 如何"予"呢? 商家经营活动的"取予之道"也许值得我们仔细研究。

依商家学派而言,"取"实质上是经营活动中所得到的收入利润,"予"是指为了获得商业利润、收入而投入的各种经营资本。如何看待二者之间的关系呢? 他们认为,不能孤立地看待"取"和"予",而应把它们视为相互联系,具有统一关系的两个方面,在一定条件下,这两个方面是可以转化的。在这二者中间,"予"是主要方面,因为要想有所"取",就必须有所"予"。因此,从总体上来讲,他们讲求"先予后取,以予为取"的商业经营策略。为达"取"的目的,他们主张"予"3 个方面,即他们比较注重 3 个方面的经营投入。

一为物化资本之"予"。物化资本的投入是"取"之前提,当商机出现之际,他们会"若猛兽鸷鸟之发",像猛兽扑食、雄鹰扑兔一般,当机立断。固然有冒险的成分,但是缺少了必要的资金等物化资本的投入,又何来"取"?

二为智力资本之"予"。与重视人在经营活动中主动性发挥的观点相对应,商家管理思想认为物化资本之"予"固然为"取"之前提,但要使前提之"予"能够切实地转化为现实之"取",还必须重视智力资本这一"取"之关键之"予"。因为,细查商机,把握"时",离不开经营者丰富的知识背景,如白圭不仅向经营管理者提出了"智"的基本素质要求,更是将自己的经营活动比成"伊尹、吕尚之谋,孙武用兵,商鞅行法",足见其知识之丰富。

三为感情资本之"予"。在经营管理过程中,商家管理思想认识到了消费者心理、劳动力管理和经营利润之间的关系,因而在物化资本、智力资本之"予"外,非常重视通过感情资本之"予"来调动雇员的工作积极性,来强化其在消费者群体中的经营策略。如白圭常常"与用事童仆同乐",范蠡"富好行其德",将经营利润"分散与贫交疏昆弟",都是感情方面的有效投入。

1.7.2　范蠡的“积著之理”

范蠡，字少伯，春秋末期楚国宛（今河南南阳）人。曾辅佐越王勾践20余年，勾践灭吴后，他看到勾践只能共患难而不能同安乐，遂弃官从商，先后迁齐国，居定陶，自称“朱公”，人称“陶朱公”。因聚财有方，“十九年之中三致千金”，成为当时赫赫有名的大富翁。

范蠡之所以能够在经商治产中大获成功，与其商业经营思想有着密切的关系。范蠡的商业经营思想主要表现在他所谓的“计然之策”当中。据《史记·货殖列传》记载，“计然之策”包含着丰富的经营管理思想，主要包括两个方面的内容，一方面是国家管理粮食的办法，称为“治国之道”，另一方面是关于私人经商致富的理论原则，被称为“积著之理”。本文意在探讨范蠡的“积著之理”。

（1）“天下之中，可以致富”：论经营地点的选择

人类的任何活动都离不开社会环境的制约，有利的社会环境有助于活动向好的方向发展，反之，则有可能对活动造成妨碍或使之归于失败。对于商业企业经营而言，经营地点的选择会左右其发展。因此，选择经营地点应该慎重，不仅要考虑该地的地理位置、交通状况、资源分布，还要仔细参照当地的风土民情、法律制度、社会氛围。从范蠡对其经营地点的选择我们可以明确知道他在这方面的慎重与英明。当年，范蠡离开越国，弃官经商，首选齐地，为何？据他看来，齐乃适于经营之地，不仅自然环境十分优越，适宜发展农业，而且三面环山，有沿海渔盐之利，矿产资源丰富，加之交通便利，商业一向发达；另外，更重要的就是，齐国南有泰山为屏，仅西部较难防守，相对来说，社会政治环境稳定，实乃经商之首选。后来，为避为官，他又迁居于陶，在他看来，“此天下之中，交易有无之路通，为生可以致富矣”。便利的交通优势加之气候适

宜,土地肥沃,物产丰富,可以为商业活动构筑牢固的农业之本;处齐之西、卫之东、燕赵之南、鲁宋之北,各地异产均汇集于此,自然会成为车旅往来、货源充足的商贸中心。正是有了这样优良的经营之地,范蠡才可能“十九年之中三致千金”,成为巨商富贾。

(2)“待乏”的经营原则

范蠡以“旱则资舟,水则资车”、“贵出如粪土,贱取如珠玉”向我们生动地阐释了其“待乏”的经营原则。“旱则资舟,水则资车”,天旱时,要多收购船只,水涝时,要多收购车辆。因为天旱时船只价格必然低廉,且生产者又少,而旱灾一旦结束,船只必然成为抢手货,利润自然也就会高。水涝时多收购车辆的道理也是如此。同时,存购商品不仅要注意选择所经营商品的种类,而且还应在所要经营的商品价格较低,众人不屑一顾之际,及时地当成珠玉一样大量购进,待市场上供不应求之时,就可以较高的价格出售。反之,当市场上某种商品销售价格上涨,众人争相抢购之时,经营者就应该像对待粪土一样,毫不可惜地将之抛售。此之谓“贵出如粪土,贱取如珠玉”。为什么会有这样的思想?因为他认为物品“贵上极,则反贱;贱下极,则反贵”,“一贵一贱,极而复返”,一语道出了商品的供求关系与价格之间的关系:商品供不应求→价格上涨→供应量增加→商品供大于求→价格下跌→供应量减少→商品供不应求……

在此,范蠡论述了预见性在商品采购时的重要性。

(3)“务完物”、“富好行其德”,树立良好的经营形象

范蠡之经营成就不仅与其经营策略有关,还与其自身多年树立起来的一贯的经营形象有关。从经营效果来讲,后者的作用更甚。如何树立经营者形象?他主要是从两方面来做的。

1)“务完物”以求商品质量信誉。在具体商品的经营上,范蠡力求所经营的商品质量完好,而且这种讲求商品质量的经营原则,贯穿于其商品购进、储藏、养护和商品销售的全过程。因为他知

道,任何一环节的商品质量好坏都会影响经营效果。正是这种长期一贯的质量信誉,才使其顾客可以放心购买其产品。

2)“富好行其德”以求经营者人格信誉。据司马迁所云,范蠡在“三致千金”后,竟毫不吝啬地将其部分利润“分散与贫交疏昆弟”,并称之为“富好行其德”。从经营管理的角度来看,范蠡此举即使说是本身性格使然,客观上却是一种高明的经营策略。无论其主观意愿如何,范蠡的善举行为确实扩大了他在社会上的影响力,他被人们尊称为“陶朱公”,极大地提高了其经营声誉。因此,他虽只“逐什一之利”,仍能使自己的资产迅速增强,“遂至巨万”,“乃与王者同乐”。

当然,范蠡还有许多其他精辟的论述,如他关于“无息币”的思想(即在经营过程中,资金应当不断地周转,以增加流动资金周转率从而提高经济效益);关于“多种经营并举”的思想(他以自己的亲身践行——既“货居”,又“耕育”,还“养鱼”,农牧工商并举——说明了多种经营可以减少或回避经营风险,从而使企业总利润率达到最大)等,即使在今天看来,也仍不无可借鉴之处。

1.7.3　白圭的“计生之学”

白圭(约公元前 370—公元前 300 年),东周洛阳人,擅长商业致富之术,经营效益据说可达“积著率岁倍”,年资金利润率经常为 100%。他是战国时期最著名的商业经营管理的思想家之一,提出了许多行之有效的经商致富之道,并对后世的商业经营活动产生了重大影响,被后世商人尊奉为“治生鼻祖”,“天下言治生祖白圭”。[①] 其“治生之学”,大致可以从以下几个方面来概括:

(1)“取予以时”的经营原则

白圭将自己的经营之道简单地概括成 8 个字:人弃我取,人取

---

① 《史记·货殖列传》

我予。司马迁有言："岁熟取谷，予之丝漆，茧出取帛絮，予之食"，即在粮食丰收之时，农民手中的余粮较多，急于脱手，供大于求，粮价下跌，白圭就会调动手中的资金，带钱收购粮食，暂时囤积起来（"人弃我取"）；到了农业歉收或青黄不接之时，农民急需粮食来渡过难关，供小于求，市场上的粮价飞涨，此时，白圭便会适时的将自己囤积的大量粮食抛出，稳定粮价之际不可避免的也会得到可观的回报（"人取我予"）。在此过程中，值得称道之处就在于白圭在丰年购进粮食时不过分压低价格，在歉收年卖出粮食时不过分抬高价钱，经商过程中遵循了一定的职业道德，客观上调节了商品的供求与价格，对生产者、消费者都有一定的好处。因此，这种经营之道也被白圭自称为是行"仁术"。参照范蠡"待乏"的经营原则，我们不难发现二者异曲同工之处。

白圭"人弃我取，人取我予"的"取予之道"不是盲目预测，也不是事后诸葛亮式的仓促上阵，而是依据自身创设的商情预测之法，经过"科学"地推测做出的"科学"结论。他认为，天时有循环，而农业收成的好坏，恰恰是与天时循环相对应的。具体来讲，白圭认为，每 12 年是一个周期，这其中包括两个丰收年和两个旱年，其中一个是大旱年，另外一个是水年。从短期规律来看，每 3 年就会有一个小的变动，丰年之后的第 3 年是旱年，旱年过后的第 3 年是丰年。这也就是《史记·货殖列传》中所记载的，"太阴在卯，穰；明岁衰恶。至午，旱；明岁美。至酉，穰；明岁衰恶。至子，大旱；明岁美，有水。至卯，积著率岁倍"。依照此发展规律，即可抓住时机，"人弃我取，人取我予"。

(2)薄利多销的经营之道

白圭奉行薄利多销的经营之道。他说："欲长钱，取下谷"，想要获得经营收益，经营"下谷"之类的生活必需品不失为一条捷径。生活必需品，使用者多，需求量大，即使价格低薄，但成交量大，仍可以多取胜，不需抬高价钱就可获大利。看看那些宣称要做大生意人的灰头灰脸，再看看生活小区、学校等周围卖稀饭、包子和理发店老板脸上的喜气，我们就不能不佩服2000多年前白圭的经营之道。

(3)“智、勇、仁、强”的人才素质观

白圭不仅重视生产经营的规律、谋略，还十分重视经营者的个人素质。依照他的观点，作为一个优异的经营管理者，至少应具备4个方面的能力：“智”、“勇”、“仁”、“强”。如果“智不足与权变，勇不足以决断，仁不能以取予，强不能有所守，虽欲学吾术，终不告之矣”。其实，白圭不但不会告之其术，依白圭话中之意，如果一个人不具备这4个方面的能力，就不适合再做经营管理了。那么，何谓“智”、“勇”、“仁”、“强”？

何谓“智”？“足以权变”，就是指经营者通权变，观时变，能够出奇制胜，善于依据市场信息表态把握市场趋势、善于根据市场内在的发展规律及时对市场信息做出反应的智慧。

何谓“勇”？“足以决断”，就是指经营者一旦瞄准了行情，就要能够当机立断，果断决策，并勇于承担风险。经营时机稍纵即逝，所以一旦看准行情，就要大胆决策，就要如猛虎扑食、雄鹰扑兔一般，迅速行动，否则就可能坐失良机。

何谓“仁”？“能以取予”，就是指经营者在“取”“予”上懂得“先予后取”、“予为之取”、“多予多取”的辩证关系。虽然经营者的最终目标在于获取利润(“取”)，但它若不给帮工和学徒以优厚的待遇，不给顾客优质、优价的商品，其结果就只能是欲取不能。

何谓“强”？“能有所守”，就是指经营者在操作已做出决策的经营活动时，要有坚强的意志和毅力。因为经营活动不可能总是一帆风顺，总会出现一些波折、反复，甚至陷入困境。这种情况下，也只有坚强的意志和毅力才可以使经营活动继续下去。

(4)“与用事童仆同苦乐”的情感管理

白圭当时的名望可比王侯，但他在经营管理活动中并不以此耍威风，反倒是常“与用事童仆同苦乐”。“用事童仆”何人？是受

雇于白圭的普通劳动者。白圭能够放下巨商富贾的架子与自己的雇员打成一片,“同苦乐”,就在于在经营管理过程中,白圭已经认识到了劳动力管理与经营利润之间的关系,因而非常重视通过充满人情味的情感管理方式,“与用事童仆同苦乐”,及时了解和解决雇员工作上的困难、生活上的疾苦,加强双方之间的情感交流,从而充分调动雇员的工作积极性,齐心协力完成经营目标,最终达到“不治而治”之效果。

第2章　秦汉至宋元时期的管理思想

2.1　秦汉时期的管理思想

2.1.1　秦汉时期的管理思想概述

秦汉时期从公元前221年秦王朝建立开始到公元220年东汉灭亡为止,共440年,是中国古代历史的一大转折时期——中国封建社会的初步确立时期。这一阶段的政治、经济和思想意识对后世影响甚深。由于新生的封建社会必然要求建立新的管理制度,并以前所未有的实践活动开创新的社会发展史,因此新的管理思想就在制度的建立和社会实践过程中得到积蓄和发展。在这方面颇有建树和著述的代表人物是李斯、司马迁、董仲舒等。

(1)秦汉时期的行政管理制度概述

建立一定的行政管理制度是保证国家机器政党运作的必要条件。秦统一中国,建立秦朝,首创专制主义中央集权政治制度,主要包括3个方面:

1)创立皇帝制度。

2)中央政府实行3个九卿制。

3)地方推行郡县制。

汉承秦制,但汉初在地方推行郡国并行制,为后来诸侯叛乱,削弱中央集权埋下祸根,到汉武帝时代加强了中央集权制,主要表现在:

1)促成"中外朝"的形成,通过"中朝"压制相权,并直接控制百官。

2)建立刺史制度,加强对地方官吏的监督和考核,使全国各地官僚机构紧紧地控制在皇帝手中。再到东汉光武帝时,通过提高御史中丞的地位,复置司隶校尉,扩大刺史的职权范围,形成中央总监察机构御史台与地方监察官校尉和刺史3套监察系统,加强了皇权。同时,又集军权于中央,加强了中央对军队的控制,从而在行政管理制度上巩固和加强了中央集权。

(2)秦汉时期的经济管理思想概述

1)重农抑商的经济管理政策。重本抑末即重农抑商政策的制定和形成始于秦汉时期,并成为我国历代封建王朝所奉行的主要经济思想和政策。秦朝建立后,秦始皇采纳李斯的"今天下已定,法令出一,百姓当家则力农工"[①]的建议,实行"上农除末",继续推行秦的重农抑商政策来维护封建土地所有制。汉承秦制,仍然实行重农抑商政策。在此政策的指导下,汉武帝时期实行盐铁专卖、均输、平准,限制了富商大贾。汉初贾谊、晁错都是重农抑商论者。

2)秦汉的货币管理思想。秦始皇统一中国后,为加强和方便各地区的经济、贸易交流,形成统一的市场,下令统一全国货币,以黄金为上币,单位为镒,一镒二十两;以铜钱为下币,即半两钱,并废除原在秦以外流通的其他货币。至此,中国重要货币——铜币的形式固定下来,并通行了2000多年。两汉铜钱以重量为名称,如两、铢,其特别之处在于武帝元鼎四年(公元118年)废私铸,由

---

① 《史记·秦始皇本纪》

上林三官铸造，使货币铸造权和发行权完全集中于中央政府。在这方面，做出积极贡献的是贾谊，他不仅力求国家统一掌握货币的铸造权，还提出为国家规定"法钱"，作为流通中的惟一合法货币，并且把货币作为管理国民经济的重要工具，奠定了秦汉货币管理思想的基础。

3)西汉"轻重论"与"善因论"经济管理思想。到西汉中期，我国经济管理思想的发展进入了一个新的阶段。在宏观管理方面，形成并实践了国家严格控制经济的"轻重论"。"轻重"就经济意义而言，是指用来表示国家运用经济理论参加经济活动，对经济实行宏观控制的活动。在实践方面，由西汉著名理财家桑弘羊主持制定了包括盐铁专卖、均输、平准和国家控制铸币发行等一系列经济管理措施，是对"轻重论"的运用，收到很好成效。

与此相反，司马迁提出了反对国家过多控制和干预经济的"善因论"。认为社会经济运行不需要任何行政命令以及法律措施的干预，这与汉代初推行"无为而治"相适应。不仅如此，司马迁还把国家对待经济活动、行为的态度概括为："善者因之，其次利导之，其次教诲之，其次整齐之，最下者与之争。"①从而形成其自成一家的"善因论"经济管理思想。

从此，"轻重论"和"善因论"这两种对立的经济管理思想成为我国古代经济管理思想的出发点和基本依据，并成为国家管理经济的两种基本方式。

(3)秦汉时期的管理杰出代表及其论述

秦汉时期在管理的实践或论述方面做出积极贡献的杰出代表有李斯、司马迁、董仲舒等。

李斯，官至秦朝丞相，青年时曾师从荀况，深谙"帝王之术"。他在管理方面的成就主要体现在其治国思想和利用外来人才方面。在治国上，主张在地方推行郡县制，建立中央到地方郡县的三

---

① 《史记·货殖列传》

级行政管理组织体系；实行“焚书”政策，加强对人们思想文化意识的控制；推行“督责之术”。在利用外来人才方面，主要体现在其《谏逐客书》中，力劝秦王招揽和重用外来客聊，为秦统一天下网罗人才。

司马迁，作为西汉史学家，在历史上的主要成就在于完成我国历史上第一部纪传体通史著作《史记》，论及政治、经济、史实等诸多领域，蕴含丰富的管理思想。在发展经济上的管理思想，主要体现在《史记·货殖列传》中，认为追求物质利益是人的本性，主张农、虞、工、商四业并举，提出“善因论”经济管理思想。在治国上，提倡“德政”和“德法兼治”的治国方针等。

董仲舒，西汉大儒，在管理上的贡献在于对人性的探讨。董仲舒强调“天人感应”，认为人是天的副本，人性也来源于天，人性可分为3等：“圣人之性”、“斗筲之性”和“中民之性”。认为“圣人之性”是先天至善的，不必教化；“斗筲之性”是先天至恶的，不可教化。而大多数人属于“中民之性”，既不是至善，也不是至恶，而是“有善质，而未能善。”因而可以通过教化使之向善。董仲舒的人性论，为管理提供了依据，特别是为现代企业中加强对员工的培训（教化），提高员工的修养和技能提供了理论依据。

2.1.2 李斯的管理思想

李斯（生于战国末年，卒于公元前208年），楚国上蔡（今河南上蔡县西南）人，秦朝著名政治家。秦朝建立后，辅助秦始皇及二世，为巩固统一的新生专制主义中央集权制封建国家做出积极贡献。从管理的角度来研究和分析其政治活动和言行可以总结出如下独特的管理思想：

(1)治国思想——行政管理思想

李斯自入秦为官以来，历任侍卫官、长史、廷尉，至秦朝建立，拜为丞相，辅助始皇及二世治理国家。在国家治理上，主张在地方推行郡县制,建立中央到地方的三级行政组织体系;重视法治;在秦二世时,主张实行“督责之术”。在文化上,统一文字,实行“焚书”政策加强对人民的思想文化控制。

1)主张在地方推行郡县制,建立中央到地方郡县的三级行政组织体系。公元前 221 年,秦王嬴政结束长期分裂的割据局面,统一中国,建立了一个东到大海,南达岭南,西至甘青高原,北至今内蒙古辽东的空前的封建大一统国家。在保证稳定和巩固统治的基础上如何维持这空前的大一统国家的正常运作这一问题成为摆在统一后的秦面前的第一道难题。对此,丞相王绾首先提出实行分封制,要求像周代那样,封秦始皇诸子为王。李斯则不然,认为分封制将带来战乱,重蹈分裂割据覆辙,应推行郡县制,建立中央到地方郡县的 3 级行政管理体系。秦始皇采纳了李斯的建议把全国分为 36 郡,郡下设县,规定各郡由中央统一领导,然后郡统领县,并且各级官吏均由中央政府统一任免和考核。这样就建立了比较系统的“中央—郡—县”逐级隶属的三级行政组织体系,保证了中央对地方的绝对领导,巩固了中央集权,有利于国家的统一,为后世各朝的行政管理体系构建了基本框架,在历史上是一巨大进步。

2)统一文字,实行“焚书”政策,加强思想文化控制。秦朝建立之初,国内流行着好几种书写文字,严重妨碍着统一的封建国家内部行政事务的处理,特别是公务文书的传递和思想文化的传播和发展。因此,李斯从大一统着眼主张统一文字,即以秦国的文字为基础创制小篆为全国通行的文字,加强了各地区文化的交流和融合。当然,也加大了对人民统治思想的灌输和强化的力度。

李斯在维护中央集权,巩固封建统治的问题上,非常强调对人民的思想文化控制。公元前 213 年,博士淳于越在秦始皇面前,从儒家的立场公开主张应效法古代,实行分封制,使得秦始皇大为不满。李斯借题发挥,认为这是以古非今,搅乱民心,不利于大一统的言论。于是力主秦始皇下令焚书,把除秦记以外的史书、诗、书、百家语录都烧掉,而只准留下医药、卜筮、种树之书,还制定严酷的法令,如将谈论诗书者“弃市”,“以古非今者族”,想学习法令的,以吏为师等。制定"焚书"政策,一方面企图以销毁儒家书籍来从深层次的意识领域加强对人民的思想文化控制,达到巩固封建中央集权制统治秩序的目的;另一方面,摧残了我国先秦以来的传统文化,给我国传统文化的发展和繁荣以毁灭性打击。

3)主张实行"督责之术"。李斯为取宠秦二世,上书《权督责书》提出一套"督责之术"的治国方略,以满足秦二世既想随心所欲,又想永远统治天下的奢望。对此,李斯在上书中说:"夫贤主者,必且能全道而行督责之术者也,督责之,则臣不敢不竭能以徇其主矣。"认为凡贤明的君主都能全面地掌握为君之道,对臣下实行督责的统治术,而实行督责,臣子就不敢不竭尽所能来效命于君主。所谓"督责之术",就是严刑酷法和君王的独断专行。李斯还进一步阐明道:"彼唯明主为能深督轻罪。夫罪轻且督深,而况有重罪乎?故民不敢犯也。"即对臣下和百姓实行"轻罪重罚",使人人不敢轻举妄动。同时,君主对臣下要实行独断专行,要驾驭群臣,而不能受之影响,这样方可确保牢靠的统治地位。

李斯的"督责之术"的主张,虽有取宠秦二世的一面,但更是其法家思想在治国中的体现。但是他把严刑酷法与君主的独断专行结合起来,从一开始就走了极端,结果弄得天下怨声载道,是不可取的。同样,这也从反面告诫我们在管理中,最高层领导的独裁与过于森严的管理制度,从长远上看来,不会是成功的管理。

(2)人才管理思想

李斯在人才管理方面的论述主要体现在上书秦王嬴政的历史名作《谏逐客书》中。

在秦灭六国前夕,各国纷纷派间谍到秦国做宾客以探听情报或暗中游说。其中韩国派水工郑国到秦国鼓励修建水渠,目的是削弱秦国的人力和物力。后来目的暴露,引发秦国王族大臣对外来客卿的争议,于是他们建议秦王把宾客们一律驱逐出境,秦王于是下逐客令。李斯本非秦国人当然也在逐客之列,幸在被逐途中,向秦王呈递《谏逐客书》,从秦统一天下着眼,极言不能逐客,反而要招揽和重用外来客卿。这里“客卿”是指战国时在本国任职的别国人。在《谏逐客书》中，李斯回顾秦国由弱到强的发展史，以秦穆公求贤，从西方的戎和东方的楚国、晋国分别请来由余、百里奚、蹇叔、丕豹和公孙支五人而兼并二十国，称霸西式；秦孝公重用卫国人商鞅实行变法，使国家富强；秦惠王用张仪的连横计谋，拆散六国的合纵抗秦；秦昭王得到范雎，削弱贵戚力量，加强了王权等四代秦国君王任用客卿成就伟业为例子，充分阐明了任用客卿对实现秦统一大业的重要性。因此，他建议秦王要有“泰山不让土壤，故能成其大，河海不择细流，故能就其深”①的宏大气度，大胆任用客卿，并斥责逐客是“借寇兵而赍粮”，即把武器借给敌寇，把粮食送给强盗，对秦完成统一大业是极不利的。好在秦王明辨是非，遂果断采纳李斯的建议，立即取消逐客令，重新坚持招揽和重用外来客卿，使秦国在短时间内聚积大量人才。历史证明，秦国坚持接纳、使用客卿政策对其经济、政治、军事、文化的迅速发展以及顺利完成统一大业都做出了巨大贡献。可见李斯的《谏逐客书》确实对秦国网罗天下人才是有功绩的，这也充分表明李斯的确认识到了人才及聚天下人才为秦所用对秦完成统一大业的重要性，是值得称道的。

2.1.3　司马迁的管理思想

司马迁（公元前 145 年—公元前 86 年）字子长，夏阳（今陕西韩城南）人，西汉史学家、文学家。子继父职任太史令，遍览国家藏书。因替兵败投降匈奴的李陵辩解而获罪，被处宫刑，后含垢忍辱，发奋著书，完成了我国第一部纪传体通史巨著《史记》，为后人留下宝贵的思想文化财富。《史记》涉及的领域之广，堪称我国古代的第一部百科全书。其中散见的管理思想、理念、方法论等对我们现代的管理理论和实践的发展有着深远的影响和巨大的借鉴

① 王利器主编. 史记注译（三）. 西安：三秦出版社，1988. 1970

意义。

(1)司马迁的经济管理思想

司马迁在其《史记·货殖列传》、《平准书》等中提出了自成一家之言的经济管理观点,主要表现在以下3个方面:

1)对人性的认识——重物质利益的义利观。如何对待物质利益,是任何时代、任何阶级都无法回避的问题。我国古代的经济思想家在论述这个问题时,往往带有浓厚的伦理色彩,以伦理道德观念作为规范和衡量人们从事经济活动的准则。而司马迁则认为利己之心人皆有之,求利求富追求满足更好的物质需要是人的本性,对此他在《货殖列传》中曾言:"富者,人之情性,所不学而俱欲也。"不仅个人如此,还认为整个社会也都是在追求物质利益,所谓"天下熙熙,皆为利来;天下攘攘,皆为利往"。[①] 至此,司马迁彻底地揭开了自先秦以来便置在人们头上的伦理面纱,而公开宣称人们辛辛苦苦、忙忙碌碌地从事各种活动的动机是为了追求物质利益,这与西方古典管理思想中的"经济人"假设不谋而合,成为司马迁分析经济问题的出发点。

司马迁在肯定和重视物质利益的同时,还回答了道德与物质利益的关系,表现了其朴素的唯物思想。他曾言:"缘人情而制礼,依人性而作仪。"[②]并且还发挥《管子》的思想,提出"礼生于有而废于无"、"人富而仁义附焉"。这里司马迁的义利观阐述得十分清楚:在道德观念和物质财富中,物质财富(社会存在)是起决定作用,是道德观念产生的物质基础,而道德观念又是受物质利益制约的,这对当前我国处理精神文明建设和物质文明建设的关系是大有裨益的。

2)农虞工商并举的经济发展观。从秦商鞅变法到西汉初,政府都一直推行"重农抑商"的经济政策。司马迁结合时代特征和

---

① 《史记·货殖列传》

② 《史记·礼书》

历史背景，认真考察了商人的活动，分析了农、虞、工、商业之间的关系，大胆地提出了农、虞、工、商并举的经济发展观，公开挑战“重农抑末”的传统经济政策。

司马迁首先从生产资料入手，对生产领域进行了系统分析。“山西饶材、竹、谷、泸、旄、玉石；山东多鱼、漆、丝、声色；江南出梓、姜、桂、金、锡连、丹砂、犀、玳瑁、珠玑、齿革；龙门、碣多马牛羊、旃裘、筋角；铜、铁则千里往往山出木其置”。[①] 所有这些都是“人民所喜好，谣俗被服饮食奉生送死之具也”。人们要真正物尽其用，达到资源的整合，“以得所欲”，就必须“人各任其能、竭其力”，通过分工协作，形成商品生产和流通。因此，司马迁指出：“故待农而食之，虞而出之，工而成之，商而通之”，[②]也就是通过农、虞、工、商四业并举，互相配合，将生产、分配、交换、消费等环节有效地连接起来，形成一个完整的生产和再生产系统。否则，“农不出则乏其食，工不出则乏其事，商不出则三宝绝，虞不出则财匮少，财匮少而山泽不辟矣”。[③]这样，司马迁把生产（农虞工）和交换（商）联系起来考察，四业并重，给“商”以应有的地位，在当时是一个大胆的创新，抓住了构成经济的四大环节，反映了司马迁先进和超前的商品经济发展思想。

3）主张经济放任与因势利导的经济调控管理思想。司马迁认为人们“各劝其业，乐其事。若水之趋下，日夜无休时，不召而自来，不求而民出之。”[④]各项经济活动是不依人们意志为转移的。因此，在经济政策上，他主张国家不过多干涉经济活动，提倡以放任为主的经济政策，认为这样才能出现“富商大贾周流天下，交易之物莫不通，得其所欲”的经济繁荣局面，所以他很赞同汉初“开天梁，驰山泽之禁”，实行“无为而治”的经济开放政策。不仅如此，司马迁还提出了他自己的“善者因之，其次利导之，其次教诲之，其次整齐之，最下者与之争”的因势利导的经济调控管理思想。这里，“因”是顺应、听任的意思。“善者因之”就是说封建国

①~④ 《史记·货殖列传》

家好的经济政策是顺应经济发展的自然,听任私人进行生产、贸易等活动而不加干预和限制。用现在的市场经济理论来说,就是要求经济活动要符合经济发展的实际和规律,充分发挥人的主观能动性。其次,"利导之"是在"因之"的前提下,由国家在某些方面进行一定的引导,以鼓励人们从事这方面的经济活动。又次,"教诲之"是指封建国家用教化的办法诱导人们从事某些方面的经济活动或劝解人们勿从事某些方面的活动。再次,"整齐之"是指封建国家采取行政手段和法治手段来干预人们的经济活动。最后,"与之争"是指封建国家直接经营工商业。这在司马迁看来是"最下"的经济管理政策,是针对汉武帝时实行盐铁专卖、酒榷、均输等政策使商品经济特别是私人经济遭到严重破坏而提出的。

司马迁以"善者因之"为基础,加上政府针对不同情况"利导"、"教诲"、"整齐"最后"与之争"的经济调控政策,对我国建立市场与国家宏观调控、双向调节的社会主义市场经济体制有巨大借鉴意义。

(2)司马迁的治国思想

众所周知,司马迁不是政治家,在政治上没有什么建树,然而《史记》在评价历史人物和论述历史事件时,不可避免地会直接或间接地流露出司马迁的政治观念和态度,蕴藏着丰富的治国思想。

1)提倡德政。司马迁以"通古今之变"的精神对古今各代盛衰的历史进行考察和分析,从《史记》来看,他对治国之道颇有研究,突出的表现就是提倡德政。

提倡以"仁义"为本的德政,是司马迁治国之道的重要方针。孔子早在先秦时,就提出了德政思想。《论语·为政》中云:"导之以政,齐之以刑,民免而无耻。导之以德,齐之以礼有耻且格。"孟子也提出了"政在得民"的"仁政"学说。汉初一些思想家在接受秦亡教训之后,也提出了"德政"思想。如陆家贾在《新语》中一再强调"德政",认为"德行而其下顺之","德布则功兴,百姓以德附"。在实行德政中,陆家贾强调教化,提倡"道以德教"。司马迁则批判地继承了先秦诸子及汉初思想家的进步思想，提出以“仁义”为本的不犯上作乱的德政思想。一方面，司马迁认为只有实行德政，才能取得政权，并巩固统治。《史记·汉兴以来诸侯年表》载：“臣迁谨记高祖以来至太初诸侯，谱其下益损之时，令后世得贤。形势虽强，要之以仁义为本。”在具体撰史时，司马迁也十分强调德政，并往往以此作为评价治国得失的标准。他在《史记·五帝本纪》中言：“(舜)命十二牧论帝德、行厚德，远佞人，则蛮夷卒服”，对舜施行德政进行了颂扬。另一方面，认为德政深受百姓的欢迎。因此，司马迁在《史记·燕召公世家》的“太史公曰”中发出：“召公可谓仁矣，甘棠思之，况其为人乎”的感慨，足见其对施行以“仁义”为本的德政之道的重视。

2)以“德”为主，“德”、“法”兼治的治国方针。《史记》中关于司马迁的法制思想的材料是零散的，但通过《酷吏列传》、《循吏列传》等篇以及他对法家人物和执法者的评述，还是可以略见其法制思想的端倪。

司马迁提倡仁政德治，但亦不反对法治，只是其法治思想不同于以法治国的法家思想，而是倾向于儒家的以礼(德)辅刑的思想。司马迁在《史记·酷吏列传》开篇中认为：“法令者治之具，而非制治清浊之源”，把法令仅当成治理的工具。另一方面，又在《史记》中赞同法贵责上思想，在其《自序》中叙述了法家“不别亲疏，不殊贵贱，一断于法”的法治原则，但反对执法畸重，滥用刑罚。他在《酷吏列传》中认为“以恶为治”必将带来“盗贼滋起”的后果。所以在道德与法律中，司马迁更注重道德，认为治国之本在于德治，而不在于法治。因为他对法家思想的评论是：“可以行一时之计，而不可长用也，故曰‘严而少恩’”，①认为法家的法治只是权宜之计，只在有限的时空范围内起作用，所以要想长久的治理好国家，就必须“以德辅刑”，采取“德”、“法”兼治的治国方针。这对我国现阶段推行的“以德治国”和“以法治国”相结合的治国方

① 《史记》卷122《酷吏列传》

针有巨大的借鉴意义和启示。

(3)司马迁史学思想中的管理方法论

作为史学家,司马迁最大的贡献就是在于历史学方面,特别是表现在他的史学思想上。他以批判的精神兼采先秦诸子各家之长,形成了自己带有朴素的唯物辩证法思想的世界观。从管理来讲,其史学思想中也蕴含了丰富的管理方法论精髓,主要表现在以下两个方面:

1)原始察终和见盛观衰。司马迁认为宇宙间的一切事物都是发展变化的,因此要用"变"的观点来探寻事物发展变化的规律。从"变"的观念出发,他在《史记》开篇中提出"穷天人之际,通古今之变,成一家之言"的指导思想。《史记·平准书》中载:"物盛而衰,因其变也。"这里的"变"是指事物的不断进化和发展,它要求能在事物的不断变化和发展中把握其盛衰之律。同时,在考察具体历史时,司马迁采用了"原始察终"和"见盛观衰"的方法,反映了他能以发展变化的眼光观察历史和研究历史的史识态度。对此,在《自序》中,司马迁说:"王迹所兴,原始察终,见盛观衰,论考之行事,略推三代,承秦汉。"这里,"原始察终"是指要找出历史现象的原委和结局之间的因果关系;"见盛观衰"则是要在事物发展到极盛之时,看到它的衰象,注意历史的转变①,反映了司马迁朴素的辩证法思想。管理作为一个不断变化发展的动态过程,也要善于运用"原始察终"和"见盛观衰"的方法,从管理对象、任务、环境等要素的变化发展中抓住其因果联系和盛衰转化的规律,按规律进行有效管理。

2)古为今用与以史为鉴。司马迁撰史时,非常注重历史为现实服务这一目的,强调"古为今用"和"以史为鉴"。因此,司马迁著《史记》的一个重要目的就是"通古今之变",而通"古今之变"则是为了总结历史的经验和教训,达到"古为今用"和"以史为

---

① 肖黎著.司马迁评传.长春:吉林文史出版社,1986

鉴”。管理产生于人类的共同劳动之中,贯穿于人类的历史变迁和演进的全过程。在每一阶段都有其独特的管理实践活动,蕴藏丰富的管理实践经验和教训。研究管理思想史,就是要从不同历史发展阶段中总结和提炼出管理的经验、教训,来丰富和启迪乃至发展当前阶段的管理理论,指导当前管理实践。因此,要进行有效的管理,也要善于总结和运用过去管理实践当中的经验教训,也就要求管理者要有“古为今用”和“以史为鉴”的管理方法论意识。

2.2　魏晋南北朝至隋唐五代时期的管理思想

2.2.1　魏晋南北朝至隋唐五代时期的管理思想概述

魏晋南北朝至隋唐五代,起于公元220年魏国建立,止于公元960年宋朝建立。在这一长达740年的历史阶段中,中国封建社会经历了从魏晋南北朝的社会大分裂到隋唐的重新统一和全面繁荣,再到五代时期的分裂割据的历史发展轨迹。在这一曲折的历史发展阶段中,人们为适应社会历史的变化,在政治、经济、文化、思想等诸多领域内进行了大胆地实践和创新,积累了丰富的实践经验和教训。当然,在这些经验、教训中也蕴含了丰富的管理经验和思想要素,在这方面的杰出代表有诸葛亮、曹操、韩愈、李世民等。

(1)魏晋南北朝至隋唐五代时期的行政管理制度概述

不论是在魏晋南北朝和五代的大分裂,还是在隋唐的大一统形势下,各个封建统治政权通过改革和完善行政管理制度来维护自己的统治,巩固中央集权。魏晋南北朝至隋唐五代在这一方面的变化主要表现在以下几个方面:

1）中央官制上，魏晋南北朝是秦汉三公九卿制向三省六部制的过渡阶段。“三省”是在魏晋兴起的中央政府相权更迭过程中，尚书省、中书省、门下省3个官署的名称。“三省”既相互分工，又相互牵制，以行政机关的职能性来落实和保障皇权和中央集权[①]。其中尚书省是最高行政机关，并辖六曹形成了省曹机构体系。到隋唐，正式建立三省六部制，形成了比较完备和定型化的省部司制度，为后世封建王朝的行政组织机构建置奠定了基础。

2）在地方政权体制上，魏晋南北朝时实行州、郡、县三级制，而隋朝开创州（郡）、县两级制，唐朝则承袭隋制。

3）在官吏选举制度上，魏文帝（曹丕）推行九品中正制也可称为九品官人法，把人才分成九等，由大小中正核实，然后呈尚书选用。这种选举制度是建立在门阀制度基础上的，强调“家世”，与曹操“唯才是举”的用人方针背道而驰。隋朝废除九品中正制，创立科举制度，是古代官僚制度的重大变革。唐朝完备科举制，并在唐太宗时成为定制。从此，科举制成为后世历代封建王朝选拔人才的主要途径，直至清末（1905年）废除。

4）在军事制度上，南北朝时期最重大的变化是府兵制的产生。“府兵制”是生产组织和军事组织的合一，兴起于西魏，建于后周，完善于隋朝。

（2）魏晋南北朝至隋唐五代时期的经济管理思想概述

魏晋南北朝至隋唐五代的经济管理思想非常活跃，在土地、货币、赋税、农业、工商业等诸多领域内都有体现，并涌现出许多经济管理专家如韩愈、刘晏、李世民等。

1）在土地管理方面提出“屯田”、“占田”和“均田”3种土地管理模式。

①屯田制。曹操为恢复农业生产，对流散的农民进行军事编制以屯田生产。

---

① 邵德门著. 中国政治制度史. 长春：吉林人民出版社，1988

②占田制。西晋政权为限制土地兼并和防止劳动力过多地依附于大地主,以明文的法令规定一般农民的占田限额以及课田的亩数等,使部分农民获得了土地。

③均田制。北魏孝文帝改革颁行的,把国有土地和无主荒地按规定的数量授予无地和少地的农民耕种,受田农民在规定的期限内使用土地,并承担国家赋役的土地使用权和所有权相分离的土地管理制度[①]。此后,北齐、北周、隋唐、五代都实行均田制,成为延用时间最长的土地管理模式。

2)在货币管理方面,北魏大都督高恭之提出"铸币成本思想",认为改铸较重的五铢钱,提高铸币成本,能解决私铸问题,而南朝沈庆之则主张民间"自由铸币"[②]。唐朝为解决"钱重物轻"的问题,六部尚书杨于陵提出"加速钱币流通"的观点;韩愈也从货币本身出发,提出"四条货币管理"方法(详见韩愈的管理思想)。

3)在赋税管理方面,西晋田租与户调合一,通行户税。唐初实行租庸调制,到唐中期宰相杨炎推行"两税法"以钱(货币)代赋税,韩愈则反对"以钱计税",要求征收实物。

4)在农业管理方面,北魏贾思勰著《齐民要术》,从农业生产力角度总结了百姓生计的主要方法、经验和地主阶级如何经营农业来增加财富的微观管理思想,形成了"地主治生之学"的早期形态。在《齐民要术》中,还提出了"少好"论等农业集约经营思想。同时,还在农作物种植上总结出一套轮作制度和精耕方法,农作物生产管理迈向科学化。

5)在工商业管理方面,唐太宗(李世民)对工商业采取鼓励和放任的管理态度,韩愈为"富商辩护"以及刘秩提出"钱轻伤贾"之说,对工商业发展持肯定态度,而不再强调"抑末"。此外,唐朝财政经济管理专家刘晏还创设"市场贸易管理制度"和更新"经济人

---

① 赵靖主编.中国经济管理思想史教程.北京:北京大学出版社,1993

② 姚家华,孙引著.中国经济思想简史.上海:三联书店上海分店出版,1995

事管理制度”把商业活动和运作纳入法治轨道。

(3)魏晋南北朝至隋唐五代时期的管理杰出代表及其贡献

魏晋南北朝至隋唐五代时期在管理上做出积极贡献的杰出代表有诸葛亮、曹操、韩愈、李世民、刘晏等。

诸葛亮,三国时期蜀国丞相,著名政治家、军事家。在管理上的贡献主要表现在:提出并积极实践“内修政理”的管理目标,《隆中对》中的“三分天下”、“联吴抗曹”的战略管理思想,“外圆内方”的教化与法治相结合的军队管理思想以及独特的人才管理思想。

曹操,三国时期魏国的实际开创者,著名政治家、军事家。在管理上的贡献主要表现在:在国家治理中,改革东汉官制,建立丞相为首的外朝台阁制和仁与法相结合的治国方针;自成体系的决策思想;以强兵足食为目标的后勤管理思想以及“唯才是举”的人才管理思想。

李世民(唐太宗),是中国历史上少有的贤能君主,在位时励精国治,使唐朝前期呈现“贞观之治”的全国繁荣景象。在管理上的贡献主要表现在国家管理思想上:其一,把“静抚天下”作为治国的总政策;其二,完善三省六部制和科举制,加强中央集权;其三,对经济发展,特别是工商业发展采取放任政策,并加强对少数民族地区经济的管理。

刘晏,是唐朝著名的财政经济管理专家,任宰相时,对国民经济管理制度进行过全面而深入地改革,表现在:对国家粮食管理制度的改革,包括对粮食生产、储备、贸易、运送等配套制度管理的改革;对食盐运销管理制度的改革;创设“市场贸易管理制度”和更新“经济人事管理制度”等使国民经济管理呈现制度化、科学化。

2.2.2 诸葛亮和曹操的管理思想

诸葛亮和曹操都是东汉末年三国时期杰出的政治家和军事

家,都在各自的政治和军事生涯中,展现了自己的雄才大略。当然,在二者的政治(治国)和军事(治军)实践中都体现出了相当的管理才能和成效。下面从管理的角度,对二者的管理思想进行如下探讨:

(1)诸葛亮的管理思想

诸葛亮(公元 181—234 年),三国时蜀国丞相,著名政治家、军事家,字孔明,琅邪阳者(今山东沂南县南)人。东汉末,避乱于南阳之邓县,号曰隆中,隐居耕读十多年,其间结识大批有识之士,纵论天下大事,学问大长,有"卧龙"之称,胸怀大志,常自比春秋政治家管仲和战国军事家乐毅。建安十二年(公元 207 年),刘备"三顾茅庐"请诸葛亮出山,从此开始其政治军事生涯,直至病死于北伐中原途中的五丈原。诸葛亮一生辅佐刘氏父子,"鞠躬尽瘁,死而后已",为蜀国的建立和发展做出了卓越贡献。同时,也为后人留下丰富的政治、军事、用人的管理理论和实践经验,主要表现在以下几个方面:

1)"内修政理"的治国管理目标。蜀汉初建时,由于汉末政失于宽,加之刘焉、刘璋父子在益州(今成都)"以宽济宽","德政不举,戒刑不肃",纵容三蜀豪强,致使一方面"蜀士人专权自恣",另一方面蜀中百姓"思为乱者,十户而八",阶级矛盾十分尖锐,此种情况严重威胁着新生的蜀汉政权的稳固和发展。为此,诸葛亮从这一社会现实出发制定了一整套由乱到治的方针,以达到"内修政理"的治理目标,这就是在《便宜十六策·治乱策》中提到的方针,其中最重要的是"先理强,后理弱"。"理强"即打击蜀士人的专权自恣,缓和阶级矛盾,消除"思为乱者,十户而八"的危险局面;"理弱"即扶植自由农,发展生产。之所以要"先理强,后理弱"是因为强民专权自恣问题不解决,弱民的安宁生产问题便无法解决,这体现了诸葛亮朴素的辩证法思想。

首先是理强。理强主要包括两个方面:其一,厉行法治,赏罚严明。诸葛亮认为:"威之以法,法行则知恩;限之以爵,爵加则知荣；荣恩并济，上下有节。为治之要，于斯而著。”[①]据此，诸葛亮邀请法正、刘巴等人共同制定《蜀科》，将法治用法律条文固定下来，同时在实际的实施法治过程中，又将赏罚结合起来。《张裔传》载张裔常称道诸葛亮“赏不遗远，罚不阿近。爵不可以无功取，刑不可以贵势免”印证了诸葛亮的赏罚严明。其二，整顿吏治。为打击官吏与豪强的勾结，清明吏治，提高政府工作效率，诸葛亮亲自写了《八务》、《七戒》、《六恐》、《五惧》等法令条章来规范吏治，要求各级官吏必须依法行事，执法严明，去文就质，体恤百姓，一律公平对待。此外，值得一提的是，诸葛亮在整顿吏治过程中，为鼓励官吏谋臣献计献策，提出“集众思，广忠益”的集思广益的民主思想，并使之纳入丞相参署的方针，要求做到“听察采纳众下之言，谋及庶士”，收到了很好的效果。可见诸葛亮是封建社会中一个少有的具有民主精神的政治家。

其次是理弱。在“理强”之后，诸葛亮本着“理弱”方针，抓住“为政以安民为本”，提出“务农植谷，闭关息民”的发展经济和生产的管理政策。表现在：确定“唯劝农业，无夺其时；唯薄赋敛，无尽民财”的农业管理方针；重视水利工程的建设和维护，专设堰官并派壮丁专门管理和维护都江堰；在工商业方面，专设机构和官吏管理盐铁业、蜀锦业，并积极发展与魏、吴两国以“锦”制产品为主的商贸；提倡节俭积蓄，反对浪费。

在“先理强，后理弱”方针的指引下，经过诸葛亮适时、合理地治理，蜀汉出现了“吏不容奸，人怀自厉，道不拾遗，强不侵弱，风化肃然”和“田畴开辟，仓廪充实，器械坚利，蓄积丰饶”的可观景象，达到了内修政理的治蜀管理目标。

2）诸葛亮的战略管理思想。诸葛亮作为一名杰出的政治家、军事家，同时又是一位能审时度势，弘思远益，应权通变的战略家，其战略思想主要反映在《隆中对》中。他用发展的眼光，分析了当时的形势，提出了三分天下，联吴抗曹，搞好与西南少数民族关系

① 《三国志·蜀书·诸葛亮传》

的战略目标,并在后来的政治军事生涯中积极付诸实践。

①“三分天下”的近期战略目标。刘备“三顾茅庐”,诸葛亮在第三次才接待刘备,在《隆中对》中回答了刘备提出的如何兴复汉室、争衡天下的问题。他在分析当前的形势后指出:曹操占有中原,兵强马壮,并有“挟天子以令诸侯”的政治优势,故不能与之争。孙权占有江东,有长江天险,并且已经三代治理,势力已很稳定,也不可图之。而刘备若能取荆、益二州,凭借益州险塞和天府之土,荆州要塞,外结孙权,内修政理,西和诸戎,南扶夷越,也可鼎足而立,三分天下,并在时机成熟时,从益州和荆州两路出兵,必可统一中原。后来“三国鼎立”的历史发展形势基本上与诸葛亮的隆中估计相符,验证了其隆中对策的高度预见性和科学性。

②联吴抗曹,西和诸戎,南扶夷越的外交战略管理实践。首先,建立吴蜀联盟,共抗曹操,是诸葛亮根据“孙权据江东,已历三世,国险而民附,贤能为之用,此可与为援,而不可图也”的隆中决策中制定下来的策略。一方面,吴蜀联盟建立之初,在赤壁之战中大败曹操就显示出的巨大的力量,为后来促成蜀汉政权的建立,实现“三分天下”做出了积极贡献。另一方面,吴蜀联盟初期和中期的保持为诸葛亮“内修政理”创造了外部条件和为北伐中原,解除了“东顾之忧”,使“河南之众,不得尽西”①。所以,诸葛亮从出山到死,都力主外结孙权,联吴抗曹。其次,西和诸戎,南抚夷越。诸葛亮采用“攻心”策略,与西南部少数民族交好,并从长远出发采取“皆取其渠帅而用之”的政策,任用各族首领来治理各族,使之诚服于蜀汉政权,不仅在后方取得了“夷汉粗安”的效果,还从南中调发了不少人力、物力,充实了蜀汉的财源,为北伐曹魏准备了条件。

3)诸葛亮“外圆内方”的军队管理思想。作为军事家,诸葛亮深知要实现复兴汉室的目标就必须建立一支勇武善战的军队。

在治军方面,诸葛亮强调“外圆内方”——重教化和习练。他

① 《诸葛亮传》注引《汉晋春秋》

把将士的思想教育和军事训练结合起来,把治军和治国联系起来,认为治军是为了“存国家安社稷”。所以,他以仁、礼、义、智、忠、信等为内容教育军队,并在实践基础上根据将领的才能和品质将其分为九类,按士兵特点区分出六种“善士”,对不同将领和士兵进行差别管理,有利于整合各种资源,发挥出各自乃至整体的最佳效能。二是重法治。在诸葛亮看来,法是管理军队和克敌制胜的法宝。他要求奖罚分明,进有赏退有罚,以激励将士奋勇杀敌;颁布兵要十则、军令十五条作为将士的行动准则,要求所有将士严格服从命令,听从指挥,使全军上下步调一致,以发挥三军整体功能。通过诸葛亮的合理管理,蜀汉军队不仅战斗力大为提高,而且指挥起来得心应手,协调一致①。

4)诸葛亮的人才管理思想。与汉代“天人合一”、“神人合一”的客观唯心主义相反,诸葛亮声称“造化在乎手,生死在乎人”,十分强调人的作用。在这种思想的指导下,他在施政治国过程中提出“治国之道,务在举贤”的用人思想,认为选贤任能是管理好国家的关键,是关系国家兴亡的大事。具体来说,诸葛亮的人才管理思想包括以下几个方面:

①提出 7 条用人标准或 7 个考核办法。据《诸葛亮集·文集》卷四《将苑·知人性》中所载,诸葛亮的 7 条用人标准是:“一曰之以是非而观其志,二曰穷之以辞辩而观其变,三曰皆之以计谋而观其识,四曰告之以祸难而观其勇,五曰醉之以酒而观其性,六曰临之以利而观其廉,七曰其之以事而观其信”。这种通过设置各种具体的情境来考核人才的方法,对当今范围广而时间短的各类公开招聘有一定的借鉴意义。

②任人唯贤,德才兼备,德重于才。任人唯贤,德才兼备,偏向于德的择人方法是诸葛亮用人思想的基本点,它既不同于“举孝廉”,也不同于“唯才是举”,而是两者的有机结合。所以诸葛亮所

---

① 岳梁.诸葛亮的管理理论与实践散论.河南大学学报(社会科学版),1998(3):77~78

用之人多是品行端正、忠诚贞节的有才之人，如郭攸之、费祎、董允等。

③注重考核，以绩论政，依绩用人。诸葛亮深知考核在用人问题上的重要性，提出以绩论政，把公私分明与否，执法公正与否，贪污受贿与否，讲求实效实绩与否等方面作为官员政绩考核的主要方面，并以此为依据决定官吏的罢免和升迁。从史料上看，诸葛亮注重考核官员政绩的用人方法，的确使蜀汉吏治清明，官吏廉洁，达到了“吏不容奸，人怀自厉”的效果①。

④重视教育和培养人才。诸葛亮在择人、用人的同时，还十分注重对人才的教育和培养，以扩充人才后备军，特别是在他辅政前期，还抽出时间训练和教育下属，建立高等学府太学，开办教育，培养人才。但到后期，由于公务繁忙，这方面的工作几乎被弃置，致使蜀汉后期人才匮乏。诸葛亮的经验教训告诫世人，人才培养问题是一个长抓不懈的问题，只有人才充足才能使国家兴旺，此所谓“唯政之要，务在得人”。现阶段我国把“科教兴国，以教育为本”作为长期的一项基本国策，就是为了培养人才，多出人才为社会主义国家的兴旺发达做贡献。

(2)曹操的管理思想

曹操(公元 154—220 年)字孟德，沛国谯(今安徽亳县)人，东汉末年杰出的政治家、军事家和文学家，是三国中魏国的实际开创者。《三国志》作者陈寿对曹操的评价是“非常之人，超世之杰”，“治世之能臣，乱世之奸雄”，可见其雄才伟略。当然，曹操在治国安邦平天下中提出了许多思想、原则、政策对我们现代的管理理论和实践的发展有着十分重要的借鉴和启迪意义。

1)曹操的治国思想。曹操能在风云变幻、群雄竞起的东汉末年割据战乱年代统一北方，为结束大动荡、大分裂的历史局面做出

① 石军红，周传义. 诸葛亮用人思想述评. 河南师范大学学报(哲学社会科学版)，1995(3)：104

不朽的贡献,是与其卓越的胆识和管理才能密不可分的,在治国上主要表现在以下两个方面:

①改革官制,建立以丞相为首的外朝治阁制的中央行政权力体制。我国尚书台阁由内廷转到外朝或者说尚书省正式建成,始于曹。东汉末年,外戚和宦官专政,使皇帝权力旁落,加之地方州牧逞兵割据,使中央集权遭到严重削弱和破坏。鉴于此,自封丞相的曹操对东汉的官制进行改革,建立了以丞相为首的外朝台阁制,以消除中央权移外戚、宦官,地方权移州牧的弊病,加强了中央集权,有利于中央对地方的控制。

②仁与法相结合的治国方针。曹操在《以高柔为理曹椽令》中说:"夫治定之化,以礼为首;拨乱之政,以刑为先。"就是说,国家在安定时的教化,把礼放在首位;平定乱世的措施要把刑罚放在前面。所以,曹操在不同时期,针对不同情况,一方面施行仁政;另一方面又搞法治,把"仁政"与"法治"结合起来,"寓仁于法,以法固仁",收到很好成效。这些对我们今天的管理工作,无疑具有很好的历史借鉴意义。

首先,曹操在初定北方后,为打击豪强兼并、残酷剥削,恢复和发展农业生产,取得民心,巩固统治,发布《抑兼并令》,明文规定各郡不得擅自征税,不准豪强大户兼并土地和隐匿田地。从而,在破坏豪强大地主的土地所有制的同时,又使大批依附农民和奴婢挣脱大地主的控制,形成"百姓布野"的景象,维护和发展了以小块土地所有制为基础的自由农生产,使曹尽得民心。

其次,重视教育安邦、稳定民心的作用,运用教育来为其政治统治服务。为此,曹操在《修学令》中要求郡国都要设置文学官员,规定满五百户的县要设校官,挑选乡试优秀的学生给予以仁义礼让为核心内容的教育。

曹操在施行仁政过程中,又以重视法治、严于执法闻名。曹早期在任洛阳北部尉时,曾不避权贵,雷厉风行"棒杀"当权宦官蹇叔父,起到"享师敛迹,莫敢犯者"的杀一儆百的作用,尤其在以法治军方面,曹操曾言:"设而犯,犯而必诛",可见其执法必严,违法必究的决心。在实施过程中,曹操以身作则,严于律己,一次因自己坐骑受惊而践踏麦田,而以"割发代首"的方式自惩,对部下遵纪守法起到了很好的榜样作用。

2)曹操的决策思想。曹操集团由弱到强并在官渡之战中以少胜多而统一北方的发展史,与曹操遇事能从全局出发,进行科学决策分不开。具体来说,其决策思想主要表现在以下 3 个方面:

①利用"智囊团"(外脑)辅助决策。曹操深知一个人的知识、经验、能力是有限的,为此广招天下英才,身边聚集了荀攸、郭嘉、许攸等一批谋士,并且善于与谋士们展开讨论,充分听取和采纳他们的合理意见和建议,为其正确决策奠定了基础。

②从全局出发,讲究策略。从全局出发、了解情况、抓住时机、讲究策略是正确管理与决策成功的基本条件和保证。官渡之战前,在敌强我弱的形势下,曹操在分析双方优劣势之后,认为袁绍志大而智短,色厉而胆小,心胸狭隘,而不能充分发挥部下才能,军队虽多,但纪律不严,将领骄横,不听调遣,因此袁军必败。从而鼓舞了士气,并且抓住时机,从全局出发利用"袁绍虽有大志,而见事迟,必不动也"的弱点,毅然分兵东击刘备,解除东边隐患,为其全身心的投入官渡之战做好了前期准备,最终以少胜多大败袁绍,证明了曹操决策的预见性、果断性和正确性。

③采取审时度势,机动灵活的决策原则和方法。曹操在具备了一定实力之后,从全局利弊出发,审时度势,采取"通杨奉,迎献帝,令诸侯"以及先联袁绍,再抗袁,最后灭袁的机动灵活的战略决策原则。一方面,为其争得"挟天子,以令诸侯"的政治优势;另一方面,又为消灭其宿敌统一北方指明了正确方向,反映了曹操决策的全面性、系统性和连贯性。

3)曹操的后勤管理思想。作为一名军事家,曹操深知后勤补给在行军作战中的重要性,因此,他非常重视后勤管理,并在这方面进行了一些探索。

①"强兵足食"的后勤管理目标。在东汉末年,天下战乱,生产遭到严重破坏,曹操远见卓识,明确提出"夫定国之术,在于强

兵足食”,清醒地认识到要想统一天下,就必须致力于“强兵足食”,而“强兵”要以“足食”为前提,“足食”方能“强兵”[①]。为此,曹操不失时机地于建安元年(公元196年)大兴屯田,一则保障军队补给,二则让农民回到土地上,恢复生产,以定民心。

②“务因粮于敌”与“因实求备”的后勤管理原则。在保障军粮补给方面,曹操继承和发扬孙子“因粮于敌”的战略思想,提出“务因粮于敌”的原则。他曾言:“兵甲战具,取用于国中,粮食因敌也。”[②]这里“粮食因敌”是指出境之后,进入外线作战则要千方百计地把夺取敌人的粮食为己所用,曹操使之作为削弱敌人而增强自己的最为有效的后勤战略。官渡之战中,曹军“火烧乌巢”把袁绍大军的粮草烧得尽光,切断了袁军的生命线,并乘势一举大败袁军。“因实求备”是依靠实力求战备的思想。曹操曾言:“欲战必先算其费”,即在战前全面衡量自己一方的实力,只有具备了相当的实力,才可以兴师动众打一场相应的战争[③]。而实力离不开经济基础,曹操又一针见血地指出:“军无财,士不来;军无赏,士不往”,[④]并得出发展生产、增加军队供给、以壮大军事实力的结论。

③“开源节流”的后勤管理方法。曹操在统一北方以后,一方面通过推行“均平赋税”和颁布“重(禁)豪强兼并之法”、“收田租令”等广开财源,培植后勤潜力。另一方面,又非常强调节流,把节省费用开支作为一项重要的后勤措施,不仅躬身节俭,还带动部属勤俭节约,艰苦奋斗,把有限的物力运用于战争,夺取胜利。

4)曹操的人才管理思想。曹操相信“天地间,人为贵”,他十分强调人才的作用,并广招天下英才,共图大业,表现在:

①对东汉用人制度进行改革,创造性地提出“唯才是举”的用

---

①、③ 齐振翚.曹操后勤管理思想浅析.辽宁大学学报(哲学社会科学版),1994(2):23~24

② 《曹操集·孙子注·作战篇》

④ 《曹操集·孙子注·军事篇》

人方针。东汉在用人上采取乡举里选的察举制度，而乡举里选又以“德”为核心，重孝、廉、仁、义。然而到了东汉末年，州郡察举制度已腐败不堪，出现“举秀才，不知书；察孝廉，父别居”的名实不相符的现象，使“德”成为空话。鉴于此，曹操发出4次求贤令，提出“唯才是举”的用人方针。正如他在建安二十二年的求贤令中所说“或不仁不孝，而有治国用兵之术，其各举所知，勿有所遗”那样，强调以“才”举人、用人，从而扩大了取才范围。

②“不计前嫌”，团结一切可以团结的力量。曹操在“任人唯才”的用人方针的指导下，只要有真才实学能文善武，真心拥戴曹操，不管来自何方，甚至是仇敌，都会给予信任和任用。如荀攸、郭嘉等弃袁投曹，曹操不仅以礼相待，还委以重任。特别是张绣反复无常，在第一次投曹后，又反悔而重创曹操，后又再次投曹，曹操念其却是一个难得的将才，不计前嫌，拜之为扬武将军，还结为儿女亲家。曹操这种“任人唯才”、“不计前嫌”，在战乱之际，顾全大局，团结一切可以团结的力量的人才管理思想，表现了一个政治家的宏大气量。

③“以道御之”的人才管理方法。在常人看来，曹操“唯才是举”，不重孝、廉、仁、义，出身历史，是要乱天下的。曹操则不然，他说：“吾任天下之智力，以道御之，无所不可。”①“以道御之”就是用法令来管理人才，这样就确保了天下为曹操所用。曹操把人才管理纳入法治轨道，一方面有利于对人才的控制，另一方面又利于营造一个公平公正的气氛以发挥人才的才能。这一点值得管理者，特别是领导者的借鉴。实际上，曹操这种人为贵，任之以智力，御之以法术，既重人治，又重法治，而不是只重一面，正是曹操仁、法相结合的治国思想在人才管理上的体现和运用。

① 《魏志·武帝纪》

2.2.3 韩愈的管理思想

韩愈(公元768—824年)字退之,河南洛阳(今河南孟县)人,唐代著名的文学家、思想家、政治家。仕途坎坷,曾因上疏求减免灾民赋役和上表谏宪宗迎佛骨,两次被贬。政治上主张中央集权,反对藩镇割据,对于某些具体的政治、经济问题的言论颇有见地,蕴含丰富的管理思想。

(1)韩愈的社会分工及分配思想

韩愈在《原道》中提到:“寒,然后为之衣;饥,然后为之食;水处而颠,土处而病也,然后为之宫室;为之工,以赡其器用;为之贾,以通其有无;为之医药,以济其夭死;……如古之无圣人,人之类灭久矣。”很明显,他认为出现了“圣人”并教会人们共同生存的方法,于是便有了社会分工,把社会分工归功于“圣人”所赐,这显然是不符合社会发展规律的①。因为社会分工是社会生产力发展的结果,并非“圣人”所赐,但他能把农、工、商、医药卫生等行业从社会中分列出来,各司其业,各尽所能的社会分工理论是值得肯定的。

在维护封建统治秩序上,韩愈继承和发扬了先秦大儒孟子所谓“劳心者治人,劳力者治于人;治于人者食人,治人者食于人”的观点,提出了统治者和被统治者如何分工的说教——“是故君者,出令者也;臣者,行君之令而致之民者也;民者,出粟米麻丝作器皿,通货财,以事其上者也。君不出令,则失其所以为君。臣不行君之令而致于民,民不出粟米麻丝,作器皿,通财货,以事其上,则诛”。认为君、臣、民都有各自明确的职责,应各司其职,各尽所能,否则便应受到惩罚。同时又从统治阶级立场出发,强调统治者

---

① 余德仁.韩愈的经济思想研究.河南师范大学学报(哲学社会科学版),1994(6):1

应受别人供养，而被统治者则以供养别人为天职，旨在让少数的统治者不劳而获，具有鲜明的阶级性。

对于分配问题，韩愈根据其社会分工理论，提出每个人都必须按照自己对社会贡献的大小来取得相应的报酬，另一方面，政府应根据每个人贡献大小来分配社会财富。这就要求每个人一旦在社会生活中扮演了某种角色，无论是君、臣、民，还是农、工、商都应担负相应的职责，做出相应贡献，并由此取得相应报酬。这种根据个人职责、贡献和物质生活分配相联系的分配方式，体现了社会分配的公平、合理性，有利于调动个人的积极性，在管理思想上是一大进步。

(2)韩愈的赋税管理思想

赋税是中国历代王朝财政收入的主要来源，“是政治机器的经济基础”。唐德宗建中元年(公元 780 年)，宰相杨炎建议推行“两税法”，用“资产为宗”系以定税计钱的户税和地税取代唐初以来以“丁身为本”的租庸调制，在一定程度上扭转了贫富负担不均的现象，算得上一项具有进步意义的赋税改革措施，但是系以定税计钱的赋税征收制度在一段时间后产生了一些弊病，特别是钱重物轻现象的产生。“钱重物轻”即社会上货币比较短缺而物价非常低贱的社会现象，严重影响着人们从事生产的积极性。

针对“钱重物轻”的社会弊病，韩愈反对“定税计钱”的措施，认为赋税征钱是导致这一社会弊病的主要因素。对此，他说：“夫五谷布帛，农人之所能出也，工人之所能为也。人(民)不能铸钱，而使之卖布帛谷来以输钱于官，是以物愈贱而钱愈贵也。”①主张将赋税由征收货币改为征收实物，并且提出如下建议：“今使出布之乡，租赋悉以布；出绵丝百货之乡，租赋悉以绵丝百货；去京百里悉出草，三百里以粟，五百里之内及河、渭(黄河、渭河地区)可漕

① 《昌黎先生集》卷 37，《钱重物轻状》

人,愿以草粟租赋,悉以听之。”[①]认为要从实际出发,民间生产什么,那就征收什么,如此才能调动人们安心务农,发展生产的积极性,并使“人益农,钱益轻,谷米布帛益重”,让老百姓得到休养生息,收到很好的成效。韩愈这种从实际出发,联系各地生产经营特点以调动人们生产积极性为目的的赋税管理思想,对后世赋税管理影响深远。

(3)韩愈的货币管理思想

韩愈不只是从改革赋税管理的角度来解决“钱重物轻”的社会弊病,还从货币(钱)本身出发,提出解决“钱重物轻”问题的4条货币管理方法:

1)“在物土贡”。即上文中所述对农业赋税根据各地生产经营特点征收实物之法,这里不再赘述。

2)严肃法纪,堵塞漏洞。韩愈在《钱重物轻状》中指出:“在塞其隙,无使之泄,禁人无得以铜为器皿……蓄铜过千斤者,铸钱以为它物者,皆罪死不赦……五岭旧钱,听人载出,如此则钱必轻矣。”强调严肃法纪反对毁钱和屯钱,控制币材,堵塞钱币流失的漏洞,符合金融学理论。

3)提高钱币的票面价格,依法治理金融。韩愈在《钱重物轻状》中提到:“更其文贵之,使一当五,而新旧兼用之。凡铸钱千,其费亦千;今铸一而得五,是费钱千,而得钱五千,可立多也。”明确主张政府推行专门的金融法治理金融,用行政法律手段来提高钱币面值。因为钱的面值一高,就等于钱多了,而钱一多,钱与物的比值必然降低,从而消除钱重物轻的问题。

4)用新钱代俸禄。韩愈云:“今使人各输其土以为租赋,则州县无见钱;州县无见钱,而谷米布帛未重,则用不足;而官吏之禄俸,月减旧三之一;各置铸钱使新钱一当五者以给之,轻重平乃

---

① 《昌黎先生集》卷37,《钱重物轻状》

至。”[①]主张用新钱代官吏俸禄,政府带头使用新钱,并以“轻重平”提高质轻而值高的新钱的价值。

综上所述,韩愈就加强货币管理角度从改革赋税,控制币材,提高币值,推行新钱 4 个方面对解决“钱重物轻”问题进行了全面而深入地探讨,这在当时具有很大的现实意义。因此他非常自信的称:“四法用,钱必一轻,谷米布帛必重,百姓必均矣。”[②]

(4)韩愈的人才管理思想

韩愈虽未有关于人才问题方面的专门著述,但将散布于其诗文中有关人才问题的内容加以归纳、概括,可略见其人才管理思想的系统性。

1)重视对人才的甄别和选拔。韩愈认为,王朝中兴亟须大量人才,而当时唐朝通过科举、荐举以及门荫入仕者虽多,但真正有才学者却相当少。特别是“以门第勋力进者”又“有倍”于科举、荐举,因此不免良莠相杂,以至出现“自御史台、尚书省以至于中书、门下者,成不足其官”[③]的人才匮乏局面。为此,韩愈深刻地体会到执政者正确地甄别和选拔真才实学的人才的重要性。“世有伯乐,然后有千里马”,如果执政者在招录用人才时缺乏伯乐相马般的鉴别能力,则“虽有名马,只辱于奴隶之手,骈死于槽枥之间,不以千里称也”。[④] 因此,他要求执政者应具备鉴才和识才的能力,并在实践当中重视对人才的甄别和选择。

2)“唯才是举”,打破门户第限制,不论亲疏贵贱。中唐时,旧的豪门士族虽已没落,但出现了新的士庶矛盾,以门第论人、选才的偏向依然存在。作为庶族士人的韩愈,反对国家在用人方面以门第论选才,主张唯才是举。他在《论今年权停举选状》中提及故之“四贤”:傅说、太公、宁戚、公孙弘虽均出身寒微,但贤明的君主

---

①、②　《昌黎先生集》卷 37,《钱重物轻状》

③　韩愈《进士策问》

④　韩愈《马说》

能因其贤将他们予以重用,最终取得不世之业绩,来证明国君打破门第限制,不论尊疏贵贱,以"才"为标准,选人任人在国家治理中的重要性。

3)善待人才,量才使用。重视人才,就必须善待人才,方能发挥其才。为此,韩愈认为执政者首先应了解人才的所欲所求,然后视其才能大小,安排到适当的位置上,并为其才能发挥创造条件,以满足其需要。否则,像千里马那样,"策之不以其道,食之不能尽其材,鸣之不能通其意"[①],如何谈发挥其日行千里之能?韩愈这种善待人才,并按照人才特点量才使用的人才管理思想,值得现代企业管理中领导者在用人方面借鉴。

4)才尽其用,让人充分发挥其作用。韩愈特别强调才尽其用,因此主张政府应尽可能地让那些行将致仕的年长官员续留在朝中发挥余热,以人尽其才。同时,反对执政者对人才"壮而见用,老而见疏"的做法。为此,韩愈在《毛颖传》中用秦代国君对毛颖"以老见疏"的少恩寡义,类比唐代对行将致仕的年长官员的少恩寡义,流露出痛惜才不尽其用的思想,这是韩愈最具特色的人才利用思想。

2.3 宋元时期的管理思想

2.3.1 宋元时期的管理思想概述

宋元时期从公元960年至公元1368年,包括宋朝和元朝两个统一的封建政权和辽、西夏等少数民族政权。在这一时期,政局相对稳定,为社会生产力的提高,国民经济的发展和繁荣,各民族的

---

① 韩愈《马说》

进一步融合等创造了条件。因此,这一时期无论是在改革和强化行政管理制度以加强中央集权,还是在改革国民经济体制,发展商品货币经济,加强货币管理和工商业贸易管理等方面都表现出积极的变化,获得良好的成效,积累了丰富的管理实践经验。同时,也涌现出一批杰出的行政管理、经济管理、人才管理等方面的专家,如王安石、沈括、司马光、忽必烈等。

(1)宋元时期的行政管理制度概述

宋朝和元朝作为统一的封建政权,从各自建立开始,就把加强中央集权,巩固封建统治作为治国安邦的重点。行政管理制度基本沿袭隋唐时期,但为适应社会形势的变化和统治的需要,进行了相应地改革和强化。

1)在中央政权体制上,宋初皇帝集军、政、财、法大权于一身,下设中书省、枢密院、三司、学士院、御史台、谏院。到宋神宗五年,进行中枢机构改革,恢复三省(尚书省、门下省、中书省)并立执宰相权的体制。[①] 其中行政权集中在尚书省,使之成为与枢密院、三司并行的3个权力支柱。到元朝,废除了三省制,建立了一省六院一台的中央行政权力体系。“一省”指中书省,“六院”包括翰林院、通政院、将作院、集贤院、宣政院、枢密院,“一台”即御史台。

2)在地方政权体制上,宋朝除沿用州县两级基本管理体制外,还设置路、军、监机构加强对地方的监督,并规定地方官员实行任期轮换和本籍回避制度。元朝则实行省、路、府(州)、县四级管理体制,以加强对人民的严密控制。

3)在选任官吏上,宋朝统治者确立文人治国的方针,在沿用唐朝科举制基础上,进行了一些积极的改革。如向文人广泛开放,以文才为录取标准,扩大了人才选择范围,从组织上和制度上保证了宋朝统治集团吸收文人参政的治国方针的推行。元朝时实行民族压迫政策,不论是在中央政府还是在地方政府,各种官吏几乎均

---

① 邵德门著.中国政治制度史.长春:吉林人民出版社,1988

由蒙古人担任。

4)在法制建设上,宋朝法制基本上沿用唐律,但在某些方面进行了更新。公元963年,制成并颁行了宋律《宋刑统》,在法律形式上,分为律、令、格、式以及随时增补的“编敕”。皇帝掌握最高立法权,从法制角度加强了中央集权,巩固了地主阶级专政。元朝统一中国后,也借助法制的强制手段来维持其统治秩序,先后颁行过《至元新格》、《大元圣政国朝典章》、《大元通制》等,但元朝从一开始就推行民族压迫政策,使元朝法制成为蒙古贵族实行阶级压迫、民族压迫双重压迫的手段。

(2)宋元时期的经济管理思想概述

在宋元时期相对稳定的社会环境下,两朝开明统治者(如赵匡胤、忽必烈等)和一些政治家或理财家(如王安石、沈括、卢世荣等)对经济管理模式、货币管理、工商业贸易管理、理财等经济管理的分支领域结合社会实际进行了有益的探索和实践,既增添了一些社会经济发展的新因素,又对传统的某些经济管理教条进行了怀疑和批判,是宋元商品经济发展的社会现实和客观需要在人们意识形态领域的反映。

1)在经济管理模式方面。一般说来,在一个王朝的初创时期,百废待兴,多采取自由放任的经济管理模式,而到王朝后期,则由于各类社会矛盾的加剧,多采取国家干预主义的经济管理模式。宋初则不完全如此,采用的是一种既干涉又放任的混合型管理模式。具体来说,对土地和农业的管理倾向于放任,而对工商业则侧重于干涉。王安石在变法中所采用的经济管理模式是以干预主义为主要倾向的集中性的国家统制经济管理模式。一方面,认为对商业不能采取自由放任政策,国家应干预;另一方面,反对国家完全垄断商业,应允许私营工商业的存在和发展。到元朝时,元世祖忽必烈把“事从因革”作为对国民经济进行管理的指导思想。所谓“事从因革”,就是对于既有的制度、办法、习俗可用则用,应革则革,即按照各地区原有的经济管理模式管理经济而不把蒙古的生产经营方式强加于各地区，这也是一种经济放任思想的体现。

2）在货币管理方面。北宋时在商业流通中除了铜钱、铁钱外出现了“盐钞”和四川地区可兑换纸币“交子”，加重了货币流通的混乱局面，但纸币在流通中尚不居重要地位。因此，北宋货币管理思想主要是解决铸币贬值和流通混乱问题。在这方面有代表性的人物是周行己，他在上书宋徽宗的《上皇帝书》中提出将铜钱以十当三使用，以制止通货膨胀，并且严格划分铜、铁钱流行区，禁止杂用，解决流通混乱问题。到南宋时，纸币管理成为货币管理思想的主要内容。在这方面最具代表意义的是宋孝宗时期的纸币管理措施和理论，其管理措施主要是从限制“交子”的发行数量的最高数额和规定发行期限，以新换旧以及有一定的准备金和补救措施等方面加强对纸币的管理，因此，在纸币的管理实践当中，形成了中国封建社会中典型的纸币管理理论——“称提之术”或“称提之策”。此外，沈括也针对“钱荒”问题提出“加快货币流通速度”的解决办法。南宋，太学生叶李建主张以“钞币条画”代替“会子”，把“钞币条画”作为不兑换纸币。到元朝，元世祖忽必烈建立了全国统一的纸币管理制度，主要包括以下几点：第一，发行纸币有十足的金银作准备金；第二，政府在各路设立平准库，准许民间持纸币随时兑换金银；第三，一切赋税征收及其他支付均以钞为准；第四，严格控制发行数量；第五，控制物价，保证币值稳定；第六，设置专门管理货币的组织机构，加强对货币的调控①。这样使纸币成为元朝的主要货币，元朝也因之成为第一个实现纸币统一的封建王朝。

3）在工商业贸易管理方面。宋初的几代君主都比较重视商品货币经济的发展，虽然商业基本上由国家垄断和控制，但控中有放，允许私营工商业的存在和发展。特别是对商业的管理，宋初一开始就实行宽松的管理政策，除盐、铁、茶等主要商品由官卖外，一般商品均趋向于开放，并对私营商业实行扶植和保护政策，在一定

---

① 赵靖主编. 中国经济管理思想史教程. 北京：北京大学出版社，1993

程度上，改变了自秦汉以来的“重农抑商”政策。另外，在对外贸易上，在各通商口岸专设“市舶司”专管通商及关税。

王安石的工商业管理思想，主要体现在“均输法”和“市易法”中。“均输法”要求政府直接参与商业与市场活动并对市场实行宏观调控，“市易法”则是主张官商和私商相结合的经营管理形式。元朝“崇尚商业”，往往选用商人主持朝政，如汉族大富商卢世荣曾掌握元朝政治经济大权。

4）在理财方面。王安石在变法中，提出以“富国强兵”为目的，把理财与发展社会生产相结合的理财思想。司马光也提出以“养”为主的理财思想。元朝，卢世荣“以商人而理财”，运用商业经营的原则和各项经济收入，不赞成依赖税收。

（3）宋元时期在管理的杰出代表及其贡献

如前所述，宋元朝涌现出了一批杰出的行政管理、经济管理、人才管理等方面的专家，其代表人物有王安石、沈括、司马光、忽必烈等。

王安石，北宋政治家，以推行变法闻名。在管理上的贡献主要表现在其推行的新法中所体现的扶持和保护农民生产的农业管理思想；主张政府干预工商业和官商与私商相结合的工商业管理思想；以“富国强兵”为目的的理财思想；大明法度，立善法的法治思想和其最具特色的“教之、养之、取之、任之”四道系统相结合的整体性人才陶冶开发观。

沈括，北宋著名科学家。在管理上的贡献是著《梦溪笔谈》，总结了历代丰富的管理实践经验，提出了工程管理思想、价格管理思想以及为解决“钱荒”问题而提出的以“加快货币流通速度”为主要措施的5条货币管理对策。

司马光，北宋政治家、史学家，编撰《资治通鉴》，总结了历代的治国经验，阐明了帝王治国之道。在管理上的贡献是，提出以“礼”为纲的社会组织体系，圣王治理模式；主张以“养”为主的理财思想和富民救国思想；在人才管理方面，提出择人“政本论”和以“德”为先的用人之道。

忽必烈(元世祖)是我国历史上一位少有的具有杰出管理才能的少数民族统治者,其在位时把“事从因革”作为国民经济管理的总方针。在此方针的指导下,农业管理、少数民族经济管理、工商业贸易管理和货币管理取得很大成效,特别是在货币管理方面,建立统一的纸币管理制度,使纸币成为全国通用的主要货币。

2.3.2　沈括的管理思想

沈括(公元 1031—1095 年),钱塘(今浙江杭州)人,北宋著名科学家,有着渊博的自然科学知识,其著作《梦溪笔谈》记载和总结了我国(北宋中期以前)历史上各项科技成就,堪称我国古代的一部百科全书。沈括还对政治、经济、军事史实有诸多论述,总结出丰富的管理实践经验。从一定意义上说,他的主张代表了当时我国在工程、价格和货币流通等方面所达到的管理认识水平。

(1)沈括的工程管理思想

在工程管理方法,沈括根据宋朝的实际事例在《梦溪笔谈》中介绍了高超合龙、导水治堤、泽国长堤等具体工程项目,肯定了劳动人民和工程指挥人员在实践中创造的管理方法和成果,特别是在《补笔谈》中引用和分析了北宋真宗年间的一个脍炙人口的工程技术管理实例。当时,一场大火将整个皇宫夷为平地,朝廷指派主管工程建设的丁渭限期修复。丁渭把修复筹划为 3 步:首先,在皇宫外边街道上挖一深渠,直通汴水河道,利用挖渠之土,烧制砖瓦;其次,引汴河之水直入深渠,通过水路将外地沙石及湖、广两地所产木材及其他建筑材料快速运往修复工地;最后,把因皇宫失火留存的破砖烂瓦和修复皇宫所剩废物将引水之渠填平,依旧恢复街道的原景。结果按照这个“一举而三役济”的修复方案进行修复,比预期提前了 4 个月完成工程,这就是历史上著名的“丁渭建城”。这里所提到的“一举而三役济”是指由于精心安排,使造房中的泥土来源、材料运输以及废物处理 3 个问题都在最经济的情况下以最恰当的方式得到解决,从而不但提前完工,还取得了“省费以亿万计”的巨大经济效益。在这个例子中,反映出了相当丰富的系统工程思想,而沈括在 900 多年前就对系统工程进行研究总结,当之无愧地成为系统工程管理理论研究的先驱者。

(2)沈括的价格管理思想

沈括非常注重国家对谷物的收购价格和收购数量关系的研究。因此,沈括的价格管理思想主要体现在粮食价格与收购数额上。

沈括任权三司使时,从自己亲身处理粮食价格问题过程中发现:依据当时各郡各县,首先将当地当时的粮食价格预行申报,然后再由三司核定各地应行采购的数量是很难制定出适当的收购数额的。因为汇齐各郡县申报粮价格须经过相当长的时间,所以等到采购任务下达时,各采购地区的粮价可能已发生了涨跌,从而给市场销售和政府采购造成混乱和困难。为了克服这一弊病,沈括主张效仿唐代刘晏的做法。其具体操作步骤是:首先,让各郡根据过去几年收购价格和收购数量的情况,按照价格高低和数量多少各分五等,然后根据等级建立两者的对应关系(如图 2.1 所示)。

沈括指出:按照二者的等级对应关系进行收购,就能使各郡县的粮食价格维持在适当水平上。然后,发运司统计各地的粮食收购数额,“若过于多则损贵与远者,尚少则增贱与近者”。即如感到粮食收购过多,则减少对价格高和边远地区的收购数;反之,则增加对价格和附近地区的收购数。认为这样就能根据各地粮食产量,通过国家调节,求得粮食供求平衡。沈括这种根据价格变化来决定和调节需求的价格管理思想值得现代企业在采购原材料时借鉴。

(3)沈括的货币管理思想

沈括管理思想中最具特色的就是他对货币管理的认识和解决

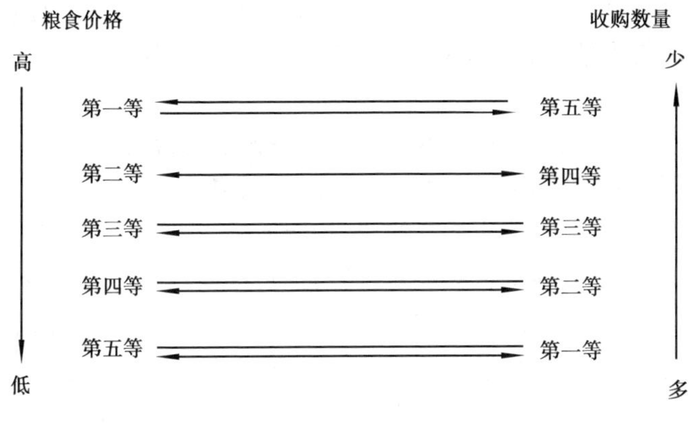

图 2.1　粮食的收购价格和收购数量关系图

“钱荒”问题的对策。

“钱荒”问题由来已久,是指流通中货币不足的现象。宋神宗推行新法,出现“钱重物轻”的弊病,使“钱荒”问题日益严重。对此,沈括有独到的认识,其高明之处在于,他不是就货币论货币,而是高屋建瓴,从发展经济的角度阐述了货币流通规律,分析了“钱荒”的症结所在,提出了解决的具体对策。

沈括在回答“钱之所以耗者,其咎安在”的问题时说:“钱之所以耗者八,而其不可救者二事而已。其可救者五,无足患者一”。[①]所谓“不可救者二”是指两类不可避免的自然现象,其一是人口逐渐增多,公私交易日益频繁,使流通中货币需要量增多,其二是货币在流通中因“水火之灾”和磨损造成钱币减少。“无足患者一”是指边境地区的货币流通只需采取相应的特殊政策可以了,而“可救者五”是由于货币政策失当导致的“钱荒”可以从管理上着

① 《续资治通鉴长编》卷283

眼加以解决[①]。因此,沈括从5个方面提出了相应的解决对策:

1)复铜禁,禁止私人采铜和销钱铸器,以控制币材。沈括反对王安石铜禁的措施,认为"铜禁既开,销钱以为器者利至于十倍,则钱之者几何其不为器也。臣以谓铜不禁,钱且尽,不独耗而已"[②],这种分析是符合当时实际的。北宋铜器制造业发达,用途十分广泛,但政府垄断了铜的开采、冶炼权,并把铜列为民间禁用物资,使得原料稀少。由于利益的驱动,各种铜匠甘犯禁令,毁钱铸器,并以高价卖出,获利颇丰。因此,开铜禁,势必加速铜币的流失,而复铜禁则会尽量减少铜币流失,不失为一项治标之法。

2)提高纸币的信誉,减少民间对铜币的贮藏。沈括一针见血地指出纸币流通不广泛是由于"今钞法数易,民不坚信",人们失去了对纸币的信心,出现"不得已而售(得)钞者,朝得则夕货之"的不良情况。对此,沈括提出"臣以谓钞法不可不坚,使民不疑于钞,则钞可以为币,而钱不待益而自轻矣"[③]的主张,认为只有确立和提高纸币的信誉才能使"钞可以为币"。沈括的这些观点适应了商品经济发展的客观需求。

3)将财政收入改为用金,以黄金作货币。沈括认为,"今通贵于天下者金银,独以为器而不为币,民贫而器者寡,故价为之轻,今若使应输钱者输金,高其沽而受之,至其出也如之,则为币之路益广,而钱之利稍分矣"[④],提出通过提高金对铜的比价使黄金成为货币的设想,有利于黄金的流入,表明他对货币流通已有深刻的认识。这与18世纪英国政府利用格雷欣规律提高金对银的比价使黄金大量流入国内,并于19世纪初确立金本位制的货币思想十分相似,但早于后者近800年。

4)加快货币流通速度。沈括对通过加快货币流通来解决货币不足问题有精辟的论述——"钱利于流。借十室之邑有钱十万

---

① 杨泽宇,雷从胜.王安石与沈括的货币信用思想——兼论中国唐宋时期的资本主义的萌芽.云南财贸学院学报,1998(2):39

②、③、④ 《续资治通鉴长编》卷283

而聚于一人之家，虽百岁，故十万也。贸而迁之，使湌十万之利，遍于十室，则利百万矣。迁而不已，则钱不可胜计。今至小之邑，平常之蓄，不减万缗，使流转于天下，何患钱之不多也”。[①] 这表明沈括已清晰地认识到：货币流通速度的增加可以弥补货币流通中数量的不足，并且货币流通次数越多，货币流通量也增加得越多。这是世界上最早对货币流通速度的明确论述，比英国洛克提出相同的观点早 600 多年。

5）禁止民间以铜钱购买外货来遏制铜币外流。铜币外流是晚唐以来的老问题，有人主张恢复禁铜币出口的法令，而沈括却认为只有发展对外贸易，以百货易牛羊，达到平衡外贸收支才能遏制铜币外流。

综上所述，沈括从发展经济角度着眼，阐述了货币流通规律，对“钱荒”问题进行了深入而全面的研究，得出了一些新的货币理论，并从实际出发，提出一套系统的货币管理对策，丰富和发展了我国的货币管理思想。

2.3.3　王安石的管理思想

王安石（公元 1021—1086 年）字介甫，江西临川人，唐宋八大家之一，是一位有远见的政治家。曾历任地方州县官十余年，在所任地区推行改革，颇有成效。宋神宗熙宁年间两次出任宰相，推行以理财、富国、强兵、举贤等为内容的变法，遭到守旧派的强烈反对而失败，但其变法思想和一些改革措施对当时乃至后世都产生了深远影响，特别是在理财和人才观上对当今的管理也颇具指导意义。

(1) 王安石的理财思想——财政管理思想

北宋中叶“积贫”、“积弱”的社会问题已使宋政府处于“内则

① 《续资治通鉴长编》卷 283

不能无以社稷为忧,外则不能无惧于夷狄”的衰危困境。为摆脱困境,解决“积贫”、“积弱”问题,王安石任宰相后,大力推行变法,把理财、整军、富国、强兵作为变法的总原则,把理财作为改革之首要任务,可见王安石对理财在治国中的重要地位和作用的清醒认识和高度重视。

1)王安石的理财目标。王安石理财的目标,也是其变法的目标,即实现富国、强兵。“富国”就是要解决国家的财政危机,以达到国家财用充裕,解决“积贫”问题;而“强兵”则是在富国基础上,建立一支具有强大实力的军队,解决“积弱”问题。

2)王安石的理财原则。王安石认为造成北宋王朝财政方面的“积贫”问题的主要原因不在于支出之多,而在于生产之少和理财未得其道,因而解决“积贫”问题的办法主要的不是节流,而是在于理财和开源,即开发自然界的资源①。因此,他在写给宋仁宗的《言事书》中认为理财是要“因天下之力,以生天下之财;取天下之财,以供天下之费”。把国家财政同社会生产紧密联系起来,以发展社会生产作为充裕国家财政的前提条件,并在尽力开发自然资源之后,政府财政部门则要通过通权达变地对资源加以周转调拨,则军政等各项开支自然也不会再感困窘。

此外,王安石还提出以“义”理财,正如其公开宣称“政事所以理财,理财乃所谓义也”,把理财的重要性与国家政事相提并论。还说“聚天下之人,不可以无财;理天下之财,不可以无义”②,也就是说,合乎义的理财必须是为国、为天下人而理财。这是王安石功利主义义利观在理财上的体现。

3)王安石的理财途径。为了达到富国、强兵的理财目标,王安石首先在机构上设置“三司条例司”用以“抑制兼并,均济贫乏,交通天下之财”,成为中央政府执掌财计工作的最高机关,并由他亲自主持工作。三司条例司一成立就明文规定,全国年度经费开

① 邓广铭著.王安石——中国十一世纪时的改革家.北京:人民出版社,1975

② 《临川先生文集》卷73《答曾公立书》

支必须先编制预算，然后再依据预算执行，以节制国家财政支出。王安石这种通过设置专门机构，以名文的法令来贯彻执行理财方针、政策的措施，有利于政府管理财政的专门化、制度化和组织化，在理财上是一巨大进步。

其次，抑制兼并，加强中央集权，利用国家机器保护财源和减轻徭役，使百姓安心生产达到"因天下之力以生天下之财"和"民不加赋而国自饶"的目的，如颁布"青苗法"抑制兼并，保护农民生产，就是一例。

再次，控制财政支出，一是通过编制预算，依照预算的执行来节制支出；二是裁减冗员、冗兵，节约各种费用。

(2)王安石的以法治国思想

王安石变法是在法家指导下进行的以"大明法度"，变法图强为指导思想的崇尚法制，以法治国的改革运动。因此，王安石特别重视法律的作用，自上而下运用法律手段全面调整社会经济、政治关系。

1)提倡变风俗、立法度，以保证社会变革。王安石所处的北宋王朝内则官僚豪强大地主肆意兼并土地，大量农民流离失所；外则不敌辽和西夏而屈辱求和，贡奉大量金钱物资，造成"国帑虚竭，民间十室九空"。为摆脱困境，王安石在总结其任地方官的经验基础上，提出"变风俗，立法度"的变法主张。"立法度"就是以法律形式对内抑制土地兼并，对外反对屈膝投降，就要转变"旧风俗"，变革各种政治、经济、教育制度，为推行全方位的社会变法和改革奠定法治基础。

2)主张"大明法度"，以"立善法"治理国家。王安石强调运用法律武器对社会进行全面改革，对此他曾言："盖君子为政，立善法于天下，则天下治，立善法于一国，则国治。"认为一国之君，只有立善法，大明法度于天下，才能使天下大治。因为只有建立和依靠法律,才能使各项事务有法可依,国家强盛才能有保障①。

3)整顿吏治,加强司法监督,以法断狱。有了善法还不能治理好国家,因为法律是靠人来贯彻执行的。要求百姓守法,重要的是国家官吏要守法,依法执政。“守天下之法者吏也,吏不良则有法而莫守”②,王安石在这个问题上有深刻的认识。当时,北宋中期官吏腐败已是一个严重的社会问题,直接影响到法治的推行。为此,王安石在变法过程中,在“立善法”的同时,有计划、有重点地整顿吏治,精简机构和冗员,重新确立“官有定员,人有专职”的吏治原则,并且还对刑事审判制度进行改革,加强司法监督,规定宰相、副宰相应参与重大案件的处理,并派得力官员进行监督,以保证审判质量。此外,王安石还摒弃董仲舒提出的“春秋礼经决狱”的断案原则,坚决主张“以法断狱”维护了法律的权威,这对封建法制解脱礼的束缚,确立和提高法治的地位产生了巨大的作用。

(3)王安石的人才管理思想——整体性人才陶冶开发观

王安石既是北宋杰出的政治改革家,也是中国古代著名的人才思想家。为了推行新法,王安石把取人作为变法的纲领,认为“方今之急在于人才而已”,而人才则需“人主陶冶而成”。为此,王安石提出在上奏宋仁宗的《上皇帝万言书》中提出了“教之、养之、取之、任之”四道系统的人才培养、选拔、使用和管理的整体性人才陶冶开发观。

1)教之之道——教才。教之之道,即学校教育培养人才的方法。王安石认为,教育是造就人才的基本途径,学校是培养人才的基地。

首先,王安石在成才问题上,认为人才不是天生的,强调后天的积习,因此要育人以学。

---

① 张仁木.论王安石的法律思想.江西社会科学,1998(9):105

② 《王文公集·风谷》

其次,强调学校教育对人才培养的作用,认为人才培养首在学校。王安石在《慈溪县学记》中明确指出:"天下不可一日而无政教,故学不可一日而亡于天下。"而当时,北宋的科举制——取才指挥棒,使学校教育"学者之所教,讲说章句而已",教育内容脱离实际,学非所用。因此,王安石坚决主张全面改革学校教育,并提出了自己的学校教育主张:

①大力兴办学校,健全学校体系。王安石在变法中,在中央加强太学各方面的建设;在地方普设学校,恢复和创立培养专门人才的"武学"、"律学"、"医学"等专科学校,形成了一个以讲授"经学"为中心,兼顾军事、法律、医学等从中央到地方的比较完善的教育网。

②改革教育方针,培养"经世应务"的实用人才。

③整顿教师队伍,加强师资建设。

④实行育用一体化政策。王安石主张:"取士皆在于学校",将科举与太学学习并于一途,实行育才用才一体化,解决重科举而轻学校的弊病。

2)养之之道——养才。养之之道,即栽培扶植发展人才的方法,其"养"含有教育、培养、造就人才之意,这是以王安石自成一家的人性论作为理论基础的。

王安石在《礼乐论》中言:"神生于性,性生于诚,诚生于心,心生于气,气生于形,形者,有生之本。"认为性不是被安置在人体中的精神,而是人的肉体形成的属性,即生理属性,也即生理上的需求,所以性没有善恶之分。只有在性产生情之后,才有道德上的善恶之分。不仅如此,王安石还进一步指出满足人们的衣食要求是尽性的前提,希望统治者应满足人的合理欲望达到"养生尽性",否则,"人之情,不足于财,则贪鄙苟得,无所不至。"①

基于上述人性论,王安石推出"饶之以财,约之以礼,载之以法"的养才三道,是一种利、礼、法互为用的培植人才之法。

---

① 《王临川集》卷67《性情》

①饶之以财，以养吏廉。王安石主张通过增加各级官吏的俸禄，来保持官吏“衿奋自强之心”以勤于治道，与现在社会上流行的“高薪养廉”说法如出一辙。

②约之以礼，以养情。王安石认为在对人才先富之后，还要以礼来节制、约束。因为礼乐能养人之情，规范人的道德行为，调节人的情欲。

③裁之以法，以止恶。王安石虽主张“约之以礼”，但也非常强调法治，特别是对“不师教”、“不循礼”、“不任事”的官吏就应采取严立法治，裁之以法。

3）取之之道——取才。取之之道，即发现、选拔人才的方法，是保证善用人才的前提，王安石把之作为“世之急务也”。

①对于如何选拔人才，王安石把君王是否想求才、用才作为前提。他在《材论》中指出：“天下之患，不患材之不众，患上之人不欲其众；不患士之不欲为，患上之人不使其为也。”可谓一针见血道出了人才不足的症结所在。

②改革陈旧落后的选官制，以取真才。王安石执政后，一方面大刀阔斧地对科举制度进行改革，罢除明经科，增加进士科名额，并另立明法科，试以律令刑统大义；另一方面，抨击和改革恩荫制度，要求增加其操作透明度，由众擢选。

③恢复和完善荐举制度。王安石主张恢复被宋太祖（赵匡胤）废除的荐举制度，并把推荐、询众、察问、调查、试事并用的程序化选才方法作为完善荐举的措施，为后世在人才选拔上的程序化提供了一个切实可行的模式。

4）任之之道——用才。任之之道，即人才的任用、配置和使用方法，直接关系到人才的使用效益和培养。王安石在研究如何育才、选才之后，进而探究了如何使用人才，并且颇有见地。

①“铢量其能”，量才录用。王安石认为：人之材有大小，志有远近，要因才而宜，要求“铢量其能而审处之”，即按照人才的特点、能力，以任其长，使其长，方可人尽其才，才尽其用。

②“任人以专”，用人以久。王安石反对，学非所用，用非所学

的乱任、滥任,提出“任人以专”和“用人以久”的用才主张。任人以专,意在发挥人的专长,与量才录用一脉相承,而“用人以久”,则是用时间来检验所用之人的才能和绩效。

③不拘“资序”,破格用人。北宋实行文官三年,武官五年按资历叙迁的升迁制度,致使官资深的庸官俗吏得势,而有德有才的贤能之人却因官资不足或太低被弃之或不予重用,成为造成北宋中期吏治腐败的一个重要因素,因此,王安石主张废除按资序迁的制度,主张不论官资破格录用有识之士。

④用人不疑,疑人不用。用人不疑是一条重要的用人原则,王安石极力反对北宋统治者用而不信,虚设权位的做法。在《委任》篇中认为:既经明察得其人,就得放胆任之,只有任人以信,方能人亦信之,从而增强双方的互相信任。这一点很值得现代管理者特别是领导者的借鉴。

综上所述,王安石的“教”、“养”、“取”、“任”之四道(亦可称为四环节)构成一条人才开发链,丰富和发展了我国人才学理论和人才开发运用实践,为当代企业管理中的人力资源开发与管理提供了经验和一些可操作的方法,影响深远。

2.3.4　司马光的管理思想

司马光(公元 1019—1086 年)字君实,陕州夏县(今属山西)人,北宋著名政治家、史学家和思想家。从政 50 年,历任于北宋仁宗、英宗、神宗、哲宗四帝,极力反对王安石变法。熙宁三年(公元 1070 年)知永兴军,后退居洛阳,编撰《资治通鉴》,旨在为帝王提供治国经验,阐明治国之道,对后世影响深远。因此,从司马光其人其著中可挖掘出丰富的管理思想。

(1) 司马光的治国思想

司马光半个世纪的政治生涯,从侍从官到宰相积累了相当丰富的治国经验,从其历史巨著《资治通鉴》的史评中可以总结出以下治国思想：

1）确立以“礼”为纲的社会组织体系。社会组织体系的构成问题是司马光治国思想的逻辑起点。在司马光看来，“民生有欲，无主则乱”①，认为民众天生就有不能自控的欲望，所以需要一种组织体系来节制，否则任其发展便会导致社会混乱。对于这种社会组织，司马光认为是圣人“顺天理，察人情”，依据人的自然天性建立并完善的，并且还进一步指出圣人“知齐民之莫能相治也，故置师长以正之，知群臣之莫能相使也，故建诸侯以治之；知列国之莫能相服也，故立天子以统之”。② 经过这样的逐级衍生，最终形成了以天子即君主为核心的“天子—三公—诸侯—卿大夫—士庶人”的金字塔形社会组织体系。

不仅如此，司马光还清楚地认识到维系这一社会组织体系稳定及正常运作的是“礼”，即人们日常行为的最高行为准则和政治规范，是国家的纲纪，更是其所确立的金字塔形社会组织体系的纲纪。其实质在于实现事物间的综合，使上下关系和谐有序③。这种“礼”强调：第一，等级性。认为上位者对下位者具有组织结构内赋予的权力支配关系。第二，尊卑性。司马光认为“自天子诸侯至于卿大夫士庶人，尊卑有分，大小有伦”。④ 确立了为君者，上者，在社会等级中的神圣不可侵犯的核心地位。第三，和谐性。在司马光的理念中，社会结构各层次间受“礼”所节制的上下尊卑关系，保持着一种内在的、有机的和谐，这是“礼”的实质，更是循礼治国的目的。正是由于礼的这些特性，司马光把它作为其金字塔形社会组织体系的灵魂，形成了以“礼”为纲的社会组织体系。

2）圣王模式——理想的君主治理模式。司马光同许多史学家一样，企盼“圣帝明王”的出现，并依靠圣王的力量把社会带入

---

① 《资治通鉴》卷 20

② 《资治通鉴》卷 244

③ 冯立鳌. 司马迁《资治通鉴》中的治国理念. 学术研究，2002(8)：31

④ 《资治通鉴》卷 220

“有道之世”。因此，他不厌其烦地从各个方面来塑造理想的圣王模式来对当世君主进行引导和规范。

司马光从发展的演变过程的考察中，认为国家治乱取决于君主，君主的明与暗对社会有着深刻的影响。为此，他把君主品性分为“五才”，即：创业、守成、陵夷、中兴和乱亡，并把其与王朝的兴起、发展、衰微、中兴和灭亡 5 个不同发展阶段联系起来，褒扬守成和中兴之主，而贬斥陵夷和乱亡之主，并且提出成为英明的君主必备的“三德”和君主治理过程的 3 个关键。

首先，“三德”即仁、明、武。在司马光看来，君主仅承袭君位是远远不够的，要巩固自己的统治，首要问题就要修炼和完善自己。而“三德”中“仁”能“修政治，养百姓，利万物”，“明”则“知道义，识安危，别贤愚，辨是非”，“武”者“非强亢暴戾之谓也”。“三者皆备则国治国强，阙一则衰，阙二则危，皆无一焉则亡”。[①] 很明显，“三德”实际上是道德、智慧与才能的统一，三者相辅相成，缺一不可。因此，司马光把仁、明、武“三者皆备”作为“人君之德”的最高境界，是其所追求的君主的理想素质。用现代管理学的观点来看，这是司马光对领导者素质的研究，他把国家治乱兴衰归结于人即君主的责任，强调了管理者的责任和作用，是非常可贵的。

其次，指出君令治理过程中的 3 个关键，即执礼，明赏罚，施教化。

①执礼法。礼既然是社会组织体系的纲纪和灵魂，而处于社会组织核心地位的君令自然与礼的命运息息相关。所谓“天子之职，莫大于礼”，[②]就是要求君主必须牢牢抓住“礼”，并把之推行到社会生活的各个方面，使社会尊礼、循礼。

②明赏罚。司马光认为，“政之大体，在于刑赏”[③]，把赏罚提到“政本”的高度，而君主劝善惩恶、赏罚分明，既能激励臣子，更

① 《稽古录》卷 16

② 《资治通鉴》卷 220

③ 《资治通鉴》卷 79

是循礼之道,有利于国家治理。对此,司马光还从反面指出“有功不赏,有罪不诛,虽舜不能为治”①,充分指明了明赏罚的重要性。

③施教化。司马光认为教化“为益之大而收功之远”,所以主张效仿东汉光武中兴的教化方式,通过“敦尚经术,实延儒雅。广开学校,修明礼乐”②来发挥“礼”的教化作用,形成“教立乎上,俗成于下”的局面。

3)主张以“养”为主的理财思想。司马光认为,理财的根本目标在“富民”,并且从儒家“百姓足君孰与不足”的观点出发,提出以“养”为主的理财思想。这里“养”即财富的生产和财源的培养。只有在财富充足,财源扩大之后,才能“取”而且只取“其所有余”。所以,司马光主张发展生产以开源,节约支出以节流。一方面积极鼓励农民发展生产,规定“令民能力田积谷者,皆不以家资之数”,使“百姓敢劳生计,则家给人足”。另一方面,减轻农民负担,认为“其所以养民者,不过轻租税,薄赋敛,已逋负也”,主张轻徭薄赋,使百姓休养生息,以养民财。

同时,十分重视“用之有节”。强调统治者要节俭,尤其要从最高统治者做起,厉行节俭,把“养之有道”与“用之有节”结合起来,体现了司马光浓厚的儒家民本主义色彩的理财观。

4)主张富民救国。北宋中期积贫、积弱,司马光从这一社会现实分析着手,认为民贫国弱是社会凋敝的根源,并结合其儒家民本主义思想,主张“富民救国”,把“富民”作为首选治国之策。因此,司马光在其奏札和谏疏中,提出宽民之身,养民之力,富民之家,从而达到由富民而富国的根本目标的富民救国之法。其富民方略表现在开源、节流、储蓄3个方面,具体措施总结是:第一,劝农耕,薄赋敛,以富同财;第二,提倡节用,以养民财;第三,注重蓄积,防备凶荒,以积民财。这些措施与以“养”为主的理财思想一脉相承,对富民起到了一定作用。

---

① 《资治通鉴》卷104
② 《资治通鉴》卷68

(2)司马光的人才管理思想

司马光亲自用人的实践不多,但从其奏章以及《资治通鉴》的史评中,可以发现其一些可贵的人才管理思想。

1)用人"政本"论。司马光一再强调:"政治之道三:曰任官,曰信赏,曰必罚。"[①]把任官即用人或任人放在三道之首,可见此道对于国家治理的重要性。正如其所言"安危之本,在于任人"。[②]同时,他从历史与现实的考察中也得出"为政之要在于用人"[③]的结论,要求君主把用人作为政治统治的首要环节,充分表明司马光看到了人才对于国家治理的重大作用。

2)以"德"为先的用人之道。司马光人才管理思想中最大的价值就在于提出了才德论,认为人才是由才和德两个方面的因素构成,并且确立了两者相辅相成的关系,包括以下 3 个要点:

①人才是由才和德构成,其中"才"的含义是"聪察强毅,"德"的定义是"正直中和"。

②才为德之资,德为才之帅,并根据才德具备的程度,把人划分为 4 类,即"才德全尽谓之圣人,才德兼之谓之愚人,德胜才谓之君子,才胜德谓之小人"。[④]

③取人之术莫忌于"才胜德",宁可用愚人,也不可用小人。[⑤]

从以上要点中可以看出,司马光重"德",把行为放在首位。同时,他在政治实践当中也大力推行"德行先行"的用人之道。如他在公元1061 年上宋仁宗的奏书中陈述:"取士之道,当以德行为先,其次经术,其次政事,其次艺能"。[⑥] 司马光"以德为先"的用人思想固然有可取之处,但他过分强调"德"的作用,以至发展到宁

① 《传家集·进修心·治国之要札子状》
② 《传家集·上皇太后疏》
③ 《传家集·知人论》
④ 《资治通鉴》卷 1
⑤ 苗枫林著. 中国用人思想史. 济南:齐鲁书社,1997
⑥ 《传家集·论举选壮》

取“才德兼亡”的“愚人”,也不取“才胜德”的“小人”,则是走向了极端。

3)选任务实。司马光反对北宋中期科举制注重雕文琢句,而忽视或削弱对人才实际才能的考核的做法,提出选任要“务实”要“先实而后文”。因此司马光主张的第一件事是改革科举制度,特别是科场制度,第二件事要恢复举荐制度,这与王安石推行和完善荐举制度不谋而合,认为这样方可选出德才兼备的实用人才。

第 3 章　明清时期的管理思想

3.1　明朝的管理思想

3.1.1　明朝管理思想概述

明朝是我国历史上的一个重要朝代。自明太祖朱元璋 1368 年建国起,到以 1644 年李自成的农民军攻破北京为标志,明朝对中国统治时间达 276 年。纵观明朝,令人感慨:明太祖朱元璋是以农民起义军为基础建立的明朝,而最后其一手缔造的朱明王朝同样是被农民起义军的双手所颠覆,这是历史开的一个巨大玩笑,但自有其道理。

元末,蒙古统治者从狭隘的民族利益出发,实行民族压迫、民族歧视政策,再加上统治不善,致使广大汉族人民衣不蔽体、食不果腹,生活苦不堪言。明太祖朱元璋出生卑微,但他顺应民心,揭竿而起,终于赢得了天下。明朝建立后,统治者尚能体察民情,了解并关心民间疾苦,采取了一系列休养生息的政策来恢复和发展经济,但其在政治上却大力加强封建专制制度,国家统治机器日益完善。这在一个百废待兴,国家初创时期尚有一定的积极作用。然而,随着经济和社会的发展,其消极影响也是显而易见的。首先,通过中央和地方行政机构的改革,封建君主专制登峰造极,臣下的权力日益减少,不能放手办差。其次,中央集权的加强虽有利于对人民的控制和维持稳定,但加重了人民的负担,事成于此,亦败于此。正所谓“民为国之本”,一旦国本动摇,社稷危哉,这在后来便表现得很明显。

明朝前几位君主还算贤明,但后来便一代不如一代,一个比一个荒诞,他们却又都继承了朱元璋的猜忌多疑的性格,滥用厂卫、锦衣卫,随意诛戮大臣,以至大臣人人自危,又兼采用八股取士,使明朝统治阶层人才难觅。明朝虽然疆域广大,人口众多,然却屡受外族侵辱,国势衰微。另外,高度的中央集权必然导致权力滥用。若遇一代昏君,皇权要么转移到内阁首辅,要么转移到亲佞宦官手中。这且不说,若是一代暴君,高度中央集权为他提供了各种便利,做事可以没有什么顾及,同时也容易被奸臣所利用,此种状况并非社稷之福、人民之福。以上现象在明代,尤其是明中后期并不鲜见,这直接导致了明末的农民起义和明朝的覆灭。由此可见,完善的封建统治并不能带来国势的昌盛和维护君主的尊严,反而说明了封建统治的日趋势微。

明朝的中央集权制度对群臣特别是宰相的权力大肆削弱,僵化的宗室嫡长继承制,消磨了朱明王朝的锐气。朱明天子躺在与生俱来的权力温床上,肆意挥霍,行事惟个人之好恶,生活糜烂荒淫。明代皇室生活的挥霍浪费,必然导致对人民剥削的加重,以满足其无限的贪欲。此外,明代皇室还效法私人地主,大量占有土地,与民争利,并开设皇庄,用以搜刮民脂民膏,这必然加深其统治危机。

面对惨痛的社会现实,一些封建士大夫痛心疾首,他们没有放弃努力,以经世救国的伟大抱负,力求改变社会现状,缓和阶级矛盾,维护封建统治,这其中的杰出代表是明万历初年的张居正。明朝初年,明太祖朱元璋撤换了宰相,另设内阁,内阁首辅就此便拥有了类似宰相的权力。张居正正是凭借其内阁首辅的地位,对明朝建国以来的各种弊症实施了一场大刀阔斧的改革。改革一度缓和了统治危机,实现了国力增长的预定目标。然而,可叹的是,随着张居正的辞世,改革立即被以朱翊钧为首的腐朽统治集团所否定,张居正家遭抄灭,他本人也差点遭受掘墓戮尸之辱。明朝的最后一场自救行动就这样毁在了当权者的手里,但张居正改革的功绩不会被人们遗忘,改革中张居正所运用的管理思想至今尚值得时人研究。

历史推进到明朝末年。由于明朝统治积弊太深,崇祯皇帝虽有心重振朝纲,但已无力回天,而崇祯本人又性格猜忌多疑,肆杀残暴,反而推动了历史的前进步伐。当此之时,农民饱受封建剥削和压榨,生活苦不堪言,再加上封建王朝随意摊派军饷,胥吏贪婪、残忍无比。农民无路可走,只好揭竿而起,几经挫折,最后终于在农民军著名领袖李自成的带领下推翻了残暴的朱明王朝。这正应了一句古话:"得民心者得天下。"

明朝统治倾覆的惨痛教训,给当时的封建士大夫以强烈震撼,他们开始自觉探求原因,寻找解释,其中,有一些开明文人提出了较为先进的民主启蒙思想——这与明朝中后期资本主义萌芽的出现有一定关联。他们强烈地抨击了传统的封建专制统治,呼吁民主,这种"离经叛道"的新思想在当时掀起了轩然大波,引发了思想界的震动。在管理方面,他们也提出了与传统封建管理有很大不同的新思想,使人耳目一新,但这些思想并没有从根本上摆脱封建思想的框架。

3.1.2　张居正的管理思想

(1)张居正其人

张居正(公元 1525—1582 年),字叔太,号太岳,谥文忠,湖北江陵人。始祖张福,原为庐州合肥人,元末从明太祖朱元璋起义于濠州,后授归州(湖北秭归)长宁新世袭千户,至第四代祖自秭归徙家江陵。传至其父时家境"笃贫,家靡担石",而他"弱冠登仕,裁有田数十亩”。张居正从小勤学苦练,于嘉靖二十六年考取进士,选翰林院庶吉士。二十五岁授翰林院编修。三十岁告病乡居时,“博览载籍,贯寄百氏,究心当世之务”,[①]从事内典研究。三十六岁,以右春坊右渝德兼太子裕主讲官。四十二岁,任翰林院侍读学士掌院事。四十三岁,晋礼部右侍郎,旋改吏部左侍郎兼东阁大学士,四月晋礼部尚书兼武英殿大学士。四十八岁隆庆六年,神宗即位,张居正积极谋划内阁首辅之位,恰在这时,发生了太监冯保与时任首辅高拱的矛盾,张居正加以利用,不久便达到了目的。

张居正任首辅后,面临着两宫太后的怀疑及政敌的排挤。在内,对于穆宗陈皇后和生母李贵妃极力巴结,并与太监冯保紧密合作,堵塞言路;对外,排除异已,专擅朝中大权。同时,他以诸葛亮为榜样,辅佐幼冲,“鞠躬尽瘁,死而后已”,领导了我国封建社会晚期最后一次改革。他一度挽救了明王朝中期的统治危机,促进了社会生产力的发展,成为我国封建社会后期杰出的政治家和理财家。

(2)张居正的人才管理思想

张居正改革的纲领是:“尊于权,课吏治,行赏罚,一号令”。[②]对官员实行“考试法”,是他从事全面政治改革的重要内容之一。他在《陈六事疏》的“核名实”一条中,不仅提出了实施‘“考试法”的改革措施,也表述了他的人才管理思想。

1)一以功实为准。“一以功实为准”,在本质上是一个用人标准的问题。张居正认为,明代中叶的政治腐败,说到底是用人标准受到破坏的结果。明朝开国皇帝明太祖的成功,在于他用人以实,可惜后人抛却了这份遗产,迷信于云遮雾障的科场取士,而政治的腐败带来了考场的腐败,科场腐败又加剧着政治腐败,使国家在这种恶性循环下,无力回天。张居正以他在《帝鉴国说疏》中提出的“敬天法祖”为依据,把太祖用人以实的许多措施重新搬上政治

---

①、② 张居正.《张忠文公全集》文集. 北京:商务图书馆,1935

舞台。

在具体措施上,张居正主张用“考试法”把传统的“三年考绩”具体化到日常公务活动中去,他要求各级官员,把拟办之各列项上报两级备查,在执行过程中主管上级依项考试,逐一批注,做出考绩实录。然后,依据考绩实录把勤政官员列为“上考”,加以重用,对那些只说不做,一事无成的惰政者与腐败者,给予降职或其他惩处。“考试法”推行了几年,国家就出现了“虽万里外,朝下而夕奉行”[①]的局面,这个期间,国家政令之畅通,几近洪武初年的局面。

从张居正“考试法”的实践中可以看出他的“一以功实为准”的用人思想的基本论点。他认为:古今人才不甚相实,人主操用舍予夺之权,天下之士,何不在选拔之列? 过去国家吏治的腐败,无非生出“名实之不核,拣择之不精”。他尖锐地批评了明代中期用人制度上的官不久任,事不贵成,更调太繁,迁转太骤,资格太拘,毁誉失实的陋规。他也勇敢地抨击了士大夫中务求声名,连篇累牍地向皇帝奏报不着边际的疏文,而对本职“反属茫然的陋习”。[②]他强烈呼吁,“世不患无才,患无用之之道”,如得其道则举天下之士,推上之所欲为而无下应者。由此,他归纳出用“一以功实为准”的“六毋”原则,即“毋徒眩于声名,毋尽拘于资格,毋摇之以毁誉,毋杂之以爱憎,毋以一事概其平生,毋以一清掩其大节”。这“六毋”中,我们可以看出张居正是用人标准的彻底功实论者。

2)用人贵顺。用人贵顺是张居正用人思想的重要内容。他的理论根据正如其强调指出的那样:臣属坤道,“用人贵顺”。他从天乾地坤、君尊臣卑的伦理思想中得出为君主政治培植忠顺臣吏的思想,从而大大加重了他的用人思想的封建专制主义色彩。

张居正用人“贵顺”,那么什么是他要求的“顺”呢?

首先是他强烈地反对议论之风,他认为“国家之敝,痛在议论”,事未建而论者盈庭,一利未兴,而议者踵至。

张居正的“贵顺”有向专制主义推进的倾向。他提出了“贵

①、②　张居正.《张忠文公全集》文集. 北京:商务图书馆,1935

顺”的3项要求：一是允许研讨国家指定的儒家经典；二是严格的政治标准，凡持异端邪说的人，“文虽工弗录”；三是严禁儒生干预，规定“天下利病，诸人皆许直言，惟生不许”，“凡生员聚众十人以上肆会无礼”，“为首者照例问遣，其余不分人数多少，尽行黜退为民”。

(3)张居正的经济管理思想

1)正本清源是张居正经济思想的核心。张居正自嘉靖二十六年进入翰林院以后，博览古籍，注意总结历代封建帝王治国理财的经验教训，提出了“学不究乎性命，不可以言学；道不兼乎经济，不可以利用”的观点，发表了“要本固者，华实必茂；源流深者，光澜必章。是以君子处其实，不处其华；治其内，不治其外”的所谓“固本清源”的主张。他常以唐太宗李世民和明太祖朱元璋等历代帝王重视与民休息来表述自己的观点，入阁后面对嘉靖之乱世，他就在“固本清源”的基础上，进一步提出了以“正本清源”作为施政的指导思想。他说：“人君德修政，以结民心为本，天下之患，每出所亡之外，秦亡之戍卒。故天时不如地利，地利不如人和。”

张居正从明朝当时的实际出发，不但在理论上探讨治国救世的指导思想，而且在实际执行政策的过程中，又始终以“正本清源”为指导，采取了一系列行之有效的具体措施。现在，我们先来探讨一下其“正本清源”的思想基础。

首先，民为邦举，本固邦宁。张居正认为“帝王之治，欲攘外者，必先安内”。“自古虽极治之时，不能无夷狄盗贼之造，唯百姓安乐，家给人足，则虽有外患，而邦本保固，自可无虞。唯是百姓愁苦思乱，民不聊生，然后夷狄盗贼乘之而起”，故正本者首先要与民休息。他说：“天之生财，在官在民，止有此数，譬之于人，禀赋强弱，自有定分。善养生者唯樽节爱惜，不以嗜欲戕，亦皆足以却病而延寿。他希望穆宗针对世宗以来斋醮淫侈之费，悉行停革”，认为当民穷财尽之时，若不痛加节省，恐不能救也。劝穆宗“转念民穷，加惠固本，于凡不急工程，无益征办，一切停负，敦尚俭素，以为天下先”,命令吏部要“慎选良吏,牧养小民”,规定户部要妥心研究财政经济所以日益匮乏的原因,凡是“耗财病民之大者,求其害财者而去之”,并责成各地巡、巡按以及中央各部,应从长计议,“上下唯务清心省事,安静不扰”,只有这样,“庶民生可遂,而邦本获宁也”。

其次,正本必须重视保民。张居正认为“立君以为民也”,他借用宋儒魏氏“人主保身以保民”的理论,说明这是“人君,子民之道也”。他说:“古之帝王,善其身者,使欲不穷于物,物不屈于欲,则其欲有节矣。欲有节则神定,神定则天越思,欲有节则气实,气实则天过动;欲有节则事简,事简则无滥费”,但是世宗以来“以天下之大,奉一人之身,而常变不足。口厌甘甜,而天下始有藜羞不饱者;身厌纨绔,而天下始有不实者矣,居厌广丽而天下始有宵啼露矸者矣,其弊至于离志解体,而不可收拾,则汉唐宋之季世是也。嗟呼,其身之不保,而又何以保民乎哉”?

2)深开源流,固植国本。张居正认为开发财源是关系到国家存亡的根本,从而提出了“省征发,轻关市”,以深开源流,固植国本。如果征发繁科,税源不清,就必然使民不能保,邦本不能宁,国本不能固,所以清源和固本不能分离。张居正对两广总督说:“稽查吏治,贵清其本源,诚为要论,故积习之弊,亦有难变者,一方之本再巡按,天下之本在政府”,“早夜检点,惟以格物之道,有所未尽是惧,亦望公等俯同此心”。可见,挽救社会经济危机必须从培养和充实元气出发,故休养生息,正本清源,是挽救社会危机惟一正确的指导思想,这正是张居正所说:“君子为国,务强其根本,根其纪纲,厚集而拊循之”。

3)挽救财政危机的主要措施。张居正出任首辅10年,本着“正本清源”的思想,以富国强兵为目的,具体地从开源和节流两个方面着手,使财政经济逐步好转。

①开源利民,兴修水利造福人民。张居正首先重视水利的兴修,特别是黄河和淮河的治理;其次为保证江南经济重心和粮棉丝绸主要产地发展生产,又积极进行河流支港的疏浚和整理,以促进

农田的灌溉,增进人民的福利。

改革税制,疏民之困。张居正为保证国家的财政收入,不顾官僚地主的反对,以"苟利社稷,死生以之"的牺牲精神,首先清丈田亩,从而保证了国家财政的来源。其次推行一条鞭法。张居正根据嘉靖朝以来明朝的社会经济客观形势,在清丈全国田亩的基础,推行一条鞭法。一条鞭法的全面推行,是中国赋役史上的一次重大改革,具有重大历史意义。

②节流保民,整顿边防,加强屯政;严格考察,澄清吏治;节用爱民,矫弊固本。

(4)张居正的军事思想

明朝嘉靖以来,由于明王室殚以酒色,荒淫无度,庸碌无为,统治阶级根本不关心边防,使边事久废,而此时,蒙古族在北方兴起,对明朝的京城构成很大威胁,明朝中期民族矛盾空前尖锐起来。

张居正进入内阁后,就竭力整顿边防。他认为"当今之事,其可虑者莫重以边防。庙堂之上,当日夜图画者,亦莫急于边防。迩年以来,虏患日深,边事久废,今京城内外守备单弱,臣常以为忧"。[①]

正是基于这样一种强烈的忧国忧民之情,张居正对明朝的军事制度特别是边防进行了改革。改革的效果是显著的,万历前期北方边防十分巩固,边塞一度出现太平景象,京师的安全才确实有了保障。

1)整顿边防,加强屯政。张居正针对嘉靖以来军费开支浩大的现状,提出选兵、铸钱、积谷等主张。明朝军事家戚继光根据张居正有关实行屯政、减轻农民负担、与民休息的主张,创造性地发明了空心台。空心台分两层,高三四丈,周围十二至十八丈,向边墙外突一丈四五尺,内伸五尺余。每台内可驻兵三五十人,贮备器械、糇粮。士兵平时可在空心台附近屯田,这样既增强了边疆防御

① 张居正.《张忠文公全集》文集. 北京:商务图书馆,1935

能力，又解决了军粮问题，一举两得。

明朝当时边患比较严重，特别是北方边境一带的鞑靼诸部威胁最大，其中有两支尤其强大，一支是西北部的鞑靼俺答汗，另一支为东北部的鞑靼图们汗（也称土蛮）。张居正执政以后，立即着手整顿武备，因为两支部落的力量强弱有别，故而对于北边地区，他主张“主守蓟镇，以防俺答与土蛮合谋，欲借坚壁清野以分化其势，对蓟镇以西的宣化、大同地区以外的吉能和俺答采取封贡主和，以避俺答之锋，而使其就范于我”，[①]对蓟镇以东的辽东地区的土蛮主战，是知其弱而冀其受制于我。这是张居正知己知彼，避实就虚的战略决策。尤为称道的是，张居正在处理俺答汗孙把汉纳吉内降事件上，更显示了军事家、政治家的眼光，令人心服。隆庆四年，俺答汗孙把汉纳吉因不满其祖父包办婚姻的做法，愤而南下，请求内降，消息传到北京，举朝哗然，张居正断然决定准降并给予盛情款待，并附信一封，寄于时任大同总督王崇古处，勉励他妥善处理做事。其中有这么一句话：“夫欲成大事者，须抓非常之机，行非常之事而成非常之功”，[②]指出此正当非常之机，是报效祖国，建功立业的大好时机。王崇古遵照张居正的指示，成功地招封俺答汗，从而实现了明朝边境20年的太平。

对于土蛮，张居正要求加强蓟州和辽东的防务工作，任用戚继光等一大批名将，令其始终以边防稳固为念，集中精力修筑防御工事，有效地抵御了土蛮部的侵掠。

2）甄别人才，大胆擢用。万历前朝十年，名将辈出，有王崇古、谭伦、戚继光等，这些人忠心耿耿、敬业乐业，对于明朝边疆的巩固发挥了不可磨灭的作用。他们取得的成功固然是国家的培养和自身不懈努力的结果，但其中也与张居正的慧眼识英雄、大胆擢用、栽培有关。张居正在人才成长时，对他们进行提醒与点拨，但也不过多干涉，并为他们提供施展的舞台、锻炼的机会，成名立业

---

① 张居正.《张忠文公全集》文集．北京：商务图书馆，1935

② 余守德.张江陵传．上海：正中书局，1946

以后,也不忘对他们多加提醒,劝告其戒骄戒躁,切勿居功自傲。如此关心与培养人才,这在中国古代政治史上是很少见的。

3.2 鸦片战争前的清代管理思想

3.2.1 鸦片战争前的清代管理思想概述

在史学界,对于清史的研究一般分为两个阶段,分水岭便是鸦片战争。鸦片战争前的清代是一个高度中央集权的封建统一国家,在世界特别是东方有较大影响力,但已是日薄西山;而鸦片战争后的清代,已经步入近代。此时,国力日渐衰落,饱受西方殖民主义的入侵,逐渐沦为一个半殖民地半封建社会。两相比较,惨不忍睹。

清代从清太宗皇太极称帝算起,迄鸦片战争爆发为止,享国204年。作为一个生产方式相对落后的少数民族,能够统治一个地域广阔、文明发达的地区达如此之久,并且还很好地延续了先进文明,这在历史上是罕见的。其管理思想、管理理念自有其优越与独到之处。

清朝的统治民族——满族的成长史可算是一部风格独特的管理思想演变史。满族起源于女真。曾几何时,女真,一个有着悠久历史、灿烂文化的光辉民族,以一种独特的方式,在中国古代史上留下了精彩的一页。但当历史推进到明朝万历年间时,东北女真地区却陷入一场空前的混乱之中。据史书记载,当时的女真地区各部蜂起称王、互相残杀,人民需要和平,历史呼唤统一。时势造英雄,终于英雄人物产生了。后金的缔造者努尔哈赤以“遗甲十三副”,兵不足百,开始了其艰难的统一女真历程,其间之困苦自非常人所能体会。随着女真势力的壮大,后金国的建立,一个新的民族——满族开始形成。作为一个新生民族,其表现出了强大的生命力:统一东北,掌控漠南蒙古,征服朝鲜,直至安定中原,统一全国。这一系列如同传奇的业绩的取得,与清朝统治集团的殚精竭虑以及非凡的管理才能与统治手腕有很大关系,这些成功的经验同时还随着形势的变化而不断的得到继承和发展。在统一中国以后,它并没有感到满足,而是不断进取。强烈的忧患意识、丰富的统治经验使他们不仅在军事上取得了一连串的胜利,也稳定了他们在中国的统治,并在一定程度上实现了经济的发展、进步,他们的管理思想是我国古代管理的重要组成部分。

然而,清朝统治者的管理思想是为封建的君主专制服务的,只是加强了封建专制统治,延续了腐朽的封建统治,但阻碍了历史前进的步伐,这不符合时代的发展和人民的愿望。因此,好景不长,没过多久,他们所创造的光辉业绩便如昙花一现般迅速归于湮灭,重新坠入了贪污腐败的泥潭,走向沉沦。面对传统的封建统治江河日下的现实,封建地主阶级的一部分有识之士清醒地感到危机,他们强烈呼吁清统治者革除弊政,实行中兴,同时他们摆脱了“天主上国”的狂妄自大,认识到自己与西方的巨大差距,开始承认西方技术的优越性,主张引进外国技术,振兴武备,抵御入侵,实行民族自立自强。但由于当时清统治者的腐败无能,加之封建土地私有制的落后,这些呼吁均未得到当时社会的重视,封建统治一步步走向灭亡。

3.2.2　康熙的管理思想

清圣祖康熙皇帝爱新觉罗·玄烨(公元1654—1772年)在位61年。作为中国在位时间最长的皇帝,他以巨大的魄力与滔天的智慧,力创封建社会后期的一代帝业。在其执政期间,中国的辽阔疆域正式形成,国家的经济和文化事业发展到一个新的顶点。经过他的有力治理,使屹立于亚洲东部的中国有能力遏制早期殖民入侵,对亚洲邻国抵御西方侵略也有积极影响。康熙一生文治武功,是我国少数民族杰出的政治家。他处理国家大事的经验与教训,给我们留下了一笔丰厚的文化遗产。

(1)康熙的人才管理思想

康熙晚年,曾经在一次口述遗嘱中表示,他一生厌恶虚文,而崇尚以实心行实政。"以实心行实政"是康熙政治思想的精华,是他用人思想的主要方面。康熙执政期间出现了一大批有为重臣,就是他在用人上的成功明证。

1)克求实才。明朝灭亡的原因之一,是文学虚枉,臣吏浮伪,这对于善于总结经验的康熙皇帝不能不成为他的历史借鉴。在这点上,康熙是同明末清初实学思潮,同西学东渐的整个舆论环境非常吻合的。正是康熙克求实才的用人思想合乎历史潮流,争取了一大批对清政府尚在观望的士人同情,使清朝步入真正的稳定时期。

纵观康熙一生,克求实才的选择性主要是先立品行而次及文学,奖求廉能以及注重起用科学人才。

先立品行而次及文学,是康熙克求实才的重要侧面。他理智地认识到,没有品行的主导,文学才能可以为善,也可以为惠,可以为成,也可以为败。把品行放置实才之首,足见康熙有建立一个稳定的忠于清王朝的官吏队伍的雄才大略。先立品行而次及文学也是康熙皇帝办学的基本方针,他还改革科举制度,取消八股文考试,改用以策论取士,使科举向选拔治国真才靠拢。

康熙为了清王朝的长治久安,采纳了"民生安危视吏治,吏治贪廉视督抚"的建议,始终抓住对朝廷要员奖求廉能,惩治腐败不放,使国家的吏治状况显著改观。康熙一朝出现了众多廉吏,如"天下廉吏第一"的于成龙,身为堂堂一州知府,自己贫寒得插棘为门,累土为几。康熙对于如何奖求贤能、惩治腐败有一套自己的主张,他认为奖廉惩贪最好的办法是去听取百姓呼声。他认为:"凡居官贤否,惟舆论不爽,果其贤也,问之于民,民自称颂之;如其不贤问之于民,民必含糊应之,官之贤否,于此立辨矣"。"从来百姓最愚而实难欺,官员是非贤不肖,人人有口,不能强之使加毁誉”。[①] 康熙是一个热爱科学的皇帝,这决不能不影响到他在用人上的选择。康熙年间涌现出大批有为的思想家、科学家、文学家、史学家、经学家,绝非偶然。因此,对“凡有一技之能者,往召直蒙养斋”,[②]面商科技事宜,使他接触、发现、团结、重用各方面的科学人才。

2)信用“亲察”。信用“亲察”是康熙用人思想的重要构成部分,他根据自己的亲身经历,借鉴古代帝王治国的经验,深知对人才的识别障碍重重,只有“亲察”才是比较可靠的知人之途。康熙的“亲察”,主要表现在以下几个方面:

①陛辞。康熙规定总督巡抚及文武大臣离京赴职都要向他当面辞别。“陛辞”不纯属礼仪,而是便于皇帝和派出官员当面议事,既表达皇封的隆重,又是“亲察”的最好方式。

②读疏。即通过亲阅疏奏考察官员。

③出巡。即通过出巡考察官吏。康熙出巡之频,在历代帝王中为数不多的。他每次出巡,或则狩猎,或者避暑,或者谒陵,或者巡河,都把视察吏治作为重要目的。正因为这样,他的每次出巡,几乎都根据自己亲察情况任免官吏。

④御考。康熙晚年,出于培养年轻宫廷要员的目的,特别重视并亲自动手考察部院司官,这些司官是宫廷要务的实际掌握者,他们职位虽低,但日后大臣多出其中。

(2)康熙的政治管理思想

康熙皇帝是一位伟大的政治家,他雄才大略,远见卓识,不拘泥于狭隘的民族利益,他对于缓和清军入关以来的满汉民族矛盾起到了重要作用。同时,出于维护统治的需要,他关心民间疾苦,倡廉惩贪,吏治安民,在一定程度上减轻了人民的负担。

1)缓和满汉民族矛盾。顺治年间一度十分尖锐的满汉民族

---

①、② 《清圣祖实录》

矛盾,至康熙初年渐趋缓和,当时的形势是:大规模抗清斗争遭到镇压,南明最后一个桂王政权被消灭,明清之间的战争以清朝的胜利而告终,新的统一局面开始出现。汉族地主中的大多数,见复辟明朝已经无望,转而支持清王朝,以求维护自身的地位和利益,但仍有少数人在政治思想领域进行反清活动,如抗纳税银,印刷反清书籍等。

康熙帝吸取先人统一辽东及内蒙的经验,深知单凭武力不能使统一局面持久,必须争取民心,同时其又深受汉族传统文化熏陶,相信利用《四书》、《五经》等儒家经典及精通这些经典的汉族士大夫,有裨治道,故愿团结广大汉族地主共同治理国家。主要采用了以下措施:

①改变民族压迫政策。康熙帝即位之初,在"奏销案"和"庄廷垅明史案"后,即采取笼络措施,逐步修订"圈地"、"逃人"、"投充"等含有压迫汉族内容的政策、法令并全面调整江南政策,全面照顾了汉族地主的利益和要求,为在新形势下缓和满汉民族矛盾开创了光明的前景。

②尊孔崇儒。我国古代自汉武帝"罢黜百家,独尊儒术"之后,历代皇帝都尊崇孔子及其所代表的儒家思想,康熙皇帝自小便对汉族传统文化表现出强烈的欲望和浓厚的兴趣,自登基以来,康熙帝从治理国家需要的实际出发,几度参拜孔子,并且恢复明代的八股文,迁就汉族士大夫的要求。尤其是在剪除鳌拜之后,对儒学研究更是废寝忘食,经筵日讲。皇帝倡导信奉儒家思想,在当时有利于联络广大汉族官民的感情,缓和满汉民族矛盾。

③书房师友。康熙帝曾于内廷设立南书房,此制源于清初,清太祖努尔哈赤时设有书房,聘请儒生,以助贝子、贝勒读书,兼官文墨,到顺治帝时,发展成文馆、书房、内三院、功能也拓展成皇帝抵制诸王,加强皇权的有力武器。

南书房成立于康熙十六年,抑或更早,早期只是适应康熙皇帝学习汉族传统文化的需要,兼有咨询、顾问的职能,然自从大学士张英、高士奇入值起,南书房的职能渐渐有所改变。入值南书房的内廷翰林，不仅照样陪皇帝读书写字，讲究学业，时备顾问，还代拟谕旨，编辑典籍，使南书房在交流民族文化，缓和民族矛盾有很大作用。凡入值者，不论官职草卑，亦不管原来是否翰林官员，均授以翰林职衔，称南书房翰林。康熙偕入值诸臣吟诗作画，剖析经义，钓鱼赏花、讨论时政，玩弄同堂师友，感情就为融洽。对于入值者，康熙以师友之情，倍加信任，不次擢用，就是入值诸臣有些过失，康熙亦曲予保全。

④鸿博开科。康熙帝为了进一步笼络汉族士大夫，于康熙十七年正月决定特开博学鸿儒科，选拔才华出众之士，开局纂修《明史》。“博学鸿儒科”是康熙总结我国古代科举制度新创立的特别科目，通过鸿博科的荐举，使清廷掌握了当时名流学者的基本情况。同时，也使康熙与汉族士大夫，特别是江南士大夫的关系更加密切。

⑤满汉一视。玄烨亲政后，逐步采取措施，使满汉官员的待遇趋于划一。清入关之初，清官品级一般比汉官高二三级，甚至四五级。康熙帝剪除鳌拜后，认为“满汉大小官员，职掌相同，品级有异，就行划一”[①]，品级待遇是最敏感之点，满汉官员品级划一，表明清廷对他们一律平等，对争取汉官作用极大。

康熙帝对清初强制汉人满化政策有较大变更，转而尊重汉俗，顺其自然，以促使互相逐渐接近，并且优礼前代，对明皇陵、王墓一律加以保护，这对广大官民心理影响极大。

2）禁抑诸王特权，加强君主专制统治。八旗制度是清朝赖以建国的王牌，是维护其在中国统治的法宝。因此，清朝历代帝王均对旗制关爱有加，康熙也不例外。可八旗制度发展到了康熙年间，形势已有新改变，清兵已入关几十年，满族社会政治经济已发生很大变化，八旗制度已渐渐显露出其落后性，并与皇权专制发生矛盾。因此，必须对旗制进行调整和改革，康熙主要从禁抑诸王特权着手。

---

① 《清圣祖实录》

清太祖努尔哈赤所创立的八旗制度,是与当时政治、经济发展状况相适应的,八旗内部还有农奴制生产关系,尤其是八旗奴仆与主人,一般旗员与旗主的严格隶属关系,这严重威胁着至高无上的皇权。康熙帝决定逐步削弱下五旗诸王一切特权,使八旗各级组织及广大旗民都忠于皇帝,为提高和巩固皇权服务。具体措施如下:

①严禁诸王府及旗下随员家人“妄称显要名色”,霸占河路、船只、关津恃强垄断贸易。

②严禁诸王及旗下大臣勒索本旗所属外任官员及干预地方事务。

③议处犯罪诸王,削爵,撤佐领。

④更定宗室王公袭爵法。取消宗室王公原有袭爵特权,其能否袭封,概由皇帝视其条件而定。

⑤改革都统、副都统补授办法。康熙帝为防止诸王干预旗务,取消都统和副都统由本旗选授的旧例,改由本翼之内,打破旗分补授。①

康熙帝为了提高皇权,除借机惩办违法王公之外,还采取了扶植兄弟和皇子的政策,封以爵位,分给佐领,并令其参予议政,领其出征,管理旗务等。这对削弱旗王、皇子之权有重大作用,至于以后出现的诸皇子权势过高、结党营私、侵犯皇权,则是康熙所始料未及的。

3)察吏安民:

①“端本澄源”,“源清流洁”。康熙在吏治方面一贯的指导思想是“端本澄源”,“源清流洁”。他说:“朝廷政治,惟在端本澄源臣子服官,首宜奉公杜弊。大臣为小臣之表率,京官为外吏之观型,大法则小廉,源清则流洁,此从来不易之理”②基于这一种认识,他把察吏安民重点放在考察高级官吏,其中主要是地方大员总督、巡抚及在京二品以上提督。

---

①、② 《清圣祖实录》

康熙将“源清流洁”用于吏治，有其普遍意义。任何朝代严格约束和考察高级官员，都是吏治第一要务。因为他们身居要职，直接影响下级官吏，或带出一批清廉贤吏，或养成一群庸劣枉法之徒；他们还左右重大朝政，包括财政、人事、决策、立法等，决定国家能否按正常轨道行事。

②对科道官的限制与利用。康熙朝考察高级官吏的专门机构和专门队伍是六科给事中和各道监察御史，简称科道官。二者都是皇帝之耳目，品级不高，职权颇重。给事中掌规谏封驳，主要是对上，御史专主纠弹官员，主要是对下。如康熙新设“上之则陈过称善，下之则激浊扬清”，康熙对科道官采取限制又利用的态度，利用其纠劾百官，稽考庶政，限制结党营私，侵犯皇权。

限制科道官的主要办法是禁止风闻言事。所谓风闻言事，即将未经证实的情况或传言上奏给皇帝，作为考察官吏的参考。这主要是出于总结明末科道官参与党争而危害朝政的教训及维护统治，使政局平稳发展的需要。这有其有利的一面，但是因为对于大权势者的问题，一般人很难掌握全貌和内幕，即使所言全属实，言官为保护揭发者不受侵犯，也推说“风闻”，以拒绝资料来源，况且科道官的“风闻”追与不追，信与不信，取决于皇帝。从这个意义上讲，风闻言势对于察吏，尤其是考察权高势重的大贪大奸之人是可取的一种措施；对那些贪官等邪恶势力，也是一种威慑力量。故而，不久以后，康熙帝出于揭发大学士明珠的需要，决定大开言路，放宽对科道官的限制，为进言者创造方便条件。

4）奖廉与惩贪。康熙察吏的主要内容是奖廉与惩贪，二者之中又侧重奖廉。他认为“居宫既廉，办事善，即钱粮稍有未完，百姓自为彼勉力提供”，并拟以廉吏事迹激劝百官，澄清吏治，以使之潜移默化，改掉贪风。

康熙宣传清官，鼓励官吏争当清官，是对广大官员的鞭策和期望。然而，清官不仅数量少，其活动、作用均受局限，不可能改变官民当时对立的基本状况，所以还必须惩治贪官，奖廉与惩贪、扶正与抑邪相辅相成。在社会风气败坏的清朝，清官往往遭到贪官的嫉妒、压抑、排挤及至陷害，只有惩贪，尤其惩治大贪大奸，清官才能成长并施展其才智。

(3)康熙的经济管理思想

明末清初，中国大地经历了长达数十年的战争，社会经济受到严重破坏。康熙即位之初，已经入关几十年的清朝并没有给当时社会带来什么起色，反而因为要巩固江山社稷，镇压分裂割据和反清势力而不得不加重赋役征收。面对当时社会生产的凋敝，康熙虽有“惟愿天下平安，生民乐业，共享太平之福”的美好愿望，但暂时也无法实现，甚至不得不加重人民赋役负担，如康熙初年“奏销案”的产生及镇压，但从康熙财政经济思想和政策的总体来看，它只是权宜之计。康熙所注重的是恢复与发展农业生产，开财源而裕国库，一旦条件允许，就采取轻徭薄赋、与民休息的政策。

1)注重农业与鼓励垦荒。中国是一个历史悠久、幅员辽阔的农业国。经济发展，财政好转，乃至治国安邦，都离不开农业。自古以来，圣明君主无不重视农业的发展。康熙谙熟历史与国情，在《农桑论》、《重农桑》等文中，精辟概括了国以民为本，民以食为天，衣食来自农桑的道理。因此，国家不能不关心农业，不能不重视农业，“前史民乱，率起于饥”①。历史的经验不可忽视，更何况“国家赋税皆出于农”，康熙怎能不关心呢？

康熙为保证军粮供应，亲自部署屯田，并鼓励农民垦荒，在垦荒过程中，有明确产权和延长起科年限两大措施。关于产权问题，首先遇到的是为数不少的“废藩田产”。明代藩田产，包括皇庄及勋戚望族庄田，自顺治帝以来，称为“废藩田产”。垦种废藩地亩的百姓负担特重，他们既要按藩产租额缴租，又要按民田额赋纳粮。康熙遂命“查明故明废藩田房，悉行复价，照民地征粮”，农民“开垦耕地，永准为业”，“与民田一例输粮”。这种奉旨负其易价，改入民户之废藩田产，名曰：“更名田”。承认这部分土地归垦种

① 《清圣祖实录》

者所有,有利于鼓励人民继续垦荒和耕种,对发展农业生产无疑是一大促进。关于起科年限问题,康熙帝根据耕田质量高下有别,决定放宽起科年限,从而调动农民垦荒的积极性。

有些地方官吏为了捞取高升的资本,往往虚报垦荒成绩,回头又让农民去承担这报垦而未垦土地的赋税。为杜绝这类弊病,康熙修改考成条例,惩处捏报垦荒的官员,规定擅将"荒地捏报垦熟者,原报督抚降二级,罚俸一年,道府降四级调用,州县卫所官革职。要求各级官员报垦荒地,必俟起科总结,取具里老天包赔荒田甘结,才能报部核明,按等议叙",这使垦荒得以正常进行。

为了促进农业生产发展,康熙于西苑新建丰泽图,辟稻畦数亩,植桑树十株,万几余暇,"于此劝课农桑,或亲御秣耜"。康熙还发展了水稻连作制,打破了糯粳连作的传统,实现了同种粳稻双季连作,有力地促进了农业发展。此外,康熙还摸索了北方大面积种植水稻的经验,指示依靠人力去战胜虫灾,反对主张不扑而听其自去的观点。

2)改进地丁银征收方法。康熙改革赋役制度的着眼点不是增加人民负担,而是尽一切可能使赋役均平,减轻人民负担,安定生活,发展生产,增加社会财富。为此,康熙着重通过改进地丁银征收办法来均平赋役负担,防止不法官吏舞弊。地丁银征收办法的改进主要是:

①易知由单。即通知单,上面开列上、中、下则,正、杂、本、折钱粮,最后缀以总数,其意在提早通知纳户,使之明了应完钱粮数目,做好准备,免遭欺骗。

②均平里甲。又叫"顺庄法"。"将邑中田亩配搭均平,截然画一,通计一百四十一图(里),每图(里)额编田三千亩零,每甲以三百亩为率,不拘绅衿民户,一概编入里甲,均应徭役,民始不偏累"。其目的是按田亩均役,实际也便于征赋。

③总征通解。明代万历年间推行一条鞭法,其特点是总征分解,即从州县统一征收之后,地丁银解送户部,其他杂项分解其他部寺。清初基本沿袭此法,但因总征之后要分解,所以易知由单中

地丁及其他杂项均分别开列,并由各部寺分管催收,以致款项繁多,易生奸弊,并且分解还要多付解费,加重人民负担。故而,康熙规定:自康熙三年起,一切杂项"但称地丁钱银,作十分考成,除每年正月扣拨兵饷的外,其余通解户部"。每省各造简明赋役册送部查核,总结通解,催报统一,支给统一,对贪官巧立名目,中饱私囊,或乘隙舞弊将负担转嫁于农民身上,是一种限制。

④截票法。将每户实征地丁钱粮按月分为时限,于开征日给限票,依限完纳者截票,未截按数追比。限票分两联,官民各执其半,钤印于中间,亦称串票。

⑤滚单法。即在每单之中,成五户或十户合制一单,列上名字,名下注明土地若干,银粮若干。分为十限,发给甲首,田甲首依次滚催,自封投柜。一限之后,二限、三限……依次滚催。"停搁不完者、不缴者严惩"。滚单截票更为严密,防止官吏私行科派,兼有利用保甲连坐以督催税收之意。

3)蠲免钱粮。由于清代土地、人丁数字极为混乱,不便用降低每亩、每个单位税额的办法减轻赋役剥削,于是蠲免钱粮成为康熙推行轻徭薄赋政策的主要措施。这些蠲免钱粮措施,可分为3类:灾荒蠲免;蠲免及大规模普遍蠲免,简称灾蠲;蠲和大蠲。

清代地钱粮,系从上至下摊派征收,为减轻百姓负担,只有通过蠲免一途。尤其是大规模轮流蠲,更能防止官吏中饱私囊,故有人认为:"惟蠲免钱粮,率土均沾实惠",康熙朝蠲免钱粮,其总数约略不下14 000万两,数量之大,亘古所无,已远远超出消极赈济的范畴,实际上是赋役改革和实行轻微薄赋发展生产的有效措施。

4)滋生人永不加赋。康熙的蠲免政策得到普遍赞赏,但他清醒地知道,问题并没有完全解决,其中丁银一项矛盾就很突出。清沿明制,地税、丁银分征,田赋蠲免不等于丁银减轻,虽丁银也屡次实行蠲免,但人丁没有进行彻底清查,各州县均以明万历年间丁额分担丁银。丁少时,人民不负受包赔之苦,丁增之后,超过了万历年间丁额,仍按原数申报,不但对国家不利,而且丁役负担也不减轻。这种怪现象是怎样造成的呢?康熙年间,随着各项政策的调整，战争的减少或结束，生产发展，人口也才增加，但大量人丁不入户籍，各州县统计人数与实际出入很大，也就是说大量人丁被隐瞒下来，根本不入国家户籍。然而，对朝廷无差徭的人丁，并非不负担或少负担丁役；地方官吏分毫不放过他们。这就是“往往胥吏簧诱本官威吓户长滥报，及至计算原额，溢至数千百名，非本官贪利而私鬻，即里胥受贿而乞恩。秽迹彰闻，官箴大占”。超过原额之丁银大部被地方官员贪污，或部分为地方豪绅所隐占。加上大量新增人口不入户籍，国家无法控制和管理，流动人口与日俱增，影响社会稳定。在这种情况下，康熙设法通过改革赋役制度控制流动人口。康熙五十年二月二十九日，康熙采取果断措施，宣布实行“滋生人丁永不加赋”之制，滋生人丁永不加赋，把全国丁银基本加固，从中央到地方都不得随意增加，使广大农民负担相对减轻，有利于生户，同时也推动了全国统一赋役制度——“摊丁入亩”制度的实行。

5）赈济灾荒。康熙对灾荒向来重视，把救灾视为养民之举，而且牢记明朝末年官员匿灾不救，以致民饥为乱的教训。康熙最恨地方官员匿灾，认为“自古弊端，匿灾为甚”。因此定例，凡报灾迟延者都要受到处罚。康熙想过许多办法增强抗灾能力。他曾提倡地方各级设仓储粮，州县设常平仓，村镇设义仓和社仓，夏秋收割之际，劝谕百姓量力集输，并将捐助者姓名及数量注册上报，州县官论历记录加级。到春季将这些仓粮贷给缺粮户，秋季如数收回。遇到一般灾荒，仓米便可应急。

康熙又另辟粜米平价一途。所谓粜米平价，即米贱时买入，贵时卖出，从丰收之地采购运到歉收之地粜卖。粜米平价旨在平定稳价，救济灾荒，而非趁机赚钱，平粜本身是出售，也是赈济，既使灾民有饭吃，又平粜米价，稳定社会生活，并可重新仓米。

(4)康熙的军事管理思想

康熙皇帝在位61年，其突出功绩便是巩固边疆，消除割据，实现了地域辽阔、民族众多的封建帝国的稳定和统一。康熙帝戎马一生,东征四讨,他于军事管理方面有独到的看法和很深的造诣,值得我们借鉴。

战争,并非康熙的嗜好,乃不得已而为之。"譬之人身疮疡,方用针灸。若肌肤无恙则妄寻苦楚,可乎?治天下之道亦然。乱则声讨,治则抚绥,理之自然也"①。康熙的本意,但愿生民乐业,共享太平之福,不过,既然战争强加在他的头上,也绝不能屈服。欲安民生,必除寇虐;必除寇虐,必事师旋。用兵是为了息兵,作战是为了去兵,这是康熙对待战争的基本态度。

战争是力量的竞赛。从事战争的基本力量是军队,康熙在总结历史经验的基础上,概括了建设强大军队的基本方针。他说,自太祖、太宗、世祖以至今,清军野战必胜,攻城必克,所向无前的原因,除了士卒英勇奋战外,"实由我朝军纪森严,信赏必罚,兼以兵马精强,器械整齐之所致",即所谓"师出以律,可奏胜功"。因此,他紧紧抓住以严肃军纪为中心的军队整顿工作。

康熙于每次出征前都要求统兵将领申明军纪,严办钤束,至康熙三十四年(1695 年)十二月,又"规酌旧制,参以新谟",制定了系统、完备的军令。该军令包括 17 条,内容涉及行军打仗方方面面,而以不扰民为中心。康熙令兵部将此军令刊布颁行,对统兵大臣以军令为准进行升赏和处罚。康熙知道:"凡行兵若无纪律,断不能成事","不扰民者皆克成功,凡扰民之兵,无一成功者"。②把军纪紧紧扣在不扰民这个主题上,又把不扰民和成功连在一起,用这一指导思想建设军队无疑是正确的。

决定战争胜负的关键是什么?他说:"仁者无敌,此是王道,与其用权谋诈伪无稽之言,不若行正道,则不战而兵自败矣,王道二字,郡是极妙兵法。"③可以看出,他很注意人心向背,努力争取民心。这也是"民为邦本,本固邦宁"思想的反映。

康熙在战略战术方面的原则是从实际出发,相机而行。他概括其理论说:"凡用兵之道,要在乘机","一应军务,惟在相机而

①、②、③ 《清圣祖实录》

行,固不可急,亦不可缓”,“故为将者,必相机调遣,方能济事”。要做到相机而行,一要“虚几以视机宜”,不固执己见,根据变化的情况调整方案,放手让前线将领相机行事;二是准确及时掌握情况,当机立断,如此才能不急不缓,恰到好处;三是既读兵书,又不迷信教条。

3.2.3　顾炎武的管理思想

顾炎武(公元1613—1682年),江苏昆山人,原名仲,是明末清初的一位具有特色的思想家。他出生于世儒名门,14岁即入江南“复社”,投入明季知识界的政治活动,17岁时乡试落榜,此后,一心著书。顾炎武曾从事于抗清斗争。抗清失败后,不顾个人安危,渡江北上,开始了他数十年的边察访、边读书的游学生涯,终于成就为一代学宗,被誉称清代朴学的开山之祖。清王朝为了笼络知识分子,多次请他出仕,都被拒绝,顾炎武著有《日知录》、《天下郡国利病书》等。顾炎武学识渊博,他在管理方面亦多有建树。

(1)人才管理思想

顾炎武非常重视人才的研究,并有许多独到见解,现归纳其人才管理思想如下:

1)“才”、“材”有别。顾炎武的人才思想,其重要成果之一,是建立在“性”说的基础上把“才”、“材”区分开来。无疑,这在人才研究的范畴上是一个不小的进步。

在顾炎武之前的中国思想家和政治家对于“才”、“材”两个概念在使用上并没有严格的界限。《易系辞下》有“兼三才而之”;《集解》中“才”作“材”;《论语》、《左传》、《庄子》、《史记》的许多篇章中,都是“才”、“材”通用的,即使是在顾炎武《日知录》中引用其他著作也是“才”、“材”通用的。如《选补》一篇中,有“人之材”、“不材之人”、“所展其材”,也有“人才人短”、“贤道可得”、“本道求才”的使用,但在著作中属于顾炎武自己的语言,则是

“才”、“材”分明的，特别是他在《日知录》的著作中专门辟出两个篇目，对“才”、“材”进行了范畴上的划分：

①才。人固有为不善之才而非其性也。性者天命之，才者亦天降之，是以禽兽之人，谓之未尝有才。《中庸》言能尽其性，《孟子》言不能尽其才，能尽其才则能尽其性矣，在乎扩而言之。

②人材。宋叶适言：“法今日繁，治其日密，禁防束缚而至不可动，而人之智虑自不能出于绳约之内，故人材亦以不振，今人与稍谈及度外之事，辄摇手而不敢为，夫以仅之能尽人材，陈汤犹扼腕于文墨吏，而况于今日乎？宜乎豪杰之士无以自奋而同归于庸儒也。”

从上述两篇的比较中，可以得出的结论是：才属于“天命”，“天降”，或者说是其所具有的东西，所以它属于性；对于一个人来说，从“尽才”到“尽性”的境界不过是扩而充之。“材”则不然，它仅是人的后天“智虑”的积累。

2）繁法坏才。中国古代思想家中，切入法治与人治命题论述人才者，顾炎武是其中思想最深刻的一个。顾炎武并非完全排除法治，而且反对繁琐的法治，反对用法而废人。顾炎武所阐发的繁法坏才，是他的人才思想的时代精华和特殊贡献。

顾炎武慷慨陈词，抨击繁法之“无用”于国家而“败坏”于人才。他在《日知录》的《人才》、《法制》、《守令》所阐发的主要观点是：人之智虑能见于社会，需要一种环境，它是不可能在专横政治使人不敢言、不敢为的条件下得到发挥的；法制禁令王者不废，但国家赖以治理者“其本在正人心，厚风俗”，而这都不是法禁能解决的；如果说法令日繁，法是日密对扼杀奸臣图谋不轨有十分之三的作用，那么它在扼杀豪杰得以自奋上的作用则有十分之大，故“法令者，败坏人材之是”。

顾炎武精辟地解剖了繁法的形成过程，说前人立法之初，不能详究其事势，豫为变通之地，后人承前人已有之弊，拘于旧事，不能更革，而再立一法以救之，于是法愈繁而弊愈多，天下之事却得不到有效的治理，立法以救法，却使社会之患越陷越深。

顾炎武抨击繁法坏才,既指向国家通用法令之繁,更指向国家用人法令之密。如果说对前者他是慷慨陈词,而对后者则已是义愤填膺,这一点,在《日知录》之《铨选之害》、《吏胥》、《选补》篇中得到充分反映。

顾炎武认为:帝王者之立法,常常帮了不肖者的忙,而对贤才起着消靡作用,这样的立法,铨选法是其中的"最甚者"。因为铨选,不论人之贤否,不论事之功罪,不论地之远近,不论资之先后,不论禄之厚薄,不论阙之多少,则横竖是一句话:"一切有法定"。顾炎武痛切地说,"天下法度之至详,曲折诘难之最多,士大夫不能一举措手足者,顾无甚于铨选之法也"。

顾炎武还猛烈抨击吏胥专横妨碍了官员的才能伸展。他批评明代夺百官之权而归之吏胥,使百姓徒有其名,吏胥却得父传子,兄传弟,窟穴州县残害百姓,如"养百万虎狼于民间"。顾炎武痛切地呼吁,对这些鱼肉百姓,腐化政事的吏胥,一旦尽去,治天下之愉快,孰过于此!表现出一个思想家对革除繁法之约束,清扫吏胥之擅权,从而使人尽其才的深切希望。

(2)政治管理思想

顾炎武生于明代末叶,感受着当时社会矛盾相互交织并空前激烈的现状,面临明朝覆亡的残痛事实,他有意识地对明代进行历史反思,提出了一系列真知灼见的政治管理思想。

政权形式无疑是政权学说的核心之一。在中国漫长的封建社会,"普天之下莫非王土,率土之滨莫非王臣",作为中国思想文化根底的儒家学说从一开始就是尊君的,到宋明理学而造其极,而这一思想,在明清之际却受到前所未有的挑战。顾炎武在《郡县论》指出:"今之君人者,尽四海之利为我郡县,犹不足也。从而疑之,事事而制之。科条文薄多于一日,而又设之监司,设之督抚,以为如此,守令不得以残害其民矣,不知有司之言。凛凛焉过之不给,以得代为幸而无肯为其民兴一日之利者,民乌得不穷,国乌得不弱?"对君主专制的集权政治予以猛烈抨击,而首指今之君人者,尤见其对于现实政治的针对性。

针对君主独裁政治所造成的弊端,顾炎武提出了分权众治的思想主张,以为疗救之方。顾炎武的众治思想,首先是扩大地方郡县的职权。他认为郡县职权应包括“辟官”、“莅政”、“理财”、“治军”等四大职权,若“闾里萧然,农民菜色,而郡县且不能以赈济,而坐至流亡,是以言莅事而事权不在于郡县,言兴利而利权不在于郡县,言兵权而兵权不在于郡县,何以复论其富国裕民之道哉”。其次是健全县以下基层社会组织。他认为“天下之治始于里胥,终于天子”,“一乡之中,官之备而法之详,然后天下之治若网之在纲,有条而不紊”。再者是强化家族的作用。由于人君之天下,不能以独治,因而“一家之中父兄治之,一族之间宗承治之”,“是故宗法立而刑清,天下之宗子各治其族,以辅人君之治,罔牧兼于庶狱,而民自不犯于有司,风格之醇,科条之简,有自来矣”。

对于明末农民遭受封建腐败统治欺凌压榨,顾炎武通过广泛而深入的社会调查,不断地加以揭露,并提出许多解决的方案。他在《月知录》卷十中说“古先王之治地也,天弃地而亦不尽也。田间之途有九轨,有余道矣;余山泽之分,秋水多得”。

有所休息,有余水矣,是以功易立而难坏,年计不足而世计有余,后之人一以急迫之心为之,商鞅决袭阡佰,而中原之疆理荡然,宋政和以后围湖占江,而东南之水利亦塞,于是十年之中荒恒六七,而较其所得反不及于前人。他以上古的“井田制”为理想,以北魏之“均田制”为借鉴,认为后世只有以此为效法,就可以“贫者渐富,而富者亦不至于贪”,而“天下之患莫大乎贪,用者之说,则五年而小康,十年而大富”。在当时的情势下,要恢复古代的“井田制”和“均田制”是不可能的,但顾炎武的郑重提出,其实质是对当时疯狂的土地兼并的强烈抨击。

针对明王朝由专制集权、法令繁多而导致覆灭的结局,顾炎武具体思考了应当如何来维护封建统治的长治久安。他在《日知录》卷八中明言,“国将亡,必多制。夫法制繁则巧猾之徒得以法为市,而虽有贤者不能自用。此国事之所以日非也”。他进而以秦朝为例，"秦始皇之治，天下之事大小莫下决以上，上至于衡石量市，日夜有呈，不中呈则不得休息，而秦遂以亡"，并说："其切中近朝之事乎"，可见举秦正在刺明。在顾炎武看来，法令繁密，首先是君主独裁统治的必然结果，他认为"人君之于天下，不能以独治也，独治之而刑繁矣，众治之而刑措矣"，而"今也文书日以繁，狱讼日以多，而为之上者主于裁省，则天下之事必将丛胜而不胜，不胜之极必复增官，而事不可为也"。

其次，他认为法令繁苛势必造成治国人才日益庸俗化。"法令日繁，治国日密，禁防束缚至不可动，而人之智虑自不能出于绳约之内，故人材亦以不振"。再者，他认为过多的条文法令不切实际，反而造成无所适从的感觉。"法愈繁而弊愈少，天下之事日至于丛胜，其究也不能目毛而不行，上下相蒙，以为无失祖制而已，此莫甚于有明之世也"。

3.2.4　黄宗羲的管理思想探析

黄宗羲(公元1610—1695)是明末清初一位博学的思想家，一生成就宏富，其著作有《宋元学案》、《明儒学案》、《南雷文定》等。黄宗羲生活的年代正值明清更迭的动荡时期，黄宗羲深邃地看到当时制度的种种弊端，提出了一些较为进步的民主思想并对管理方面进行了积极有益的探索。《明夷待访录》(简称《明》)一书集中体现了黄宗羲的一些管理思想，顾炎武称赞该书"百王之弊可以复起，而三代之劢可以徐还"。迄今为止，学术界对黄宗羲的关注，还很少有人从管理思想的角度去透析这位杰出的思想家之于管理的贡献。

(1)政治管理思想

《明》书共有13篇，其中《原君》、《原臣》、《原法》、《学校》、《胥吏》等篇都涉及政治管理的内容。黄宗羲在《明》书中对封建君主专制制度进行了猛烈抨击，他指出封建帝王把天下看成是自己的产业,害民无尽,在未得到天下时"荼毒天下之肝脑,离散天下子女,以博我一人之产业,曾不惨然"。在得到天下以后,"敲剥天下之骨髓,离散天下之子女,以奉我一人之淫乐,视为当然"。①因此,在政治管理方面黄宗羲主张应限制君权。如何实现对君权的限制呢?黄宗羲提出了一系列措施:

首先,要明辨君臣关系。黄宗羲认为"君与臣,共拽木之人也"。这是对传统君为臣纲的大胆否定,鲜明地体现了黄宗羲反专制的民主思想。《明·原君》中说"缘夫天下之大,非一人之所能治而分治之以群之"。因而从本质上讲,君与臣都是共同治理天下之人,他们之间不是父子而是同事关系,不应有尊卑。不能视"天子之位"过高,否则会导致独断专权。作为执事之臣,心中抱定"我之出而仕也,为天下,非为君也,为万民,非为一姓也"的信念,才不至于像宦官宫妾那样"以君之一身一姓起见,君有形无声之嗜欲,吾从而视之听之";要以天下为重,做到"以天下万民起见",甚至在"君以形声强我"时,也未之敢从。而作为君子,不应高高在上,率性处事,应与大臣同心协力,为天下兴利除害。若不能如此,就该效仿先古尧舜禅位让贤而不是"鳃鳃然唯恐后之有天下者不出于其子孙"。虽然由于时代的局限性,黄宗羲不可能提出为大众服务意义上的"公仆"思想,但他把执行者从天上,从高高在上者降落到平实的民众之间,已然可贵,更何况,他的思想还隐含了反对世袭和终任职,提出任人唯贤的思想,至今仍有其现实意义。

其次,黄宗羲提倡立法以达到限制君权的目的。在《明·原法》一篇中,他开篇明言"三代以上有法,三代以下无法"。所谓"三代之下无法"并非指三代以下没有法律条文,而是指三代以下的法只是封建帝王的"一家之法,而非天下之法"。它只为高高在上者谋利,不以广大人民利益为出发点,是先有治人后有治法,是"非法之法"。因为法愈密而天下之乱,生于法中,所以,黄宗羲提

① 杨建玲. 黄宗羲的管理思想探析. 云南社会科学,2000(S1)

出“论者谓有治人无治法，吾以谓有法治而后有治人”，要彻底变革以建立真正意义上的法律。这是我国法治思想的早期萌芽，显然有着依法管理，依法行政的踪迹。而要实现法治，重要的内容是设置宰相和提高学校的作用。古者君之待臣也，臣拜，君必答拜，那时，君臣关系是平等的，因为古代帝王明白“天下不能一人而治，而设官以治之，是官者，分身之君也”，更因为天子亲位传于子，子孙不可个个皆贤，有赖于宰相传贤来补救。自从宰相被罢除后，就没有人能牵制住君的势力，一旦继位天子不贤明，将会给国家和人民带来无穷的灾难。因此，黄宗羲重视宰相来主持政事，他的理想是设宰相一人和参知政事若干人，与皇帝共同议事，分管天下庶务。奏章由皇帝批复，皇帝不愿批阅时，就由宰相，这样就不会导致如明朝宦官专权的惨痛事件，国家才不会有大的忧患。不仅如此，黄宗羲还提出把学校建成监督政府的清议机构。黄宗羲认为固然要注重培养有德有才之士，为国家造就可用之才，更要提高其作为舆论和议政场所的作用，即“必使天下之是皆出于学校”，从这儿可以看出，黄宗羲有意把有识之士云集在学校同政策制定机构相一致，黄宗羲认为这是一种理想的执政体制，当然，这种理论研究者与政策制定者同一的做法仍值得商榷。

(2)经济管理思想

《明》书中、《田制》三章与《财计》三章，集中体现了黄宗羲的经济管理思想。黄宗羲总结了明王朝的灭亡，除政治原因外，在经济上主要是因为“夺田”和“暴税”。因此，在土地的管理上，他主张实行屯田，即恢复“井田制”，以达到“授田以养民”的目的，“以实在田土均之人户一千六十二万一千四百三十六，每户授田五十亩，尚余用一万七千三十二万五千八百二十亩，以听富民之所占，则天下之田自无不足”。这是黄宗羲想解决农民土地问题，想兼顾富民利益在田制管理中的有益探索。虽然本着为民谋利的良好愿望出发，但这一制度本质上仍是封建土地私有制，不利于资本主义萌芽的进一步发展。

黄宗羲认为天下害民者不仅在井田不复,老百姓没有土地,还在于赋税过重,针对当时“暴赋”的社会情况,黄宗羲提出“重定天下之赋”。他的赋税管理的设想是“授田以民,以什一为则,未授之田,以二十一为则,进户口则以为出兵养兵之赋”。在征收赋税的具体方式上,他反对税非所出。黄宗羲看到了将实物折为银上税对农民的危害,故主张“仕士所宜”,即“出百谷者赋百谷,出桑麻者赋布帛,以至杂物皆赋其所出,斯民庶不至困猝尔”,这实际上是一种实物地租的形式。与此相应,黄宗羲还提出“赋税市场一银乃单行,以为天下之大害”,因此,在《明·财计》中,黄宗羲认为“欲天下安富,其必废金银”。必须指出的是,尽管黄宗羲这些思想出于富民的良好愿望,但与当时商品经济的发展的客观要求是不相符的。因而这是一种不切实际的幻想,并且鉴于明朝钱法、钞法的破坏,黄宗羲主张“废金银,使货币之衡归于钱”,使“封城之内,常有千万财用流转无穷”。值得一提的是,黄宗羲在整个社会普遍轻视工商业,“崇本抑末”的情形下,大胆提出了工商皆本的思想,一反传统对工商业的偏见,认为除“为巫而已”和“为奇技而货”外,都予以重视,“世儒不察,以工商为末妄议抑之。夫之固理之所欲来,商又使其愿出于途者,普皆本也”,肯定了工商活动在国家经济生活中的重要地位。

(3)人才管理思想

黄宗羲对人才是极为重视和尊重的。在《明·学校》一篇中,就提出应选大儒来充当太学的祭酒,其地位应与宰相相当。天子、六卿、郡县官等在祭酒、讲学时,应执第子之礼。《明》书中,对于人才的使用,特以《取士》上下两章来加以论述,黄宗羲看到了以科举制来选拔人才也存着许多弊端,对到底何为直正有用之才进行探讨,对传统记诵应试选拔提出质疑,可算是现代意义上的“对理解学习与背诵学习哪种得其人也”,蕴含着量才而用的人才管理思想。

3.3　鸦片战争以后的近代管理思想

3.3.1　民族资本企业的管理思想的概述

中国民族资本主义企业始于晚清,辛亥革命后有了较大程度的发展,但与外国资本企业相比,民族资本企业不仅技术设备落后,资金短缺,在管理制度、管理模式和管理方法也带有浓厚的半殖民地半封建的色彩。专制、封闭、效率低是其负面特征,在这种情况下,某些民族资本企业能够生存和发展,与民族资本家们对管理经验的不断总结,对西方管理思想的引进和对管理方法的不断创新是密切相关的。

处在忧患之世的中国民族工商企业家们深知,他们经营企业的外部环境是很不理想的。要想在险恶的商战风浪里站稳脚跟,以实业来“杜侵略”、“抵外货”,就必须讲究经营管理之道。曾受到过著名经济学家马寅初先生赞扬的大成纱厂创办人刘国钧就经营企业讲过自己的切身感受:“懂经营管理,又懂技术,是一等人才;懂经营管理,不懂技术,是二等人才;懂技术,不懂经营管理,是三等人才”,这真可谓至理名言。以经营猪鬃闻名海内外的古耕虞认为:一个事业的兴衰成败,很大程度上取决于经营管理人才。从这两位颇具代表性的民族工商企业家的言谈中,可知他们对管理的高度重视,没有一流的管理就没有一流的企业,而这一点,正是绝大多数民族工商企业家所共有的认识,中国民族企业家的管理经验和由此而形成的管理思想是丰富的,这里仅进行概要介绍:

(1)注意经营决策

经营企业,历来都有风险,在一个动荡不安的时代里,风险系数是相当高的。中国的民族资产阶级自创办实业之始,几乎都是在风浪中度过艰难的岁月。内忧外患造成了险象环生的外部环境,在这样的条件下,严重的决策失误将导致企业无立足之地,而善于决策,则可以使企业经受风浪的考验。

民族企业家荣宗敬、荣德生,从经营钱庄、茧行起家,到形成以面粉、纺织为中心的跨行业企业集团,靠的就是善于决策。

荣家企业的福新、茂新、申新各厂的建立和扩展,充分体现了荣宗敬的决策思想。福新面粉一厂在1913年2月创办后,荣氏兄弟看到该厂营业昌盛,盈余甚丰,便很快在1913年冬天利用福新一厂的富利筹建福新二厂,第二年底迅速投产。1914年和1915年,荣氏兄弟抓住第一次世界大战外国输入量骤减而出口需求剧增的有利时机,用福新一厂的富余拨资开办福新三厂,用福新二厂的富利买下原先租办的中兴面粉厂,改为福新四厂,并在以后筹建福新五厂。福新面粉厂系统在第一次世界大战期间不失时机的扩展,获利甚厚,为荣家企业集团打下了坚实基础。

(2)增加产品竞争力

产品没有竞争力就会失去市场,失去市场就必然导致企业倒闭,故提高产品质量,从而提高产品竞争力从来就是企业家稳操胜券的关键。大成公司的创办人刘国钧很注重棉纱质量的提高,从而增强了企业的竞争力。

民族企业家刘国钧根据自己创厂伊始,力量薄弱而面对日本纱厂、英国纱厂的咄咄逼人的进攻的形势,决定采取迂回战术,取彼所长,补我所短,渗透渐进,后来居上的策略,不断提高产品质量,推出自己的优质产品。这种聪明的竞争策略使得大成纱厂的产品销路大增,商誉日隆,市场占有率逐年提高,既达到了获利的目的,又可使中国市场不致成为外货倾销的场所。

(3)勇于引进先进技术和进行技术改造

许多成功的民族工商企业家都很重视引进先进技术和不断地

进行技术改革,他们深知,只有先进的技术才能带来优质的产品。

(4)建设企业文化,形成企业精神

企业文化的核心是员工等同的价值观。大量实践证明,把一种哲学化的思想发行成为一种文化并使之渗透到企业成员的精神之中,使成员团结一致,恰是造就优秀企业的绝好之途,在这方面,我国的管理界是有传统的。

我国一些民族工商企业家在“丰田精神”、“松下信条”还未问世的年代,就曾利用企业文化塑造了企业精神,从而取得显著的成效。

3.3.2　龚自珍的管理思想

龚自珍(公元1792—公元1841年),浙江仁和人,是近代著名改革家和思想家。他出生于累代仕宦家庭,曾祖、祖父、父亲以及外祖父都在朝内做官,并且是很有学识的人。龚自珍自幼受到良好的教育。他38岁中进,先后在清朝中央政府任武英殿校录、礼部主事、内阁中书等闲职20年;1834年因遭权臣穆障阿排斥,愤而辞官南下,后在云阳书院任讲席;1841年死于云阳书院,年仅49岁。

龚自珍的著作被编定为《定庵文集》、《续集》、《补集》、《别集》等各种刊本,而以1959年出版的《龚自珍全集》收录最完备。龚自珍的思想散见于他的这些著述中。

(1)龚自珍的行政管理思想

龚自珍从提高行政管理效率的角度出发提出了以改善群臣上下级关系为重点的行政管理改革建议。

首先,他就提出改善君臣关系,变主奴关系为师生关系,提倡君臣共治天下的见解。他要求恢复士大夫和臣下有个性的自由和人格尊严的“巍然岸然师傅自处之风”,把汉唐的君臣关系视为理想的上下级关系,认为那时君主尊重臣下的意见,帝王与三公坐而论道,共商治理天下大事,值得效仿。

其次,他要求提高臣下权力,变中央集权为地方分权制。他从提高工作效率,调节行政机制内在活动的目的出发,要求君主权力下放给臣下,中央权力下放给地方,他说,“至于内外大臣之权,殆亦不可以不重,权不重则气不振,气不振则偷,偷则敝”。

(2)龚自珍的人才管理思想

龚自珍针对官僚体制的腐朽和废弛,提出以人才培养和管理为中心的吏治改革主张。

首先,他重视人才。他说:“世有三等,三等之世,皆观其才,才之差,治世为一等,急世为一等,乱世为一等”,呼吁社会重视人才问题。

其次,主张改革人才选拔方式和政府官吏任用方法,要求废除科举考试和论次排辈的旧习。他致书要求废除科举考试方式,“阁下何不……上书乞改功令,以收真才”,主张废除无用的八股考试内容,用通古论今的“讽书射策”内容代之。“讽书射策”要“射策兼策本朝事”,为的是精通时务,经世致用。他指出“不通乎当世之务,不知经史施于今日之孰缓、孰亟、孰可行、孰不可行也”。

“讽书射策”的取士方式是“射策兼策本朝事,中事十中者甲科,中七者乙科,中三者丙科,不及三换三”。

针对用非所学问题,“以凡典礼乐者,举未尝学礼乐也……以凡典礼乐者,皆未尝知兵也”的现状,龚自珍提出学而入政的提议,要求在入仕委以官职之前先学一定的专业知识。针对“兵刑钱之杂而投之于一身”的治不能专的问题,龚自珍提出“终身治一官”建议,以提高官员的职位负责精神。

他强烈要求改政府用人论资排辈的旧习,主张用人不限资历,应该破格录用,大胆提拔有真才实学的人,他大声疾呼:“我劝天公重抖擞,不拘一格降人才。”

(3)龚自珍的经济管理思想

龚自珍在探寻社会动乱的经济原因的基础上,提出了一些自己的见解和主张。

龚自珍意识到当时经济领域存在着若干很重要的问题,其中之一是由于土地兼并,财富集中所引起的贫富对立问题。针对贫富对立问题,他指出,如果任其发展,必将导致社会衰亡的后果。他说:"得不足之数相去愈远,则亡愈速,去稍近则治亦稍速,千古治乱亡之数,真以是券矣。……其始,不过贫富不相齐之为之耳,小不相齐,渐至大不相齐,大不相齐,即至丧天下。"

为了解决财富分配不均和贫富对立问题,把"不相齐"限制在"小不相齐"的范围内,他提出等级平均原则,作为他经济管理改革后最基本的原则,"有天下者莫高于平之尚也",所谓等级平均,是以承认贫富不相齐的存在为前提的。他接受社会财富占有不平等这一私有制社会最基本的经济事实,并不要求绝对平均。他说:"贫富之不齐,众寡之不齐,或十佰,或千万,上古而然。"在此前提提出的平均方法是取有余补不足,"挹彼注此"的方法,把不平均限制有一个有限的范围内,并"随其时而调剂之"。

在财富的一般分配上,他提出应以个人在封建等级中的地位为取得财富的标准,即"君取盂,臣取勺,民取卮",在土地的占有方式上,他提出应以个人在宗法系列上的身份作为占有土地的依据,按宗法关系把社会划分为3个主要等级,第一等级如以占土地百田算,第二等级可占二十五田,第三等不分配土地。

为了维护等级平均原则,龚自珍要求社会各等级序列的成员,各安职分,互不侵犯,既不允许被统治者自下而上侵犯统治者利益的"卮者上侵",更反对上层自上而下,兼并和侵吞下层财产的"勺者下侵"。这表明龚自珍的等级平均原则是代表当时社会中小地主利益的。

他还提出个人对财富、土地的占有应靠个人的智与力,而不是凭借政治特权。他说:"天谷没,地谷茁,始贵智力。"主张按智力的高下强弱,占有不同数量的财产。他主张等级平均原则。他说:"有能以尺土出谷者,以为尺土主;有能以倍尺若十尺,佰尺出谷者,以为倍尺,十尺,佰尺主。"赞扬远古社会可以对土地财富的自由追求,也意味着现实社会里中小地主占有尺土、十尺土、佰尺土的私有财产是合法的,是不容他人侵占的,这种主张在某种意义上来说接近近代财产法的思想。

为了从根本上解决贫富悬殊和土地兼并问题,更好地维护等级平均原则,龚自珍提出农宗方案的设想。在农宗方案中,他试图以宗、法关系为依据进行社会组织管理,按血缘关系划分和组成社会聚居和职业团体。划分的办法是:立宗之始,长子为大宗,次子为小宗,三子、四子为群宗,余子为闲民,小宗各群宗合称宗夫。继宗办法是:大宗长子恒为大宗,次子为小宗,小宗长子为小宗,次子为群宗,余此类推。土地的分配方法是:以土地百亩起算,大宗占地百亩,余夫占地二十五亩,由于土地有限,闲民不分配土地,受雇于大宗、余夫,作为生产管理者的大宗和余夫,要初具农业生产知识,能辨菽粟,亲自参加和监督生产活动。

3.3.3 魏源的管理思想

魏源(公元1794年—公元1857年),湖南邵阳人,他20岁随父到北京,29岁中举。鸦片战争失败,魏源的思想发生很大变化,他开始潜心研究西方学说,以寻求富国强兵之道。因此,他先后撰成了《圣武志》、《海国图志》等著作。他的管理思想就反映在这些著作之中。

(1)魏源的重本抑末思想

早在魏源以前,一些进步思想家就对"重本抑末"提出过不同看法,对工商业的作用给予了一定的肯定,但仍然把农业看成是"本",是应该首先重视的。魏源有着与前辈相同的地方,他也认为农业是"本",工商业是"末",并以粮食生产的丰歉为国家贫富的标志。在《海国图志》中，他说："米利坚产谷棉而以富称，秘鲁诸国产银而以贫闻，金玉非宝，稼穑为宝，古训昭然，荒商其能或弃哉"。说明他的思想并未摆脱传统的重本抑末论的影响。但是，他也有一些超过其前辈的地方。如他承认粮食是财富，货币和金银也是财富，两者都是国家财富的构成要素。他说："何谓开源之利？食源莫如屯垦，货源莫如采金与更币"，而且食粮与货在不同的情况下，二者的重要性又有所不同。他说："语金生粟死之训，重本抑末之谊则食先于货。语今日缓本急标之法，则货又先于食。"在这里他指出了在某些特殊情况下，货比食更重要，更是应该优先解决的问题，这就明显地超过了他的前辈与他同时代的龚自珍的"食固第一，货即第二"的观点。基于这种观点，在他的经济管理思想中，就特别重视商业和发挥商人的作用。

(2)魏源的税收管理思想

魏源认为"善赋民者譬植柳乎，薪其枝叶，而培其本根，不善赋民者，譬则剪韭乎，日剪一畦，不尽不止"。就是说，国家要想获得源源不断的赋税收入，就应该合理地征收富民收入的一部分，并帮助富民增加财富，这实际上就培植了税源，如果像剪韭菜式的征收赋税就必然会破坏纳税人的生财之道，破坏国家的税源。魏源又进一步指出："周官保富之法，赋以富民一方之元气，公家有大征发大徒役，皆倚赖焉，大兵隳大饥馑，皆仰给焉"。"故十无天富户则国贫，士无中富户则国危，至下户流之而国非国矣"。在这里魏源强调了富民的作用，认为国家的经济力量在于依靠富民，富民是国家财政的来源，如果实行贫人之政，过度地削弱富民，就会使富民破产，最后导致国家的贫穷。因此，他提出，要使富民"敢顾家业"，也就是敢于放手让富民个人发家致富，以此来保证国家的财政赋税收入。魏源的这种反对重赋，主张培植税源的经济管理思想是从国家政权的利益出发，它对于减轻人民负担，发展商人资本有一定积极作用的。

(3)魏源的工商管理思想

自两宋以来,主张商品私营的人日渐增多,但都是针对政府专卖的商品,如盐、茶而言。魏源主张私营的范围则相当广泛,凡他提到的事业如盐业、漕运、采矿造船等无不提倡或鼓励私人经营。在盐业方面,他主张改变具有垄断性的“纲商”为具有自由竞争性质的“票商”。因为清代的盐务制度是因袭了明代的盐制度,盐的收购运销都是根据国家所给的垄断权进行的,在这种垄断制度下弊端很多,各种浮费及中饱私囊等现象不断产生,“纲利尽分于中饱私囊之人”,致使盐价昂贵,运销滞阻,同时,私贩走私异常严重,无法遏制。结果不仅使人民承受沉重的负担,而且国家的盐课收入也随之减少,所以魏源在协助陶澍在淮北进行盐政改革时,就提出行票盐制。具体办法是:首先规定场商售盐价格,以免场商随意提高场价,增高运商成本;其次取消封建垄断运销制度,改行自由运销制度,无论何人,只要照章缴纳税收就可以领票运盐贩卖。这样,以“票商”代替“纲商”就可以革除各种积弊,降低盐价,增加销量,盐税自然就会增加。

在漕运方面,魏源主张改漕粮官船河运为商船海运。因为明清以来,封建王朝都是通过运河把江南的漕粮运到北京。这种做法,不但运输费用很高,而且由于路途各级官吏的劳动勒索,使人民的负担非常沉重,同时运河常常梗阻不通,修河的费用也十分巨大。因此,过去就曾有人提出海运漕粮的建议,但他们完全是从节省国家财政开支和保证贡赋收入着眼,把海运看成是运河阻塞后的权宜之计。而魏源则不同,他除了考虑节省开支,保证贡赋收入外,还把海运看成是革除漕运弊端的一种措施,定为“一劳永逸”的长远制度。他认为河运有种种弊端,沿途收费就是一大弊端,而海运就可以取消沿途的勒索,减轻人民的负担。

在采矿方面,魏源对官营和私营的态度与对盐业、漕运问题上的官运和私运的态度是相同的。他认为矿业禁民采而兴官采是“利不胜弊”,“民开而官税之则有利无弊”。总之,“许民开采,二十分取一为税,此开采最善之法”。

在造船方面,魏源也主张在官设的一处造船厂或火药局外,“沿海商民有自愿仿设厂局以造船械,或自用,或出售者听之”。

上述魏源的这些力主经营的经济管理思想远远超过了当时的其他改革派在这方面的见解。

(4)魏源的科技管理思想

限于当时的历史条件,魏源的科技管理思想主要体现在向西方学习,引进西方国家的科学技术方面。对于西方国家的长处,他所看到的主要还是在军事方面,认为“夷之长技三:一战舰,二火器,三养兵练兵之法”。他对“师夷”的具体办法是借助外国技术人员传授技术,自行设厂建设新式船炮。他还由仿造外国军舰联想到造商船,由仿造新式枪炮到制造某些民用产品,主张如“量天尺,千里镜,龙尾车,风锯,火轮机,火轮舟,自来火,自转碓,千斤称之属,凡有益于民间者,皆可于此造之”,并主张利用西洋借用风力、水力、火力等为动力的机器。可以说,魏源是最早主张在中国建立现代新式机器工业的人。魏源还断言,如果中国能努力学习和采用西方的先进科技,中国就会“风气日开,智慧日出”,就可以看到“东海之民,优西海之民”,“云集而鹜赴”地建立起采用新式技术的工业企业。

第 4 章　中国现当代管理思想

中国现当代历史时期的管理思想的内容非常丰富,特色异常鲜明,本章仅对新中国建立后的管理思想进行概要梳理。

新中国建立后,开创和推动了各项事业的发展,管理领域更加扩大,对管理的认识不断深入,因而管理思想得到进一步发展。既然如此,就不可能面面俱到地把各方面的管理情况叙述到,只能以经济管理为主体来加以讨论。

新中国建立后,管理的基本特征是以生产资料公有制为基础的集中统一的计划管理。这一管理体制的形成,主要是受前苏联的高度集中管理模式的影响,同时也有中国自身独具的历史背景的影响。其中,受自身历史背景影响主要体现在:一是受我国新民主主义革命时期根据地管理体制和方法的传统影响,二是受建国后中国独创成分的影响。例如,我国在建国初期对财经恢复所采取的办法和后来对私人资本主义工商业的改造,都有自己独特之处。此外,中国封建专制统治的历史很长,商品经济很不发达,整个社会经济和文化都十分落后。新中国从这样一个旧社会脱胎出来,不可避免地带有许多封建主义的遗毒。所有这些,对于我国管理思想、管理方法和管理制度的形成和发展都是不容忽视的因素。

当然,这些因素在不同时期因为人的主观作用和社会背景的不同而产生的影响力也不一样。

4.1　国民经济恢复时期的管理思想

这一时期指1949年至1952年。国民经济恢复期存在的经济成分主要是3种，即社会主义国营经济、资本主义经济和个体经济。当时资本主义经济所占的比重还很大，其余两种成分很小，这两种成分的企业的产值合起来不足社会工业总产值的一半。

政府当时的主要任务是没收官僚资本企业，加强对国有企业的组织管理，健全企业制度。对民族资本工商企业，在利用、限制、改造的基础上，促使其改善经营管理，促进技术改造。对于个体手工业，则促使其向集体化方向发展。从而争取财政经济状况好转，稳定物价，保障经济的恢复和发展。概括起来说，在这一时期，进行了民主改革、生产管理改革和企业改组，为开展社会主义经济建设准备了条件。

民主改革，即以民主方式改造旧企业的过程。通过与企业中封建把头进行斗争，促进工人阶级内部团结，改善各种组织制度，改革管理机构，建立职工参加管理的工厂管理委员会和职工代表会议。

生产管理改革，在恢复和发展工业生产的同时，企业建立了与之相适应的管理制度，如发动群众开展合理化建议运动，开展创生产纪录运动，初步建立生产责任制和经济核算制，推广先进生产经验等。在这期间，已在工厂实行八级工资制和工厂奖励基金制，推行计件工资制和超额奖励制。

4.2 “一五”时期的管理思想

国民经济第一个五年计划时期，是从 1953 年到 1957 年这个时期。

中国共产党中央于 1953 年提出了从新民主主义转变到社会主义过渡时期的总路线，要求在一个相当长的时期内逐步实现国家的社会主义工业化和对农业、手工业、资本主义工商业的社会主义改造。国家实行了优先发展重工业的方针，兴建了 156 项重点工程。同时，在管理体制上，引进了前苏联模式。

原来估计至少要经过 3 个五年计划才能实现全国农业初级合作化，结果到 1956 年底，全国加入农业合作社的农户已达 90% 以上，初步实现了农业合作化。

与此同时，在全国范围内实行了私人工商业的全行业公私合营，完成了对资本主义工商业的第一步改造。所以，在第一个五年计划期间基本上完成了对农业、手工业和私人资本主义工商业的改造，从而确立了比较单一的生产资料公有制的经济结构。

所有制结构的这一重大变化，对于中国以统一计划、集中管理为特征的经济管理体制的确立起了促进作用。中国在第一个五年计划期间，逐步实行了计划管理，由中央制订指令性的计划指标，层层下达，各地区、各企业必须遵照执行。在财政上采取统收统支的办法，即企业利润全部上缴，地方、企业、事业单位所需资金统一由财政拨给；在产品分配上，生产资料不认为是商品，采取计划调拨，日用工业品虽可进入流通，但由国家统购包销，基本建设投资统一由国家计划安排；在工资和劳动管理上，也实行统一管理，在全国统一实行工人八级工资制和机关干部的 25 级工资制，并实行招工和进人指标统管的制度。总之，人力、财力、物力等资源都纳入中央统一计划的轨道，进行集中管理。这种高度集中的管理，实际上是照搬了前苏联管理体制的结果。

4.3 “反右斗争”到“文革”结束时期的管理思想

这一时期指从1957年到1976年这一期间。

“一五”期间形成的管理体制的基本特点是:中央高度集中统一地进行宏观管理,在权力的行使中,集中过多,统得太死;地方自主权太少,框框多,限制多,管理上没有活力,没有创造性。这样,上上下下被严重地束缚了手脚。对这些问题,在“一五”后期,党中央已有所察觉。1956年便提出了某些改进措施,重点是放在发挥中央和地方两个积极性上。1957年,党的八届三中全会通过了关于改进工业、商业和财政管理体制的3个文件,总的精神是调整中央和地方、国家和企业的关系。这次管理体制调整的主要内容是下放管辖权和管理权,如下放企业管辖权,把原属中央管辖的企业的绝大部分层层下放,分别变为省、市、县管辖;下放计划管理权限实行以地区为主的条块结合的计划管理制度以及下放基建审批权、劳动管理权、财政税收减免权等。

在与城市经济体制实施下放管理权的同时,农村正加紧实现集体化,全国掀起了人民公社化运动。在公社内部实行统一核算,搞供给制、工资制,大办公共食堂等,取消社员自留地和家庭副业,关闭集市贸易,全国农户几乎全部加入了人民公社。

在1958—1960年这3年内,在经济管理体制上进行上述变更的同时,又在全国范围掀起了“大跃进”运动。不顾经济规律,全国各地竞相浮夸、虚高指标成为普遍现象;中央又失去了控制能力,很快造成国民经济比例严重失调,经济发展急剧下降,给经济管理和企业管理带来了极大的困难;许多新建设项目难以为继,被迫下马。

1961年,为了挽救这一令人担忧的局面,中央提出了"调整、巩固、充实、提高"的八字方针,把大跃进时期下放给地方和企业的权限又收回中央,劳动、物资、价格、财政、计划等管理权限又回到中央集中统一管理的体制上来了,并制定了各种条例,加强对企业的监督、考核。

在宏观上,坚决压缩基本建设战线,加强对基本建设的集中统一管理,规定所有基建投资和项目都必须全部纳入国家计划,加强集中计划管理,调整国民经济的比例关系,提出按农、轻、重为序来安排国民经济的发展。

经过对八字方针的贯彻和对极左倾向的部分纠正,为20世纪60年代前期国民经济的发展创造了一个较好的宏观环境。此后的1962年到1966年初,国民经济发展的步伐是快速的,人民的物质文化生活水平有了较大提高,社会风气是良好的,算得上新中国建立以来继20世纪50年代前期之后的第二快速发展时期。

但是,紧接着在1966年,中国便开始了"文化大革命",从此全国陷入了十年动乱的时期。中国经济管理和企业管理受到了严重冲击和破坏,把发展生产、提高人民物质文化生活水平说成是搞修正主义,把正常生产的管理制度说成是对工人的管、卡、压,以致刚刚恢复和建立起来的一些规章制度被任意加以更改甚至废除,整个经济陷入了一片混乱。经济管理体制走向了更加高度集中化,拼命地搞"穷过渡"、"割资本主义尾巴"、"堵资本主义的路"等运动,整个社会经济又跌入了深谷。

为了扭转这一局面,1970年提出对"条条专政"进行批判,再度实行经济管理权限下放。这次下放,只不过是1958年做法的重演,并无新的内容,但是步子比过去更大,下放的企业更多,地方计划管理权限更大,基本建设投资采取了大包干的形式等等。与此同时,却采取了冻结工资、取消计件工资制和奖励制度,把各种流转税和地方税并为"工商统一税",大大降低存款利率,将大批临时工、合同工转正,经济杠杆作用被削弱甚至取消。事实证明,这样简单而盲目地向地方放权,不但未能挽回业已形成的经济颓势,反而犹如火上浇油。

1975 年,在邓小平的主持下,对经济体制进行了整顿,曾使陷入一片混乱和严重衰退的中国经济出现了一线生机。但是在当时的条件下,整顿受到了阻碍,未能达到预期目的,当然也更不可能对原来的经济体制作任何根本性改革。

4.4　“文革”结束以后的管理思想

1976 年粉碎“四人帮”以后,中国进入了新的历史时期。但是,中国经济由于遭受十年动乱的严重破坏,国民经济比例严重失调并濒临全面崩溃的边缘,而当时党和国家的整个指导思想和指导方针仍在维护原有管理体制的基本模式,并未有任何实质性的挽救措施,甚至在发展战略上采取了更加冒进的态度,这就更加重了中国经济问题的严重性。

1978 年 12 月召开的中国共产党第十一届三中全会,是当代中国政治经济生活中具有深远历史意义的重要转折。全会做出了把工作重点转移到经济建设上来的战略决策,冲破了长期“左”倾错误的束缚,重新确立了实事求是的思想路线,并强调指出,为了实现社会主义现代化,就必须更新管理思想,对管理体制、管理模式和管理方法进行深入地改革。

首先拉开序幕的是农村经济体制的改革。中国自 1958 年全面推行人民公社制度以来,把农村经济带进了一条“一大二公”、越走越穷的道路,农村生产力的发展受到严重束缚。在党的十一届三中全会“实事求是”、“解放思想”的精神鼓舞下,农村开始推行以家庭为单位的经营承包责任制,改革自 1958 年以来长期实行的人民公社制度。农村改革获得了极好的“初始效益”,取得了巨大成就,使我国长期感到焦虑的农业生产在短期内迅速恢复和发展,基本上解决了一个 10 亿人口大国长期存在的温饱问题,并逐步推动了农村经济的全面发展。

农村改革的成功经验,农村经济发展对城市的要求,为以城市为重点的整个经济体制的改革提供了极为有利的条件,并推动了城市经济体制改革的逐步发展。

1979 年 8 月,国务院发出了《关于按照五个改革管理体制文件组织试点的通知》。此后,首先在重庆、沈阳等城市开始了“扩大企业自主权”的试点。试点的主要内容有:第一,扩大企业的生产、销售权;第二,企业可以按工资总额或计划利润提取企业基金;第三,提高企业对固定资产折旧基金的提留比例;第四,流动资金试行金额信贷制度;第五,贯彻按劳分配原则,改进奖励制度。1983 年,根据试点中出现的“鞭打快牛”等问题,国务院又批发了《关于国营企业利改税试行办法》的通知。这一改革办法,把国家与企业的分配关系通过税法形式固定下来,使企业从依附于国家行政机关的地位中逐步解脱出来,改革进一步深化。

1984 年党的十二届三中全会,推动我国管理体制进入了全面综合改革的阶段。1984 年 10 月,中央发布了《关于经济体制改革的决定》。这个《决定》明确了社会主义经济是有计划的商品经济,这是我国社会主义经济管理思想上的一次重大转变,对我国的经济管理产生了深刻影响。《决定》对于计划体制、价格体制、工资制度、企业领导制度等方面都做了具体规定。

《决定》对商品经济的意义和作用充分肯定。它指出,社会主义经济是在公有制基础上的有计划的商品经济,强调商品经济的充分发展,是社会经济发展的不可逾越的阶段,是实现我国经济现代化的必要条件。只有充分发展商品经济,才能把经济真正搞活,促使各个企业提高效率、灵活经营,灵敏地适应复杂多变的社会需求,而这是单纯依靠行政手段和指令性计划所不能做到的。

《决定》明确了社会主义是有计划的商品经济,这在理论上是一个重大突破。一方面从理论上动摇了由前苏联创立的传统管理体制的基础;另一方面为全面推行经济体制改革提供了理论上的依据,为改革指明了方向。

《决定》还对改革计划体制进行了阐述。它指出,中国幅员广大、人口众多、交通不便、信息不灵,商品经济很不发达。在这种情况下,如果把种种经济活动都纳入计划,并且单纯靠行政命令加以实施,这种计划,必然只是一种“官僚主义的空想”。《决定》强调,不能把计划经济视同为指令性计划,实行计划经济不等于指令性计划为主,指导性计划也是计划的一种具体形式,指导性计划主要依靠经济杠杆来实现。改革应有步骤地缩小指令性计划的范围,扩大指导性计划的范围。计划工作要把重点转移到中、长期计划上来,注意经济信息的预测,提高计划的科学性,同时,注意发挥市场的调节作用。

《决定》还对扩大企业自主权,增强企业活力进行了阐述。它指出:要使企业真正成为相对独立的经济实体,成为自主经营、自负盈亏的社会主义商品生产者和经营者,具有自我改造和自我发展的能力,成为具有一定权利和义务的法人。允许企业在国家计划指导下,有权选择灵活多样的经营方式,有权安排自己的产供销活动,有权拥有和支配自留资金,有权依照规定自行任免、聘用和选举本企业的工作人员,有权自行决定用工办法和工资奖励方式,有权在国家允许的范围内确定本企业产品的价格等等。只有这样,才能搞活企业,才能使企业真正成为社会生产力发展和经济技术进步的主导力量。

1987年10月,党的第十三次全国代表大会关于经济体制改革的理论概括,为深化改革奠定了理论基石。

党的十三大报告提出了社会主义初级阶段理论。报告指出:“正确认识我国社会现在所处的历史阶段,是建设有中国特色的社会主义的首要问题,是我们制定和执行正确的路线和政策的基本依据。”社会主义初级阶段理论是对我国社会主义实践的历史经验的科学总结,也是对党的十一届三中全会以来特别是近年来我国关于社会主义发展阶段讨论的高度概括,从历史和现实两个方面奠定了我国经济体制改革的理论基石。它将为我们在今后的经济体制改革中从“摸着石头过河”的初始阶段过渡到胸有全局、目标明确而又循序渐进的系统化阶段提供战略性的指导方针。

从社会主义初级阶段的实际出发,“必须坚持全面改革”。特别在当前,改革长期以来形成的僵化体制,解放生产力,更成为迫切的历史要求。改革是社会主义生产关系和上层建筑的自我完善,是推动一切工作的动力。

关于经济体制的改革。党的十三大肯定了“社会主义经济是公有制基础上的有计划的商品经济”这一科学概括,并指出这是我国经济体制改革的基本理论依据,明确社会主义有计划商品经济的体制,应该是计划与市场内在统一的体制,这个体制要求国家对企业的管理应以间接管理为主。新的经济运行机制从总体上说来,是“国家调节市场,市场引导企业”的机制。国家运用经济手段、法律手段和必要的行政手段,调节市场供求关系,创造适宜的经济社会环境,以此引导企业正确地进行经营决策。

关于政治体制改革。党的十三大在总结近年来经济体制改革的经验中,已明确认识到整个经济体制改革的展开和深入对政治体制改革提出日益紧迫的要求。党的十三大《报告》指出:“发展社会主义商品经济的过程,应该是建设社会主义民主的过程。不进行政治体制改革,经济体制改革不可能取得最终成功。”政治体制改革的长远目标,是建立高度民主、法制完备、富有效率、充满活力的社会主义政治体制。改革的近期目标,是建立有利于提高效率,增强活力和调动各方面积极性的管理体制。根据这一要求,企业党组织的作用,是保证监督,不再对本单位实行“一元化”领导,而应支持厂长、经理负起全面领导责任。同时,在政府同企业单位的关系上,要按照自主经营、自主管理的原则,将经营管理权下放到企业,政府的责任是按照法规政策为企业服务并进行监督。国家机关在人事制度上进行相应的改革,实行国家公务员制度;企业单位的管理人员,原则上由所在组织或单位依照各自的章程或条例进行管理。

1993 年 11 月,党的十四届三中全会通过的《中共中央关于建立社会主义市场经济体制若干问题的决定》构建了一个从旧的经济体制向新的经济体制过渡的宏伟蓝图。

《决定》把党的十四大提出的建立社会主义市场经济体制的目标和原则具体化、系统化了,勾画了新经济体制的基本框架,对有关的重大问题做出了明确的原则性规定,既有比较完整的总体设想,又紧紧抓住当时改革和发展中的突出矛盾和问题重点突破,便于有计划、有步骤地实施,有很强的指导性。

从长期实行的计划经济体制,向社会主义市场经济体制过渡,把社会主义市场经济体制同社会主义基本制度结合在一起,是一项前无古人的开创性事业,是我国社会主义发展史上一次具有深远意义的战略性转移。

《决定》就转换国有企业经营机制,建立现代企业制度进行了论述。《决定》指出,以公有制为主体的现代企业制度是社会主义市场经济体制的基础。十几年来,采取扩大国有企业经营自主权、改革经营方式等措施,增强了企业活力,为企业进入市场奠定了初步基础。继续深化企业改革,必须解决深层次矛盾,着力进行企业制度的创新,进一步解放和发展生产力,充分发挥社会主义制度的优越性。

建立现代企业制度,是发展社会大生产和市场经济的必然要求,是我国国有企业改革的方向。其基本特征,一是产权关系明晰,企业中的国有资产所有权属于国家,企业拥有包括国家在内的出资者投资形成的全部法人财产权,成为享有民事权利、承担民事责任的法人实体。二是企业对其全部法人财产,依法自主经营、自负盈亏,照章纳税,对出资者承担资产保值增值的责任。三是出资者按投入企业的资本额享有所有者的权益,即资产受益、重大决策和选择管理者等权利。企业破产时,出资者只以投入企业的资本额对企业债务负有限责任。四是企业按照市场需求组织生产经营,以提高劳动生产率和经济效益为目的,政府不直接干预企业的生产经营活动。企业在市场竞争中优胜劣汰,长期亏损、资不抵债的应依法破产。五是建立科学的企业领导体制和组织管理制度,调节所有者、经营者和职工之间的关系,形成激励和约束相结合的经营机制,所有企业都要向这个方向努力。

《决定》指出,要改革和完善企业领导体制和组织管理制度,坚持和完善厂长(经理)负责制,保证厂长(经理)依法行使职权;实行公司制的企业,要按照有关法规建立内部组织机构;企业中的党组织要发挥政治核心作用,保证监督党和国家方针政策的贯彻执行;全心全意依靠工人阶级,工会与职工代表大会要组织职工参加企业的民主管理,维护职工的合法权益;要加强职工队伍建设,造就企业家队伍,形成企业内部权责分明、团结合作、相互制约的机制,调动各方面的积极性。企业要按照市场经济的要求,完善和严格内部经营管理,严肃劳动纪律,加强技术开发、质量管理以及营销、财务和信息工作,提高决策水平、企业素质和经济效益;加强企业文化建设,培育优良的职业道德,树立敬业爱厂、遵法守信、开拓创新的精神。

《决定》还指出,要坚持以公有制为主体、多种经济成分共同发展的方针。在积极促进国有经济和集体经济发展的同时,鼓励个体、私营、外资经济发展,并依法加强管理。随着产权的流动和重组,财产混合所有的经济单位越来越多,将会形成新的财产所有结构。就全国来说,公有制在国民经济中应占主体地位,有的地方、有的产业可以有所差别。公有制的主体地位主要体现在国家和集体所有的资产在社会总资产中占优势,国有经济控制国民经济命脉及其对经济发展的主导作用等方面。公有制经济特别是国有经济,要积极参与市场竞争,在市场竞争中壮大和发展。国家要为各种所有制经济平等参与市场竞争创造条件,对各类企业一视同仁。现有城镇集体企业,也要理顺产权关系,区别不同情况可改组为股份合作制企业或合伙企业,有条件的也可以组建为有限责任公司,少数规模大、效益好的,也可以组建为股份有限公司或企业集团。

就培育和发展市场体系的问题,《决定》指出,发挥市场机制在资源配置中的基础性作用,必须培育和发展市场体系。当前要着重发展生产要素市场,规范市场行为,打破地区、部门的分割和封锁,反对不正当竞争,创造平等竞争的环境,形成统一、开放、竞争、有序的大市场。

推进价格改革,建立主要由市场形成价格的机制。现在大部分商品价格已经放开,但少数生产资料价格双轨制仍然存在,生产要素价格的市场化程度还比较低,价格形成和调节机制还不健全。深化价格改革的主要任务是:在保持价格总水平相对稳定的前提下,放开竞争性商品和服务的价格,调顺少数由政府定价的商品和服务的价格;尽快取消生产资料价格双轨制;加速生产要素价格市场化进程;建立和完善少数关系国计民生的重要商品的储备制度,平抑市场价格。

改革现有商品流通体系,进一步发展商品市场。在重要商品的产地、销地或集散地,建立大宗农产品、工业消费品和生产资料的批发市场,严格规范少数商品期货市场试点。国有流通企业要转换经营机制,积极参与市场竞争,提高经济效益,并在完善和发展批发市场中发挥主导作用。根据商品流通的需要,构造大中小相结合,各种经济形式和经营方式并存、功能完备的商品市场网络,推动流通现代化。

就转变政府职能,建立健全宏观经济调控体系的问题,《决定》指出,转变政府职能,改革政府机构,是建立社会主义市场经济体制的迫切要求。政府管理经济的职能,主要是制订和执行宏观调控政策,搞好基础设施建设,创造良好的经济发展环境。同时,要培育市场体系,监督市场运行和维护平等竞争,调节社会分配和组织社会保障,控制人口增长,保护自然资源和生态环境,管理国有资产和监督国有资产经营,实现国家的经济和社会发展目标。政府运用经济手段、法律手段和必要的行政手段管理国民经济,不直接干预企业的生产经营活动。

目前各级政府普遍存在机构臃肿、人浮于事、职能交叉、效率低下的问题,严重阻碍企业经营机制的转换和新体制的建立进程。要按照政企分开和精简、统一、提高效能的原则,继续并尽早完成政府机构改革。政府经济管理部门要转变职能,专业经济部门要逐步减小,综合经济部门要做好综合协作工作,同时加强政府的社会管理职能,保证国民经济正常运行和良好的社会秩序。

社会主义市场经济必须有健全的宏观调控体系。宏观调控的主要任务是:保持经济总量的基本平衡,促进经济结构的优化,引导国民经济持续、快速、健康发展,推动社会全面进步。宏观调控主要采取经济办法,近期要在财税、金融、投资和计划体制的改革方面迈出重大步伐,建立计划、金融、财政之间相互配合和制约的机制,加强对经济运行的综合协调。计划提出国民经济和社会发展的目标、任务以及需要配套实施的经济政策。中央银行以稳定币值为首要目标,调节货币供应总量,并保持国际收支平衡;财政运用预算和税收手段,着重调节经济结构和社会分配。运用货币政策与财政政策,调节社会总需求与总供给的基本平衡,并与产业政策相配合,促进国民经济和社会的协调发展。

第5章　西方早期的管理思想

西方的管理实践和管理思想有着悠久的历史。在奴隶社会，管理实践和思想主要体现在指挥军队作战、治国施政和管理教会等活动之中。古巴比伦人、古埃及人、古罗马人以及古希腊人在这些方面都有过重要贡献。在新兴的资本主义社会，由于生产力的发展，特别是大机器生产与工厂制度的产生，生产劳动的社会化程度越来越高，社会化生产的发展和现实的经济需要促进了管理实践的拓展和管理思想的演变与发展，但此时的管理主要是传统的经验型管理，同时，由于受历史环境的限制，此时的管理思想不够系统、全面，也没有形成专门的管理理论和学派。但这些早期的管理思想是管理思想史上不可缺少的一环，此后许多著名管理学家正是在这些思想的基础上发展了自己的管理理论，形成独立的管理学派。

5.1　古代管理思想

5.1.1　管理活动及管理思想形成的历史渊源

管理是人类走向文明的伴生物。管理实践和人类的历史一样悠久，可以追溯到几千年以前。因为没有文字记载，要了解太古时代的人类活动是困难的。而研究古代人类社会的发展历史主要依赖考古学和人类学的研究成果。另外还可以借助各个民族的发展史和古代神话、传说,追溯出久远的扑朔迷离的社会概貌。

人类历史上任何一项重大成就都凝结着人类智慧的光辉,正是她照耀着人类历史的前进,也正是她使人类从粗放式的野蛮社会发展到有组织的文明社会。从人类的产生到有意识的管理是人类发展史上的一次质的飞跃,这次飞跃是人类战胜自我过程中的"直立行走"。翻开历史长卷,人类管理思想的演进标志着人类从远古走来的脚步,这每一步又仿佛把我们带回到人类初期为了求得生存而产生的自觉意识。这种自觉意识经过历史的锤炼,经过无数次成功与失败的考验,最终成为人类社会前进的灯塔。西方管理思想产生的历史轴线,是向我们展示其发展步伐的重要线索之一。

人类社会的发展历史就是生产力发展的历史,人类管理思想的演进始终和人对自然的认识水平、工具的使用水平以及生产方式的组织水平联结在一起。这 3 个方面中任何巨大进步都会使得管理思想得到巨大发展,同时管理思想的每次发展又会极大地促进生产力的发展,使之成为人类社会发展的基本动力之一。

5.1.2 古埃及的管理思想

古埃及的奴隶主君主专制的政体,约形成于公元前 3 000 年左右,其最大特点是国王具有至高无上的权力,在全国实行独裁统治。古埃及的国王称法老。法老集国家权力于一身。在古埃及,值得称道的管理实例是其金字塔式的管理机构。在法老之下设置了各级官吏,最高为宰相,辅助法老处理全国政务,总管王室、农庄、司法、国家档案,监督公共工程的兴建。宰相之下设有一大批大臣,分别管理财政、水利建设以及各地方事务。上自宰相,下至书吏、监工,各有专职,形成了以法老为最高统治者的金字塔式的管理机构。

为了强化法老专制政权的统治,埃及法老为自己修建被后世称为世界七大奇观之一的金字塔。其工程之浩大、技术之复杂,至今仍被视为难以想像的奇迹,以至被蒙上许多神秘的色彩。仅从管理角度来看,成千上万人的共同劳动,就需要严密的组织和管理。

古埃及的国家政权组织形式,分中央和地方两级,中央设部,地方设州。

在古埃及的国家机构中,最大的行政部门是财政部门。在统一集权国家建立之初,法老每两年就派人清查全国的人口、土地、牲畜和一切财富,以确定租税数额。

在负责公共工程的部门中,最重要的是掌管水利的部门。埃及的文明与尼罗河息息相关,所以,政府把全国的水利工程置于统一管理之下。法老政府委派专人监看尼罗河水的涨落,尤其在河水泛滥之时,每日都有人奔赴开罗的大街小巷去报告河水上升的情形。政府还特别关注开凿新水渠和扩大耕地面积。许多大臣把遵照王命开河凿渠作为自己夸耀的功绩而载入碑铭之中。政府对全国水利工程的统一管理,对于埃及国家的统一和巩固具有重大作用。

军事部门也是实行奴隶主君主专制统治的重要支柱。军队首脑由法老信赖的高级显贵担任。他可参加最高的国务会议。在第五王朝时期,由于埃及军事活动的加强,领导军事机构的官员直接接受法老的领导。国家专门设立名为武器院的军事机关,负责管理全国部队的武装和经济事宜。武器院首长通常由法老的心腹或由王子担任。这套做法是为了保证军权最终能操纵在法老手中。国家的常备军主要是步兵,由负责保卫法老的卫队和镇压国内"暴乱"的军队组成。外侵时,征召义务军,各州、寺院或大奴隶主均须按照所规定的数目提供兵员。农民则有服兵役的义务。

此外,还设有其他国家机构。如咨政院,亦称十人委员会,一般由德高望重的大臣组成,主要职能是为法老提供咨询。国家司法机构称"伟大的六人院",地方设地方法院。法律条文亦渐趋完善,今大英博物馆藏有一份古埃及人遗留下来的《诉讼事实摘要》,是有关遗产继承的案件。从这份摘要可看出一桩案件的进行,需经审理、答辩、辩论、举证等许多繁复的程序。案件审理一般多采用刑讯逼供。刑罚中,多为打板子。有时也采取割鼻子、割耳朵、割舌头、断手等较为严酷的手段。

在掌管国家机构各部门的官员中,以宰相的权势最为显赫。他辅佐法老执掌各项大权,但军权除外。

古埃及在各地设州,由州长管理。州长由法老任命。州长掌管财政、水利和司法,战时负责在本州征召兵员入伍。除州长之外,各州还设有地方法官、书吏、地方仓库负责人等多种官职。

5.1.3 古巴比伦的管理思想

古巴比伦地处美索不达米亚的中央,正好在从小亚细亚和南高加索到波斯湾和从叙利亚沿海地带到伊朗高原这两条重要商道的交叉点上。古巴比伦建国以后,同侵入这里的依蓝人展开了争夺霸权的角逐。至汉谟拉比(Hammurabi)当政时代(公元前1792—公元前1750年),他把整个两河流域统一于自己的政权之下,建立了强大的奴隶制中央集权国家。为了治理国家,从中央到地方设立一系列法庭,设置官吏管辖行政、税收和水利灌溉,国王总揽国家的全部司法、行政和军事权力。

古巴比伦是古代东方典型的奴隶制专制国家。这个国家的统治阶级是奴隶主阶级。具体说来,它包括几个阶层:最上层是阿维鲁(意即男子汉),享有充分的权利;其次是穆什根奴(意为顺从之人),属奴隶主阶级。此外是拥有大量财产和奴隶的僧侣阶层。随着宗教的发展,僧侣在国家中的地位日益显赫。巨商富贾在古巴比伦的社会地位也很重要。上述各个阶层及他们的利益得到国家的保护。

从整个国家机构来看,古巴比伦的国家权力高度集中在中央,亦即集中在国王手里。国家的一切最高权力,包括立法、行政、司法和宗教等均由国王执掌。国王之下是宫廷总管，他秉承国王的旨意处理中央的各项具体工作，此职颇类似古埃及的宰相。对地方的管理分两种情况：在首都巴比伦和其他大城市由名为沙卡那库的官员执掌该城市的行政和司法，在较小的城市和地区由名为拉比阿奴穆的官吏负责治理。国家的贸易由称为瓦启里·达姆卡雷的官吏管辖。军队在专制国家中的地位日益突出，国王除拥有常备军而外，还有民兵和雇佣军。

司法在古巴比伦的国家管理中具有极为重要的历史地位。著名的汉谟拉比法典可以说是迄今所发现的古代法典中最完备的一部。它由古巴比伦国王亲自制定，法典被刻在一根黑色玄武岩的大石柱上，分前言、正文和结语 3 部分，全文共 282 条。前言部分首先指出国家制定法典的宗旨是在国内实行公道的统治。其次罗列了国王加在自己身上的各种头衔，赞颂了国王的伟大及其对国家的功德。法典正文部分对有关刑法、诉讼法、贸易、婚姻、继承、审判制度均有规定，有些条文还涉及到抵押法、家族法和军人法等内容，对劳动力的雇佣和奴隶制度也有阐述。法典的结语除继续列举国王的功德之外，又为将来能继续遵循此法的国王祝福，而对脱离此法甚至废弃此法的国王进行了最恶毒的诅咒。整部法典较全面地反映了当时的社会情况，并以法律形式来调节全社会的商业交往、个人行为、人际关系、工薪、惩罚以及其他社会问题。汉谟拉比法典对古代东方其他奴隶制国家的法律产生了巨大的影响。

在汉谟拉比之后，在尼布甲尼撒国王统治时期，也出现了许多有效管理的实例。一些大的工程建设充分体现了当时的管理水平，如被誉为古代世界七大奇观之一的“空中花园”和“巴比伦塔”。

5.1.4　古希腊的管理思想

古希腊的城邦国家产生于地中海东部的希腊半岛、爱琴海诸海岛一带，并于公元前 8 世纪至公元前 6 世纪形成。先后出现的城邦国家数以百计,他们所建立的管理格局也各式各样,而其中以斯巴达和雅典城邦最具有代表性。

(1)斯巴达的管理

斯巴达位于伯罗奔尼撒半岛南部的拉哥尼亚平原,是古希腊最大的农业城邦国家。斯巴达是一个奴隶主贵族寡头专政的国家。居于统治地位的奴隶主斯巴达人为军事农业贵族,是外来的征服者。他们人数很少,最多时总共不到 30 000 人,最少时减至 6 000人。原有居民希洛人因被征服都变为奴隶,人口 20 余万,他们无任何政治地位和人身自由。

斯巴达设立了一套国家管理系统来保证其权力的稳固。最重要的政权机关是名为格西亚的长老会议,它由部落长老会议发展而来。该机构除国王外还有 28 人,形式上他们由公民大会从年满 60 岁的显贵公民中选举产生,为终身制。长老会负责起草法律和其他决议草案,它还是刑事案件和国事案件的主要审判机关。长老会议有权废黜国王,而且一旦做出这样的判决即为终审判决。此外,还有公民大会和监察官院。

公民大会(亦称阿彼拉),为氏族部落集会的残余,原拥有广泛的权力,后逐渐失去其多数权力。它由年满 30 岁的全权公民组成,每月至多开会一次,主要权限包括:选举公职人员,战时决定由那位国王领兵出征,对法律议案表决。对法律议案的表决多采用叫喊鼓噪的方式,主持人即凭喊叫鼓噪声音的大小来确定表决的结果。如公民大会的表决结果不符合长老会议和监察官院的意愿时,公民大会将被解散。

监察官院,由 5 人组成,每年由公民大会从贵族中选出。5 人中有 2 人负责监督国王在战争期间的行动。5 人院管理对战利品的分配事务,监督军队的招募,规定税收,后逐渐控制了几乎全部民事案件的审判权。监察官负责召集长老会议和公民大会,监督国家法律和规章的执行,同外国使节谈判等。监察官权力实际上趋于独裁。至公元前 5 世纪后,监察官已成为事实上的统治者。

国王是国家元首。斯巴达同时有两个国王。两王并存可能是两个部落相联合的结果,而每一个部落都保留了自己的领袖。这两个国王按继承关系往下传递,每一个国王都有大量肥沃的土地。国王权力受长老会议的限制,平时只有审判家族法规定的案件和主持某些祭典的权力。战时国王为军队首脑,享有军事统帅之全权。

斯巴达的军事力量是以公民组成的重装步兵为主力的。皮里阿西人组成辅助部队,希洛人也要从军。斯巴达军队的编制,约500人成一中队,中队之下为小队,每小队约40人。斯巴达人的军事装备很优良,他们的战术曾被誉为全希腊的楷模。

(2)雅典的管理

雅典是古希腊另一个著名的城邦国家,地处阿提卡半岛,全境多山,不宜耕种,但港湾甚多,宜于海运,故工商业发达。

雅典国家形成之初,实行贵族寡头专政。执掌国家权力的是从贵族后裔选出来的执政者,即所谓执政官。初时,执政官任期终身,后来,10年改选一次,再后,每年改选一次。最初只设一个执政官,大约到公元前6世纪中叶,设9名执政官组成"执政官9人团"共执国事。9名执政官各有分工:首席执政官,握有全权,但后来他的权力逐渐受到限制;祭仪执政官,主要负责祭祀之类事宜并兼理有关宗教崇拜方面的审判事宜;军事执政官(亦称元帅)是雅典国民军的领袖,兼司邦交大事;其余6名执政官,专管司法,维护国家的法律,兼任各地审判委员会的主席。这9名执政官的职位被视为崇高荣誉的象征。有幸担负者,不仅本人,甚至该人所在氏族、部落也引为无上荣光。执政官不拿任何报酬,纯属为社会尽义务。执政官任职期满后,可入元老院。

元老院即国家最高议事机构。元老院审判刑事案件,尤其是谋杀案。它还是最高的裁判与监察机关,并拥有举荐或制裁执政官之权。

执政官与元老院人员必须是贵族后裔,即雅典最有势力的氏族的族人。他们拥有丰厚的资财,还有供其驱使的仆役,故可以长期从事社会的管理事业。

雅典在不同时期,其国家管理机构的设置是不同的。在被称为民主政治的黄金时代的伯利克里时代,雅典的国家管理机构是由公民大会、五百人会议、元老院等组成的。

(3)古希腊思想家的管理思想

在古希腊,当时的思想家们对管理有许多精辟的见解。苏格拉底(Socrates)曾提出管理的普遍性,认为管理技能在公共事务和私人事务之间是相通的。如出一辙,亚里士多德(Aristotle)不仅指出了管理一个家庭和管理一个国家的相似之处,而且研究了国家制度的问题,提出了国家制度的各种形式,以及采取各种形式国家制度的原则,描绘了以奴隶制为基础的"理想城邦"的轮廓。另一著名希腊哲学家色诺芬(Xenophon),还专门写了一本《家庭经济》,主要研究家务管理和农业。他对劳动分工也有精辟的论述,认为一个人只做一种最简单的工作就会把工作做得更好。继色诺芬之后,柏拉图(Plato)对劳动分工原理进行了进一步阐述。他认为,分工的产生是由于人的需要是多方面的,而人的天赋却是单方面的。他指出,如果一个人不做其他任何工作,只做适合其天才的一种工作,而且在恰当的时机去做,他就能做得更多、更好而且更容易。

(4)古罗马的管理思想

古罗马地处意大利半岛,位居地中海中部,在地缘政治上具有重要的战略地位。古罗马在征服了希腊后,经过连年征战和吞并,逐渐成为一个庞大的帝国。管理这样一个庞大的帝国,本身就需要高超的管理方法和技能。罗马共和时期,在管理体制上已体现了行政、立法和司法的分离。

在法律方面,罗马人大约在公元前450年,制定了有名的《十二铜表法》。该法在私有财产的保护、债务、奴隶制度、财产继承、刑法和诉讼等方面都有详细规定。

古罗马人最有效的管理实例,是当时统治者戴克里先(公元 284 年)对罗马帝国的重组。他上台以后,看到帝国组织庞大、事务繁杂,但又人浮于事。针对这一情况,他重新设计了帝国的组织结构,把军队和政府分为不同的权力层次,对每一层次规定了严明的纪律以保证组织职能的发挥。他把帝国分为 100 个“郡”,归为 13 个“省”,进一步把“省”组成 4 个“道”,从而建立起专制的组织结构。

古罗马最高的政府和行政机关是元老院,它由有名望的贵族代表、卸任的高官、功劳卓著者共同组成。任命元老的权力以前属国王,后来归执政官,再后来转归监察官。元老的人数一般在 300 ~600 名之间。从理论上讲,元老院所能讨论以及决定的以选任官员提出的问题为限,而且它的决议只是建议性的,没有法律效力。但实际上,因其威望很高,选任官员们几乎总是接受其建议。而未经元老院许可的任何法案,也很少是由选任官员提交给百人会议的。因此,选任官员仅当一年,而元老院成员却是终身职务。

民众大会是古罗马的立法机关。一项法律,可以整个通过,也可以否决,但不能修改。民众大会的决议受贵族上层利益驱使。

在古罗马的国家机构中,设有许多重要的高级官吏。他们负责国家各个部门的日常管理工作。主要官吏包括:

执政官,是国家的最高官吏,任期一年。他们具有军事权和民政权。

监察官,共设 2 人,通常由过去的执政官中选出。他们的职责是审查元老的名单,进行公民调查,监督公民的道德及管理国有财产和公共工程。

保民官,共设 10 人,每年选举一次,他们不担负实际的责任,但被认为是神圣不可侵犯的。他们以沉默的观察员身份出席元老院会议,把会中的议事内容报告给人民群众。如果他们使用否决权,就可取消元老院决议的法律力量。

营造官,设 4 名。两名从平民中产生,两名来自贵族。营造官是负责警务和治安的高级官吏,他们负责监督罗马城和城外一公里范围内的社会秩序与福利设施等。

古罗马的地方管理主要采取分而治之的策略。公元前 2 世纪中期,罗马包括 9 个行省。西部有 6 个,即西里撒丁、科西嘉、南阿尔卑斯、高卢、西班牙和阿非利加;东部有 3 个,即伊利里亚、马其顿、亚细亚。在行省中,各城市的权利和地位也不一致。大部分城市属于纳税的附属公社,也有完全享受自治权的。有些公社的权利规定在特别的条约中,这种公社称为条约公社。各行省的行政管理制度大都是逐渐自发形成的,不存在统一的法律规定。每位新的行省总督上任时,通常要颁发告示,发表其施政方针。最初,罗马人委派行政长官,后来委派任期届满的执政官(或副执政官)去行省担任总督。总督任期通常为一年。在任职期内,总督拥有该省的军事、民政和司法的全权,但在实际上,他对罗马政权不负任何责任。

5.2 欧洲中世纪及文艺复兴时期的管理思想

5.2.1 欧洲中世纪及文艺复兴时期的管理思想概述

公元 5 世纪末,西罗马帝国在奴隶、平民和各族被压迫人民的不断起义和日尔曼“蛮族”入侵下的联合打击下灭亡了,欧洲的社会发展从此进入了封建主义的新时代。它延续了约 1 000 年,在历史上通常称为中世纪。由于受封建制度的束缚,同资本主义生产方式所创造的巨大的生产力相比,这段时期的经济发展相对来说是比较缓慢的。但是,历史的车轮并未停止运转,生产力还是有所发展,生产工具也有一些改进,虽然人们对自然的认识受到中世纪教会的思想禁锢,但对自然的观察却越来越精确,所以在这个时期管理思想的发展也绝不是“历史的真空”。诚然,欧洲中世纪在管理思想的历史长河中并没有留下多少书面材料可以借鉴,然而,从管理思想的继承性与连续性来看,它既有自己在这一时期对管理的理解和认识,也有自己丰富的管理实践。

在人类历史上,与黑暗的中世纪相交织,起源于意大利,繁盛于整个欧洲的14—16世纪的文艺复兴运动,是人类社会发展的一个重大转折点。这是一次资本主义反对封建教会的思想政治解放运动,也是先进的生产力与落后的封建生产关系之间的一次较量。当新兴的资产阶级有了自己一定的经济基础之后,就迫切需要登上历史舞台,拥有自己的政治地位,建立资产阶级政权。为实现这个目的,资产阶级进行了反对封建思想意识形态的斗争,除了宗教改革而外,文艺复兴运动就是最主要的形式。这是一次具有划时代意义的人类思想大解放。文艺复兴时期的主要社会思潮为人文主义,其核心是:肯定人,注重人性,要求把人、人性从宗教束缚中解放出来。这种人文主义思想主要是反对神学中抬高神而贬低人的观点,肯定人的价值,强调人的可贵,要求人的个性解放和自由平等,推崇人的经验和理性,提倡认识自然、造福人生。对人的认识的进步是人类历史的一个巨大飞跃。在奴隶社会和封建社会里,作为社会下层的人民是没有独立人格的。他们不是属于统治者财产的一部分,就是宗教枷锁下的一个囚犯。只有人性得到解放才能使生产力真正得到解放。因此,文艺复兴运动首先就是从人性的解放开始的。同时,这个时期的人文主义的兴起也是管理思想大发展的一个时期。文艺复兴运动对人的认识的深化,对以后行为科学的兴起有着潜在的影响。但丁(《神曲》)、薄伽丘(《十日谈》)以及美术三杰:达·芬奇、米开朗基罗和拉斐尔等人对推动人文主义思潮的发展做出了巨大的贡献。15世纪后期,文艺复兴逐渐扩展到西欧各国。德国的伊拉斯谟写的《愚人颂》对封建贵族进行了辛辣的嘲讽;英国的托马斯·莫尔撰写的《乌托邦》勾画出人类理想的社会;莎士比亚的作品充分刻画了人性的各个层面,他的作品对人们认识人性具有巨大的启迪作用,至今仍为人们所喜爱;法国作家拉伯雷(Rabelais,F.)的《巨人传》和西班牙人文主义代表塞万提斯的《堂吉诃德》都对人文主义思想发展起了推动作用。

5.2.2 世俗的管理思想

世俗的管理思想是与神学的管理思想相对而言的,主要是指人们在职业实践活动中所积累发展起来的管理思想。欧洲中世纪与文艺复兴时期世俗的管理思想主要体现在以下几个方面:

(1)封建社会的政治管理体制、组织结构

封建社会内部有一套严整的等级制度。封建社会维系其统治关系的生产资料是土地,因此封建社会最大的封建主国王把一大部分土地分封给大封建主,大封建主把一部分土地分封给较小的封建主,较小的封建主又把一小部分土地分封给下面的封建主。国王和封建主又各自分封一批骑士,作为自己的战斗队伍。骑士是最低的封建主。这样层层受封,依次为公爵、伯爵、子爵、男爵、骑士。边区的封爵称为边地侯或侯爵。等级越低,人数越多,这些大大小小的封建主分别领有大小不同的封地,拥有数量不等的庄园、农奴和武装,他们组成一座以国王为首的"金字塔"。

封主和封臣关系的建立,必须经过受封仪式,称为誓忠礼。受封者跪在领主之前,双手放在领主的掌间,宣誓效忠。领主则授以树枝或泥土,作为封主的象征,并承认受封者为其附庸。如受封者为教会主教或寺院僧侣,则另授指环或权杖。领主和附庸的关系是:领主要负责保护附庸,附庸要向领主效忠。早在公元847年,秃头查理的《麦尔森赦令》规定:自由人必须以国王或国王的任一臣属为主人;附庸必须服从封主,不得背离,战时有随同出征的义务。在封建社会,每个领主只能管辖自己的附庸,不能对其附庸的

臣属行使直接的管辖权。所谓“我的附庸的附庸”，不是“我的附庸”。这是封建统治阶级为调整内部关系而建立起来的政治秩序，在长期的混乱之中，保证了他们对农奴阶级的统治。但就整个封建社会来讲，每一个封建主相当于一个小国君，他们拥有自己的武装力量，割据一方，各自为政，并时常为扩大自己的领地与其他封建主甚至领主发生战争，混乱不堪，形成了被历史学家称之为封建社会早期的“黑暗时代”。

(2)城市和贸易的兴起对管理思想发展的影响

1)城市的兴起。生产力的发展使手工业从农业中分离出来并走向专门化发展道路。专门化实际上是一个规模经济学的问题，其形成有赖于需要的集中。而市场就是可以使需求集中的方法之一。随着生产力的发展，在交通要道、关隘、渡口、城堡或教堂附近，逐渐兴起集市。许多行商成为坐商，手工业商也聚居其地，因此便出现了商业和手工业日趋活跃的城市。马克思和恩格斯在《德意志意识形态》一书中指出城市“在那些中世纪时代不是从过去历史中现成地继承下来的，而是由获得自由的农奴重新建立起来的”。城市的发展客观上要求其摆脱封建领主的统治。在内部管理体制上取得自治的市议会，选举产生了城市管理者，市民权利受到城市自治机构的保护。城市居民的自由身份吸引了大批的农奴和庄园的手工业者，他们纷纷奔向城市谋生，致使城市人口迅速增加，城市规模越来越大，带动了城市的进一步繁荣。

2)贸易行会的兴起。行会是指中古城市手工业者按照各自的行业结成的联盟。行会最早在 10 世纪出现在意大利，以后在 10 世纪至 12 世纪相继出现于法国、英国和德国。行会的起因，马克思和恩格斯在《德意志意识形态》一书中明确指出：“联合起来反对勾结在一起的掠夺成性的贵族的必要性，在实业家同时又是商人的时期对共同市场的需要，流入当时繁华城市的逃亡农奴的竞争加剧，全国的封建结构——所有这一切产生了行会。”这说明，行会是城市手工业者保障自身利益的行业内部组织，它具有现代管理的某些雏形:首先,行会规定了一套等级制度,并与此相适应产生了人事等级,即“行东—帮工—学徒”。学徒从师期满,在行东的作坊中做一段时间的帮工后就有可能升到行东,这一做法可以称之为现代技术等级制度的源头。其次,行会对产品质量做了具体规定,如禁止偷换原料、伪造产品等,这同样可被认为是质量管理的最早尝试。第三,行会也同样可以看成是最早的行业垄断组织,它限制了外来手工业者的竞争,最大限度地利用本行会所在城市的市场。

3)商业的复兴对欧洲的发展历史产生了决定性的影响,也扩大了人们的视野。商人在整个经济生活中扮演了十分重要的角色。他们根据日常的需要,购进原料,然后承包给手工业者或家庭去加工,然后再由商人将产品收回,并支付给手工业者或家庭一定的报酬(加工费或工资)。但由于贸易的发展,日常需求的扩大,家庭的生产已远远不能适应经济发展的需要,这促使商人将几个家庭生产单位集合起来,集中资本、集中生产、集中销售,从而产生了工厂制度。商业繁荣的影响远不止于此,它进一步促进了较为复杂的商业组织的建立、银行的产生与核算技术的发展。

在定期的集市上,广泛使用各种货币。商人进行交易之前必须辨认货币,鉴定货币的成色。于是就出现了以识别和兑换货币为业的钱商。钱商收到商人的一笔钱后,就委托其在某地的代理人凭字据(期票)付款给商人,这就是最早的信用。早期的银行业产生于西欧,1346 年热诺阿成立了欧洲的第一家银行。“银行”一词也取自于意大利文 banca,原意是“板凳”,即钱商在大街常坐的地方。

银行的出现,使 13 世纪香槟集市上已经广泛采取的划拨结账方式进一步发展到运用复式记账的基本原理记账、结算。一般认为佛罗伦萨和威尼斯是现代会计学的发源地。卢卡·帕乔利在 1494 年发表的题为《论算术、几何、比例和对称》的著作中第一次用文字说明了复式记账法的基本原理。簿记记账的产生使会计核算方法更加科学,对经营效果的衡量也更加明晰,具有说服力,从而大大促进了管理信息系统的完善，进而有可能使经营决策建立在一个较为科学合理的基础上。

(3)威尼斯造船厂的管理实践

威尼斯位于亚得里亚海北岸，是地中海沿岸从事商业活动极早的城市，到10世纪末，已成为一个富庶的商业共和国。威尼斯在公元14世纪开设了一家造船厂，该厂占地约60英亩，工人达2 000人左右，由政府即国家议会直接管理。政府对工厂的管理体现出了当时高超的管理水平：

1)政府与工厂的关系是控制与授权经营的关系。工厂设有厂长，在厂长与议会之间由政府选派联络员、督察员和巡视员以便加强对工厂的监督和控制。

2)政府给工厂下达明确的生产任务。工厂的任务就是制造、装配、修理兵船、军舰及其附属武器和装备。到15世纪末，威尼斯拥有商船3 000艘和数以千计的战舰，在舰队中服役的人员达30 000人。

3)工厂内部的管理已具有相当的水平。仓库管理井井有条，存货控制随机可测，装配线已具有较大的技术成分。在管理上出现了标准化的概念。专门成立了人事管理制度，对人事、工资、考勤等均有具体的规定。实行了会计控制，要求严格进行资金、材料和人力消耗的核算。每隔一定时期，议会派员对厂长进行审计，厂长也对会计随时进行查账。威尼斯兵工厂也是最早实行成本控制，建立早期成本会计制度的典范。

5.2.3　神学的管理思想

关于神学的管理思想，笔者拟重点介绍托马斯·阿奎那的管理思想。

托马斯·阿奎那(Thomas Aquinas,1226—1274)，中世纪神学家和经院哲学家，出生于意大利的贵族家庭。阿奎那的著述甚丰，尤以《神学大全》最为著名，被誉为中世纪经院哲学的百科全书，阿奎那也因此在中世纪被奉为“神学之父”。从管理学的角度来分析阿奎那的思想，我们可以得到以下几方面的启示：

1)阿奎那认为宇宙秩序是按等级的阶梯来安排的，即从非生物体开始，逐渐上升到人、圣徒、天使、上帝。每一个较低的等级都有高一级的目的，并力图达到这个目的，整个体系又都倾向于上帝，上帝是整个系统的最终目的，整个系统是在按上帝的旨意来运转的。

2)在阿奎那的理论中自然的观点占有重要的地位。从自然法的观点出发，他得出进一步的推论：

①“每一个人对于获得仅与自然有关的东西，胜过于对所有的人或许多别人的共同事务的关系”；

②“当各人有他自己的业务需要照料时，人世间的失误就会处理得更有条理”；

③“如果各人都对自己的处境感到满意的话，可以使人类处于一种比较和平的境地”，相反的，“在那些联合地和共同地占有某种东西的人们中间，往往最容易发生纠纷”。

3)阿奎那对一系列经济问题进行了论述，其中包括消费的适可原则、生产上的二因素论——劳动和徒弟、经济活动的干预主义、公平价格论、货币论、利息论、商业论等。所有这些都显示出其宗教伦理思想，这种宗教伦理思想在某种程度上也影响了管理思想中的某些关于社会和人的地位的基本理解，并构成了后来管理思想中关于人性的某些基本假设中的伦理学基础。

5.2.4 文艺复兴时期的管理思想

(1)文艺复兴对管理思想发展的影响

文艺复兴运动的一个重大的成果是促进了近代自然科学的产生。正如恩格斯所说：“自然研究用来宣布其独立的一个革命行动，便是哥白尼那本不朽著作的出版，他用这本书(虽然是怯懦地而且可说是只在临终时)来向自然事物方面的教会权威挑战，从此自然科学便开始从神学中解放出来……科学的发展从此便大踏步的前进。”哥白尼学说的提出对科学和哲学的发展有着重要的意义，为古典管理思想的形成奠定了基础。它指出太阳是宇宙的中心，恢复地球是普通行星的本来面目，不仅打击了宗教创世说，而且撇开了宗教神学教条的教义，用天文观察资料来说明太阳系的结构，为今后人类认识自然提供理性的分析方法，使人类认识自然的能力产生了质的飞跃。

西方的管理思想随着资本主义的发展而不断发展，这些都是以古代和中世纪的人文思想为渊源的。资本主义制度是以生产资料私有制为基础的制度，其生产关系的出现必须在经济上具有两个条件：第一，有一批失去生产资料并有一定人身自由的劳动者；第二，在少数人手中积累了组织资本主义生产所必需的货币财富。正如马克思提出的：“资本主义社会的经济结构是从封建社会的经济结构中产生的。后者的解体使前者的要素得到解放。”文艺复兴时期西方资本主义已经基本具备了以上两个条件。

文艺复兴运动是西方社会发展到一定历史阶段的生产关系和生产力矛盾的宏观表现，其成果为人类开辟了通向现代文明社会的道路，对近代历史的影响是深远的。文艺复兴运动对古典管理思想的影响表现在以下几个方面：

1)文艺复兴运动促使人的人格得以解放，还人以本来面目。人文主义是文艺复兴运动树立的一面大旗，它解决了人的自身问题。人只有成为自己掌握自己命运的自由人，才能形成资本主义生产方式的基本要素。这一要素在生产关系和生产力层次上得到解决是封建社会发展到一定历史阶段的必然结果，而在人的观念上、文化上得到解决是文艺复兴运动的结果。作为管理主体的人来说，其必要的条件是人必须要有独立的人格，人和人性只有从宗教的束缚中解脱出来才能在管理过程中服从理性，这是管理过程的首要条件。如果没有人性的解放就不可能进入到科学管理和现代管理的时代。

2)文艺复兴为资产阶级进入工业革命时期准备了条件。宗教改革改变了生产力发展的环境问题,主要体现在摧毁了封建教会的精神枷锁,为人的解放和社会生产力的发展提供了一个社会人文环境,为资本主义发展提供了持久的精神动力,并使这种精神成为构成资本主义生产方式的支柱之一,为后来的资产阶级革命和英国的工业革命提供了精神上的准备。其对管理思想发展的影响主要是:如何在世俗的职业活动中验证自己是上帝的选民?在众生中,只有一部分人成为上帝的选民,死后才会上天堂,而另一部分人则会下地狱。你能否会上天堂,是要通过自己的努力、自己的刻苦来证明你是上帝的选民。这就为资本主义社会的个人奋斗提供了思想的、理论的甚至宗教的根据,这对后来资本主义精神的形成及20世纪初科学管理的形成有着深远的影响。

3)文艺复兴运动的一个伟大成果是哥白尼发表的《天体运行论》,它标志着近代科学的诞生。这一理论不仅推翻了中世纪流行的托勒密的地球中心说,开创了太阳中心说的天文学时代,而且在方法论上对唯心主义的经院哲学进行了强有力地批判。经院哲学反对人们研究自然,鼓吹盲目的信仰,抹杀实践和经验的作用,鼓吹顺从推论与论证。而哥白尼提出要睁开眼睛,面对现实,概念要符合实体,要透过现象去把握事物本质的唯物主义认识论和方法论的观点,从哲学的高度丰富了唯物主义认识论的内容。哥白尼的"日心说"为近代科学打开了大门,后来经过布鲁诺、开普勒、伽利略,最后到牛顿的不断完善发展,终于建立了近代科学理论体系,从而使得科学技术成为推动历史前进的发动机。近代科学革命对管理思想发展的影响是和科学本身的发展对管理思想发展的影响紧密联系在一起的。人类的发展历史已经证明,推动经济发展有两个轮子:一是科技,二是管理,而且这两个轮子是相互依存、相互促进、共同发展的。管理思想的发展与社会生产力的发展紧密地联系在一起,同时也是和生产关系的进步紧密相连。纵观管理思想的发展史,我们发现管理思想发展的每一个阶段都和当时人类对自然的认识水平、当时的生产工具(科技)的先进程度、当时生产的组织方式以及当时的文化背景紧密联系在一起的,或者说是由这些要素决定着那个时代的管理思想水平。文艺复兴这一伟大的思想解放运动对上面这些要素的进一步发展与完善产生巨大而深远的影响,它对资本主义精神的建立,对资产阶级革命以及对工业革命的爆发都有着十分重要的影响。所以说文艺复兴运动是人类历史发展的一个转折点。

(2)文艺复兴时期思想家的管理思想

1)尼科罗·马基雅维利的管理思想。尼科罗·马基雅维利(Niccolo Machiavelli,1469—1527),是意大利文艺复兴时期的政治思想家、历史学家,出身于佛罗伦萨一个没落的贵族家庭。马基雅维利担任过 14 年佛罗伦萨共和国十人议会的秘书。面对当时封建割据状态和处于文明困境的意大利,马基雅维利抱着爱国主义的热诚积极参与政治活动,后因政治迫害转而进行文艺政治理论研究工作。他的主要著作有《君主论》、《战争的艺术》、《佛罗伦萨史》等。在这些著作中闪烁着很多管理思想的光辉。

①马基雅维利从唯心主义观点出发,认为“权力欲望”和“财富欲望”是人性的基础。马基雅维利的人性论是“人性本恶论”。他认为人“是反复无常的、忘恩负义的,是怯懦、虚假、伪善、嫉妒、对人满怀敌意的”。在人性的认识上,他认为沾染恶习容易,学习优秀品质难。进而他得出的结论是:必须使用强制手段对人进行管理和控制才能达到目标,而这种强制性是可以不顾道德原则的。马基雅维利的“物质利益决定论”认为人们冲突的根本原因是物质利益。他在研究罗马历史时认识到,“罗马贵族总是不经过特别反抗就把自己的崇高地位让给人民,但是当问题涉及到财产的时候,他就如此顽强地保护自己,以致人民不得不采取特别措施才能满足自己的要求”。马基雅维利是较早认识到“物质利益”在管理中的重要性的思想家之一。

②马基雅维利通过对政治体制的研究认为人民在国家生活中

具有重要作用。在与君主制进行比较时他指出共和制的优越性——人民比国王高明,比国王更会选举公职人员,更富有理智,在道德方面比国王更高尚。他认为:"人民总是比国王更聪明,更为坚定,更有理性。"当然这里的人民是指新兴的资产阶级。在国家生活中公开强调人民的作用,这对管理思想的影响是巨大的。

③马基雅维利论述了领导者的素质问题。在他的著作《君主论》中,第一次运用了"案例"分析,说明了一个君主应该具备的条件和才能。他说:"我们时代的经验证明,正是那些忽视诺言,善于诡计惑人,而最后战胜了那些专讲信义的人的君主,才创下了丰功伟绩……。"他对领导者的素质提出的名言是"要比狮子还勇敢,比狐狸还狡猾"。这样才能使"狼"感到恐惧,才能使自己不落入陷阱。他还告诫领导者"必须会那样随机应变,以便遵循时代潮流和变幻无常的命运所指的方向"。马基雅维利的上述思想对研究现代领导科学具有一定的借鉴意义。

2)托马斯·莫尔的管理思想。托马斯·莫尔(Thomas More,约1478—1535),是欧洲早期空想社会主义学说的创始人,才华横溢的人文主义者和阅历丰富的政治家。莫尔1478年2月7日出生于伦敦的一个富裕家庭,父亲是法官。他自幼受到良好的教育,曾就读于牛津大学,后遵父旨去了新法学院研究法律。莫尔早年深受人文思想的影响,他毕业后很快就成为伦敦有名的律师。莫尔曾历任国家要职,当过下议院的议长,任过大法官。1534年由于他不同意国王的宗教改革政策而被国王免职,后来被捕入狱,1535年被判处死刑。

托马斯·莫尔于1516年出版了用拉丁文撰写的《乌托邦》(全译为《关于最完美的国家制度和乌托邦岛的既有益而有趣的全书》)而名垂史册。

《乌托邦》一书采用对话体裁写成,由一位名叫拉菲尔·希施拉德的葡萄牙水手讲述他在航海中到达乌托邦岛的所见所闻。该书文笔生动,引人入胜,在15世纪地理大发现的时期,吸引了大量的读者。莫尔正是用这种形式和海外奇闻的题材,揭露了资本主义社会的黑暗,抒发了他对消除了人剥削人的未来美好社会的向往之情。书中的管理思想主要是通过他对英国现实的批判和对未来社会的设想体现出来的,归纳如下:

①莫尔敏锐地观察到私有制是一切罪恶的根源。他根据英国当时的情况把社会分为两种人:食利者和生产者。他认为这种分化的根源在于私有制,只要私有制存在,这种贫富不均和少数人掌握巨大财富而多数人遭受苦难和重压的状况就要存在,而"只有完全废止私有制度,财富才可以得到平均公正的分配,人类才有福利"。

②莫尔的乌托邦岛已十分注意生产的布局和生产的组织。他的乌托邦分为54个城市,城市的周围环绕着农场和田野。人们都是错落有致的城市的居民并在城市中从事某一职业,而农场的生产劳动则由人们轮换地完成。乌托邦中已有专事管理工作的脑力劳动者,比如极少数学者和行政长官。乌托邦中的城市,由若干个以户为单元的工场作坊组成,每一个户由10~16个成年人组成,从事某一项手工业产品制作。每个生产出来的产品交公共仓库保管,以供统一分配,在岛中每人每天只需要劳动6小时,其余的时间从事科学、艺术等活动。

③在国家管理方式上,莫尔强调民主化管理,主张用民主的方式选举政府官员,按民主的方式治理国家。在乌托邦中,人民具有选举权和被选举权,一切权力机关都是选举产生的,除去最高执政官是终身职务外,所有其他公职人员每年选举一次。在这里,公职人员不是高高在上的老爷,而是植根于人民之中的公仆,他们的职责是组织监督人民从事生产和消费,杜绝浪费和懒散,使人人都能勤劳、敬业、爱业。

④在经济管理方式上,莫尔设想整个社会经济是按照一定的统一原则管理的。国家估量全岛产品,并在必要时重新进行分配;国家可以统一调动劳动力;国家统一经营对外贸易;实行按需分配的产品分配原则。岛上实行公有制,岛上居民所生产的一切产品都归公有,成为整个社会的财产,每个人从公共仓库领取他所需要

的一切。由于社会产品十分丰富,因此每个人都会自觉地需要多少就领多少。莫尔讲,“第一,没有一种物资不是充裕的;其次,也无需顾虑任何人会不按照自己的需要去多申领物资”。从这里也可看出莫尔天才地猜测到按需分配的更高一级的社会组织形式以产品的极大丰富和人们的道德水准的普遍提高为前提,这一点对企业组织内部分配原则有着一定的启发意义。

由上述我们知道,在欧洲文艺复兴时期,也有许多管理思想的出现。如16世纪托马斯·莫尔的《乌托邦》和尼科罗·马基雅维利的《君主论》。在这一时期,新的宗教伦理观、市场伦理观和个人自由伦理观的建立有助于管理思想的发展。然而,西方的管理实践和思想的革命性发展是在工厂制度产生之后。

5.3 17、18世纪的管理思想

5.3.1 17、18世纪的管理思想概述

管理思想来源于人类社会经济活动的管理实践。17世纪到18世纪,英法等国资产阶级革命的胜利为生产力的发展扫清了障碍。资本主义工场手工业的发展和科学技术的进步,为向机器大工业的过渡准备了条件。随着市场的扩大,以手工技术为基础的工场手工业已经无法满足生产力发展的需要。1765年瓦特改进蒸汽机,英国由此进入从纺织业开始的产业革命。

随着蒸汽机的广泛应用,手工业的生产转变为机器的生产,产业革命遍及纺织、化学、冶金和机器制造等部门。1769年,阿克莱特建立的拥有600多名工人的水力纺织工厂,成为世界上最早使用机器的工厂。随后,欧洲各国产业革命相继完成,出现了大批工厂。工厂制度一经形成,劳动社会化的程度进一步加强,如何分工

协作,如何减少资本耗费,就成为现实经济中亟待解决的问题。这一时期管理上的基本特点是:工厂所有者主要凭借个人的经验和才能进行管理;工厂所有者即管理者直接组织指挥生产,独立的管理阶层尚未形成;管理者与被管理者直接对立。所以,这一时期又被称为"传统管理时期"或"经验型管理时期"。

通过产业革命,小手工业被大机器生产所排挤和替代,社会的基本组织形成迅速从以家庭为单位转向以工厂为单位。在以家庭为基本生产单位时,管理没有必要被分离出来,但在工厂中,机器是集中的,劳动力是雇佣的,管理则成为必然和必需。正是由于这些社会化生产的发展和现实的经济需要,促进了管理思想的演变与发展。但是,由于受历史环境的限制,此时的管理思想仍然不够系统、全面,也没有形成专门的管理理论和学派,但这些思想是管理思想史上不可缺少的一页,此后许多著名管理学家正是在这些思想的基础上发展了自己的管理理论,形成独立的管理学派。比如,斯图亚特提出了工作方法研究和鼓励性工资;亚当·斯密系统论述了劳动价值论及劳动分工理论,为100年后的泰罗制(Taylor's System)奠定了基础;被誉为"现代人事管理主义之父"的欧文等。可以说,这一时期的管理思想在管理思想史上具有极其深远的影响。

5.3.2 詹姆斯·小瓦特和鲍尔顿的科学管理思想[①]

詹姆斯·小瓦特(James Wat, Jr, 1769—1848),出生于英国的格拉斯哥。其父詹姆斯·瓦特是蒸汽机的发明者之一,对他的影响很大,他们的"工业组织的早期试验"成为科学管理的前奏。

① 隆瑞主编. 世界著名管理学家管理法则全书. 北京:中国对外翻译出版公司,2001

小瓦特年幼时,敏而好学,爱好广泛,对化学、矿物学和自然哲学都有一定的研究。他的青年时代是在法国巴黎度过的。当时正值法国革命,小瓦特对当时的一些革命领袖表现出了深切的同情心。但是,不久他便遭到恐怖政策的威胁,随后他离开法国,在意大利短暂逗留后重新回到了英国。1848 年,小瓦特去世,终年79 岁。

马修·鲁宾逊·鲍尔顿(Mattew Robinson Bonlton,1770—1842)是小瓦特的合作者,他出生于英国的米德兰,其父便是蒸汽机的发明者之一——马修·鲍尔顿。少年时代的鲍尔顿就表现出了不凡的才能,在法国巴黎读书期间也因成绩优秀而赢得同学们的好感。毕业后经其父介绍,曾作过法国实事动态的讲演报告,其理论观点颇得广大社会人士赞同。1788—1789 年间,他重新回到巴黎,开始了自己的人生创业史。长期以来,他和詹姆斯·小瓦特成为莫逆之交与事业上的伙伴,并且一起实施了索霍铸造厂的管理新体系,为今后的企业经营管理工作奠定了基础。1817 年,鲍尔顿在位于牛津郡的大托伊做了一位庄园主人,后来他们解散了合作经营的金融公司。1842 年,鲍尔顿逝世,终年 72 岁。

人们所熟知的詹姆斯·小瓦特和马修·鲁宾逊·鲍尔顿的著作大都是他们写给合伙人或有业务来往的人士的信件,现在,这些信件还以其原件样式存放在伯明翰市参考图书馆内的瓦特和鲍尔顿的汇编史料当中。小瓦特和鲍尔顿的先进管理技术在索霍厂的实施,使得工厂取得了巨大的成就,这些功劳都归功于他们。事实证明,当代最先进的工厂的各项措施中,没有任何一项是这两位人物没有预见的。并且他们实行的成本核算制度比当代一些成功的公司所采用的制度更为优越。

1790 年,小瓦特和鲍尔顿开始了他们的创业生涯,他们首先接管了一个几年前由瓦特爵士兴建的企业,制造拥有专利权的文字复印印刷机,同时他们也将自己独有的一套管理方面的技术应用于生产之中。1794 年,鲍尔顿和瓦特父子公司成立,该公司生产享有专利权的蒸汽机的全套配件。1796 年,小瓦特在索霍铸造厂负责内部的组织和管理工作。1802年,鲍尔顿和小瓦特金融公司在伦敦成立,后来小瓦特被选为皇家学会会员。晚年的小瓦特不再积极地从事金融公司的各项活动,而是专注于他在拉德诺和布雷孔的产业。

人们都知道,蒸汽机的发明及其在制造业的广泛应用,标志着工业革命的基本实现。恩格斯曾经把蒸汽机的应用列为“从18世纪中叶起工业用来摇撼旧世界基础的3个伟大的杠杆”之一。而专门制造蒸汽机的索霍铸造厂则完全可以称得上是当时英国技术最先进的工厂之一。然而,小瓦特和鲍尔顿在索霍铸造工厂的实践表明,最值得人们称道的地方主要不在于先进的生产技术,而在于先进的管理。人们不难发现,他们早于泰罗一个世纪便解决了生产的标准化和按标准产量计酬的问题。他们所实行的劳动分工和对整个生产过程的组织与管理都是同社会化机器大生产的要求相适应的。他们在员工福利方面采取的各种措施,即使拿到今天,也会令西方的企业家们赞叹不已。虽然他们并没有写出过什么管理的理论著作,但他们的实践却表明,他们已经具备了机器大工业本身所要求的科学管理思想。

马修·鲁宾逊·鲍尔顿是小瓦特长期以来工作和生活上的朋友。鲍尔顿是一个卓越的交谈者,有许多朋友,在合伙企业中负责“对外事务”。詹姆斯·小瓦特在合伙企业中负责“生产事务”,致力于使工厂顺利运转,较为强调纪律,但仍是一个开明的地主和有文化修养的人。这两个人在健全性格和忠诚于各自父亲的基础上建立起了友谊。在英国工业史中,他们在企业中维持持久的家族友谊的事例,很少有人能与之相比。他们曾经将自己新的管理技术自觉地应用到索霍铸造厂中,当时虽然规模较小,但其系统性却不亚于现代的大公司。他们当时应用的先进管理技术有:

第一,实行产品预测和生产计划。他们要求驻欧洲大陆各地的代理人搜集各项可能影响发动机需求的资料并随时向英国的总公司报告,以便总公司运用这些资料预测未来的销售额并据以安排生产计划。这表明,他们早在将近200年以前,就确立了科学的管理思想,把企业的生产建立在科学预测的基础上。

第二,有计划地选择工厂的位置。他们通常选择在具有较为方便的水陆交通条件以及日后有扩建余地的地方建厂。企业的发展将会受到不同因素的影响,这些因素对企业生产发展起到了积极的推动作用或消极的阻碍作用。便利的交通位置为企业业务的拓展开辟了更为广阔的渠道,降低了产品生产成本,使本厂产品在市场的竞争中更具有实力。

第三,先进的控制记录。包括成本会计程序,其中有 22 种定额记载簿,据说对制造的每一部机器都能计算出成本和利润,对每一个部门都能计算出利润和损失。通过详细地记录每个程序的各类数据,时刻掌握企业经营状况,及时调整,使企业向着盈利的方向发展。

第四,建立会计制度。该厂建立了一套完整的会计制度,运用单式记载簿对每台机器的产量、原材料消耗和工时消耗按部门记入分类账以进行成本核算,对库存成品则记入库存分类账。这样,就可以使工厂有关管理人员能根据这些资料准确地确定每台机器的实际生产效率,计算出每项工作的工人工资,计算出产品的成本和利润的变化情况,发现生产中的浪费并找到改进的途径。

第五,改进了作业的组织和管理方法。他们首先把产品的生产过程划分为一系列的作业环节,实行细致的分工。每个工人都有自己的固定职务,并按照他们的作业类别划分为钳工、车工、镗工、制模工以及一般工人。然后,又根据生产流程的要求,合理地配置各类机器设备,计算出每部机器可能达到的速度,并按照所要完成的工作类型调整机器的速度。此外,他们还制订了生产作业标准,实行产品零部件的标准化。

第六,改进工资制度。他们认识到,按生产成果付酬即实行计件工资的办法,会促使工人提高生产效率。因此,该厂对凡属已经标准化了并且易于分出等级的作业一律采用计件工资的办法。他们对每项职务的工作都订出标准产量或应有产量,对于只能完成标准产量或应有产量的工人只付给日工资,而能超过标准产量或应有产量的工人则可获得相当数量的奖励工资。他们发现,生产大小不同的产品,其所需的时间大体上都同零部件的直径大小成正比。因此,该厂制订了一项能表示这种关系的公式,并依据这一公式确定作业标准和计件工资率。总体来说,该厂的工资率分为3类,即每一单件产品的工资率都一样的计件工资率、按产品的尺码或直径而变化的计件工资率和按工作机所用的发动机马力而变化的计件工资率。

此外,对于按小组进行生产,因而无法实行计件工资的工人则采用周薪制。但是,对小组的组长也实行计件工资。他们认为,小组长有责任激励本小组工人提高工作效率。如果对小组长实行计件工资,就会促使他们为了自己的利益而设法提高小组的工作效率。

第七,改善员工的福利措施。他们认识到,生产固然离不开工具,但更离不开工人。这就必须重视工人的物质福利,注意改善他们的工作环境和生活待遇,以提高他们的工作情绪。为此,他们采取了各种有利于工人的福利措施。例如,把工厂的墙壁刷得粉白,以使工人在劳动中感到精神愉快;对于超过规定工时的劳动,一律付给加班工资;每逢圣诞节时,工厂都向工人及其家属赠送圣诞礼物,并借此机会宣布提高工资的消息;有时还为工人举行各种娱乐活动,以活跃他们的情绪;为工人修建宿舍,其租金是从工人工资中扣除的;为工人建立了互助金保险制度,互助金由工人自己管理,每个工人按其工资多少交纳互助金,并按其交纳金额多少享受其福利。除以上措施之外,该厂还办起了工业技术学校,以帮助员工进行技术学习,使他们增进对工厂的依恋之情。这些措施可说是人本管理思想的早期萌芽。

第八,组织经理人员进行培训。企业若想提高效率,提高劳动生产率,首先要提高经理人员自身的素质,以便在组织管理中能胜任其职位。假如一个优秀的企业放手由一个拙劣的经理去经营管理,其后果是可想而知的。

小瓦特和鲍尔顿有过许多先进的管理经验,但是,其中最引人注目的还是他们关于环境对生产效率的影响的论述,他们着重强调了工厂的布置问题。

5.3.3 罗伯特·欧文的管理实验[①]

罗伯特·欧文(Robert Owen,l771—1858),出生在英国威尔士边界的牛顿镇,他的家庭在当时属于中产阶级,生活条件在当时还算比较不错。他有一个经营铁器和骡马用具的商人父亲,他父亲又是当时地方邮政局的局长,可以说父亲的生活经历对他以后所从事的事业有一定的影响。

欧文是家里 7 个孩子里的老六,从小他就与兄弟之间保持着良好的关系,而且显得比其他孩子更为懂事一些。7 岁时欧文便开始接受正规教育,进入当地一所学校学习。小欧文从小表现出了极强烈的正义精神,希望各家的孩子都能够生活得很幸福,他经常帮助其他同学,从不欺负家庭条件差的小朋友。11 岁时,欧文便进入了林肯郡斯坦福的一家经营布匹的店铺当一名学徒工。由于他工作踏实、勤快,颇得大伙的好感,同时,欧文也有了商业经营的观念,梦想有一天自己也能拥有一家属于自己的店铺。3 年后,经朋友介绍,他到了伦敦市的一家较大的布店工作。通过在布店的几年工作,欧文已经对布店如何经营、选料、销售等一系列业务活动比较熟悉,并打算寻找更适合自己的一份工作。于是,他多方联系,很快被曼彻斯特的一家经营纺织业的工厂雇用了。

短短的两年时间里,欧文的优秀才能得到充分体现。1791 年也就是欧文 20 岁的时候,他已经和好朋友欧内斯特·琼斯合伙建立了一个以生产"走绽精纺机"为主的企业。企业的日常经营活动大都由欧文主持,他和企业的员工关系处得十分融洽,深得员工的好评。欧文在企业经营上有他自己的一套独特的方法体系,特

① 隆瑞主编.世界著名管理学家管理法则全书.北京:中国对外翻译出版公司,2001

别是注重多方面为企业员工着想,认为以此能激励员工发奋工作,带来更大的经济效益。在这一点上,他与琼斯产生了意见分歧,不久两人分道扬镳。随后,欧文建立了完全属于自己支配的纺织企业,果然他的管理方法取得了预期的效果,这使得他的企业在财务上取得了成功,欧文的信心更大了。

1791—1795 年,欧文作为曼彻斯特一家大纺织厂的经理广泛地开展业务,在此期间,许多纺织业的同行向他提出合伙办厂的建议。经过反复考虑,终于在 1795 年,欧文成为了曼彻斯特的乔尔顿·特威斯特公司的合伙人。直到 1800 年,欧文当上了苏格兰新拉那克地区一批纺织厂的总经理,其经营事业达到了巅峰。多年的企业管理工作,使欧文看到企业经营管理过程中的许多不尽人意的地方,于是采用了多种措施,虽然大都是加大成本方面的措施,例如改善员工工作环境,提高员工福利待遇、减少员工工作日等,但欧文却认为这些措施的推广必将会为企业长远的发展注入生机与活力。

欧文 57 岁的时候,逐渐从经营管理工作之中退出,将晚年的精力用于在报刊和公众演说中呼吁人们接受其社会改革的方案上。欧文在公众之中的形象颇好。他是一个彬彬有礼、和蔼可亲的人,特别是当时的儿童十分热爱他,几乎达到了崇拜的地步。欧文的品质十分端正,对人们富有真诚的爱。同时他也是一个具有坚定信念的人。他认为自己所走的一条路是为广大民众的利益和整个社会发展着想的,并且坚信是一条正确的路,虽然有许多人对他不理解,甚至嘲讽他,但是欧文一刻也没有放弃自己的目标,还是不断地规劝那些持有不同意见的人们。有些朋友认为他简直是一位独裁者甚至还是一个爱打扰别人的好事者,但是最终由于欧文谦逊、耐心的态度和自身独特的魅力,他仍然获得了大家的理解尊敬和爱慕。欧文爱好广泛,知识丰富,但他所著的文集并不十分恰当地显示出他所深入的各个领域及其所利用的各种形式的渠道。

欧文最早的论文发表于 1812 年,从此以后,他有大量著作发表。但是这些著作之中,大多数的内容出现重复或者某些部分内容重复。代表他的思想理论的著作主要有:《有关新拉那克机构的陈述》、《关于社会的一种新观点》、《关于制造制度的效果的观察》。

欧文作为慈善家和社会改革家,他的名字远远超出了他自己的国家而被世人所熟知。然而作为成功的工业家和管理先驱者,欧文却很少为人所知。其实,正是由于欧文在纺织业方面开展的一系列管理活动,使得他在实现自己所制定的终生目标方面取得了很大的成功。欧文曾是当时事业上取得成功的若干个经理中的一员。他在管理史中突出表现出来的是他作为“人事管理的先驱者”。在他的那个时代中,欧文显示出其独一无二的地方是他不仅高度地评价人的因素在工业生产中所起的重要作用,而且他还把这种主张加以实施。

1800—1828 年期间,欧文曾在苏格兰的新拉那克担任一批纺织厂的经理,推行了全新的举措。在此期间,欧文作为一个社会改革的宣传鼓动家,在全国乃至国际范围内开展了大量的公共活动。这些公共活动虽然在当时似乎是失败了,但却深刻地影响了以后管理思想的发展和进步。同时,欧文的这些试验也在私下里不知不觉地改善了新拉那克的纺织工人的实际生活条件,给广大工人带来了真正的福利。欧文也是最早抛弃当时把纯粹技术和财务上的成就当作成功标志的企业家之一,实际上他将精力致力于作为一种职业的管理工作之中。大概也许会有一天,研究产业革命的历史学家们会对欧文这样的职业管理家在事态的发展中所起到的作用做出比现在更高的评价。欧文对工人生活的改善是逐步实现的,大致分为以下两个阶段:

第一阶段:欧文投身到改善工厂的设施条件及其员工的家庭情况的工作之中,兴建了新的员工宿舍和宽阔的街道,并在员工商店中以成本价格出售各种日用必需品,间接对工人的生活进行补贴;将童工的最低年龄有所提高,同时减少一定的工作时间;提供了员工食堂,大大改善工厂周围的生态环境,以此保障工人能在良好的环境中以充足的精力和体力投入到生产之中,同时消除了后顾之忧。施行这些措施显示了一个公正雇主所具有的家长主义精神,从而实实在在地改善了新拉那克工人的行为及福利。这些做法在当时来讲简直就是一个奇迹。

第二阶段:欧文又将精力投入到以工厂范围为中心的社区社会改革之中。他在新拉那克的学校内部推行教育改革制度,以致这些学校吸引了大批本国乃至外国的访问者。为了引导员工安排好增加的闲暇时间,将工人的兴趣与爱好引向积极上进的方面,欧文又建立了晚间文化娱乐中心,颇似如今的工人俱乐部。这些举措使员工的整体素质和精神面貌有了很大提高,更加积极地投入到生产之中。

在这些方面的举措,欧文要比玛丽·帕克·芙丽特类似的工作早 100 年。欧文所建立的"协作制"在当时成为了一种新社会生活的雏形,而且在大西洋两岸激发起了许多仿效者。欧文在当时的影响也可谓家喻户晓了。

管理首要的因素就是人,人事管理的实质有两个方面,而且这两个方面的内容都能从罗伯特·欧文的众多工作中找到明显的例子。

一方面,人事政策是经济机构管理之中不可分割的一部分。"对于人事管理工作必须有所报偿"。对于那些单纯的"福利"式的管理既不能够赢得工业雇主们的一心一意的支持,又不能够真正获得工人们的忠诚。这种"福利"式的管理必然会带上慈善的色彩,像手工工厂就是一个"从事慈善事业"最恰当的地方。欧文在《制造厂中的监工》这一篇论文中写道:"你们之中的许多人长期以来有这样的经验,在你们的制造工作中,由于有设计良好和运行正常的优良机器而得到很大的好处。既然你们对死的机器赋予适当的维护就能带来如此的好处,那么如果你们对主要的、构造得更为奇异的机器(即工人)赋予同样的注意,有什么后果不能期望得到呢?"

另一方面,人事方面的职能不应该被认为是从属的管理部门,而是必须被认为它就是良好管理的目的。在如今,人们就具有这样的一种信念,他们的工作场所就是社区,每个人在工作场所获得的各方面的满足是在民主信念之下的和谐社会生活的必要条件之一。罗伯特·欧文以他的工厂为中心所建立起来的新的社区,在雇主和工人们之间建立了良好的伙伴关系,并且他在实施福利措施的同时所传播的公正概念,使他理所当然地被人们称为是现代真正的人事管理的先驱者。

5.3.4 安德鲁·尤尔的管理思想[①]

安德鲁·尤尔(Andrew Ure,1778—1857),是英国著名的经济学家、化学家、管理思想家和教育家。

尤尔出生于英国的格拉斯哥,在大学里学的是化学。大学毕业后在安得逊学院任化学系和自然哲学系教授,并在格拉斯哥天文台工作。尤尔在教学工作中,开始时以培养科学技术人员为主,以后转为以培养管理人员为主,以适应当时英国迅速发展的工厂制度的需要。当法国的工程师和管理学家查尔斯·杜平于1816—1818年期间访问英国时,尤尔曾陪同杜平访问格拉斯哥的许多工厂。杜平发现这些工厂的经理中有很多人是尤尔的学生,尤尔自己也承认在英国的工厂主和经理中有许多人是他的学生。尤尔在管理方面最主要的著作是1835年出版的《制造业的哲学》一书,该书又名《论大不列颠工厂制度的科学、道德和商业经济》。他的著作对杜平有所影响,而杜平又对以后的法约尔有所影响。

《制造业的哲学》一书是为了培训管理人员和职工而撰写的。尤尔试图在其中系统地阐述制造业的原则和生产过程。他认为,工厂制度的基本原则是用机械科学代替手工技巧,以便从手工工匠中培养出工厂职工。他在这部著作里指出,每个工厂都有3个

---

① 隆瑞主编.世界著名管理学家管理法则全书.北京:中国对外翻译出版公司,2001

有机的系统,即机械系统(指生产的技术过程)、道德系统(指工厂的人事管理)、商业系统(指产品的销售和资金的筹措)。而工厂制度的基本原则就是要用机械来代替手工劳动,从手工工人中培养出工厂的工人。在这部著作中,特别值得一提的是关于工场手工业和工厂制中两种不同分工的论述和关于建立工厂纪律法典的主张。从这部著作中反映出尤尔对工厂制度的颂扬和维护,马克思称这一著作"不失为工厂精神的典型表现"。

正如后面即将论及,斯密和巴贝奇对分工有精辟的阐述,但是,他们的分工理论基本上都是以工场手工业的分工为基础的。尤尔在他的著作中第一次明确地划分了工场手工业和机器大工业两种不同的分工,比斯密和巴贝奇更敏锐地抓住了两种分工的实质。他指出,在工场手工业中,"使工人适应于一种特殊的操作是分工的实质"。这种分工可以使"劳动适合于不同的个人才能",使"每个手工业者……能够通过在单项操作上的实践使自己日臻完善",从而"成为更廉价的工人"。这种分工是"按不同熟练程度实行的分工",是"一种按熟练程度分级的制度"。而"工厂制度的原则是:……把劳动过程分成它的各个重要的组成部分,来代替各个手工业者之间劳动的分工或分级"。这就是说,工场手工业的分工是手工操作的分工,这种分工是按工人的个人才能、熟练程度进行的分工,是熟练程度的分级。实质上,它是按工人个人的主观条件进行的分工。而在机器大工业中,机器生产代替了手工操作的分工,工人的分工不是由工人个人的主观条件决定的,而是由机器生产的客观物质条件决定的,每个工人的工作分工,都必须从机器生产的要求出发,都必须服从这个客观物质条件。

尤尔从上述机器大工业生产的客观现实出发,提出了建立工厂纪律法典的主张。如前所述,机器生产有其自身的客观规律性,在这种生产方式中,正如马克思所指出的,不是工人利用工具,而是工人服侍机器。在这种情况下,工人的活动必须适应机器生产的客观规律性,而不允许违反它。然而,在产业革命不久的英国,工人大都是被迫走进工厂的破产的农民和手工业者,他们习惯于自由散漫的手工生产方式,而不习惯于机器生产的紧张的节奏和划一的秩序。他们的劳动习惯同机器生产的规范化、统一性的要求完全不能相容。于是,建立一种适应机器生产的纪律或规范,便成为新兴工业资产阶级的要求。尤尔强烈主张建立工厂的纪律法典正是反映了这种要求。他在《工厂哲学:或论大不列颠工厂制度的科学、道德和商业经济》一书中指出:"人类天性的弱点如此之大,以致工人越熟练,就越任性,越难驾驭,因此,工人不驯服的脾气给总机构造成巨大的损害。"在这里,"自动工厂的主要困难在于建立必要的纪律,以便使人们抛弃无规则的劳动习惯,使他们和大自动机的始终如一的规则性协商一致"。这就需要"发明一个适合自动体系的需要和速度的纪律法典,并有效地加以实行"。

在工厂制度中建立和实行资产阶级的纪律法典,实质上是对一代破产的农民和手工业者的改造过程。这是一个残酷的、痛苦的改造过程,然而又是确立资本主义机器大工业必须经历的过程。马克思在谈到这一点时,一方面指出,资本家在工厂的纪律法典中,"通过私人立法独断地确立了对工人的专制";另一方面又指出,这种对劳动过程的社会调节"是大规模协作和使用共同的劳动资料,特别是使用机器所必需的"。

5.3.5 查尔斯·巴贝奇的管理思想[①]

查尔斯·巴贝奇(Charls Babbage,1792—1871),是一位著名的科学家、数学家、教师,也是一位发现家、敏锐的观察者、制造实践的精确报道者、新思想的产生者、新的管理科学的先驱者。他于1792年12月6日出生在英国德文郡腾茅斯一个富有的银行家的家庭,从小身体健康状况就不佳,但是他却养成了勤奋好学的习惯,任何事情他都喜欢寻根究底,再精美的玩具他也舍得拆开看个

① 隆瑞主编. 世界著名管理学家管理法则全书. 北京:中国对外翻译出版公司,2001

究竟。最初巴贝奇在靠近埃克塞特的阿尔来顿和恩菲尔德的私立学校学习，1811年进入英国剑桥大学就读，学习数学和其他科学。次年参加创建“分析学会”，该学会在当时推动了数学在英国的复兴。他于1814年和1817年在剑桥大学彼得学院先后获得文学学士学位和硕士学位。他从1815年到1827年一直在伦敦从事科学活动。他在24岁时就被选为英国皇家学会学员，他还在创建英国天文学会和统计学会中担当了重要角色，并且获得天文学会金质奖章。他还加入了巴黎伦理科学院、爱尔兰皇家学会和美国科学院等许多科学团体。1827年到1828年期间，他在欧洲大陆考察了许多工厂和工场，在管理方面提出了许多创见和措施。1828年至1839年，他在剑桥大学担任了卡斯数学教授(原为萨克·牛顿的教席)。巴贝奇在40岁的时候，在自由主义原则的基础上竞选国会议员，但未获得成功。巴贝奇在管理方面做出了很大的贡献，在很多方面的研究都有所建树，如科学方法、专业化、劳动分工、动作和工时的研究、成本会计、各种颜色对员工的效率影响。

巴贝奇一生的著作和论文很多，主要著作有：1816年翻译《拉克罗斯关于微积分学基本论文》的第一部分。1826年《各种人寿保险机构的比较观点》，1827年在魏玛出版德文译本。1830年《关于科学在英国的衰落及其某些原因的思考》。1831年《对数表样本》，本书的目的是通过试验来确定能使眼睛最不疲倦的纸张色彩和墨水颜色。选用了151种不同颜色的纸张，铅版对数表中的同样两页用以下颜色的墨水印出：浅蓝，浅绿，深绿，橄榄色，黄色，浅红色，深红色，紫色和黑色。有关数学、科学和哲学的主要论文有：1822年《机器在数学表计算中的应用》与《关于机器在数学表计算中应用的观察》，均发表于天文家学会的《备忘录》。1826年《论用符号表示机器动作的方法》，发表于哲学学会的《学报》。1829年《关于调节机器的应用一般原则的论文》，发表于《大都市百科全书》。其他的主要论文有《布里奇活特第九论文》，1848年《有关征税原则的思考，关于财产税及其免除》、《一个哲学家生涯的片段》。

巴贝奇以他的自传性的《一个哲学家生涯的片段》一书,显示出他是一个机智而幽默的人。但是一直到1817年去世,其终生工作的成果未能获得人们充分的承认而失望。

归结起来,巴贝奇在管理方面的主要贡献有:

1)提出了很多见解和措施。主要包括:提出了在科学分析的基础上有可能制定出企业管理的一般原则,这同以后泰罗在美国的重要发现是一致的。巴贝奇在1832年出版的《论机器和制造业的经济》一书中说到:"我在过去十年中曾被吸引去访问英国和欧洲大陆的许多工场和工厂,以便熟悉其机械工艺。在这过程中,我不由自主地把我在其他研究中自然形成的各种一般化原则应用到这些工场和工厂中去。"80年后,美国科学管理学家弗雷德里克·温斯洛·泰罗并没有读过巴贝奇的著作,但在其《科学管理原理》一书中的一段话与巴贝奇的观点极其相似。泰罗说:"有些人的教育使他们养成了概括并在各处寻找规律的习惯。当这些人碰到了在每一行业中都存在并极为相似的许多问题以后,他们不可避免地试图把这些问题进行逻辑归类,并找出解决这些问题的某些一般规律和规则。"

2)他设计出世界上第一台计算机。他于1822年设计出世界上第一台计算机——小型差数机。这台计算机虽然没有制成,但其基本原理于1892年被应用于巴勒式会计计算机。他还利用计数机来计算工人的工作数量、原材料的利用程度等,他把这叫做"管理的机械原理"。

3)他制定了一种"观察制造业的方法"。这种方法同后来别人提出的"作业研究的科学的、系统的方法"非常相似。观察者用这种方法进行观察时利用一种印好的标准提问表,表中包括的项目有:生产所用的材料的耗费、费用、工具、价格、最终市场、工人、工资、需要的技术、工作周期的长度等。

4)他进一步发展了亚当·斯密关于劳动分工的利益的思想,分析了分工能提高劳动生产率的原因。他指出这些原因是:

①节省了学习所需要的时间。生产中包含的不同工序愈多,

则所需要的学习时间愈长。假如一个工人不用做所有的工序，只是做其中少数工序或甚至一道工序，就只需要少量的学习时间。

②节省了学习中所耗费的材料。因为在学习中都要耗费一定的材料。劳动分工后，需要学习的内容减少了，所耗费的材料也相应地减少了。

③节省了从一道工序转变到另一道工序所耗费的时间。而且，由于分工后经常从事某一项作业，肌肉得到了锻炼，就更不易疲劳。

④节省了改变工具所耗费的时间。在许多手艺中，工具常常是很精细的，需要进行调节。调节这些工具所占的时间相当多。分工后就可以大大节省这些时间。

⑤由于经常重复同一操作，故而技术熟练，工作速度可以加快。

⑥劳动分工后注意力集中于比较单纯的作业，能改进工具和机器，设计出更精致合用的工具和机器，从而提高劳动生产率。

巴贝奇认为脑力劳动也同体力劳动一样可以进行劳动分工。他指出，法国桥梁和道路学校校长普隆尼把他的工作人员分成技术、半技术、非技术 3 类，把复杂的工作交给有能力的数学家去做，把简单的工作交给只能从事加减运算的人去做，从而大大提高了整个工作的效率。

5）在劳资关系方面，他强调劳资协作，强调工人要认识到工厂制度是对他们有利的方式，这也同以后泰罗的论点很相似。他提出一种固定工资加利润分享的制度，认为这种制度有以下的好处：

①每个工人同工厂的发展和利润的多少有直接的利害关系；

②每个工人都会关心浪费和管理不善的问题；

③能促使每个部门改进工作；

④鼓励工人提高技术和品德，表现不好者减少分享的利润；

⑤由于工人同雇主的利益一致，能消除隔阂，共求繁荣。

6）他还研究了一些许多新的问题，如能促使投资效率更高的大工厂的优越性以及这些工厂对原料来源的恰当位置,工艺过程和制造成本的分析(如在制针业中),在同一领导或各个企业的比较研究(如《各种人寿保险机构的比较观点》)等。

第6章　古典管理理论

6.1　古典管理理论概述

早期管理思想是管理理论的萌芽，而管理理论比较系统的建立是在19世纪末20世纪初。此阶段在美国、法国、德国等国形成的有一定科学依据的管理理论被称为“古典管理理论”。

古典管理理论主要是从“经济人”假设出发，采用标准化的机械管理模式，集中于作业管理和研究。其中所谓的“经济人”假设，是指在处理管理问题时认为被管理者的惟一动机是经济利益。

一般认为，古典管理理论主要包括3部分内容：第一，科学管理理论。主要代表人物是美国的F·W·泰罗，此外，对科学管理理论做出贡献的还有巴思、享·芬·甘特、吉尔布雷斯夫妇、埃默森和库克等；第二，经营管理理论。主要是指由法国人H·法约尔创立的管理理论；第三，行政组织理论。主要是指德国的马克斯·韦伯提出的“理想的行政组织体系理论”。

这3部分理论的3位代表人物泰罗、法约尔、韦伯试图从3个不同角度，即个人、组织和社会来解决整个资本主义社会微观和宏观的管理问题，为资本主义解决劳资关系、生产效率、社会组织等方面的问题提供了管理思想的指导和科学理论方法，并为管理学奠定了坚实的基础。泰罗率先在管理研究中采用近代科学方法，开管理研究中采用科学方法之先河。法约尔明确管理是企业的一种基本活动,其过程或职能为计划、组织、指挥、协调、控制,为研究管理过程打下了坚实的基础。马克斯·韦伯的官僚制理论提出了最适合于企业组织发展需要的组织类型和基本管理精神,成为各类大型组织的"理想模型"。因此,古典管理理论在管理思想史上占有极其重要的地位。

古典管理理论提出了管理的重要性和普遍性,认为有组织存在就需要管理,管理的普遍性和社会有组织活动的普遍性同样重要。同时,古典管理理论认为管理的原则和管理的职能存在于社会之中,运用时间研究和作业研究等科学的方法能发现这些原则,而这些原则和职能正是管理工作的基础,其对经济管理有很大的指导意义。总之,古典管理理论是人类历史上第一次以科学的方法来探讨管理问题而取得的成果,实质上反映了资本主义的生产力发展到一定的阶段对管理上的要求,它促进了资本主义社会的发展,并对以后的管理理论产生了深远的影响。

6.2 泰罗的科学管理理论

6.2.1 科学管理理论产生的历史背景

科学管理的产生是管理发展史中的重大事件,也是管理从经验走向科学的第一步,它对管理的发展产生了巨大的推动力量。科学管理理论是19世纪末20世纪初在美国形成的,当时工厂的管理主要是凭工厂主个人的经验,不仅管理凭经验,而且生产方法、工艺制定以及人员培训也都是凭个人经验,靠"饥饿政策"迫使工人工作。企业主为了赚取更多的利润采用的手段不外乎是延长绝对劳动时间,或增加劳动强度,这种办法当时能够得以存在是因为工人没有组织起来，并且随时面临着失业的威胁。随着工人阶级的成长壮大，企业主采用这种手段激起了越来越强烈的反抗，劳资双方矛盾很大。工人阶级为了加强同企业主的斗争，组织起来成立工会，要求缩短工作日，降低劳动强度和增加工资，这就迫使企业主不得不慎重考虑延长劳动时间和增大劳动强度所带来的后果。随着生产力的发展，管理在理论和实践方面有了不少重要的突破，但总的看来，尚未形成系统的、科学的理论体系。尤其在第二次工业革命后，随着生产技术的日益复杂，生产规模和资本的日益扩大，资本主义出现了许多巨型公司和垄断组织，使得管理工作越来越复杂，传统的凭经验和主观臆断来进行的企业管理方法远远不能适应庞大复杂的企业组织要求。于是，许多人在前人的基础上对管理问题进行了全面和深入的研究，他们进行各种试验，试图把当时科学技术的最新成就应用于企业的生产和管理中以提高劳动生产率，这一时期形成了一些比较系统的管理理论和方法，其中最具有代表性的便是泰罗的"科学管理理论"。

6.2.2　泰罗及其科学管理理论

弗雷德里克·温斯洛·泰罗（Frederick W. Taylor，1856—1915）被西方管理学界公认为"科学管理之父"，出生在美国费城一个富裕的律师家庭里，父亲是一名律师，母亲生于清教徒世系家庭。从少年时代起，他对任何事情都有一股刨根问底的劲头。他思考问题缜密，且迷恋科学调查研究和实验，强烈希望遵照事实改进和改革事物。为继承父业，他考上了哈佛大学的法律系，但由于得了眼疾，不得不辍学。1875 年进入费城的一家机械厂当学徒，从事机械和模型制造工作。1878 年起进入费拉德尔菲亚的米德维尔钢铁厂当机械工人，由于工作努力，成绩优异，他被提拔为车间管理员、技师、工长等。在这过程中，他坚持学习，参加了新泽西州的斯蒂文斯技术学院业余学习班，于 1883 年获得该学院的机械工程学位，并在 1884 年被提升为总工程师。

他在米德维尔工作了12年，实践中，他感到当时的企业领导不懂得用科学方法来进行管理，而且工人缺少训练，没有正确的操作方法和适用的工具，这些都大大地影响了生产效率的提高。为了改进管理，从1880年起，他开始进行一系列的试验，如“生铁搬运实验”、“铁砂和煤炭的挖掘实验”、“金属切削实验”，系统地研究和分析了工人的操作方法和作业所花的时间。通过上述一系列的实验和长期的管理实践，泰罗提出了一套较为系统的管理制度与方法，被称为“科学管理”或泰罗制的管理理论和制度。1890年他在一家制造纸板纤维的制造投资公司任总经理。1893年开始独立开业，从事管理咨询工作。1901年以后，他大部分时间从事写作、演讲和宣传科学管理理论，与他的合作者和追随者一起，为科学管理理论在美国和国外的传播做出了很大贡献。

泰罗被西方管理学界公认为“科学管理之父”，他晚年以其大部分精力从事写作和演讲，宣传他的管理理论。他在管理方面的著作很多，其中最著名的是《计件工资制》(1895年)、《工厂管理》(1903年)、《科学管理原理》(1911年)以及1912年他在美国国会众议院特别委员会对科学管理听证会上的证词。他的代表作《科学管理原理》一书的出版意味着管理科学的形成。

科学管理理论开始于劳动效率的研究，旨在寻求提高效率的“一种最好方式”，其主要内容是：

(1)制定工作定额

泰罗的科学管理首先是从制定工作定额开始的。泰罗发现，当时工人中普遍存在着消极怠工现象，工人们在许多场合只干一个正常工作日的三分之一或二分之一。而工人们之所以有意识地慢慢地干，“磨洋工”，泰罗认为，主要有几个方面原因：第一，工人们认为，如果他们用最快的速度干活，对全行业来说就是做了件极不公平的事情，因为工作效率提高后，会使一大批工人失业；第二，当时的管理缺乏科学的管理制度，管理上漏洞百出，使工人们有可能放慢工作速度以维护自身的利益；第三，工人们使用的是世代相传的落后的工作方法,工作效率极其低下。其中最为重要的是几乎所有的雇主都是事先为各种工人确定了最高工资额,而一旦雇主发现某个工人能完成更多的生产任务时,就会要求其他工人也干同样的工作量,但工人多劳也不多得,因此,工人们便采取有意识的“磨洋工”来反抗雇主对工资的克扣。

泰罗认为,解决问题的关键是改进管理。他认为只要合理地确定工资率进行适当激励,便能减少工人们的消极怠工现象,发掘工人们劳动生产率的潜力,但这要求能制定出一个有科学依据的工作量定额,为此,首先应该进行时间和动作研究。

所谓时间研究,就是研究人们在工作期间各种活动的时间构成。所谓动作研究,是工人干活时动作的合理性,即研究工人在干活时其身体各部位的动作,经过比较、分析之后,去掉多余的动作,改善必要的动作,从而减少人的疲劳,提高劳动生产率。

进行时间和动作研究主要为完成两个任务。首要任务是把工人一定的作业分解成基本动作,再对尽可能多的工人用秒表测出完成这些基本动作所需要的时间。在这个过程中,选定最适于完成这种作业的工具、机器,决定最适当的作业程序,消除错误的动作、慢动作、无用的动作,以找到最有效的作业方法,使其标准化。时间和动作研究的第二个任务是累计得出基本动作所需要的时间,加上不可避免的迟缓而耽误的时间,规定一种作业的标准时间,由此而决定作业标准。所谓不可避免的迟缓,包括疲劳及其他不可避免的由人造成的迟缓和机械故障等造成的迟缓①。

为此,泰罗在伯利恒钢铁公司进行了一个著名的试验,即“生铁搬运试验”。当时,泰罗在该公司研究管理。他看到该公司搬运铁块的工作量非常大,有75名搬运工人负责这项工作。每个铁块重40多公斤,距离为30米,尽管每个工人都十分努力,但工作效率并不高,每人每天平均只能把12.5吨的铁块搬上火车。于是,泰罗等用三四天的时间仔细地观察了这75个搬运工,并从中

① [日]占部都美著. 现代管理论. 蒋道鼎译. 北京:北京新华出版社,1984

挑选了一个身材矮小的搬运工进行实验。他们要求此人按新的要求开始干活,具体测量从车上或地上把生铁搬起来所需时间、带着所搬的铁块在平地上走每英尺所需时间、带着所搬的铁块沿着跳板走向车厢每步所需时间、把生铁扔下的时间或放在堆上的时间、空手回到原来的地方每走一英尺所需时间。经过仔细地研究,他们发现,采用科学的方法对工人进行训练,并把劳动的时间与休息的时间很好地搭配起来,工人平均可以将每天工作量提高到47吨,负重搬运的时间只有42%,其余的时间不负重,因此工人不会感到太疲劳。同时采用刺激性计件工资制,工人的日搬运量由12.5吨达到47至48吨后,其日工资也由1.15美元达到了1.85美元。据此,泰罗把工作定额一下提高了将近3倍,并使工人的工资收入也有了提高。

(2)选择"第一流的工人"

泰罗认为,为了提高劳动生产率,必须以工作业绩挑选"第一流的工人"。所谓"第一流的工人",并不是指体力与智力上最优秀的工人。因为人有不同的禀赋和才能,一个人对完成某项工作可能是最好的人选,但对于另一项工作则可能不合适,如身强力壮的人干体力活可能是第一流的,心灵手巧的人干精细活可能是第一流的。能力与工作不相适应,不能成为一流的人有两种:一种是在体力或智力上不适合干分配给他们工作的人,另一种是不愿努力工作的人。因此在泰罗看来,健全的人事管理的基本原则是:使工作的能力同作业相配合。管理部门的责任就是为每项工作找出最适合的人选,并对他们进行系统、科学的培训,使他们成为完成所从事工作的"第一流的工人"。

泰罗认为,培训工人成为"第一流的工人"是领导人的职责,而制定"合理的日工作量"则应以"第一流的工人"在健康不被损害的情况下,维持很长年限的速度,能使他更愉快和健壮为标准的。所谓"第一流的速度",不是以突击活动或持续紧张为基础,而是以工人能长时期维持的正常速度为基础的。所以,泰罗提出所谓的"第一流的工人"是那些适合于其作业而又愿意努力干的人,而并不是有些人理解的那种体力和智力超过常人的"超人"。

泰罗的"第一流的工人"的思想,即是因人制宜、人尽其才的思想,这也正是现代管理中人力资源管理的重要内容。

(3)实行标准化的管理

标准化是指工人在工作时采用标准的操作方法,使用标准的工具、机器材料等以提高劳动生产率。

以前,在一般的工厂里,工人的操作方法和使用的工具往往是根据自己或师傅的经验来确定的。工人劳动和休息的时间、机器设备的管理以及作业环境的设计、布置等是由管理人员根据自己的判断或者是过去的记录来确定的,因人而异,缺乏科学的依据。泰罗等人认为,经过思考、实验和分析,可以将这些经验性的东西转化为科学的方法和理论,将工人的操作方法、使用的工具、劳动和休息时间以至机器的安排和作业环境的布置等进行合理地配置,从而形成一种标准的作业条件。

泰罗在这方面做过一项著名的"铁锹实验"。当时伯利恒钢铁公司的铲运工人,每天拿着自己家的铁锹上班,这些铁锹大小各异,参差不齐。泰罗发现,这样做很不合理,因为堆料场里的物料有铁矿物、煤粉、焦炭等,每个工人的日工作量为160吨,而由于物料的比重不一样,铁锹的负载就大不一样。到底一铁锹多大的负载对工人是最适宜的?泰罗通过安排第一流的铲运工进行实验后确定,每一铁锹合理负重应21码。根据这项结论,泰罗设计了15种不同规格的铁锹供工人选择使用,如铲重物时使用小铁锹,铲轻物时使用大铁锹等。这样就使每铁锹的负载都在21磅左右,从而大大提高了生产效率。实验中,泰罗还设计了一种有标号的两张纸卡,一张说明工人所领的工具和其干活的地点,另一张说明工人前一天工作的情况,并记载着前一天的收入。在工人取得白色纸卡时,工人就会明白一切正常,而取得黄色纸卡时就意味着要加油干,否则就有可能失业。泰罗的这项实验表明"每一项简单的动作都隐含一种科学的成分”[①],同时也说明了人尽其才、物尽其用是提高效率的最好办法的管理思想。

(4)差别计件工资制

工资制度合理与否与工人的积极性有很大的关系。计时工资,不能体现按劳付酬,干多干少无法确切地体现出来;计件工资虽然表面上是按工人劳动的数量支付报酬,但实际上,只要工人的劳动效率提高,雇主必然降低每件的报酬单价,这样等于增加了劳动强度。

泰罗分析了原有的报酬制度之后,提出了新的付酬制度,即“差别计件工资制”。其主要内容有:

1)通过对工作时间的研究和分析,制定出一个标准工作定额。制定定额是由管理部门完成的,并以科学为基础,从而改变过去那种以估计和经验为依据的方法。

2)根据工人完成工作定额的不同,采取不同的工资率。实行差别计件工资制,如果工人完成定额,则按 100% 的工资率支付;如果工人没有完成定额,则按 80% 的工资率支付,同时交给其一张黄色工票,以示警告,如果不改进工作完成定额,就被撤换工作或解雇;如果工人超额完成定额,则按 125% 的工资率支付,而且不仅超额部分按高工资率支付,全部生产成果都按高工资率计算,以此鼓励工人完成或超额完成工作定额。

3)工资支付的对象是工人而不是职位,即根据工人的实际工作业绩而不是根据工作类别来支付工资。

所以,泰罗指出,这种工资制度会大大提高工人们的劳动积极性,提高劳动生产率。工厂的工资支出虽然增加了,但由于工人采用了科学的工作方法,克服了消极怠工的现象,使得生产率的提高幅度大于工资提高的幅度,所以这样对工人有利,对于工厂主则更有利。

---

① 泰罗. 科学管理原理. 北京:中国社会科学出版社,1984

(5)计划职能与执行职能相分离

泰罗认为,要提高劳动生产率,就要明确划分计划职能和执行职能,改变凭经验工作的方法而代之以科学的工作方法,从而确保管理任务的完成。在过去的管理过程中,生产中的大部分工作往往都由工人负责完成,而工人则按照自己的习惯和经验来进行工作,工作效率的高低取决于他们的操作方法与使用的工具是否合理以及个人的熟练程度与努力程度。

泰罗认为,工人凭自己的经验是无法找到科学的工作方法的,而且他们也没有时间和条件去从事这方面的试验和研究。因此,在大多数情况下,需要有一部分人先做计划,另一部分去完成,即把计划职能和执行职能相分离。计划职能归管理部门负责,并设立专门的计划部门来承担。计划部门从事全部的计划工作,并对工人发出执行的命令。计划部门的任务是:

1)进行调查研究,如工时研究和动作研究等,把工人掌握的传统知识、技能集中起来并使之系统化,以便为制定操作方法提供科学的依据。

2)根据调查研究的结果,制定出有科学依据的定额和标准化的操作方法、工具等。

3)拟订作业计划并发布执行的批示和命令。

4)对"标准"和实际情况进行比较,以便进行有效地监督和控制。至于现场的工人和工长,则从事执行的职能,即工人按照计划部门制定的操作方法和指示,使用规定的标准化工具,从事实际操作。

这里,泰罗所说的计划部门比我们现在所认识的计划职能要宽泛得多,基本上包括了我们现在所指管理的全部职能,所以,这里所说的计划职能与执行职能的分离,也可以理解为管理职能与操作职能的分离。

(6)实行职能工长制

职能工长制即将管理工作予以细分,使所有的管理者只承担一两种职能。泰罗认为,在旧的制度下,一个工长为了完满的履行他的职责,必须具备9种素质:智能、教养、专业技术知识、技能、精力、坚韧刚毅、诚实正直、判断力与常识、健康。但是,一般人很难完全具备这些素质,而只能具备少数几种。这样,为了使工长能有效地履行他的职责,就必须把管理的工作予以细分,实行职能工长制。为此,泰罗用8个职能工长代替原来的1个职能工长,其中4个职能工长分别负责工作程序、指令卡、工时和成本、纪律(劳务),他们属于计划部门,并通常以书面形式对作业现场(车间)和工人发布命令,作业现场又以书面形式向计划部门报告。在作业现场(车间)设有工作分派工长、速度工长、检验工长和修理工长等4个职能工长,他们的任务是根据各自特定的职能,就地对工人发布命令和进行指挥。泰罗的职能工长制如图6.1所示:

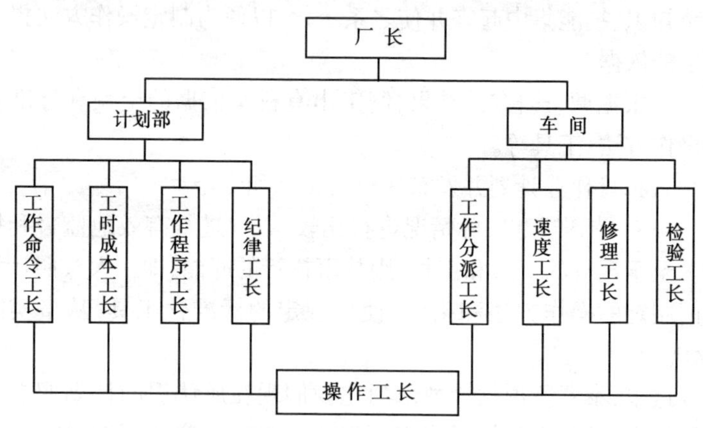

图6.1 泰罗的职能工长制

泰罗的这种职能工长制是以机械工业为依据而提出的,但他认为这种职能工长制也适用于其他行业。他认为这种职能工长制度有3个优点:第一,每个职能工长均承担某项职能,职责单一,对其培养可以在短时间内完成。第二,管理者的职责明确,容易提高工作效率。第三,由于作业计划由计划部门拟订,工具和作业方法标准化,车间现场工长只负责现场指挥与监督,便于降低成本。

尽管泰罗认为职能工长制有许多优点,但是,后来的事实证明,一个工人同时接受几个职能工长的多头领导,容易引起混乱,因而这种职能工长制没有得到推广。但是,泰罗这种职能管理的思想为以后职能部门的建立和管理专业化提供了启发和参考。

(7)管理例外原则

泰罗认为,如果企业的规模不大,可采用上述职能管理原理,倘若企业的规模较大,不能只依据职能原则来组织和管理,还必须应用例外原则。所谓例外原则,即指企业的高级管理人员把一般日常事务授权给下属管理人员负责处理,而自己保留对例外事项(即重要事项)的决策权和控制权,如有关企业的重大政策的决定和重要人员更替问题等。泰罗认为,"如果一个大企业的经理几乎被办公桌上汪洋大海似的信件和报告淹没,而且每一种信件和报告都被认为要签字或盖章,这种情景尽管是可悲的,却并不是罕见的。有些经理觉得,有这样大量的详情细节在他面前桌子上通过一下,他就能对整个事业保持密切的接触"。[①] 而按照例外管理原理,"经理只接受有关超过常规或标准的所有例外情况的……特别好和特别坏的例外情况的……概括性的、压缩的及比较重要的报告……以便使他有时间考虑重大政策问题并研究在他手下的重要人员的性格和合适性等问题"。

泰罗提出的这种以例外原则为依据的管理控制原则是对管理原则的一个较为重要的贡献,为现代企业管理中的分权化原则和事业部制等提供了借鉴。

---

① 泰罗．科学管理原理．北京:中国社会科学出版社,1984

(8)合作互利的“精神革命”

泰罗认为,工人和雇主双方都必须进行一次“精神革命”,充分认识提高劳动生产率对双方都有利,从而变互相对立为互相协作,共同为提高劳动生产率而努力。

泰罗指出,雇主关心低成本,工人关心高工资,本无可厚非,但如果只盯着分配,不重视生产,则只能形成对立关系,这对双方都不利,所以,雇主和工人双方都必须变互相指责、怀疑、对抗为互相信任和合作。他认为只有通过提高劳动生产率将“馅饼”做大,雇主和工人才能达到各自的目标,而科学管理的实质就在于这种合作互利的“精神革命”。正如泰罗在《科学管理原理》中所述:“在科学管理中,劳资双方在思想上要发生的伟大革命就是:双方不再把注意力放在盈余的分配上,不再把盈余分配看做是最重要的事情。他们应将注意力转向增加盈余的数量上,使盈余增加到使如何分配盈余的争论成为不必要。他们将会看到,当他们停止互相争夺,肩并肩地向同一方向迈进时,他们共同努力所创造出来的盈余会大得惊人。他们会看到,完全可以做到既能够大量增加工人的工资,也能够大量增加利润。”遗憾的是,泰罗所希望的这种“精神革命”一直没有出现。

6.2.3 对泰罗的科学管理理论的评价

科学管理理论并非泰罗一个人的发明,而是把19世纪在英、美等国发展起来的东西加以综合而成的一整套思想,对科学管理理论有重要贡献的人物除了泰罗,还有吉尔布雷、甘特和埃默森等,他们分别对“动作与时间”、“工作与奖金制度”以及“效率的原则”等有着深入研究。其中,吉尔布雷被人们称为“动作研究之父”,而著名的甘特图表在现代工业中仍然是被普遍应用的安排生产进度的图表绘制方法。

综上所述,以泰罗为代表人物倡导的科学管理理论是适应历史发展的需要而产生的,它的产生是管理从经验走向理论的标志,也是管理走向现代化、科学化的标志,其意义绝不亚于蒸汽机发明所导致的工业革命。实践证明,科学管理理论对提高美国劳动生产率,以至于使之超过西欧国家,具有显著的促进作用。该理论本身也为美国和其他西方国家管理理论和管理方法的发展奠定了基础,并且,该理论不仅在工商业界,而且在行政机构和学校、医院等非营利机构也被广泛应用,它对世界各国工商界和经济产生了巨大的影响。但是,在特定历史条件下产生的科学管理理论难免有其自身的局限性。首先,它是建立在"经济人"的假说基础之上的,认为人工作的惟一动机就是经济利益,这无疑限制了泰罗的视野和高度。其次,由于泰罗本人长时间从事现场的生产的工作,所以他的一系列主张主要是侧重于生产作业管理,其研究的范围比较小,内容也比较窄。另外,泰罗对于现代企业供应、财务、销售、人事等方面基本没有涉及到。尽管如此,科学管理理论在管理学史上的极端重要意义仍然是不容否认的。

6.3　法约尔的一般管理理论

亨利·法约尔(Henri Fayol,1841—1825),1841 年出生于法国的一个富裕资产阶级家庭,1860 年从圣艾帝安国立矿业学院毕业后进入法国一流的康门塔里—福尔香堡采矿冶金公司工作,成为一名采矿工程师,1888 年出任该公司总经理,当时这家公司正面临着破产的危机,法约尔用新的管理方式挽救了危局,在产业史上留下了光辉的业绩。

法约尔长期从事高层管理工作,对全面管理工作有深刻的体会和了解,积累了丰富的经验,并写了很多著作,内容包括采矿、地质、经济和管理等。而他在管理领域的杰出贡献,使他受到后人的瞩目,其中较有影响的著作有《论管理的一般原则》(1908 年)、

《管理职能在指导营业中的重要性》(1917年)、《论工业的积极管理》(1918年)、《国家在管理上的职能——邮电与电讯》(1921年)、《国家管理理论》(1923年)。他的代表作《工业管理与一般管理》发表于1916年。

法约尔和泰罗都是同时代的杰出人物,都是管理科学的奠基人,但是由于他们的背景和经历不同,故而他们研究管理的着眼点也有所不同。泰罗是以普通工人的身份进入工厂的,他以提高工厂内部作业效率为出发点来研究管理,而法约尔一直从事领导工作,这使他有自上而下观察管理问题的基础,考虑任何管理问题也总是从高层管理者的角度出发,最关心的是企业整体管理效率的提高。因此,他一直从大型企业的整体角度研究管理问题,并把组织理论作为他的重要研究方向,并且认为,有关管理的理论和措施不仅适用于公私企业,也适用于军政机关和宗教组织等,因而法约尔的管理理论被称为"一般管理理论"。

法约尔的主要贡献在于他提出了企业的6项经营活动及管理的职能,并确定了管理的基本原则,同时,他还提出了管理理论的普遍性与管理经济的必要性等。这些系统化、明确化了的概念和认识成为以后众多管理文献和管理者的共同语言,为后人研究企业经营、管理行为、管理原则等几大领域做了导引。法约尔一般管理理论的主要内容可以归纳为下述几项:

6.3.1 6种经营活动

法约尔第一次明确区分了经营和管理的概念。他认为,经营是指导或引导一个组织,趋向某一既定目标,它的内涵中包括了管理。为了明确说明这两个概念的区别,法约尔从企业角度出发,将企业的经营活动划分为6种,而管理活动只是组织经营活动中的一种。同时,法约尔认为,不论企业大小,复杂还是简单,这6种活动总是存在的。这6种基本活动是:

①技术活动,指生产、制造、加工等;

②商业活动,指购买、销售、交换等;

③财务活动,指资金的筹集和运用;

④安全活动,指财产和人员的保护;

⑤会计活动,指财产清点、资产负债表的制作、成本核算统计等;

⑥管理活动,包括计划、组织、指挥、协调和控制5种要素。

法约尔经过分析后发现,工人主要要求的是技术能力,随着在组织层次中职位的提高,人员的技术能力的重要性降低,对管理能力的要求逐渐加大,随着企业规模的扩大,管理能力显得越来越重要。

6.3.2　管理的职能

法约尔首先提出了管理的组成要素,即划分了管理的5项职能,并对管理的这5项职能进行了详细的分析和讨论。他认为,管理就是实行计划、组织、指挥、协调和控制。

(1)计划职能

计划是法约尔强调的首要管理职能,他主张任何组织要达到预定的目标都首先应该结合本组织的特点制定科学的计划。计划就是探索未来和制定行动的方案,而任何行动计划都以下列诸项为其基础:第一是公司的资源,如厂房、工具、原料、资本、人员、生产能力、销售渠道、公共关系等。第二是目前正在进行的工作的性质和重要性。第三是公司未来的发展趋势。发展趋势部分地取决于技术、商业、财务以及其他条件。在制定计划时,还要考虑到下级管理人员和一般工人的意见。法约尔还指出,一个合理的计划应具有以下特点:一是统一性,即要求组织具有完整的计划,不仅有总体计划,还有各个部门的具体计划,并使这些计划相互联系,构成一个整体。二是连续性,即组织计划应在内容和时间上保持连续性,必须既有中、短期计划,又有长期计划。三是灵活性,即计划应随组织内外环境的变化而及时调整。四是精确性，即计划应该力求精确，排除臆测成分。要制定具有以上特点的计划，就要对每天、每周、每月、每年、5 年甚至 10 年的情况进行预测，并且随着时间的推移或情况的变化进行不断地调整或修改，这一系列计划就构成了一个企业的一套完整的计划，其中制定长期计划是非常重要的，这是法约尔对当时管理思想的一个较大的贡献。

（2）组织职能

法约尔认为，组织就是建立企业的物质和社会的双重结构，即进行有关原材料、设备等方面的物质组织和进行有关机构和人员方面的社会组织。它的涵盖面较广，包括组织结构设计、规范部门相互关系的各种规章制度以及员工的招聘、考核与培训等。法约尔在论述组织职能时，强调了组织图的重要性，认为组织图是每一个企业都必备的，有了正式的组织图，就能使人见到组织的全貌、详细的权力界限，提供联系的途径，防止部门权限真空现象发生，也避免双重领导局面的发生，它可以明确地分配任务和划分责任，是一个重要的管理工具。

在组织职能中，法约尔在职工培训方面讲得较多。他认为，组织的效率取决于其成员的素质和创造性，所以，必须重视对职工的选择、评价和训练。但是，他又同泰罗一样，将管理的基本目标集中在“事”而没有集中在“人”上，对企业中人事管理方面讨论得较为简单。

（3）指挥职能

当企业组织机构建立起来之后，管理的重点就在于发挥指挥职能的作用。指挥的任务在于让组织发挥作用，即对下属的工作给予指导，使企业的各项活动相互协调、相互配合。指挥的目的在于根据企业的利益，使企业中所有的人员做出最大贡献。

指挥是一门艺术，一个领导人的指挥艺术如何，决定于他个人的某些素质和对管理工作一般要求的了解，因此，合格的指挥者必

须做到8点,即:

1)深入了解下属的情况。不论企业的规模有多大,每一个领导者应对他直接指挥的部下有全面的了解。

2)与下属经常交往并进行考核,淘汰没有工作能力的人。这项任务很重要,也很艰巨。领导者应该使单位中的每个成员认识到淘汰工作是必要的,并对被淘汰者付给现金补助和荣誉上的满足。

3)了解企业与职工之间订的协定。企业是通过协定与其职工建立关系的,领导者应该关心这种协定的达成和实行情况。

4)领导做出良好的榜样。领导者如果只是凭借自己的权力和使人恐惧的惩罚来使职工服从自己,就不可能做好企业的工作。如果领导者在企业中树立起一个好榜样,那不但能供职工效法,而且在发挥职工的创造性、积极性等方面都能起良好的作用。

5)定期进行检查,并用一览表表示出来。如此可以防止组织结构的草率变动所造成的损害,避免组织上的双重指挥等。

6)召集主要助手开会,以便统一指挥和集中精力。

7)领导者不要陷于琐事。在琐事上耗费大量时间是大企业领导者的一个严重缺点。领导者应该把那些可由下属或参谋机构做的事交给他们去做,而通过参谋机构、正确划分的组织、口头和书面汇报等来了解和控制企业的事务。

8)尽力使职工团结、努力、忠诚和有主动性。

上述8点,连同下面将要讲的14项管理原则,形成了法约尔关于领导作风的一个系统的概念。

(4)协调职能

协调就是使企业的一切工作都要和谐地配合,以便使企业的经营顺利进行,并且有利于企业取得成功。协调是一种合适的比例,比如各种职能部门机构之间的比例,职能部门与机械设备之间的比例等。这种比例要能够使每个机构顺利地、经济地完成自己的任务。

法约尔认为,保证企业工作协调的一个有效方法是召开部门领导的每周例会。这个例会的目的是根据企业工作进展情况讲明发展方向,明确各部门之间应有的协作,利用领导们出席会议的机会来解决共同关心的各种问题。总之,协调就是强调彼此之间的合作,管理者必须在组织分工的基础上努力争取相互合作,使部门目标与企业整体目标保持一致。

(5)控制职能

法约尔认为,控制就是为了确保实际工作与制定和规定的计划、标准相符合而进行的一切活动,其目的在于发现工作中的缺点和错误,并加以纠正,以保证既定目标的顺利实现。控制应是全面的,对物、对人、对计划都可以进行控制,它适用于企业的各方面工作和各级工作人员。其方式也是多种多样的,正因为此,控制像管理的计划、组织、指挥、协调等要素一样,在执行时需要有持久的工作精神和较高的艺术。

以上管理的5个要素或5项职能紧密联系,形成了一个完整的管理过程。法约尔认为,管理的这5项职能并不是企业经理或领导个人的责任,和企业其他5类工作一样,是一种分配于领导人与整个组织成员之间的职能。

6.3.3 管理的14项原则

法约尔十分重视管理原则的系统化。他根据自己的长期的管理经验,提炼出了14项管理的一般原则,其内容分别如下:

(1)劳动分工

法约尔认为劳动专业化分工是各个机构和组织进一步发展的必要手段,它使实行大规模生产和降低成本有了可能。同时,每个工人工作范围的缩小,也可使工人的培训费用大为减少。分工不仅可用于技术工作,也可用于管理工作,不过分工应有一定的限度。

(2)权力与责任

法约尔认为权力是指挥和要求别人服从的力量,分为职务权力和个人权力两种。前者是由职位和地位产生的,后者是指由管理者的个性、经验、道德品质以及能使下属努力工作的其他个人特性而产生的权力,后者是前者不可缺少的条件。一个优秀的管理者必须兼有职务权力及个人权力,并能以个人权力来补充职务权力的不足。法约尔特别强调权力和责任的统一,权力和责任互为结果,有权必有责。

(3)纪律

法约尔认为,纪律实际上是遵守公司各方达成的协议,它以公司及其雇员之间的服从和尊重为基础。纪律对于企业取得成功是绝对必要的,而维持纪律最有效的办法是各级领导要称职,纪律明确并合理执行惩罚。

(4)统一指挥

法约尔认为,统一指挥原则是一条普遍的永久性原则,是指一个下属人员只应接受一个领导人的命令,否则就容易出现混乱。在任何情况下,都不应有适应双重指挥的社会组织。这条原则同泰罗的职能工长制的指导思想是正好相反的。

(5)统一领导

健全的组织应该实行统一思想领导,即对于同一目的的全部活动,只有一个领导人和一项计划。这是统一领导与统一指挥所不同的,它们的区别在于:人们通过统一领导来完善组织,而通过统一指挥来发挥人员的作用。统一指挥不能没有统一领导而存在,但并不来源于它,也就是说没有统一领导,就不可能有统一指挥,但是如果有统一的领导者,也不足以保证统一的指挥。

(6)个人利益服从整体利益

法约尔认为,个人利益不能置于整体利益之上。一个组织谋求实现总目标比实现个人目标更为重要,因此身为领导,必须要经常监督,也要以身作则,并尽可能签订公平的协定,以协调好两个方面的利益。

(7)人员的报酬

法约尔是从"经济人"假设出发表达这个原则的。他认为,员工是"经济人",报酬是人们服务的价格。因此他在研究讨论了工人、中级领导人的报酬方式以及日工资、任务工资、计件工资、奖金、分红、实物津贴、福利设施等付酬方式后,进一步指出,付酬的目的是使职工更有价值,并激起其热情。他还指出,报酬必须公平合理,并要尽量使劳资双方都感到满意。报酬制度有很多种,但各有利弊,应结合起来用。

(8)集中

这条原则主要讨论了管理的集权与分权问题。提高下属重要性的做法就是分权,降低这种重要性的做法就是集权。作为管理的两种制度,集权与分权本身是无所谓好坏的,只是两者适用的组织特点不同。小企业要绝对的集权化,大企业的权力要通过一系列的环节有秩序地下达。企业集权与分权的程度,不是千篇一律、固定不变的,它要根据企业的规模、条件和经理人选的个性、道德、品质以及从属人员的可靠性等因素确定。

(9)等级制度

等级制度是法约尔理论的核心,等级制度又称级层原则、跳板原则。等级或级层是从组织的最高权力机构直到最低管理人员的领导者系列,它是组织内部传递信息和信息反馈的正常渠道。它能保证统一指挥,但往往不是最迅速的渠道。在一些大企业中,特别是政府机构中,通过这条渠道传递信息往往需要很长时间,而许多事情的成败却取决于信息传递和命令执行的快慢。因此,应该把尊重等级系列与保持行动迅速结合起来。为此,法约尔设计了一种“跳板”,也称“法约尔桥”(Fayol bridge),使组织中的不同等级线路中相同层次的人员能在有关上级同意的情况下直接联系。

法约尔的等级制度可用图 6.2 进行说明:

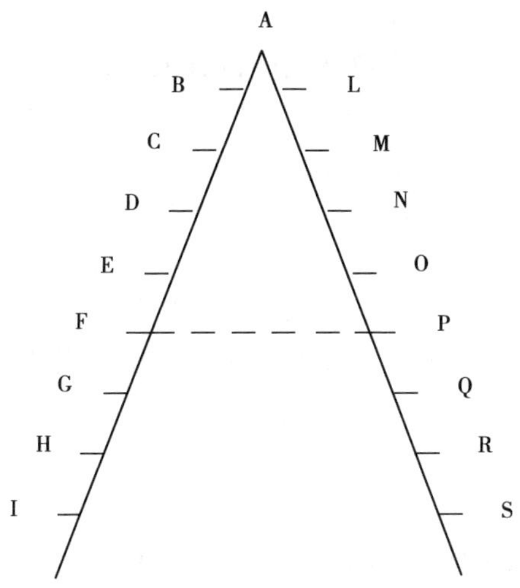

图 6.2　等级制度

在一个等级制度表现为 I-A-S 双梯形式的企业里,F 部门与 P 部门要发生联系,若按等级原则,需先从 F 逐级上报到 A,再逐级下达到 P,这之间每一级都需停顿,然后,沿着原路,一般又返回出发点(F 部门),这样的信息传递速度慢,且准确性较差。如果利用了 FP 这个跳板 F 和 P 直接协商那就简单、迅速且可靠多了。当然,有效利用“跳板”的前提是有关各方面都同意且上级又始终知情。为此,等级制度才能不断发挥各级管理人员的积极性、主动性和创造性,从而尽快地解决问题。

法约尔的“跳板”原则相当于泰罗的“例外原理”。按照这一原则,常规的事项均可在下级管理级层中协商解决,不能达成协议的事项或重要事项则向上级管理级层呈报，只有特别重要的事项才由最高领导作出决定。法约尔说，由于“跳板”原则的利用，“各管理级层都可以在某种程度上不断地发挥积极性”。显然，这同分权管理原则是一脉相承的。

(10)秩序

秩序，包括物的秩序和人的秩序。物的秩序要求每件东西都有一个位置，每件东西都放在它的位置上，为此，不仅要求物归其位，而且要求正确设计、选择确定的位置以及方便所有的工作程序。人的秩序，即社会的秩序，要求每个人都有一个位置，每个人都在他的位置上，完善的社会秩序要求让适当的人从事适当的工作，因此要根据工作的要求和人的特点来分配工作。而建立秩序，实际上是指物资和人员都各有其所，也各在其所，其目的是为了避免物资和时间的损失，并使每个人都有在能够发挥自己最大能力的岗位上任职。

(11)公平

公平，即以亲切、友好、公正的态度严格执行规章制度。为了鼓励下属忠实地执行职责，应该以善意来对待他们。法约尔指出，公平并不排斥刚毅，也不排斥严格。做事公平要求有理智，有经验，并有善良的性格。在对待下属人员时，应该特别注意他们期望公平、期望平等的愿望。为了最大限度地满足这些愿望，同时又不违背任何原则和损害整体利益，企业领导应发挥自己最大的能力来使公平感深入各级人员。

(12)人员稳定

一个人适应新的职位要有一个过程，因此，法约尔要求人员稳定，尤其是管理人员的稳定，不要频繁更换，因为人员的稳定对于工作的正常进行、活动效率的提高是非常重要的。他认为，人员多有变动的机构必然是不成功的，人员不必要的流动是管理不善的原因和结果，因此，任何组织都有必要鼓励员工做长期的服务。

(13) 首创精神

首创精神是指人们在工作中的主动性。组织成员的首创精神是组织力量的源泉，尤其是在组织困难的时候。因此，领导者要在不违背职权和纪律的情况下，鼓励全体人员发挥其首创精神，从而培养成员的敏感性和能力，并推动组织发展。

(14) 人员的团结

法约尔强调团结对实现组织目标的重要性，他认为，全体人员的和谐团结是组织活动的巨大力量，所以领导者应尽力保持和巩固组织成员之间的团结。实现团结最有效的手段是统一命令，在安排工作、实行奖励时不要引起嫉妒，以免破坏融洽的关系，另外，还应尽可能直接进行口头交流。

以上就是法约尔的 14 项管理原则。法约尔强调，以上这些原则并不完整，也不是一成不变的，它不能回答特殊的问题，在实际工作中不能盲目、刻板地套用这些原则，而应结合具体管理情况灵活应用，即恰当地掌握尺度。法约尔说，“原则的应用是一门很难掌握的艺术，它要求智慧、经验、判断和注意尺度”。如果“没有经验与尺度，即使有最好的原则，人们仍将处于困惑不安之中”。[①]

6.3.4　进行管理教育的必要性

法约尔认为，人的管理能力可以通过教育来获得。所以，他很强调管理教育的必要性和可能性。由于大公司和其他大型组织日益增长，今后的领导必须接受管理方面的训练，而不是墨守以往技术教育、商业教育的成规。然而当时企业的领导者却普遍认为只有实践和经验才是走上管理职位的惟一途径。这种错误看法严重

---

① 李鹏，袁霞辉编著．一次读完 25 本管理学经典．长春：吉林人民出版社，2001

地影响了企业和其他大型组织的发展,因此有必要进行管理教育,这一观点法约尔在《工业管理和一般管理》一书中曾专列一章予以阐述了。

综上所述,法约尔的一般管理理论是西方管理思想和理论发展史上的一个里程碑,它为以后管理理论的发展勾勒出了基本的理论框架。法约尔跳出了泰勒以实践为基础研究管理原理的局限,在理论上第一次努力将管理的要素和管理的原则系统地加以概括,为以后推广管理学教育奠定了基础,使管理具有一般的科学性。因此,英国管理学家厄威克在《管理备要》一书中评价说:“亨利·法约尔是直到本世纪上半叶为止,欧洲贡献给管理运动最杰出的人物。”

6.4 韦伯的行政组织理论

马克斯·韦伯(Max Weber,1864—1920)是德国的社会学家、经济学家和管理学家,是与泰罗和法约尔同时代的人,是古典管理理论在德国的代表人物。因为他对古典组织理论的杰出贡献,被誉为“组织理论之父”。

韦伯1864年出生在德国爱尔福特的一个富裕的家庭,后随家庭迁居柏林。1882年,他进入海德堡大学攻读经济学和法律,并先后就读于柏林大学和哥廷根大学。他受过3次军事训练,因而对德国的军事生活和组织制度有相当的了解,这为他以后从事理论的研究多有裨益。1891年,他以《中世纪贸易公司史论》的论文获得博士学位。自1892年起,他担任过教授、政府顾问、编辑、著作家等。他研究了经济组织和社会之间的关系,并对社会、经济、管理、历史、宗教等问题提出了许多新的观点和独到的见解。

韦伯在管理思想上的最主要贡献是提出了所谓“理想的行政组织体系”理论。这一理论反映了19世纪末德国从封建社会向资本主义社会过渡的要求。当时德国工业化进程相当迅速,但生产力的发展仍受到封建制度的束缚,旧式的家族企业正逐渐转变为资本主义企业。这个理论力图为新兴资本主义企业提供一种稳定、严格、高效、精确的管理体系,所以韦伯成为德国新兴资产阶级的代言人。他的主要著作有:《新教伦理和资本主义精神》(1905年)、《一般经济史》、《社会和经济组织的理论》、《社会学论文集》、《经济和社会》等。

韦伯的行政组织理论可以分为3个部分,即理想的行政组织、权力理论、理想的行政组织的管理制度。

6.4.1 理想的行政组织

韦伯在《社会和经济组织的理论》一书中提出了"理想的"行政组织。行政组织体系这一概念的德文原意可译为官僚政策、官僚主义、官僚制度。这种译法在汉语中往往带有贬义,而在德文中是不带贬义的,它并不意味着脱离实际、文牍主义、低效率等。它是指通过职务或职位来进行管理,而不是通过个人或"世袭"地位来进行管理,它是一个有关集体活动理性化的社会学概念。而其中所谓"理想的"并不是最合乎需要的,而是指一种"纯粹的"、"在现实中没有实际例证"的组织形态。这种理想的行政组织是韦伯从实际存在的各种特殊形态的组织中抽象出来的一种标准模式,它既便于人们进行理论分析又便于说明从小规模的企业管理(家族产业式的管理)向大规模的职业性管理的过渡。

韦伯认为,理想的行政组织是一种严密的、合理的、形同机器那样的社会组织。它比传统的其他组织形式具有明显的优越性,其主要特点表现为:

1)任何机构组织都应有确定的目标。机构是根据明文规定的规章制度组成的,并具有确定的组织目标。人员的一切活动都必须遵守一定的程序,其目的是为了实现组织的目标。

2)组织目标的实现,必须实行劳动分工。组织为了达到目标,把实现目标的全部活动都一一进行划分,然后落实到组织中的每一个成员。组织中的每一个职位都有明文规定的权利和义务,这种权利和义务是合法化的,组织工作的每个环节都是由专家来负责的。

3)是按等级制度形成的一个指挥链。这种组织是一个井然有序且具有完整的权责相互对应的组织,各种职务和职位按等级制度的体系进行划分,每一级的人员都必须接受其上级的控制和监督,下级要服从上级。

4)在人员关系上,这是一种非人格化的关系,也就是说,他们之间是一种指挥和服从的关系。这种关系是由不同的职位和职位的高低来决定的,不是由个人决定,个人之间的关系不能影响到工作关系。

5)承担每一个职位的人都是经过挑选的,也就是说必须经过考试和培训,接受一定的教育获得一定的资格,由需要的职位来确定需要什么样的人来承担。人员必须是称职的,同时也是不能随便免职的。

6)人员实行委任制,即所有的管理人员都是委任的,而不是通过选举产生。

7)管理人员管理企业或其他组织,但他不是这些企业或组织的所有者。

8)管理人员有固定的薪金,并且有明文规定的升迁制度,有严格的考核制度。管理人员的升迁是完全由他的上级来决定的,下级不得表示任何意见,以防止破坏上下级的指挥系统,通过这种制度来培养组织成员的团队精神,要求他们忠于组织。

9)管理人员必须严格地遵守组织中的法规和纪律,这些规则不受个人感情的影响,而适用于一切情况。

组织对每个成员的职权和协作范围都有明文规定,使其能正常地行使职权,从而减少内部的冲突和矛盾。由于具有上述优点,行政组织就可以保证它能够像一架机器那样灵活地运转,而这种理想的行政组织就是最符合理性原则的,其效率也是最高的。这种组织形式不仅适用于经济领域,而且能够广泛地适用于社会生活的各个领域,包括国家机构、教会、军队、学校、医院和各种团体。

6.4.2　权力理论

韦伯指出,任何社会组织都必须以某种形式的权力作为其存在的基础。没有某种形式的权力,任何组织都不能达到自己的目的,只有权力才能变混乱为有秩序。在他看来,社会与其组成部分更多的不是通过契约关系或者道德一致而是通过行使权力而聚在一起,在那些和谐与秩序占上风的地方,运用权力的威慑性从未彻底消失过。可以说,人类社会行为的一切领域都要受到权力的影响。韦伯认为,存在着 3 种被社会所接受的纯粹形态的合法权力,即被社会接受的权力。

1)传统的权力。这种权力以古老的、传统的、不可侵犯的和行使权力者的地位的正统性为依据。族长制和世袭制是传统权力的重要表现形式。人们对这种权力的服从,是基于统治者占据的统治地位,而统治者行使权力则受着传统的制约。在传统权力型组织形态中,领导人不是凭探险能力来进行挑选的,其管理只是因袭既往的传统进行,目的也只是为了保持这种传统而已。因而,依据这种类型的权力进行的管理是低效率的。这种权力不能作为行政组织体系的基础。

2)超凡的权力。它的依据是对个别人的特殊和超凡的神圣、英雄主义或模范品质的忠诚、热爱与崇拜。对这种权力的服从是基于追随者对这种领袖人物的盖世神力和启示的信仰与信任,而不是通过强制力量来实现的。韦伯指出,超凡的权力形式也不宜作为理想行政组织体系的基础。因为这种权力带有浓厚的神秘色彩,它依靠感情和信仰而否定理性,只靠某种神秘或神圣的启示行事,不靠法定的规章制度行事。

3)理性—法律的权力。这种权力是由社会公认的法律规定的,它是以合理、合法性或那些被提升到有权指挥的人的权力为依据的。对这种权力的服从是由于依法建立的一套等级制度规定的,如一个企业、国家机构、军事单位或其他组织,这是对确认的职务或职位权力的服从。韦伯指出,理性—法律的权力归于法规,它是法律的体现,而不归于个人——族长、君主、救世主或革命领袖,它的最根本的特征在于它的慎重与公正。因为一切都必须依据法规行事,行使权力的人是经过挑选的,并拥有行使权力的合法手段,但他们只是法规的执行者,而不是法规的最终源泉。他们都不允许带有任何偏见或感情行事,也不论社会等级和身份的差别,对所有人实行同样的法规。这种权力类型是理性的,它对所有的权力都有明确的规定,并严格限制在完成组织的任务所必需的范围之内。因此,它提供了管理连续性和稳定性的基础,使管理活动能够有序进行。韦伯认为只有这种权力才能成为理想的行政组织体系的基础。

6.4.3 理想的行政组织的管理制度

韦伯关于理想的行政组织体系的想法同泰罗关于科学管理的想法很相似。两者都认为,管理就意味着以知识为依据来进行控制;领导者应在能力上胜任;应该依据事实而不是主观想法来领导等等。他设想了一个行政组织结构,它是由权力等级构成的巨大的金字塔,分为5级3层(如图6.3所示)。

从上到下,第一级即第一层,属最高管理组织,主要负责人的作用在这一层发挥,其主要职能是进行决策;第二级、第三级属第二层,行政管理人员在这一层发挥作用,其主要职能是贯彻执行上级领导层的重大决策并将下层的意见和建议反映给上级领导;第四级、第五级属第三层即基层,一般工作人员在这一层依据上级的指示,从事实际工作。韦伯的理想的行政组织结构同现代企业中普遍采用的高层管理、中层管理和基层管理几乎完全一致。

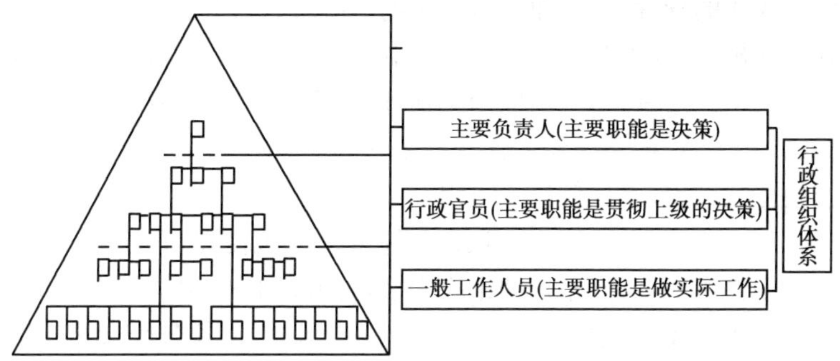

图6.3　韦伯理想的行政组织结构

韦伯提出的理想的行政组织体系具有下列特征：

1)存在明确的职能分工。把为实现组织目标所需的全部活动划分为各项基本的工作任务，分配给组织中的各个成员承担，每个职位的权利和义务都有明文规定。经过这样最大限度地分工，在组织的每一个环节上，都会由拥有必要职权的专家来完成其任务。

2)存在明确的等级制度。组织中的每一个职位均按照一定的等级原则自上而下地排列，形成了一个责权分明、层层挖掘的指挥体系或层级体系。在这个体系中，各级管理人员不仅要对上级负责，而且也要对自己的下级负责。因此，下级必须接受上级的控制与监督，同时，也被赋予一定的权力，使其能对他的下级发号施令，从而维持组织的稳定。

3)人员的考评和教育。通过正式考试或教育训练，公正地选拔组织成员，使之与相应的职务相称。组织内对职务的任免要讲究一定的程序，不得随意免职。

4)组织中成员之间的关系。这种关系是一种职位的关系，完全以理性准则为指导，而不受个人感情的影响。这种公正不倚的态度，不仅适用于组织内部，而且适用于组织同其他人之间的联系。

5)职业管理人员。组织内部的管理人员领取固定薪金，是一种专职化的管理人员,而不是组织的所有者,他们的升迁和报酬都有明文规定,并以其工作成绩和工作年限为标准。对他们工作成绩的评价以及是否升迁,完全取决于上级,下级没有发言权,从而保证组织的指挥系统免受破坏。通过这种制度,在组织成员中培养集体精神,鼓励他们忠于组织。

6)遵守规则和纪律。组织中包括管理人员在内的所有成员都必须恪尽职守,严格遵守组织中规定的规则和纪律。同时,组织也明确规定每一成员的职权范围和协作形式,以便各个成员正确行使职权,减少摩擦冲突。

以上是韦伯的行政组织理论的主要内容,他的理论在行政管理的组织机构中具有相当的先进性,尤其是他的组织模式,为许多组织的设计提供了一种规定化的典型。但是,由于当时德国的经济不够发达,他的理论并没有引起人们的注意。直到 20 世纪 50 年代以后,随着生产力的发展,企业规模日益扩大,社会组织日益复杂,结构更加精细,人们才开始重视韦伯的行政组织理论,并发现他的理论具有非常大的价值。

6.5 古典管理理论的系统化

泰罗、法约尔、韦伯等创立的古典管理理论被以后的许多管理学者研究、传播并加以系统化,其中贡献较大的是英国的林德尔·厄威克和美国的卢瑟·古利克。

6.5.1 林德尔·厄威克

林德尔·厄威克(Lyndall F. Uruick,1891—?)是英国著名的管理史学家、教育学家、管理学家,曾任国际管理协会会长并从事管理咨询工作,退休后定居澳大利亚,继续从事管理方面的研究工作。他一生著书很多，主要有《管理的要素》、《组织的科学原则》（1938 年）、《组织中的委员会》、《行政管理原则》（1944 年），还与人合著了《管理科学论文集》（1937 年）、《科学管理》等书。在其早年的著作中，厄威克曾提出过适用于一切组织的 8 项管理原则：

①目标原则，即所有的组织都应有一个目标；

②职责原则，即上级对直属下级工作的职责是绝对的；

③相符原则，即权力与责任必须相符；

④明确性原则，即对每项工作都要有明确的规定；

⑤控制幅度原则，即每一个上级所管辖的相互之间有工作联系的下级人员不应超过 5 人或 6 人；

⑥专业化原则，即每个人的工作应该限制为一种单一的职能；

⑦组织阶层原则；

⑧协调原则。

厄威克还是所谓"组织设计论"的主要代表人物之一。组织设计论是为了有效地实现组织的经营目的而探索应该如何设计组织结构的理论。组织设计论认为，管理是为实现经营目的服务的，组织是为管理服务的。组织规定其成员的各种职务之间的相互关系，以便更有效地经营管理。厄威克指出，组织设计论有两个课题：一是决定从事经营的各个成员的职务，二是决定这些职务之间的相互关系，其目的则是有效地进行经营管理。

厄威克最大的贡献在于对古典管理理论进行了综合，其思想集中地体现在他 1944 年出版的《行政管理原理》一书中。在书中，厄威克把泰罗的科学管理和科学分析方法作为指导一切管理职能的基本原则，把法约尔的计划、组织、控制 3 个管理要素作为管理过程的 3 个主要职能，将法约尔的管理原则放在管理的职能之下，如在控制职能之下的职能有配备人员、挑选和安排教育人员等，从而形成了比较完整的、系统的管理理论。厄威克强调，科学调查与分析是指导一切管理职能的基本原则，并在此基础上确定了与主要职能相应的 3 项指导原则：预测、协调与指挥。此外，厄威克重新发展和分析了控制职能。厄威克认为，控制职能就是运用指挥原则,支配与监督下属的活动。他将控制职能进一步细分为3种派生的职能,即配备人员、选择安排、纪律和训练。与此相适应,他将指挥原则也分为3项派生原则,即集中、报酬和公平。最后他从对古典管理理论综合中总结出管理的直接结果是秩序、稳定、主动性和集体精神。

6.5.2 卢瑟·古利克

卢瑟·古利克(Luther H. Gulick,1892—?)是美国著名的管理学家,曾任美国哥伦比亚大学公共关系学院院长,曾经担任罗斯福总统的行政管理委员会的成员,出版了许多关于管理方面的著作,主要有:《组织理论评论》、《科学、价值观和公共管理》等。其对古典管理理论的综合集中体现在他与厄威克共同编辑出版的《管理科学论文集》(1937年)一书中。该论文集汇集和反映了当时在管理学上所体现的主要不同观点的系统论文,其带有路标的性质。

古利克把法约尔等人关于管理职能的理论加以系统化而提出了有名的POSDCORD,即管理7职能论,这是取这7种职能的英文词的首字母而成("协调"取了两个字母"CO")的。这7种职能分别是:

①计划(planning),指为实现组织目标而制定出需要做的事情的纲要以及所使用的方法。

②组织(organization),是为了实现组织目标而建立的正式权力机构,并通过正式机构安排、确定和协调各种工作单位。

③人事(staffing),是为实现组织目标所需、有关招募和训练职工、并使之维持良好的工作条件所涉及的一切活动。

④指挥(directing),包括对下属的领导、监督和激励。

⑤协调(coordinating),其目的是使工作的各个部分相互联系起来。

⑥报告(reporting),包括就有关活动下级对上级的报告和上级对下级的考核和调查等。

⑦预算(budgeting),包括以财务计划、会计和控制等形式出现的预算。

古利克还在其著作中把古典管理理论中有关管理原则的论述系统化为10条,即劳动分工或专业化;按目标、程序、顾客或地区使工作部门化;通过等级制度的协作;通过思想的协作;通过委员会的协作;分权化或“控股公司”的概念;同一指挥;直线和参谋;授权;控制幅度。

综上所述,古典管理理论的各个代表者处于不同的国家、文化和历史背景之中,各自提出了对管理的原则和职能的各种观点。尽管其精神实质大致相同,但有着不同的侧重点和表示方法。厄威克和古利克在管理理论上的贡献正是在于他们对古典管理理论进行了必要地整理和综合,并使之系统化,因此,如果没有他们对古典管理理论的综合,也许就很难说有今天体系如此完整的管理理论。

第7章　行为科学理论

7.1　行为科学理论的产生

7.1.1　行为科学的提出

行为科学理论的产生是西方管理思想和理论第二个发展时期的标志。它产生于20世纪20年代末期,早期被称为人际关系学说,以后发展成为行为科学,而“行为科学”的正式命名是出现在1949年。当年,一批哲学家、社会学家、心理学家、生物学家和精神病学家在芝加哥大学举行了一次跨学科的科学会议,讨论了用现存的知识来发展关于行为的一般性理论的可行性,并首先提出了“行为科学”这一名称。此后,行为科学的研究受到社会的广泛重视,福特基金人专门设立了“行为科学部”,并于1952年建立“行为科学研究中心”,1953年又拨款资助哈佛大学等多所大学从事行为科学的研究,1956年在美国出版了第一期行为科学杂志。随后,世界各国纷纷展开了有关行为科学的研究和应用,行为科学得到了迅速发展。

行为科学是一门综合性的学科,它本身有一个发展的过程,对行为科学的定义有广义和狭义两种：

广义的行为科学是指研究人的行为以及物的行为，是一个学科群。在美国卡·海耶尔主编的《管理百科全书》中，给行为科学下的定义是：行为科学是运用自然科学的实验和观察方法，研究在自然和社会环境中人的行为以及低级的物的行为的一切科学，已经确认的学科包括心理学、人类学、社会学以及在观点和方法上与之类似的其他相关学科。这个定义把行为科学看做包括心理学、社会学、人类学在内的学科群。

狭义的行为科学，是指应用心理学、社会学、人类学及其他相关学科的成果来研究管理过程中人的行为和人与人之间关系规律的一门科学，研究人类行为产生的原因及人的行为动机和发展变化规律，目的在于有效地调动人的积极性，推动人类努力实现组织目标。研究个人与个人、个人与群体及群体与群体的关系，目的在于创造一个良好的工作环境，使人的主观能动性得到充分发挥。管理学中所讲的行为科学多数是指狭义的行为科学。

行为科学理论推翻了古典管理理论的"经济人"假说的研究前提，将管理的重点转向管理中最积极最活跃的因素——人，并提出了人是"社会人"的论点。学术界一般把行为科学理论划分为两大发展阶段，三大部分内容。行为科学理论的第一发展阶段是以梅奥的人际关系学说为代表，第二发展阶段重点是研究动机和激励理论、领导效能理论。行为科学理论的三大部分内容是：人际关系理论、激励理论和领导效能理论。

7.1.2　行为科学理论产生的历史背景

行为科学的产生不是偶然的，它是生产力发展到一定阶段的必然结果，是管理理论与实践发展的结果，也是当时生产发展对管理需求的必然结果。

20世纪初，美国相对来说比较发达和富裕，因为这一时期，泰罗的科学理论使得资本家推行的产业合理化和工作标准化管理方法更为合理了,从而大大提高了企业的劳动生产率。然而,资本家在利用泰罗的科学管理原理时,忽视了人是“社会人”,没有看到影响工人生产效率的因素除满足了经济利益的需要外还要受到多种社会的和心理的因素所影响,致使视工人为“经济人”、强调严格的等级制度、自上而下的控制以及惩罚等的科学管理理论在付诸实践时激起了工人们的强烈不满和社会责难。尤其在20世纪20年代以后,随着工人日益觉醒,工会组织日益发展,工人组织起来反抗资本家的斗争越来越激烈,劳资关系也日益紧张。同时,由于经济的发展,企业组织规模的扩大,周期性经济危机的加剧以及科学技术的发展和应用,管理工作越来越复杂。于是,欧美等国的资产阶级感到单纯用“科学的管理”等方法已经不能够有效地激励与控制工人提高劳动生产率和利润了,他们期待着发明一种新的管理理论与方法来指导实践,以达到重新驾驭工人,提高劳动生产效率的目的。这就促使一些管理学家和心理学家开始寻找一种与社会化生产的发展需要相适应的新的管理理论,梅奥就是其中的代表,他开辟了行为研究的方向。行为科学正是在大萧条中,经过霍桑实验后兴盛起来的。其实在霍桑实验之前,已有一些学者对组织中的人的因素做了较多的研究,发表了诸多观点,并对管理学的发展起着相当大的推动作用,只不过在当时没有成为管理理论的主流。

7.2 人际关系理论

人际关系理论侧重于人是“社会人”的论点,关心的是职工社会需要的满足,其代表人物是乔治·埃尔顿·梅奥和弗里茨·罗特利斯伯格。

乔治·埃尔顿·梅奥(George Elton Mayo,1880—1949)是原籍澳大利亚的美国管理学家。他出生在澳大利亚的阿得雷德,

1909 年在阿得雷德大学获得逻辑和哲学硕士学位,1922 年移居美国,先后在宾夕法尼亚大学沃顿财政和商业学院任教,1926 年后主要在哈佛大学工商管理学院从事研究工作,直到退休。期间,1927 年应邀参加霍桑实验,1933 年发表了《工业文明的人类问题》一书,总结了霍桑实验第一阶段的工作,创立了人际关系学说。以后他又断断续续地继续进行实验,一直到 1936 年才告结束。1945 年,梅奥发表了《工业文明的社会问题》一书,进一步概括了霍桑实验的结果,阐述了他的观点。

弗里茨·罗利斯伯格(Fritz G . Roethlisberger,1898—1974),美国的行为科学家,1921 年取得哥伦比亚大学文科学士学位,1922 年取得麻省理工学院理科学士学位,1925 年取得哈佛大学文科硕士学位后,留在哈佛大学工业研究室进行研究工作,1927 年参加梅奥主持的霍桑实验,是与梅奥进行过长达 20 余年合作研究的合作者。他的主要著作有:《管理和工人》(1939 年与逖克逊合著)、《管理和士气》(1914 年)、《职工的生产率中人的因素》(1950 年)、《组织中的人》(1968 年)。其中,在《职工的生产率中人的因素》一书中,罗特利斯伯格根据霍桑实验的结果,阐述了自己的观点,对丰富人际关系学说做出了贡献,成为创建人际关系学说和行为科学的主要代表人之一。

7.2.1　霍桑试验

霍桑实验是一项以科学管理的逻辑为基础的试验性研究,是指从 1924 年至 1932 年的近 8 年时间内在美国芝加哥城郊外的西方电器公司的霍桑工厂中进行的一系列实验。

霍桑工厂是一家生产电话机和电器设备的工厂,具有较完善的娱乐设施、医疗制度和养老金制度等,但是工人们仍然愤愤不平,生产效率很低。为了探究原因,1924 年 11 月,美国科学院组织了一个包括多方面专家在内的研究小组进驻霍桑工厂,对该厂的工作条件和生产效率的关系进行了全面考察和多种实验。整个实验前后共分为4个阶段,即照明实验、继电器装配实验室实验、大规模的实验、继电器绕组的工作实验。由梅奥主持的实验主要是从第二阶段开始进行的。

(1)照明实验(1924—1927年)

该项实验的目的是为了研究照明强度对生产效率的影响。专家们选择了12名绕线女工分成两组进行实验。一组是实验组,其照明条件根据实验要求而不断改变;一组是对照组,其照明条件始终不变。起初,他们以泰罗的科学管理理论为指导思想,认为工作的物理条件是影响工作效率的主要因素之一,所以认为照明条件变化的小组生产效率也会发生变化,而照明条件不变的小组则生产效率不会改变。实验结果出乎意料,在实验过程中,当实验组不断地增加照明强度,如将实验组的照明从24、46、76烛光逐渐地增加,而对照组的照明度维持不变时,两个组的产量均大大增加了,而且增加的幅度大致一样;当实验组的照明强度逐渐降低时,两个组的产量仍在继续增加,只有当照明光线降到几乎和月光亮度差不多时,实验组的产量才开始下降。通过这个实验,专家们发现照明强度的改变是影响生产效率的一种因素,但不是决定性因素,而另有未被掌握的因素在起作用。

(2)继电器装配实验室实验(1927—1932年)

继电器装配实验室实验又称"福利实验",主要是研究工作中的福利条件与工人工作效率的关系。为了有效地控制影响生产效率的因素,研究小组把5名自愿参加实验的普通而富有工作经验的女装配工和一名划线工组成实验小组,安置在一间隔离的房间进行实验,并实行了独立计件付酬的办法。另外,研究小组还专门指派了一名观察员加入实验小组,专门负责准确地记录产量及其他与实验有关的变化情况。研究小组向实验小组成员申明了实验的目的,这项实验并不是为了提高产量,而是研究各种不同的工作环境,以便找出最合适的工作环境,同时,要求女工们一切工作按平时那样进行，而不需做任何额外的努力。

在实验过程中，研究小组分期改善工人的福利条件，例如，实行团体计件工资制、增加工间休息、公司免费供应午餐和茶点、缩短工作时间、实行每周5天工作制等等。另外，这个装配小组的女工们在工作时间允许自由交谈，观察人员对她们的态度也非常和蔼，这些福利条件的变化无一例外地都使产量不断上升。研究人员感到迷惑，于是，在改善福利条件一年半以后，他们决定取消这些福利措施。研究人员预想，试验组女工的产量会因此而下降。结果再次出乎意料，实验组女工的产量不仅没有下降，反而继续上升，甚至达到了前所未有的高度。之后，无论条件怎么改变，产量都有所提高，女工们的健康状况也有所好转，迟到、缺勤率也下降了。

那么，如何解释实验组生产率提高的现象呢？研究小组对实验进行了归纳，并提出了5种假设作为分析的起点：一是在实验中改进了材料供应情况和工作方法，可以导致增加产量；二是安排了工间休息以及缩短了工作时间，可以解除或减轻累积起来的疲劳；三是工间休息可以缓和工作的单调性；四是刺激工资制度提高了女工的积极性，从而使产量增加；五是监督与控制方式的改变，改进了工人的工作态度，促进了工人产量的提高。

此后，研究小组通过对产量和其他数据进行了统计分析论证，得出结论：工作条件的改变、疲劳减轻、工作单调性减缓、刺激工资以及监督方法的改变等，虽然能影响工人产量，但都与产量提高没有直接关系，都不是影响产量提高的主要因素。正如梅奥所说的，“在实验中进行的每一项改变……都不能被用来解释这个主要的变化——生产的持续增长”[①]。

为了解释实验结果，研究小组仔细分析观察员所做的每日记录，梅奥也运用心理学等方面的知识，研究了整个试验过程，发现：

---

① 转引自李鹏，袁霞辉编著. 一次读完25本管理学经典. 长春：吉林人民出版社，2001

试验小组女工产量的提高，主要原因在于人的精神方面发生了巨大的变化，因为在实验过程中，工人的劳动从生产现场转移到了特殊的实验室中进行，管理者改变了传统严格的命令和控制方法，而表现出更多的关心与征询意见，为工人们创造了更为自由、愉快的工作环境，同时，工人与工人之间有了更多的交流与帮助，工人与工人之间关系更好等等。所以说，要提高劳动生产率，最重要的是改善社会条件以及人与人之间的关系，而不能只考虑改善工作条件、工休时间、工资报酬等物质因素。

继电器装配实验室实验之后，研究小组决定进一步研究工人的工作态度和组织气氛对工作效率的影响，从而使继电器装配实验室实验成为霍桑实验的一个转折点。

(3)大规模的访谈实验(1928—1931 年)

访谈实验的目的在于研究工人对领导、管理人员、工作条件、保险计划、晋级、工资报酬等方面的态度及其对工作效率的影响，访谈的对象多达 21 000 人。最初的访谈是按照事先设计好的内容采取问答式进行的，然而在实际访谈过程中，工人对事先设计好的问题根本不感兴趣，而是谈些他们认为更重要的问题。于是，研究人员就改变原来的问答方式，采取“无指示性”访谈，允许职工自由发表意见或看法，甚至发泄自己的不满，这样就形成了一种自由和愉快谈话气氛。

通过访谈，工人把心中的不满发泄出来，并且他们的某些建议也被采纳，虽然工作条件还没有改变，工资率也维持原状，但他们心里总觉得各种情况都改善了，结果，工人的劳动态度也发生了很大变化。另外，通过访谈实验，企业管理当局认识到对工厂的管理人员也需要进行训练，使他们懂得消除和工人之间的矛盾，是提高生产效率的一个重要因素。

梅奥通过访谈实验进一步发现，影响生产效率的最重要的因素是工作中发展起来的人际关系，而且每个工人的工作效率的高低，不仅取决于他们自身的情况，而且还与他所在小组中的其他同事有关。访谈实验取得了相当的成绩,但仍然存在不足之处,即实验没有反映企业中非正式组织的情况,针对这个问题,梅奥等人采用新的方法进行了另一次试验和研究,这就是霍桑实验中的另一主要项目——继电器绕组的工作室实验。

(4)继电器绕组的工作室实验(1931—1932年)

这是一项关于工人群体的实验,所以继电器绕组的工作室实验又称为"群体实验"或"观察研究"。实验的目的主要是研究非正式组织的行为、规范以及奖惩等对工人生产效率的影响。

研究人员为了系统地观察在实验群体中工人之间的相互影响,把挑选出来的14名男工安排在一间单独的观察室中,从事一件包含着3个相互联系的工序的工作,其中绕线工9人,焊接头的焊工3人,对绕线工和焊工的工作质量进行检验的检验工2人。实验中,他们实行集体刺激工资制,以小组总产量为前提计算工人报酬。

在实验中,研究人员通过观察和分析首先发现,工作室中的大部分工人实际完成的产量总是保持在中等水平上,而且每个工人的日产量都是差不多的,他们都故意自行限制产量,公司本来根据时间与动作研究确定了工人的工作定额为每天焊接7 312个焊接点,但是工人们每天只完成了6 000~6 600个焊接点,这是他们自己确定的非正式标准,一旦完成了这个数量,即使还有很多时间,他们也会自动停工,不再多干。工人们自行限制产量的原因是:如果工人的产量超过非正式标准,公司就可能降低工资率或者制定出更高的生产定额,也有可能造成其他同伴失业;而如果产量太少,又有可能引起监工的不满或斥责。工人们为了避免影响与同伴的感情,便尽量想办法遵守非正式标准以维持自己在小团体中的地位。另一方面,为使每个工人都能遵守这个非正式标准,团体也会采取讽刺、嘲笑、疏远以及拍打一下等方式对工人施加压力。

研究人员通过观察进一步发现,在正式组织中存在着两个小集团或者说非正式组织,这种非正式组织是自然形成的,他们不受工种的限制，而和工作位置有些关系，同一小集团中的人不顾正式组织的界限而在一起玩耍、打赌、拍打、交换工作意见并互相帮助等，虽然这样做是有违公司的规定的，但不同一小集团的人则不会这样做，因为他们都自认为本集团比其他小集团好。

在小集团中，还形成了一套不成文的行为规范，每个小集团成员都必须遵守这些规范，如果违反这些规范，就要受到惩罚，轻则侮辱、谩骂，重则拳打脚踢，这些规范主要有：不能工作太多或太少，以免影响大家；不能向监工报告任何有损于同伴的事；不能对同伴持疏远态度，孤芳自赏，也不得打官腔、找麻烦；不能唠叨不休或自吹自擂、自以为是。

研究人员认为，这种非正式组织中一般也存在着自然形成的领袖人物，而非正式组织本身也对工人起两种作用，对内控制其成员的行为，使其免受因内部成员生产过多或过少而可能受到的损失；对外可以保护其成员，使之不受来自管理人员的干预。

研究人员在霍桑工厂进行的这一系列实验，虽然经历了8年时间，但是获得了大量的第一手研究资料。霍桑实验是管理思想的一个伟大的历史转折，它为人际关系理论的形成以及后来行为科学的发展奠定了坚实的基础，它使西方管理思想在经历了早期的管理理论和古典管理理论阶段之后，进入了行为科学的理论阶段。

7.2.2 人际关系学说

人际关系学说，又称为人群关系论，是在霍桑实验的实验结果基础上总结归纳而形成的。概括地说，人际关系学说有以下主要内容：

(1)工人是“社会人”

对于人性和人的行为目的的假说，是管理理论和方法中的一个重要问题。泰罗等科学管理是建立在“经济人”假设基础上的，认为:企业主作为“经济人”追求最大利润,工人作为“经济人”则追求最大工资收入,他们追求的都是经济上的目标。科学管理旨在寻找一种方法,使工人在追求最大工资收入的同时实现企业投资者最大利润的要求。在泰罗看来,这一方法的根本在于提高劳动生产率,因此,只要工人和企业主合作,采用科学管理和科学组织等手段,改进工作条件和操作方法以及工资制度等物质和技术方面的条件,就可以达到提高生产效率满足企业主追求高额利润和工人追求高收入的要求。然而,霍桑实验则证明工人是“社会人”,而不是“经济人”。他们指出,人是复杂的社会系统中的成员,他们不是单纯追求金钱收入的,他们还有社会方面、心理方面的需求,如追求人与人之间的友谊、安全感、归属感和受人尊敬等等。也就是说,在基本的物质条件得到一定程度的满足之后,社会的、心理的各种精神因素对人的生产积极性的影响会大大超过物质条件的影响。因此,不能单纯从技术和物质条件着眼,必须首先设法从社会、心理方面来鼓励工人提高劳动生产率,这就是梅奥等人提出的“社会人”的假说。

“社会人”假说的重点是:

1)人是生活在社会之中的,他们不仅通过社会、生理和心理的需求而引起工作动机,并且通过这些需求的满足而受到激励;

2)工业化使人对工作本身失去了乐趣,因此,只能从人与人之间的相互关系中去寻求满足;

3)工人对同事给予的社会影响力要比对管理者所给予的经济诱因及控制更加重视;

4)工人的劳动效率随着他们对社会、生理和心理需求的满足程度而改变,即生产效率的高低主要决定于工人的精神状况而不是工作方法和工作条件①。

---

①　金铭编著.行为科学与企业管理.北京:北京经济学院出版社,1988

(2)企业中存在着"非正式组织"

企业中除了"正式组织"之外,还存在着"非正式组织"。这种人们之间的情感交流所形成的团体,其意义和作用不可低估。事实上,以前已有人曾提到"非正式组织",已察觉到工人中除正式组织以外,还有非正式组织的存在,但没有详细论述。对"非正式组织"这一问题进行比较系统地、深入地研究和论述,还是从梅奥等人通过"霍桑实验"开始的。

所谓"正式组织"就是为了有效地实现企业的目标,以规章制度规定企业中各成员之间相互关系和职责范围的一定组织体系。正式组织一般具有以下特点:

1)是有计划建立的,而不是自然形成的,组织结构的特征反映计划者的意图;

2)是有明确的目标、规划和章程的;

3)划分领导层次、职能及专业化分工,赋予领导者权力,要求下级必须服从上级;

4)组织内的个体是可以取代的,即甲的工作职位乙可以代替,不重视个人的独特性。个人只是听从于组织的安排,并力求符合组织的要求,实现组织的目标。

古典管理理论仅注意正式组织的问题,诸如组织结构、职权划分、规章制度、政策方针等等。然而,梅奥等认为,人是社会的动物,人们在企业内部共同生产和劳动的过程中,相互之间必然会发生一定的联系,这种联系会加深人们的相互了解,从而能形成某种共识,建立起一定程度的感情,逐渐发展成为一种相对稳定的非正式的集团或团体,即非正式组织。非正式组织形成的原因很多,有地理位置关系、兴趣爱好关系、亲戚朋友关系、工作关系等等。罗特利斯伯格在《走向统一的管理理论》一文中曾指出,非正式组织应该被看做是"一些惯例、价值观、准则、信念和非官方的规则"。

在正式组织中,以效率逻辑为其行动标准。所谓效率逻辑,是指为了提高效率,企业的各个成员之间保持正式的协作关系。在非正式组织中，以感情逻辑为其行动的标准，这是出于某种感情而采取行动的一种逻辑。非正式组织不仅存在于工人之中，而且存在于上层经营管理人员、技术人员之中，而这正是感情逻辑在起作用的缘故。但是，一般地讲，效率逻辑对于管理人员、技术人员比之对于工人更为重要，而感情逻辑则在工人中比在管理人员和技术人员中占有更为重要的地位。所以，如果管理人员、技术人员忽视工人的感情逻辑，只是依靠效率的逻辑来进行管理，只重视正式组织的作用，忽视非正式组织的作用，就必然会使管理人员和工人发生冲突，产生矛盾。在采用传统管理理论进行管理时，这种冲突是经常发生的，要解决这种矛盾与冲突。梅奥认为，其办法就是企业的领导者、管理人员要充分认识并重视非正式组织的作用，因为无论承认与否，非正式组织都是存在的。同时，管理人员要注意在正式组织的效率逻辑同非正式组织的感情的逻辑之间保持平衡，以便使管理人员之间、工人与工人以及管理人员与工人之间建立相互信任、协作的关系，创造良好的工作环境并充分发挥每个人的作用，提高劳动效率。

(3)企业应采取新型的领导方法，满足工人的社会欲望，提高工人的士气

科学管理理论认为，生产效率与作业方法、工作条件之间存在着单纯的因果关系，只要正确地确定工作内容，采取恰当的刺激制度，改善工作条件，就可以提高生产效率。可是，霍桑实验表明，这两者之间并没有必然的直接联系，生产效率的提高关键在于工人工作态度的改变，即工人士气的提高。

“士气”本来是表示军队作战时的集体精神的，行为科学则用它来表示企业组织中一个团体的工作精神和干劲，即精神状态。罗特利斯伯格在《管理与士气》一书中指出，“一个人是不是全心全意地为一个团体提供他的服务，在很大程度上取决于他对他的工作、对他工作中的同伴和他的领班的感觉”。由此可见，士气是一种集体意识或群体意识，也叫团队精神。梅奥等人从人是社会

人的观点出发,认为工人"士气"的高低取决于工人的需求得到满足的程度,在这些需求中,金钱与物质方面的需求只占很少的一部分,更多的是安全感、归属感、荣誉感、友情和被人尊重等社会的、心理的需要。同时,工人的需求是因人而异的,其满足程度也有所不同,这主要取决于两方面因素:一是工人的个人情况,包括由于不同的经历、不同的家庭生活和不同的社会生活所形成的不同的态度;二是工作场所情况,包括工人相互之间、工人与领导者之间的人群关系好坏。梅奥认为,职工的满足程度越高,其士气就越高,生产效率也就越高。因此,新型的领导者除了要具有技术、经济方面的技能外,还要具有处理人际关系的能力,能通过认真地分析职工的需要,不仅解决工人生产技术或物质生活方面的问题,而且掌握他们的心理状态,了解他的思想情绪,采取相应措施组织好管理工作,从而适时、充分地激励工人,使工人通过获得满足感而愿意为达到组织目的合作并贡献力量,最终达到提高劳动生产率的目的。

7.3 激励理论

激励就是激发人的动机,引发人的行为。人受激励是一种内部的心理状态,看不见,听不到,摸不着,只能从人的行为去加以判断。人的行为的动因是人的需要,因此,对人的行为激励,就是通过创造外部条件满足人的需要的过程。大量的管理实践证明,研究人的需要,寻求激励因素、激励条件和激励方法等,对于调动人的积极性,提高组织效率有着重要的作用,在西方管理理论中,激励理论是西方行为科学理论的核心,其类型很多,学者们从不同的角度研究如何激励人们,这里介绍几种主要的激励理论或模型。

7.3.1　需要层次理论

行为科学认为人的各种行为都是由一定的动机引起的,而动机又产生于人们本身存在的各种需要,人为了满足自己的需要,就要确定自己行为的目标,人都是为了达到一定的目标而行动的。这种从一定的需要出发,为达到某一目标而采取行动进而实现需要的满足,而后又为满足新的需要产生新的行为的过程,是一个不断激励过程。只有尚未得到满足的需要,才能对行为起激励作用。尚未得到满足的需要是些什么需要?这些需要之间有什么区别和联系?20世纪40年代,美国心理学家马斯洛首先提出了需要层次理论,后来由美国心理学家奥尔德佛和麦克利兰发展了这一理论。

(1)马斯洛的需要层次理论

亚伯拉罕·马斯洛(Abraham H. Maslow,1908—1971)是美国的一位有名的心理学家和行为科学家。1934年在威斯康星大学取得了心理学博士学位,并在该校任教5年,然后迁往纽约,在哥伦比亚大学和布鲁克林学院任教,1951年任布兰代斯大学心理系教授兼系主任。他的主要著作有:《人类动机的理论》(1943年)、《激励与个性》(1954年)、《心理科学》(1966年)等。

马斯洛认为,人是有需要的动物,人的需要至少有5类,这5类需要有低级和高级之分,按其发生的先后顺序排列,可以分为5个层次,即生理的需要、安全的需要、感情和归属需要、尊重的需要和自我实现的需要(如图7.1)。

1)生理的需要。包括维持生活、延续生命所必需的各种物质上的需要,如衣、食、住房、医药、生育、排泄等,这是人类生存和发展的最基本需要,因而也是推动力最大的需要,在这一级需要没有得到满足前,下面提到的各级更高的需要就不会发挥作用。

2)安全的需要。包括心理上与物质上的安全保障的需要,如

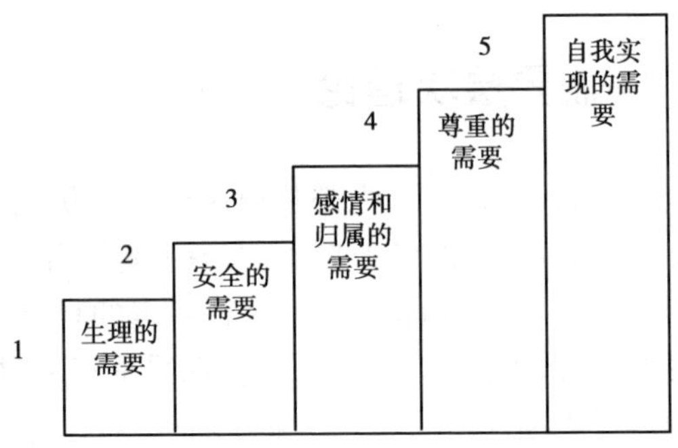

图 7.1　马斯洛需要层次的基本模式

免除危险、恐惧、威胁、职业有保障、劳动安全有保障、失业退休后生活有保障等。

3)感情和归属的需要。包含两层意思:一是指个人需要与同事、同伴保持良好的关系,希望得到友谊、忠诚和爱情。人人都希望得到别人的爱,同时也需要爱别人。二是指人需要有所归属,即成为某个集团或群体的成员,被团体接纳,能关心和帮助别人,同时得到别人的关心和帮助。这类需要对大多数人来说是最强烈的需要,如果得不到满足就可能影响人的心理健康。

4)尊重的需要。包括希望有一定的社会地位和名望,要求个人能力、成绩或成就得到社会的承认等等。这类需要又可分为自我尊重和外部尊重。自我尊重指人的自尊心,人人都需要学习知识,发展自己的能力,希望自己能胜任工作,在工作中能做出成就,表现自己的才华等等。外部尊重指由他人给予的尊重,包括得到名誉、地位,自己的成绩得到他人的认可、欣赏以及得到上级的赞誉等等。

尊重需要的满足会导致人的自信心和威望感,会使人体验到自己存在的价值。人世间尊重的需要一旦受到挫折,就会使人产生自卑感、软弱感和无助感,失去信心。

5)自我实现的需要。这是最高一级的需要,指一个人需要做他最适宜的工作,发挥他最大的潜力去实现理想,并能不断地自我创造和发展。一个自我实现的人有以下的特点:主动、思想集中于问题、超然、自治、不死板、同别人打成一片、具有非恶意的幽默感、有创造性、现实主义、无偏见、不盲从、同少数人关系亲密等。

马斯洛认为,人的上述5类需要构成一个从低到高的阶梯,最底层的是生理的需要,最高层的是自我实现的需要。在特定的时间里,如果人的一切需求都未得到满足,那么最低级需求的满足就会比其他需求的满足更突出。当下一级需要得到满足以后,上一级需要的满足就会凸显出来,成了人的行为激励因素。马斯洛的需求层次告诉我们,不同的人的需求在同一时间内是不同的,同一个人在不同时间里的需求也是不同的。因此,在同时间里不同人的激励因素是不同的,同一个人在不同时间里的激励因素也不同。当一个人连最基本的生活需要还未得到满足时,那么生理方面的需要就成了他行为激励因素,而当他基本生活条件满足以后,他就要追求更高层次的需要,这时更高层次的需要的满足又成了他行为的激励因素。马斯洛认为,人的自我实现的需求是无止境的,因此,它是人的行为的最强大、最持久的激励因素。

马斯洛的需要层次理论具有一定的参考价值。管理者在了解了什么条件下应满足下属的何种需要之后,可因人而异地采取适当的管理方法。

(2)奥尔德弗的ERG理论

行为科学家奥尔德弗对发展马斯洛需要层次理论的贡献是提出了“ERG理论”,这是一种关于需要和激励的理论。1968年奥尔德弗发表了《生存、关系、成长》一书,全面系统地阐述了“ERG理论”,ERG的全称是“Existence Relatedness Growth”,译成中文就是“生存、关系、发展”。奥尔德弗在马斯洛需要层次理论的基础上将人类需要划分为3个层次:第一,生存。这是最基本的,指人在饮食、住房、衣服等方面的基本需要,这种需要一般只有通过金钱才能得到满足,这是相当于马斯洛的第一和第二级的需要。第二,关系。指与其他人(同级、上级、下级)和睦相处,建立友谊和有归属感需要,这相当于马斯洛的第三级的需要。第三,发展。指个人在事业、能力等方面有所成就和发展,这相当于马斯洛的第四级和第五级的需要。

奥尔德弗对上述3个层次需要的规定在内容上与马斯洛的需要层次理论有相互交叉之处,但他对需要的分析又不是仅仅局限于马斯洛需要层次理论的范畴之内,他在以下几个方面发展了马斯洛的需要层次理论:

1)他认为人类需要不完全是生而有之的,通过人们的后天学习可以产生某些需要,如自我实现的需要。

2)虽然他也同意人类需要有层次的观点,但在阿尔德弗看来,人的需要不一定严格地按照由低级向高级发展的顺序。为此,他提出了有名的"挫折—倒退假设",即一种需要得到满足后,则有满足更高层次需要的愿望,但如果更高层的需要受挫而难以实现,就应当倒退到原来的这一层需要上去,而且要把原来这一层需要看得比以往更加重要。

3)阿尔德弗强调,研究人类需要对管理者的意义就在于管理者应努力把握和控制工作结果,通过工作结果满足人们的各种需要,从而激发人们工作的动机。

(3)麦克利兰的成就需要理论

戴维·麦克利兰(David Meclelland)是美国哈佛大学教授、心理学家。1966年他在《促使取得成就的事物》一书中提出了成就需要理论,这种理论在管理上有着十分重要的作用。

麦克利兰认为,在人类生理需要基本满足的前提下,人类的基本需要有3种,即权力需要、社交需要和成就需要。

1)权力需要。包括追求个人权力的需要和追求社会权力的需要。人们总是从依赖别人到相信自己,到控制别人,再到自我隐退而追求社会权力,具有较大权力欲望的人对施加影响和控制表现出极大的关切,这种人一般追求领导者的地位,好辩论、健谈、直率、头脑冷静、有能力并善于提出要求、喜欢演讲。

2)社交需要。社交需要对不同社会地位的人有不同的要求和体现,对于那些负有全局责任的人来说,他们为了取得社会的理解和支持,总是把社交和友谊的需要看得更重要些。极需社交的人常从友爱中得到快乐,并因被某个社会团体拒绝而痛苦。

3)成就需要。就是对实现自己目标的需要,极需成就的人,对成功有一种强烈的要求,同时也十分担心失败,但他们愿意接受挑战,为自己树立一个具有一定难度的目标并为之努力。麦克利兰认为,具有挑战性的成就会令人欣慰,增强自信心,激发人的奋斗精神。

麦克利兰指出,高成就的需求者是人类的精华,他们多数都是中产阶级,都具有共同的特点,即事业心强,有高度责任感,不畏困难,愿意承担风险,意志坚强等。

麦克利兰用了大量的调查资料证明了具有高成就需要的人是影响一个国家胜败兴衰的主要因素,因此,他主张应注重通过各种教育的形式来培养具有高成就需要的人。

7.3.2　双因素理论

双因素理论又称“保健因素—激励因素理论”,这也是一种激励模式理论,它是由美国学者弗雷德里·赫茨伯格(Frederick Herzberg)于 1959 年在其《工作与激励》一书中首先提出的,之后,他于 1966 年出版了《工作与人性》一书,并在书中进一步发展了这一理论。

20 世纪 50 年代后期,赫茨伯格为了研究人的工作动机,调查了包括匹兹堡地区 11 家工业企业的 200 多名工程师和会计人员,并提出了许多问题,如:在什么情况下你对工作特别满意,在什么情况下对工作特别厌恶,原因是什么等等。调查结果发现,使他们感到满意的因素都是工作的性质和内容方面的,使他们感到不满意的因素都是工作环境或者工作关系方面的,赫茨伯格把前者称为激励因素,后者称为保健因素。

所谓保健因素，是指它的满足对职工产生的效果，类似于卫生保健对身体健康所起的作用一样。卫生保健不能直接提高健康水平，但有预防疾病的作用。同样的，保健因素虽不能直接起激励职工的作用，却能防止职工产生不满情绪；虽不能增加员工的工作热情，却能防止员工降低工作效率。这些因素实际上是将激励维持到"零位"，能防止发生消极激励，因此，保健因素又常常被称为维持因素。保健因素主要包括：公司的经营方针和组织的发展方向、组织的行政管理政策、管理监督的方式和方法、工作条件、工资福利、工作保障、人际关系、个人生活、地位等。

激励因素是与工作本身有关的因素，其能对工作的满足产生积极影响，使员工增长干劲，激励因素包括：良好的工作性质、工作得到认可，即由于良好的工作成绩而得到上司的及时奖赏、职务上的责任感、工作成就感、工作本身带来的愉快、个人发展的可能性、晋升。

分析一下上述两类因素可以看到，激励因素是以工作为中心的，即以对工作本身是否满意，工作中个人是否有成就，是否得到重用和提升为中心的；保健因素则与工作的外部环境有关，属于保

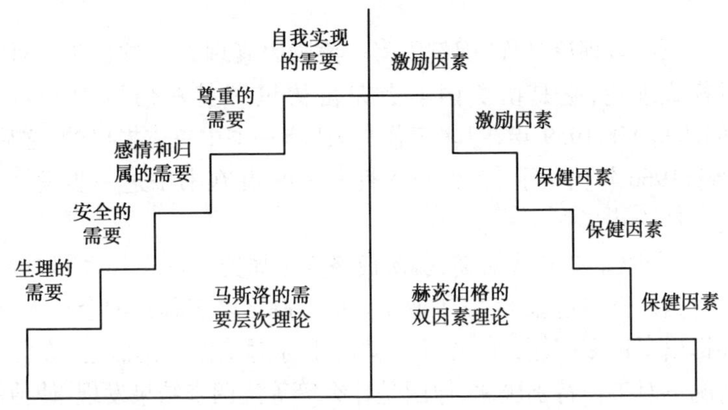

图 7.2　马斯洛模式与赫茨伯格模式比较图

证工作完成的基本条件。研究中还发现，当职工受到很大激励时，

他对外部环境的不利能产生很大的耐性;反之,就不可能有这种耐性。

赫茨伯格的双因素理论与马斯洛的需要层次理论有很大的相似性(如图7.2)。马斯洛的高层需要即赫茨伯格的主要激励因素,而为了维持生活所必须满足的低层需要则相当于保健因素。可以说,赫茨伯格对需要层次理论进行了补充,他划分了激励因素和保健因素的界限,分析出各种激励因素主要来自工作本身,这就为激励工作提出了方向。

7.3.3 人性假设理论

所谓人性假设,是指任何组织的管理者在管理其下属时,对其下属所持的基本看法,有人称之为"管理的假定"。管理的假定不同,管理者采取的管理办法以及激励下属的形式也不同。充分认识管理的假定问题,对正确激励下属、提高工作效率大有帮助。

(1)麦格雷戈的X理论—Y理论

道格拉斯·麦格雷戈(Douglas Mcgreger,1906—1964)是美国麻省理工学院教授、心理学家。1957年他在《美国评论》杂志上发表文章,第一次提出了X理论和Y理论。在1960年出版的《企业中人的因素》一书中,他系统地阐述了他关于人性假设的理论。

1)X理论。X理论认为,工人生来就是懒惰的、被动的,必须采取"强硬"的管理方法进行严密地监督、控制和奖惩等外界刺激才能提高其劳动积极性。这是传统管理理论对人的本性的看法。X理论的主要内容是:

①人天性懒惰,尽可能逃避工作;

②人大都明哲保身,不愿承担责任,宁愿受人指挥;

③人皆自私,对组织和他人的需要漠不关心;

④人本性不诚实,容易被愚弄;

⑤人习惯于墨守成规,反对变革,不求进取。

麦格雷戈认为,X 理论曾经是企业领导人中非常普遍的一种信念,对美国的企业管理工作有过重大影响。以 X 理论为指导思想,管理人员把人和物等同,忽视人的自身特征和多种需要,只注意人的生理需要和安全需要,常常以金钱作为管理工具,对不合要求的行为则采取惩罚手段。显然,在这种人性假设基础之上的管理方法对本属于"社会人"的人们来说,是难以激发其动机的。

2)Y 理论。麦格雷戈不同意 X 理论,提出了与 X 理论截然相反的 Y 理论,Y 理论的主要内容是:

①人并不是天生就厌恶工作的。对人来说,在工作中应用体力、脑力就像游戏和休息一样自然。

②外部的控制和惩罚的威胁并不是促使人们为实现组织目标而努力的惟一办法,人们对自己所参与的目标会实行自我指挥和自我控制。

③在适当的条件下,人们不但能接受责任,而且能主动地承担责任。

④大多数人都有解决问题的丰富的想像力和创造力,在现代工业的条件下,一般人的智力潜能只得到了部分的发挥。

麦格雷戈把 Y 理论称为"人员管理工作的新理论",是"个人目标和组织目标结合"的理论。他主张,在 Y 理论对人性假设的前提下,管理者所采取的主要管理方式就应是正确激励下属。具体地说,就是要协调组织目标与个人目标之间的矛盾,让工人参与组织目标的设计,相信下属有良好工作的愿望,让他们自己参与管理,使之承担一定的责任,并注意在组织中创造有利于个人发展的良好环境,使下属的智慧、能力得以充分发挥,以更好地表现组织与个人的目标。

由此可见,X 理论和 Y 理论代表了管理中对人性假设的两种极端的观点。

(2)阿吉里斯的"不成熟—成熟理论"

克里斯·阿吉里斯(Chris Argyris)是美国哈佛大学教授,他提出的“不成熟—成熟理论”是研究人的个性和组织的关系的一种理论，又被称为“个性和组织”的假设。

阿吉里斯提出，在人的个性发展方面，如同婴儿成长为成人一样，也有一个从不成熟到成熟的连续发展过程，最后发展成为一个“健康的个性”。他认为人从婴儿(不成熟)至成年(成熟)经历了7 种变化：第一，婴儿的被动状态，逐渐让位于儿童和成年的主动状态；第二，从婴儿依赖别人的状态，发展为依赖性减少，以至相当独立；第三，从婴儿只能以少数方式行事，发展到成年人那样地以多种不同方式行事的状态；第四，从婴儿期飘忽不定的、偶然的、无心的、短期的和浅薄的兴趣，发展到成人那样拥有专注的兴趣；第五，由婴孩时期比较短暂的知觉转变为像成年人那样具有有意识的、较长期的知觉；第六，从附属于别人，发展到渴望占据一个至少和同伴平等或者更高的地位；第七，由对自我漠不关心，转变为明白自我、控制自我。一个人在这个“不成熟—成熟理论”连续发展过程中所处的位置，就体现了他自我实现的程度。

阿吉里斯认为，大多数企业组织都将其员工视为“不成熟状态”。他指出，企业组织的劳动分工限制了个人的主动性，窒息了个人的自我表现；自上而下的权力等级，使个人依附于领导者而处于被动状态；统一指挥和组织控制则往往使得组织目标和个人目标发生冲突，控制得越紧，使得在最基层的个人自我控制的范围就变得越小，也就越妨碍人的成熟和自我表现。只有采取扩大职工的工作范围，采取职工参与式的领导方式，使职工有从事多种工作的经验，更多地依赖职工的自我控制等办法，才能消除个人和组织之间的冲突并使之协调起来。

阿吉里斯的“个人和组织”假设说明管理人员对待其下属的看法和态度，可能是影响激励方式的主要因素，如果管理人员根本不懂得怎样真正激励职工，他当然也提不出任何可行的管理方式。

7.3.4 强化理论

强化理论是美国行为科学家哈佛大学心理教授斯金纳(B. F. Skinner,1904—1990)在1960年出版的《随机应变的加强》一书中提出的。所谓强化是指通过对一种行为的肯定或否定(奖励或惩罚),从而使行为得到重复或制止的过程。斯金纳认为,人们的行为取决于由此行为产生的后果的报偿,如果想对人们的行为有所影响,管理者可以通过控制行为的后果来对当事人的行为进行强化,使人的行为重复发生的称为正强化,制止人的行为重复发生的称为负强化。

强化理论的基本观点是:

1)人的行为受到正强化趋向于重复发生,受到负强化会趋向于减少发生。例如,当一个人做了好事受到表扬,会促使他再做好事;当一个人做了错事受到批评会使他减少做类似的错事。

2)欲激励一个人按一定要求和方式去工作,奖励(给予报酬)比惩罚更有效。

3)反馈是强化的一种重要形式。反馈就是使工作者知道结果。管理者对被管理者的积极行为给予评价会使这种行为重复发生。

4)为了使某种行为得到加强,奖赏(报酬)应在行为发生以后尽快提供,延缓提供奖赏会降低强化作用。

5)对所希望发生的行为应该明确规定和表述。只有行为的目标明确而具体,才能对行为效果进行衡量和及时予以奖励(给予报酬)[①]。

斯金纳的强化理论对于管理的意义,在于管理者可以通过控制某种行为的后果,实施强化进度来引导人们的行为。在通常情况下,尤其在执行选择中,强化手段可使人在各种明确规定的行为

① 曹杰编著.行为科学.北京:科学技术出版社,1987

目标中进行选择,因而更有利于人们围绕组织目标去行动。

7.3.5 期望理论

期望理论的倡导者认为,人们总是被期望所激励,他们总是用对未来某种良好成果的期望激励现在的行为。这里主要介绍弗鲁姆的期望效价理论。

维克多·弗鲁姆(Victor H. Vroom)是美国心理学家,长期从事研究人的期望与行为积极性的关系。他认为,人们对从事各项活动能够得到的满足是和自己能否胜任这项工作和对这项工作的评价有极大关系的。他在 1964 年发表的《工作与激励》一书中提出了期望效价理论。根据这一理论,可以得出激励是目标效价和期望概率的乘积,用公式简单表示为:

$$激励力 = 目标效价 \times 期望概率$$

公式中,目标效价(即目标价值)是指当事人对所期望达到的某一成果价值的主观评价,或称期望值;期望概率是指一个人对于某一行为导致某一成果可能性大小的判断,即对工作目标能够实现的概率的估计;激励力是指采取某一行动的内趋力的程度,激励力促使行动取得成果,通过评价成果使职工获得满足。一般地,目标效价可以分为内在效价和外在效价两种情况。内在效价是指当事人都可以从工作中得到一定程度的满足;另一种是只有工作成功了,才得到满足,不成功则不满足,可见,内在效价因人而异。外在效价则表现为工资、表扬、晋升、领导信任和同事赏识等等。这表明,激励一个人的行为可以从提高内在效价和外在效价两方面入手,并通过改善工作条件等方法尽可能提高期望概率。同时,这也要求恰当地确定目标,使个人有通过努力达到目标的可能性,这样才会使人有信心、有决心,从而激发人的内部的强大力量。如果确定的目标使人感到高不可攀,或者目标太低使人感到不费力气就可达到,就起不到激励作用。另一方面,人对目标价值的主观评价是受各种因素影响的,既受个人的知识、经验、态度、信仰、价值观等主观因素的影响,又受到社会条件、人际关系等社会因素的影响,因此,在确定了恰当的目标以后,还要根据社会环境和个人特点进行目标价值的宣传教育,提高个人对目标价值的认识。

7.3.6 公平理论

公平理论是美国行为科学家斯塔亚·亚当斯(J. S. Adams)于1965年提出的一种激励理论,侧重研究工资报酬分配的合理性、公平性及其对职工生产积极性的影响问题。

公平理论反映了"每一个人都应该公平地得到报酬"这一原则是否得到贯彻及其在激励方面的作用。

公平理论认为,人的工作动机不仅受所得绝对报酬的影响,而且受相对报酬的影响,即一个人不仅看到自己的实际报酬,还把自己的报酬与他人的报酬进行比较。当一个人把自己的报酬与做同等工作的他人报酬相比较,发现二者相等时,他会认为这是正常的、公平的,因而,心情舒畅地积极工作;而当他发现二者不相等时,内心就会产生不公平感,于是有怨气,发牢骚,影响工作积极性。

由此可见,亚当斯的公平理论对管理的意义在于,它启发管理者在设计报偿方式和决定下属的报偿水平时要公平合理,通过满足员工在报偿上的公平感需要来达到激励员工的目的。因此,西方许多企业,依据公平理论,为了避免使职工产生不公平的感觉,常采取多种手段或在企业中造成一种公平合理的气氛,使职工主观上产生公平感,或采取单独发奖的办法,使职工相互不了解彼此的收支比率,以免职工互相比较而产生不公平感。

7.3.7 团体行为理论

霍桑实验以后,人们开始关注组织的行为,人际关系学派也逐渐兴起。人们开始注意到在正式组织中往往存在非正式组织,而且非正式组织起着不可忽视的作用。因此,在激励理论的研究方面,学者们也不再局限于研究行为个体的激励问题,而将其扩展到团体行为的激励。在团体行为的激励方面,一般认为比较有代表性的理论有两个,即卢因的“团体动力学”理论和布雷德福的“敏感性训练”理论。

(1)卢因的“团体动力学”理论

库尔特·卢因(或译勒温)(Kurt Lewin,1890—1947)原来是德国的心理学家,20 世纪 30 年代移居美国从事有关团体行为的试验研究。1938 年,他提出人的行为是他的个性同他所理解的环境的函数,即行为 $=F$(个性,环境),其中 F 表示函数关系。他还指出,在实验室和现场进行有理论依据的实验能最好地理解人在团体中的行为。1944 年,他首先应用“团体动力学”这个术语,说明团体是处于均衡状态的各种力的一种“力场”,在团体中,人与人相互接触、相互影响和情绪的综合体就构成团体行为,这是他的团体行为研究的理论基础。1945 年,卢因在美国的麻省理工学院建立了团体动力学研究中心。卢因及其合作者建立和发展起来的团体动力学理论主要有以下几方面的内容:

1)团体是一种非正式组织,是处于相对均衡状态的各种力的一种“力场”(类似于相互作用,不断变化的“物理场”),叫做“生活场所”或“自由运动场所”。卢因认为,人们结成团体,不是静止不动的,而是处于一个不断地相互作用、相互适应的过程当中的。团体行为不是简单的算术相加,而实际上是一个集体的个人,是一个集体的指挥,是各种相互影响的力的一种错综复杂的结合。这些力是相互作用的,它们既涉及团体活动的环境,也涉及团体成员的个性、感情以及相互之间的看法和关系,既影响团体结构,也影响个人的行为。

2)团体同正式组织一样,是由活动、相互影响和情绪这 3 个基本要素组成的。“活动”是指人们在工作和日常生活中的一切行动;“相互影响”是指人们在组织中相互发生各种作用的行为;

"情绪"是指人们在团体活动中和各种内在的、看不见的心理活动,这些人的心理活动是可以从人所要进行的各种活动和他们之间的相互影响中判断出来的。团体内各个成员的活动,相互影响和情绪的综合,就构成团体行为。卢因强调,团体的三要素并不是相互孤立的,而是紧紧联系在一起的,只要其中的一项发生了改变,那么其他两项就随之变化。团体同正式组织相互影响,交互作用。

3)团体的存在和发展,除了正式组织的目标以外,还需要有一个自己的目标。团体目标与正式组织的目标很可能不一致,管理者认识到这一点就应该注意到正式组织目标与团体目标的协调问题,连续地、过度地追求正式组织的工作目标很可能有损于团体行为的内聚力和效率,从而阻碍了正式组织目标的实现。另外,有效的团体必须能够觉察并处理人与人之间现存的和潜在的分歧和冲突,而不是掩盖或压制它们。在团体内把感情上的压力发泄出来,有利于正式组织工作目标的实现。

4)团体中有一个非正式的、较难辨认的结构,它包括团体领袖、正常成员、非正常成员和孤立者。一般来说,正常成员是接受并遵守团体的绝大多数规范的,而非正常的成员拒绝其中的另一些规范,但仍属团体成员。在这样的一个团体中,领袖是自然形成的,其在维持团体成员的团结方面有着重要的作用,他不但帮助团体中较为弱小者,还要代表团体向正式组织提出团体的要求。孤立者是指那些不属于某一固定团体的成员,他们通常向往不同于目前单位的其他团体。

5)团体有其规范。团体的规范就是团体成员所期望的行为标准。它一般像正式组织的各种规范和标准,它是不成文的团体成员共同承认并同意遵守的行为规则,但团体规范并不规定其成员的全部活动,而只是规定团体对其成员的行为可以容忍和不能容忍的范围。团体成员若违背了团体规范,则会受到来自团体内部的压力。

6)团体有不同的领导方式。卢因把它分成 3 种,即专制型的领导方式、民主式的领导方式和自由放任式的领导方式。专制型的领导方式，是指决策由领导一人做出并要求成员绝对服从。这种领导方式下的团体成员有的会完全依附于领导者，领导不在时，活动便陷于停顿，因此这种领导方式的效率一般不高，只能取得中等效率。民主式的领导方式是指领导者通过讨论和征求意见，吸收团体成员的看法和建议，并鼓励成员参与决策。这种领导方式下的领导者与成员之间的关系比较自由和谐，团体成员相互之间的关系也比较协调，因此，即使领导者不在场，工作也仍然能够顺利地进行，且效率比较高。在自由放任式的领导方式下，领导者的作用有点像情报交换站，主要是向各个成员提供资料和情报，而不进行什么控制，因此，在这种团体中，工作的进展不稳定，效率也不高。

卢因认为，这 3 种领导方式中，只有民主的领导方式最好，但也有人认为，要根据不同的情况来对待。

7）团体对其成员有内聚力，也就是吸引力。团体的内聚力指团体对其成员的吸引程度，既包括团体对每一成员的吸引程度，又包括团体成员之间的吸引程度。团体成员之所以对团体忠诚，对团体的工作有责任感，团结一致对付外来的攻击等，就是因为团体有内聚力。这类内聚力的团体是一种有力的工具，既可用来协助正式组织，也可用来反对正式组织。团体内聚力越高，说明它存在的意义越大，它对正式组织目标实现的影响就越大。因此，正确利用团体的内聚力，可以促进正式组织目标的实现。

8）团体的规模一般取决于参加团体成员人数的多少。一般来说，团体的规模比较小，这样有利于团体内部交流各种信息和感情，以维持团体的长期存在。

此外，这一理论还对团体行为的分类、团体行为的改变、团体的参与者以及团体行为对变动的反应等方面的问题进行了广泛研究。

(2)布雷德福的“敏感性训练”理论

敏感性训练也叫做“T式训练组训练”或“实验室训练”,是美国心理学家利兰·布雷德福(Leland Bradfurd)首先提出的。1946年,布雷德福在进行无领导者团体讨论的研究时无意中发现了敏感性训练的技术。1947年,他在美国缅因州贝瑟尔建立了第一所“敏感性训练”实验室,又称“国家训练实验室”。1964年他在《培训小组——理论与实验方法》一书中正式提出了敏感性训练。

敏感性训练的目的是使参加者(主要是领导者)通过互相学习,增进对自己和对别人的了解,以提高领导能力。也就是通过使受训练者在共同学习环境中的相互影响,提高他们对自己的感情和情绪,自己在组织中所扮演的角色以及自己同别人的相互影响等方面的敏感性,进而改变自己与别人的关系,达到满足个人需求和提高劳动效率的目的。

敏感性训练通常在类似实际工作环境的实验环境中进行,而不是在个人的工作场进行。它是在行为科学家,特别是精通小团体行为和相互影响作用的社会心理学家的指导下进行的。训练团体内没有领导,一般由10个人左右组成,再加上一个行为科学家,但这个行为科学家只作为一个调解者和训练者帮助每一位受训者认识别人是怎样看待自己的,并防止某一受训者由于团体内产生的压力而受到严重的心理伤害。

整个敏感性训练可以分为3个阶段:第一阶段,旧态度解冻阶段。在训练的头几天,原有的领导形式和权力观念都被废除,旧态度开始解冻。第二阶段,加强敏感性阶段。在这个阶段,受训者互相影响,开始改变旧态度,建立起新的相互关系。第三阶段,新态度巩固阶段。把新建立起来的态度巩固下来并保持下去,以使在今后的工作和人际关系中收到实效。

一般来说,经过敏感性训练的人员回到原单位后,人际关系的敏感性一般能继续保持,特别是一些高级领导人员,他们的管理技巧与民主作风会明显改变,对满足个人需要和实现组织目标都会起到好的作用。但是,也有些管理学家和企业领导者认为,敏感性训练过于偏重精神治疗方面,在企业管理实践中所起的作用不大。尽管人们看法不同,但这种敏感性训练在“美国管理协会”、“国家训练实验室”以及各大学和咨询公司中仍广泛进行着。

7.4　领导效能理论

行为科学家认为,领导是一种行为,是领导者与被领导者的一种人际关系,是领导者与被领导者之间发生交互作用的过程,即领导者运用自己的影响力引导和影响被领导者的思想和行为,使之为完成一定目标而努力工作的行为过程。也可以说,领导是人与人的社会过程,因此,领导是管理的重要内容。西方管理理论中对领导理论的研究主要集中在如何提高领导效能的研究方面。

7.4.1　领导者品质理论

某些行为科学家认为,领导效率的高低主要取决于领导者的品质,因而对领导者品质的问题进行了较多的研究,提出了各种品质理论,其中主要代表者有亨利与鲍莫尔。

行为科学家亨利(Henry,W.)在调查研究的基础上,归纳出了一个成功的领导者应具备的12点品质:

1)成就需要强烈,把工作成就看成是自己最大的乐趣,置于金钱报酬和职位晋升之上,愿为完成艰巨的工作任务而努力。

2)干劲大,工作积极努力,希望承担富有挑战性的新工作。

3)用积极的态度对待上级,尊重上级,同上级关系好。

4)组织能力强,并有较强预测能力,能从有限的材料中预测出事物的发展动向。

5)决断力强,能在较短的时间内对各种备择方案加以权衡并迅速做出决断。

6)自信心强,对自己的能力有充分的自信;对自己的目标坚定不移,不受外界的干扰。

7)思想敏捷,富有进取心。

8)竭力避免失败,不断地接受新的任务,树立新的奋斗目标,驱使自己前进。

9)讲求实际,重视现在,不沉湎于过去和不确定的将来。

10)对上级比对下级亲近。

11)对父母没有情感上的牵扯,一般不同父母住在一起。

12)忠于组织,恪尽职守。

鲍莫尔(Baumol,W. J.)认为企业家是掌握了领导艺术、效率高超的企业领导者,应具备以下条件:

1)能同人合作,用感化和说服的方法赢得人心。

2)实事求是地决策,并能高瞻远瞩。

3)善于授权,适当地把职权授予下级,自己抓重要的政策和事项。

4)善于把人力、物力、财力组织起来,调动下级的积极性。

5)灵活机动,权宜应变,不墨守成规和生硬僵化。

6)责任心强,对自己要求严格。

7)对新鲜事物敏感,富有创新精神。

8)勇于负责,敢担风险。

9)谦虚谨慎,尊重别人。

10)自持严格,受到别人的尊重。

7.4.2 支持关系理论

伦西斯·利克特(Rensis Likert)是美国的行为科学家和心理学家,长期任美国密歇根大学研究中心主任,从事企业领导模式的研究。他们的研究对企业管理有较大影响,被人称"密契根研究"。利克特在 1961 年出版的《管理的新模式》和 1967 年出版的

《人群组织:其管理和价值》等著作中,总结了密契根研究的成果,提出了"支持关系理论",其主要内容如下:

1)在企业管理工作中,对人的领导是最重要的中心工作。在对人的领导工作中,支持关系理论认为,领导者要考虑下属职工的处境、想法和希望,支持职工实现其目标的行动,让职工认识到自己的价值和重要性,认识到自己工作中的经验有助于个人价值的实现。由于领导者支持职工,就能激发起职工对领导者采取合作态度和抱有信任感并支持领导者,这就叫做支持原则。

2)利克特认为,在企业管理中,领导方式有 4 种类型:专权的命令式、温和的命令式、协商式和职工参与式。他认为第一种是传统的领导方式,第二种、第三种同第一种虽有程度上的差别,但并无本质上的不同,都是权力主义的领导方式,因此前 3 种制度可以统称为权力主义管理方式。只有第四种即职工参与式领导方式才是效能最高的领导方式。因为组织对人的激励形式有 4 种,即经济激励、安全激励、自我激励、创造激励。职工参与领导方式正是按照组织必须不断地向其成员提供并加强 4 种激励这一要求建立起来的。

3)利克特还指出,在企业管理中,领导方式对生产效率有重大影响。一般来说,生产效率高的企业采用的是以职工为中心的领导方式,这种领导方式强调建立良好的人际关系,监督只是"一般性的"而不是严密的,团体的凝聚力强,成员的士气高。生产效率低的企业采用的是以工作为中心的领导方式,这种领导方式强调工作中的技术方面而忽略关心职工,监督过于严密和繁琐,对职工施加不必要的压力,进行不必要的指责和处罚,因此,团体凝聚力弱,职工士气低,生产效率也低。

4)在企业等组织中,为了使组织活动协调统一,就必须使每一个下级组织的领导成为上一级组织的成员并组成"联系栓",然后通过"联系栓"把整个企业连结成一个整体。

利克特还设计了一种调查表,用以调查职工对领导、激励、信息交流、决策、相互作用与影响、目标设立与控制过程等方面的意见。总之,利克特的支持关系理论的目的并不在于告诉人们应采取哪种领导方式,而在于帮助人们评价目前的领导风格,其主要作用还是用于评价领导风格及领导绩效。

7.4.3 领导方式连续统一体理论

美国管理学家坦南鲍姆(R. Tannenbaum)和施米特(W. H. Sohmidt)在他们1958年发表的文章《怎样选择领导模式》中,提出了所谓"领导方式连续统一体理论"。他们认为,在企业中,从专权式的、以上司为中心的领导方式到民主的、以职工为中心的领导方式,这两个极端之间,存在着各种各样的由领导者权力和下属权力结合的不同的领导方式,并形成了一个连续统一体。在这个统一体上,并不存在着一种"最好的"领导方式,一切都取决于领导者和被领导者所处的环境、任务和性质以及职工的关系和团体的动力等,所以领导方式决策的基本变量便是经理运用职权程度与留给下属享有的自由度之间的比例。

在这个连续统一体中按照经理权力从大到小,下属权力从小到大的顺序,可以划分7种不同的领导方式:

1)经理自行决策并宣布,即完全不让职工参与决策,由经理做出决策的独断专权式领导方式。

2)经理"推销"政策,即由经理做出决策,但在宣布之前增加一个说服下属接受决策的步骤的领导方式。

3)经理提出设想并征求意见,即由经理做出决策前,先提出一个想法和意图向职工详细说明并允许职工提问题的领导方式。

4)经理在决策前,先提出一个暂定方案,在听取有关人员意见之后,再进行最后决策的领导方式。这种领导方式下允许下属发挥某些影响作用,但确定和分析问题主动权仍掌握在经理手中。

5)经理只提出问题,让职工提出各种解决问题的办法,经理再从职工提出的办法和自己考虑的办法中加以选择并最后做出决策的领导方式。这种领导方式与以上几种不同,下属在决策做出以前能够提出意见,上司的主动作用在于确认问题与选择方案。

6)经理解释清楚需要解决的问题,提出限制条件,把决策权交给团体,由团体自行做出决策的领导方式。

7)完全以职工为中心,经理允许下属在规定的范围内自行决定的领导方式等等。

从连续统一体中选择领导方式,领导必须运用权变的观点,结合行为中的灵活性,审时度势,来确定其在统一体中的位置,选出领导方式。另外,领导还要从长期的战略的观点来考虑,如此才能选出一个恰当的领导方式。

7.4.4　双因素模式

以美国俄亥俄大学斯托克第和沙特尔教授为核心的俄亥俄大学工商业研究所通过对企业领导行为进行的一系列调查研究得出了如下结论:组织中的领导行为包含两个主要因素,即主动结构和体谅。

主动结构是以工作为中心的,它强调的是组织的需要,领导者主要依靠给职工提供结构来使之获得令人满意的成绩。所谓提供结构就是确立目标、制定计划、安排日程、发布指示和对职工的活动进行监督、控制等等。凡是在计划、联系、安排日程等方面能力强的领导者,在主动结构这一因素上的得分就高。

体谅则是以关心人、改善人际关系为中心的,它强调的是个人需要,所以关心职工、尊重下级意见和能造成一个互相信任的工作气氛的领导者,在体谅这一因素上的得分就高。

斯托克第等研究发现,同一位领导者通常是两方面因素兼而有之的一个综合体,只不过可能他在其中一方面比重大,而在另一方面的比重小。根据这个结论,有关研究人员制定出了领导象限图,如图 7.3 所示。

第三象限领导人即低度体谅而高度主动的领导者,最关心的是组织内工作的情况,如计划的制定和信息的沟通等;第二象限的

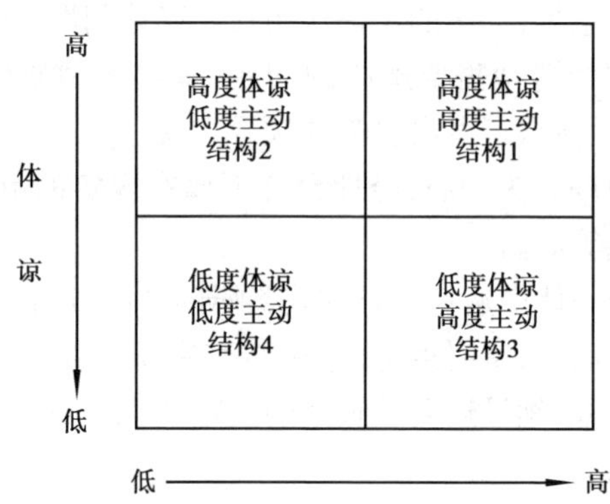

图 7.3　领导象限图

领导者，往往鼓励上、下级之间的合作，能与部属在一种相互尊重和信任的气氛中工作；第一象限的领导者，往往既关心工作又关心与该工作有关的部属；第四象限的领导者，往往无为而治，让员工随意工作，不加干预和过问，这种领导人极少公开发表意见。4 种领导方式具体是哪一种比较好，需视具体情况而定。

斯托格第等人的这项研究工作有重要的意义，为以后的许多类似的研究奠定了基础。

7.4.5　管理方格论

美国行为科学家罗伯特 · R · 布莱克(Robert Blake)和莫顿(Janes S. Mouton)在 1964 年出版的《管理方格》一书中，提出了管理方格论，又称管理坐标理论。

管理方格理论也是分析领导行为的二维方法，其基本思路是：在企业管理中，不能采取极端的领导方式，即或者以生产为中心，或者以人为中心，或者以 X 理论为依据而强调监督，或者以 Y 理论为依据而强调相信人，而应该既关心生产又关心人，客观地分析企业内部和外部的各种情况，采取适当的领导方式。为了说明各种不同的领导方式，他们设计了一个方格图。他们用方格图的纵轴表示“对人员的关心度”，自下而上，关心的程度是由低到高，用横轴表示“对生产（事业）的关心度”，自左而右，关心程度是由低到高。此外，还将横、纵轴分成1至9个标度，作为衡量关心度的标准，由此全图可划分出81个小方格，分别表示多种两个基本因素不同比例结合的领导方式，如图7.4所示。

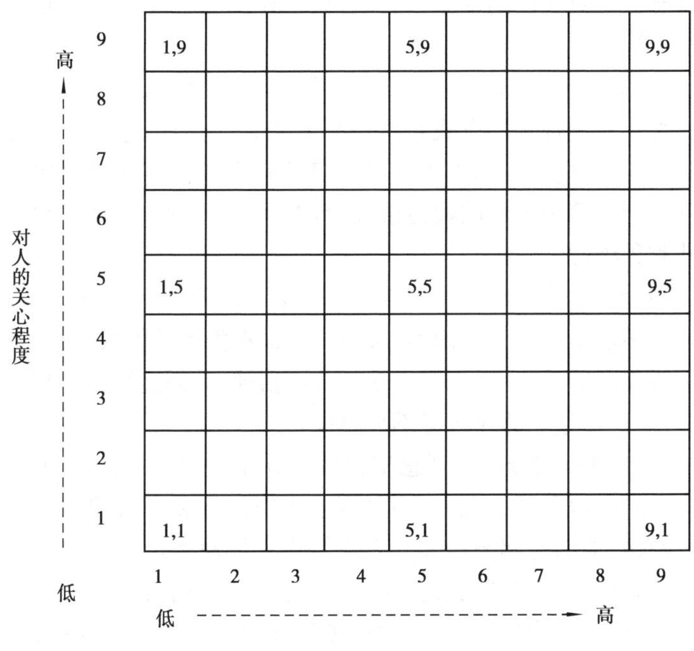

图7.4　管理方格图

图中所列对生产的关心程度，指的是领导者或者其他管理人员对有关生产的诸因素，如工作效率、产品质量等的关心程度；对人的关心程度包括保护工人的自尊、个人对实现目标自觉地承担责任、满意的人际关系和良好的工作环境等等因素。

管理方格图中，最基本的领导方式是：

1)(1,1)型管理，又称贫乏型管理或无力管理，表示领导或管理人员对人和生产的关心程度都很低,对工作进度不强求,不考虑如何做好工作,只是机械地传达上级的指示和要求而已。

2)(1,9)型管理,是"一团和气型"管理,又称之为"乡村俱乐部式管理"。这种领导方式强调满足人的需要,对人员的关心体贴周到,从而形成良好的人际关系和舒适而友好的组织气氛,但这种领导方式对生产的计划、指挥、监督、控制和必要的规章制度等重视不够。

3)(9,1)型管理,是典型的"生产中心型"管理,或称权威—服从式管理。这种领导方式对生产高度关心,努力创造和安排最佳的工作条件,把人为因素干扰减至最低程度以提高作业效率。其中领导者或管理人员的权力很大,职工只能奉命行事,所以缺乏主动性和积极性。

4)(5,5)型管理,是中间型管理,或称适度型管理。这种领导方式既不过于偏重人的因素,又不过于偏重生产的因素,对二者具有中等程度的关心,因而职工缺乏革新精神,其创造性得不到充分发挥,生产任务能够完成但不会超额。

5)(9,9)型管理,是理想型管理,或称团体型管理。这种领导方式对两个因素都很关心,而且能使组织目标和个人的需要最理想、最有效地结合起来。领导者或管理人员使承担任务的人员明了与组织目标的共同利害关系,因而建立了互相信任和尊重的人际关系,使人的积极性、主动性和创造性也能得到充分发挥,这也可以叫做"战斗集体型管理方式"。

此外,还有几种准基本型的中间类型,如(1,5)型表示的领导方式是一种比较关心人而不关心生产的"准人中心型"管理,或称"准乡村俱乐部型";(5,1)型表示的领导方式是一种比较关心生产而不关心人的"准生产中心型"管理,或称"准任务型";(5,9)型表示的领导方式是一种重点关心人也比较关心生产的"以人为中心准理想型"管理;(9,5)型表示的领导方式是一种重点关心生产也比较关心人的"以生产为中心的准理想型"管理等等。当然,还可以有其他一些结合类型。管理方格论不仅对各种领导方式进行了明确的分类,有助于领导者检查和改进自己的领导方式使之向“理想型”发展,同时,还可以运用这种理论评价、选拔和培养各级领导人员。因此,管理方格论在美国等许多工业发达国家中受到了管理学者和企业家的重视。

7.4.6　领导行为权变理论

领导行为权变理论认为,并不存在着一种普遍适用的“最好的”或“不好的”领导方式,一切以企业的任务、个人和团体的行为特点以及领导者和职工的关系而定。

(1)菲德勒的权变领导模型

弗雷德·菲德勒(Fred E. Fiedler)是美国著名管理学家、权变学派的代表人物之一,主要著作有:《领导效率的一种理论》(1967 年)、《领导效率的个性因素和环境因素》(1968 年)、《如何使领导更有效率？对老问题的解答》(1972 年)、《领导方式和管理效率》(1974 年,与他人合著)。在这些著作中,菲德勒探讨了企业中的领导方式问题,提出了权变领导模型,其实质是根据具体情况采用任何与之相适应的领导方式都是有效的,因此,他强调领导者必须灵活,依情境的变化而采取不同的领导方式。

菲德勒用了十几年时间对上千个团体做了调查研究。根据调查研究的结果,他指出,领导效率的高低取决于两方面的因素:一是企业领导者对其同事和下属的看法和感觉,会影响领导者同被领导者之间的关系;二是对领导者是否有利的情况,这取决于 3 种因素:其一,领导者下属的接受程度,即上下级关系;其二,任务结构,即下属所承担的职责是否明确;其三职位权力,即领导者所处的职位以及由此而决定的职权大小。把上述两方面的因素结合起来考察,菲德勒发现,以人际关系为中心的领导者在对领导者有利程度中等的领导环境下领导绩效最佳;以工作为中心的领导者在最不利的领导环境中取得的领导绩效最佳。因此,不存在绝对最佳的领导风格,领导者应把环境、领导者和下属的情况、工作类型等方面的因素综合起来考虑,在不同情况中选择不同的领导方式。

(2)豪斯等人的领导路径目标理论

罗伯特·豪斯(Robert J. House)是美国著名管理学家,他主要从事领导理论的研究,其主要著作有:《有关领导者效率的一种目标—途径理论》(1971 年)、《领导方式的目标—途径理论》(1974 年,与他人合著)、《管理过程和组织行为》(1976 年,与他人合著)。

领导路径目标理论是以期望效价理论和领导方式的双因素模式为依据发展出来的。该理论认为,领导者的效率是以他能激励下属达到组织目标,并使下属在工作中得到满足的能力来衡量的,因此,领导者要努力协助下属找到最好的实现工作目标并得到满足的途径,并消除在实现过程出现的重大障碍。

在领导路径目标理论中,豪斯确定了 4 种领导方式:

1)指导型。由领导明确告诉下属他们期望达到的目标以及对完成目标所做的时间安排,他们在下属完成任务过程中,会给予充分具体的指导。

2)支持型。领导对下属很友善,更多地考虑职工的要求。

3)成就导向型。领导者为职工树立挑战性的目标,并表示相信职工能达到这些目标。

4)参与型。领导会在制定决策之前让下属参加磋商,并会考虑下属的建议。

领导方式的选用,没有固定不变的公式,而领导者在为实现工作目标而为下属找到获得满足的途径过程中,最有效的领导方式取决于下属所承担的工作本身的性质。如果下属所承担的工作,没有明确规定的行为准则,具体任务也不明确,下属就希望得到较多的上级指导,使之容易实施工作,在完成工作过程中得到满足。

但是,如果下属所承担的工作有一定的准则,任务也比较明确,这时下属就不希望有过多的领导指挥,否则,他会感到自己不被信任,因而挫伤了工作的积极性。

第 8 章　现代管理理论

8.1　现代管理理论概述

8.1.1　管理理论的历史发展

管理思想的发展始终是和社会生产力的发展紧密联系在一起的，而社会生产力的发展受到社会历史诸多因素的影响。我们要想深入了解现代管理理论，就有必要对其产生的历史背景做一下回顾。

从历史的角度来看，现代管理理论的产生和发展不仅与当时的社会情况之间存在密不可分的关系，而且是以往管理理论成果的继续和发展。西方现代管理理论是在第二次世界大战后，随着生产力的发展以及社会学、系统科学、电子计算机技术在管理领域中日益广泛的应用而逐渐形成的。它的形成标志着西方管理理论进入了第三个发展阶段。

西方最早研究经济与管理问题并对管理思想做出系统论述的，当推英国经济学家亚当·斯密。他在 1776 年，正值英国的工场手工业向机器工业过渡时期发表了《国民财富的性质和原因研究》一文,系统阐述了劳动价值论与劳动分工理论。此后,另一位英国人查理·巴贝奇又发展了斯密的论点,在他的《论机器和制造业的经济》一书中,提出了“边际熟练”原则,并把它作为以技艺水平高低、劳动强度大小的付酬依据,对以后的劳动分工实践产生了很强的指导作用。后来,英国的空想社会主义者罗伯特·欧文提出了在工厂中要重视人的因素,发挥人的作用的观点。这些管理思想,是在资本主义工厂制度发展过程中,随着生产力的发展而产生的,但尚不系统,也未形成专门的管理理论,但对于促进生产和为以后科学管理理论的形成和发展,都有着积极的作用。

19 世纪末 20 世纪初,泰勒从提高生产效率入手,重点在企业生产作业管理方面提出和制定了一系列管理原理和方法,于 1911 年出版了他的代表作《科学管理原理》,为资本主义企业管理的科学化奠定了基础,宣告了管理理论的诞生,管理从此大踏步向科学迈进。对科学管理理论做出贡献的还有法国的法约尔、德国的韦伯、美国的穆尼、英国的厄威克等人。他们主要从管理的职能和管理的组织理论、组织原则方面提出了新的观点,共同奠定了西方称之为古典管理理论的理论基础,对后来西方管理理论的发展产生了深远的影响。

“行为科学”的产生是从人群关系论开始的,代表人物是 20 世纪 30 年代的梅奥和罗伯利斯伯格。20 世纪 50—60 年代,一批西方管理学者围绕着人的需求、动机以及激励问题、人性问题和企业中的非正式组织问题及领导方式问题提出了各种观点和理论,从而形成了行为科学管理理论学派。和古典管理理论学派相比较,行为科学管理理论探讨的重点已经由技术、职能和组织方面转向了对人的研究。行为科学管理理论是在资本主义经济关系矛盾尖锐化,泰勒科学管理的措施和办法又存在局限性的条件下,为缓和劳资矛盾,进一步推动资本主义经济发展而提出的新的理论。二战后,科学技术迅猛发展,生产能力迅速提高,国际国内市场竞争更加激烈,与跨国经营和大型企业的产生相适应,先后出现了各种管理理论学派和思潮,如管理科学学派、决策理论学派、企业行为学派、战略管理学派、经验主义学派、系统理论学派和权变理论学派等,形成了管理理论学派的"丛林"现象,我们称之为现代管理理论阶段。企业战略理论、管理系统理论和权变理论是20世纪70年代西方管理学界的3个热点。进入20世纪80年代以后,西方管理理论的发展集中表现为"企业文化理论"的研究。20世纪70年代石油危机爆发后,西方工业发达国家尤其是美国经济长期不景气,受到了日本经济的严重挑战,美国管理学界重新审视自己一直引以为豪的管理理论和方法并开始探索日本企业成功的秘密。在日美企业管理的比较研究中,人们终于发现了日美企业管理的根本差异,发现了在管理中文化因素的巨大作用,开始了企业文化理论的研究,并开创了西方管理理论发展的新阶段,一场现代管理的革命从此拉开了序幕。如何根据本国和本企业的特点来解决管理问题,将是现代管理面临的重要课题。

8.1.2 现代管理理论的特点和发展趋势

(1)现代管理理论的发展特点

现代管理理论"尽管丛林盘根错节,但每一棵树都有它独特的风采",同时由于他们的产生和发展有着自己共同的现实基础和背景,因而也表现出许多共同的特点:

1)突出系统的管理思想。无论哪一学派都把自己的理论建立在系统观点之上,即普遍认为企业并不单是一种纯粹的生产的人—机系统,而且还是受技术、心理、社会等多种因素影响的多元系统。每一个系统都存在着该系统的整体功能。管理活动必须从系统的整体功能出发来考虑问题,以求得系统功能的最优化。

系统思想是对传统管理思想的一种冲击。古典管理理论是在市场环境比较稳定情况下产生的,带有系统思维的色彩比较小。二战后,随着市场越来越变幻莫测,人们对客观世界的认识不断深入,管理理论逐步向系统整合方向发展。

2)在科学管理基础上突出经营决策的思想。古典管理理论由于处在社会化大生产的初期,面临着如何实现由以经验、猜测为主要特征的小生产管理思想和放任管理方式向适应工厂制度和机器生产方式的管理转变的问题,因此,工商企业本身的生产管理科学化问题就成了专门分析的主题。这时的管理思想就不能不是关于管理的原则、概念等最基本的东西。决策问题之所以还不突出,更主要的是因为当时资本主义经济的垄断和竞争程度远不及二战后的态势。

二战后,科学技术和生产力的飞跃发展,生产的集中和垄断程度已不可同日而语,国际市场竞争的日益激烈,使资本主义企业在国内外政治经济环境剧烈变动形式下的生存与发展风险增大。因此提出"决策人"的思想,认为管理就是决策,决策贯彻管理的全过程。决策观念不仅重视企业内部的"效率",而且重视系统全过程的"效能"问题,对西方企业管理影响较大。

3)广泛使用经济数学模型来解决管理问题。唐纳利在《管理学基础》一书说:"数学模型为管理科学研究法所特有"。"数学模型是一个实际系统程序的各个有关联方面的简化措施"。"数学模型推动管理人员去系统地考虑问题的变数之间的关系。因此通过推动管理人员系统地考虑问题,就会减少他们忽视重要因素或过多地去考虑次要因素的可能性"。

现代管理理论是与运筹学、计量经济学一起发展起来的。为了进行科学管理和有效决策,在现代生产的复杂联系中,必须能够精确地测定其数量关系,再像以前那样凭主观判断、统计加估计就不够了。同时,由于数学模型的特点是非常容易编制计算程序,也为电子计算机等技术手段的广泛应用创造了前提条件。各类电子计算机技术的发展和普及对管理理论的发展起着不可估量的作用。计算机和信息技术的发展将改变21世纪人们的工作、学习和生活,也将改变管理理论的发展方向,从而形成全新的管理思想。

4)普遍重视管理的灵活性和适应性问题。如果说经济管理的技术使管理活动更加有所遵循,提高了管理的科学性和严谨性,那么,管理的艺术和不确定性则增加了管理的灵活性和管理经验积累的重要性。

以经验学派、权变学派为典型,强调企业管理应从实际出发,并根据企业所处的内外条件的变化而随机应变,这是由他们所处的外部环境条件的不断变化所决定的。权变理论学派 20 世纪 70 年代在美国风靡一时,就是由于这个主张适应了科技、经济、政治上的剧烈变动以及职工队伍构成和文化技术水平的改变等要求,因而有一定的实用价值。

5)明显地向人本回归。“人们并不是理性的,而是由本性支配的,因而通过理解这些本性,就可以揭开迄今未经探索过的心灵的秘密”。“人性问题是人的本质问题,管理可以看作是由人性驱使的一种社会活动”。对于人的探索构成管理理论发展的另一条线索。从亚当·斯密的“经济人”假设到泰罗的“血汗工资制”,从“霍桑试验”中的“社会人”到人群关系学说和行为科学理论,从“自由人”和“复杂人”的观点到管理的“丛林时代”以及 20 世纪 80 年代的“文化人”、“理性人”的认识,对人性假设的变化,无不体现着经济与社会环境的变化,也体现着经济管理理论始终要面对和解决人的问题。现代管理理论无不涉及人的因素,注意调动人的积极性问题,进一步冲击传统的见物不见人思想。

6)体现着管理的二重性。一方面,各学派适应经济活动的客观规律,提出了许多科学的概念、原则、理论和方法,对管理实践及管理理论做出了贡献,对人们管理观念的现代化、科学化也起到了巨大作用。在这些科学的管理思想影响下,无论处在哪一种社会制度下的经济管理人员,都越来越认识到对现代经济活动的管理必须有现代化的科学管理的观念,必须建立科学的管理组织与管理制度并相应地采用先进的管理方法,必须使用先进的管理工具,包括各种先进的检验、测试、控制装置、信息传递系统与电子计算机的应用,必须实现决策的科学化,以最大限度地降低经济活动的不确定性,必须重视人的因素,尽可能地调动人的积极性和主动性等等。另一方面,各学派的管理思想都是为解决资本主义内部矛盾的产物，其政治观点始终同资本主义制度的本质连在一起。如对劳资矛盾问题的主张，他们认为是一块经济利益大饼的分配不均，而这种分配不均又是由于本来就不充足的资源利用不当而引起的。

7)在具体理论的发展中，还存在许多不足之处：

①"非此即彼"的绝对思维方式，使各学派之间互不融合，片面夸大自身理论的作用。科学管理和管理科学的弊端是惟理性论，而行为科学和企业文化的弊端是唯人性论。

②追求管理模式的复杂化、精确化，不利于管理决策和提高工作效率。管理活动面对着许多模糊现象，过分追求精确化、复杂化，易导致管理缺乏适应性、创造性，从而产生降低效率的"帕金森效应"。

③理论应用上的实用主义色彩，对于管理理论的系统化和完善发展是不利的。经验学派注意从实际管理经验中总结管理理论，然后向实际管理者推荐；而权变学派则注意如何在实践中依据不同情况来应用各种已知的管理理论与方法。二者都强调从企业管理的实际出发而随机应变，但又都轻视理论的研究和探讨，否认管理的一般规律性的存在及其对管理实践的指导作用，这是一种狭隘的经验论，是从一个极端走向另一个极端。

(2)现代管理理论发展趋势

我们认为，如果对近20年来西方新涌现的管理理论、管理学流派进行归纳总结，其中最能够反映西方管理学取得新进展的是非理性主义理论、战略管理理论、企业再造理论和第五代管理理论。

1)非理性主义理论的兴起。非理性主义理论是美日管理比较的直接产物。二战后，日本经济在一片废墟的基础上迅速崛起，创造了日本经济奇迹。20世纪80年代，美国学者在探究日本经济迅速发展的奥秘中提出了非理性主义理论。

管理学中所说的理性与非理性主要是针对以理性主义（物本

主义)为基石的科学管理模式和以非理性主义(人本主义)为基石的人性管理或文化管理模式而言的。在理性主义的科学管理模式中,人被认为是“经济人”,可以通过制度和利益机制进行诱导与控制,可以通过各种科学方法进行管理。泰罗的科学管理、法约尔的管理过程理论以及战后的管理科学学派、系统管理学派都可以归为理性管理模式。在非理性主义的文化管理模式中,人的地位是不同于其他管理要素的具有精神文化属性的主体;人被认为是具有丰富性、精神性、非理性心理意识的主体存在。非理性管理模式认为,管理不仅仅是一个物质技术过程或制度安排,而且是和社会文化、人的精神密切相关的。在管理手段和方法上,非理性的人本主义管理重视对情感、宗旨、信念、价值准则、行为标准等“软”因素的长期培训,通过培育企业文化来提高企业职工的凝聚力,从而增强企业的竞争能力。同时,非理性主义在研究人们心理和行为规律的基础上,提出了柔性管理的概念,强调通过非强制的途径在人们心目中产生一种潜在的说服力,最终使人们自愿地为实现组织目标而努力工作。

非理性主义理论的提出弥补了理性管理理论的不足,对发挥人的积极性、开发人的潜能起到了革命性的作用。非理性主义对人性的假设,不仅超越了早期管理理论的“经济人”阶段,而且超越了行为学派的“社会人”阶段,从而推进到“文化人”阶段。非理性主义同时也是对日益精密的定量化管理模式与决策技术的质疑,它把管理的重心拉回到对人的价值的关注及社会心理对管理效果的作用上来,促进了东西方管理文化的交融,使人本管理成为新的发展潮流。需要指出的是,非理性主义理论同其他理论一样,有其积极的一面,也有其局限性。非理性主义在注重管理中人性的因素的同时,也存在着忽视甚至排斥科学管理的倾向。片面地或绝对地看待非理性的作用,只能将其引向误区。

2)战略管理理论的发展。战略管理理论产生于20世纪60年代,早期以安索夫(Ansoff)的资源配置战略管理理论、安德鲁斯(Andrews)的目标战略管理理论和波特(Porter)的产业竞争战略理论最具代表性。20 世纪 80 年代,由于受到非理性主义思潮的冲击,战略管理理论进入低潮阶段。20 世纪 90 年代以后,世界经济一体化、企业经营国际化的进程加快,市场竞争日趋激烈,现代企业如何在瞬息万变、危机四伏的外部环境中战胜竞争对手,立于不败之地,以取得长期、持续发展是管理学家和企业家面对的一个新问题。这样,战略管理理论得以东山再起,重新受到人们的重视。这一阶段战略管理理论研究的重点有:

①战略联盟的研究。战略联盟是两个或两个以上企业间或特定事业与职能部门之间,为实现某种共同的战略目标,通过公司协议或联合组织等方式而结成的一种联合体。20 世纪 90 年代以来,战略联盟这种组织形式在国际上已大量涌现,欧美各大公司 50% ~60% 的销售额来自战略联盟组织,战略联盟成为现代企业加强竞争力的一种主要形式。战略联盟的产生,一方面反映了全球经济一体化的客观要求,另一方面也标志着你死我活的传统市场竞争模式的瓦解,“双赢”将成为 21 世纪的主要竞争形式。美国学者赛蒙因依据股权参与和合伙人的数量这两个标准,提出了契约性协议、非正式合作、合资、股权参与、国际联合等战略联盟形式。

②战略竞标的研究。在战略竞标理论这一新的战略管理方法中,竞标被定义为由比较和衡量企业产品、服务和管理组成的一个持续不断的过程,这个过程是为了学习最强大的竞争对手或行业领先者并最终超越他们。也就是说,战略竞标是一个企业为了超越强大的竞争对手,通过对企业产品、服务和管理进行比较、衡量等一系列的竞标活动,以提高自身竞争能力的一种战略管理方法。这种战略管理方法已被美国的一些公司成功运用,并传播到日本、中国香港、澳大利亚和欧洲各国。根据国外学者的归纳,战略竞标主要有内部竞标、竞争性竞标、职能部门竞标和一般性生产过程竞标 4 种类型。

③核心能力理论的研究。核心能力理论是关于企业竞争优势的形成、保持和更新的理论。核心能力是指企业在开发技术、产品

以及市场营销方面所具有的独特能力。企业核心能力理论认为，与企业外部条件相比，企业内部条件对于企业的市场竞争优势具有决定性作用；企业内部能力、资源和知识的积累，是企业获得超额利润和保持企业竞争优势的关键。

战略联盟理论、战略竞标理论、核心能力理论的产生和发展，标志着战略管理理论的重点开始由传统的经营宗旨制订转向注重战略的未来导向和长期效果，由以竞争为主导转向竞争与合作并重，由适应环境变化的竞争定位理论转向以创造未来为主的核心能力理论。在实践方面，运用企业核心能力理论等思想去揭示企业经营战略的奥秘成为当今世界的最新潮流。这些理论对西方国家的企业管理和战略规划产生了实质性的影响。

3）企业再造理论的出现。“企业再造”是 20 世纪 80 年代末到 90 年代初发展起来的企业管理的又一新理论。1993 年，迈克尔·哈默（Michaelhammer）与杰姆斯·钱皮（JamesChampy）合作撰写了《企业再造工程》一书。企业再造理论认为，按照亚当·斯密的劳动分工理论组建起来的企业组织体系和运作模式已经阻碍了企业的发展。在这种组织体制下，企业的业务流程被职能部门分割得支离破碎，每一个职能部门所从事的工作对一个完整的流程来说只是其中的一部分，这样容易使各部门“只管自己门前雪，不顾他人瓦上霜”，结果势必是各部门的工作可能是有效的，但整个流程的运作则是低效的。因此，哈默和钱皮提出了企业再造理论。按照他们的观点，“企业再造是根本重新思考，彻底翻新作业流程，以便在现今衡量表现的关键上，如成本、品质、服务和速度等获得戏剧性的改善”。其含义如下：

①企业再造需要从根本上重新思考业已形成的基本信念，即对长期以来经营中所遵循的基本原则如分工思想、等级制度、规模经济、标准化生产和官僚体制等进行重新思考。

②企业再造是一次彻底的变革。企业再造不是对组织进行肤浅的调整修补，而是要进行脱胎换骨式的彻底改造，是抛弃现有的业务流程和组织结构以及陈规陋习，另起炉灶。

③企业通过再造工程可望取得显著进步。企业再造是根治企业顽疾的一剂“猛药”,有可能取得飞跃式的进步。哈默和钱皮为“显著改善”设定了一个目标,即“周转期缩短70%,成本降低40%,顾客满意度和企业收益提高40%,市场份额增长25%”。通过抽样统计表明,在最早进行再造的企业中,70%达到了这个目标,取得了初步成功。

④企业再造从重新设计业务流程着手。业务流程是企业以输入各种原料和顾客需求为起点到企业创造出对顾客有价值的产品(或服务)为终点的一系列活动。在传统企业组织中,分工理论决定着业务流程的构造方式,但同时也带来了一系列弊端。企业再造之所以要从重新设计业务流程着手,是因为原有的业务流程是组织低效率的根源所在。

企业再造理论为企业管理带来了一个全新的视角,曾经被奉为金科玉律的亚当·斯密的分工理论因此而被打破,以按产业目标组合的过程团队取代了按劳动分工建立的职能组织,这的确是一场革命。据美国《幸福》杂志调查,美国1 000家最大的公司中,已有68%进行了重新构建的尝试,并取得一定的成效。

4)第五代管理理论的诞生。第五代管理理论是20世纪90年代以来人们基于对知识经济的认识而提出来的管理理论。“第五代管理”一词源于美国管理学家查尔斯·M萨维奇(Charles M. Savage)1996年出版的新书——《第五代管理》。在该书中,萨维奇把知识经济时代的管理称为第五代管理。除了萨维奇之外,彼得·圣吉等人也对知识经济的企业管理模式进行了探讨。

①第五代管理理论研究的核心内容是知识资本的管理。知识资本是继商品资本、货币资本、人力资本之后出现的一种资本形态。该理论认为,在以知识为主要资源的经济中,企业是否具有创造、传播、使用知识的能力正成为其生存发展的决定因素,企业加强对知识资本的管理势在必行。一般地说,知识管理是运用先进的信息和通信手段,将企业知识作为“资本财产”来进行管理的一套独特的企业管理实践活动。知识管理注意发挥知识资本的杠杆

作用，着眼于有利于企业经营决策，有利于员工个人、合作队伍、营业线组织以及提高包括外部合作伙伴在内的企业知识的获取、传递和使用。

②第五代管理理论认为未来成功企业的管理模式将是“学习型组织”。学习型组织是与以等级为基础、以权力为特征、向上级负责的垂直的纵向线性系统相对应的，它是以共同愿景为基础、以团队学习为特征、向顾客负责的扁平化的横向网络系统。学习型组织采用“学习 + 激励”的管理模式，它不但使人勤奋工作，而且尤为注意使人“更聪明工作”。学习型以企业的学习为中心任务，通过提高群体智商，使员工活出生命意义，自我超越，不断创新，达到企业财富速增、服务超值的目标。作为学习型组织理论的核心，彼得·圣吉等人提出要通过五项修炼即自我超越、改善心智模式、建立共同愿景、系统思考，提高组织内部结构、机能对社会、市场变化的适应能力。

③第五代管理理论着重探求知识经济条件下企业组织的最佳形式问题。第五代管理理论认为，知识经济时代的组织形式不再是工业时期的金字塔式的组织结构，而是建立在知识网络基础上的平面的、网络化的组织结构。这种组织结构不再依赖个人的智慧和能力而是依赖小组和团队的集体和能力去完成组织设计的目标。萨维奇提出，在知识经济条件下，要通过建立虚拟企业来创造财富。他估计，按照虚拟企业重新定义的生产模型，可以从公司外部开发企业所需资源的 30% ~50%。萨维奇还提出了通过动态协作团队建立知识联网的设想。萨维奇认为，知识联网的形式能够克服传统企业组织形式的弊端，提高决策效率和管理水平。

作为一种全新的经营管理模式，第五代管理对于现代企业摆脱自然资源和金融资本的制约，促进企业持续发展提供了新思路。但是，由于知识经济是一个尚未成型的经济形态，因此，建立在知识经济基础上的第五代管理理论也是一个有待深入研究和不断完善的理论体系。

总之，“现代管理理论丛林代表着管理理论的复杂性、渗透性、交互性和灵活性，其本身也说明管理是一个复杂的过程，是一个随着时间、环境、情景、人员的不同而不同的函数”。“丛林状况”反映了管理实践活动的丰富多彩，也反映了“现代管理理论的繁荣和兴旺”，同时也说明了管理理论“还处在不成熟的青春期”，还将继续盲目地多向化发展，统一只是有限的，而其个性发展则是大趋势。

8.2　现代管理理论流派

8.2.1　管理过程学派

(1)管理过程学派的形成

管理过程学派又叫做管理职能学派或经营管理学派，该学派的研究对象就是管理的过程或职能，他们认为，管理就是在组织中通过别人或同别人一起完成工作的过程。他们试图通过对管理过程或管理职能进行分析和概括，把用于管理的要领、原则、理论和方法结合起来以形成一门管理学科。该学派继承和发展了法约尔的管理理论，使它成为现代管理理论学丛林中的一个主流学派。

(2)代表人物及其著作

管理过程学派主要代表人物有：美国的詹姆斯·穆尼、拉尔夫·戴维斯、哈罗德·孔茨、威廉·纽曼等人。

詹姆斯·穆尼是美国的高级管理人员和管理学家，曾担任美国侧耳汽车公司副总经理和通用公司总经理，美国海军航空局局长等高级管理职务。他曾被管理学家戴尔认为是“伟大的组织家”之一，其著作主要有：《IT 组织和管理原则》、《采购和储存》、

《组织和系统中的一些基本》、《组织原理》等,其中《组织原理》是他最重要的代表作。

拉尔夫·戴维斯是美国管理促进协会中担任领导职务,由于在促进管理方面的杰出贡献,于1959年获该会的最高奖赏——泰罗钥匙奖,其主要著作有《工厂组织和管理原则》(1928年)、《高层管理的基本原理》(1951年)、《管理的哲学》(1957年)等。

哈罗德·孔茨是美国的管理学家,也是管理过程理论的代表人物之一。他从美国耶鲁大学获得博士学位后,从事管理教育和咨询工作,并担任过美国管理学会会长。他的著作主要有:《管理学原理》(1955年与奥唐纳合著)、《管理理论的丛林》(1961年)、《再论管理理论的丛林》(1980年)、《走向统一的管理学》(1964年)等。

威廉·纽曼是美国哥伦比亚大学的管理学教授,他曾发表过许多著作,主要有:《经营管理原理》(1950年)、《管理的过程:思想、行为和实务》(1961年与萨默合著)。

(3)管理思想

1)基本信条。管理过程学管理理论是以7条基本信念为依据的:

①管理是一个过程,可以通过分析管理人员职能从理论上很好地对管理加以剖析。

②根据在各种企业中长期从事管理的经验,可以总结一些基本管理原理。这些基本管理原理对认识和改进管理工作能起到一种说明的作用。

③可能围绕这些基本原理开展有益的研究,以确定其实际效用、在实践中的作用和适用范围。

④这些基本原理只要没有被证明不正确或修正,就可以为形成一种有用的管理理论提供若干要素。

⑤像医学和工作学那样,管理是一种可以依靠原理的启发而加以改进的技能。

⑥有时在实际管理工作中会违背某一管理原理，或采用其他办法来弥补所造成的损失，但管理中的基本原理与生物学和物理学中的基本原理是一样可靠的。

⑦人员的环境和任务受到物理、生物等方面的影响，管理理论也从其他学科中吸取有关的知识，这些只限于同管理有关的文化不包括其他学科的全部知识。

2）穆尼的管理思想。穆尼同赖莱合著了《组织原理》一书，他们指出："从形式上讲，组织就意味着秩序"。组织是一些人为了达到某种共同目标的联合形式。因此，组织是一种"纯属的过程"，从某种意义上说，管理的机构即管理的过程，组织是从属于管理的，是管理得以正常进行的手段。

他们还提出了"组织效率原理"。"组织效率原理"指能够满足"通过服务获得利润"这一目标的原理，它包括如下 3 项内容：

①协调原理。协调指的是人们为了追求共同的目的而采取一致的行动。为了实现协调，必须要有某种形式的集中的权威。这种权威可能是专制的，也可能是民主的。权威、领导、能力三者必须加以区分。权威是进行指挥的权力，领导必须行使权威，并且只能存在于一个组织之中。能力则是做某些事情的才能。协调还包括纪律，纪律有两种形式：有权的当局者给大多数人规定的纪律和当局者的自我纪律。

②阶层原理。他认为阶层是组织中不同成员按其责任的不同而分成不同的阶层。阶层原理的最主要一点是管理者同被管理者之间的上下级关系。正是由于阶层原理，最高当局能够使最基层的人员完成其任务。阶层原理的实现过程有它自己的原理、过程与后果，其原理就是在阶层中拥有相应权力的基础上进行领导，使这项原理实现的过程就是授权。经过向下的层层授权，就形成了一个完整的阶层系列或等级系列。这项原理的后果则是职能上的规定性，即规定、阐明和安排每个人的实际工作。

③职能原理。穆尼将职能划分为 3 种：决定性职能（决定做些什么）、应用性职能（使事情做成）、解释性职能（解释执行过程

中的差异和问题)。这三者虽然在逻辑上是有区别的,但在组织中却常常结合在同一个人身上。

3)戴维斯的管理理论。戴维斯把管理解释为经理人员领导的有机职能,并强调需要一些专业的管理人员。这些管理人员在领导方法和企业与社会的关系方面有健全的管理哲学。他在1935 年的《企业组织和作业的原理》一书中提出了"有机职能"的概念,所谓"有机职能"是指企业从事生产和分配活动以满足经济需要的各种职能,它适用于各种类型的企业。包括以下 3 项:

①计划。这是对为了解决企业的某项需要的各项因素、力量、财务、关系等的详细说明,它是为经济而有效地实现企业的目标而制定的。计划是创造性的脑力工作,它使得组织的使命易于了解和完成。

②组织。包括了成功地实现企业的目标所需要做的一切,组织的权威就是以对企业的活动进行计划、组织和控制为依据的。

③控制是对现实目标的各种活动的监督和调节。控制职能有两类:第一类是在作业开始以前的预备性控制;第二类是在作业进行时控制,包括指挥、监督、比较、改正 4 种职能。

戴维斯十分强调管理哲学的重要性,他认为一个经理人员如果没有一种管理哲学作为指导,尽管他可能非常聪明,但在创造性思维方面将极为有限,只有管理哲学才能为企业问题的解决提供依据。

4)孔茨的管理理论。孔茨把管理解释为"通过别人使事情做成的各项职能",他非常强调管理的概念、理论、原则和方法。认为管理是一种艺术,其基本原理和方法可以应用于任何一种现实情况,至于管理的各项职能,应划分为计划、组织、人事、指挥和控制 5 项职能。

①计划。计划是 5 项管理职能中最基本的,涉及的要在未来的各种行为过程中做出抉择,其他的 4 项管理职能都必须反映计划职能的要求。计划的种类很多,大致有:

a. 目的和任务。企业的目的是生产和销售商品和劳务,任务指社会赋予的基本职能。

b. 目标。指活动所要达成的结果。企业的目标是整个企业的根本,部门的目标则构成部门的计划并为企业目标的实现服务。

c. 策略。它表示一种总的方案、工作的部署和资源的利用方法,并为全面地实现目标服务。

d. 政策。它是在计划之中的文字说明,是协商一致的意见,以此来指导或交流决策过程中的思想或行动。

e. 程序。它规定处理未来活动的例行方法和时间。

f. 规则。它根据具体情况来规定采取某种活动,但不规定时间顺序。程序事实上是一规则,而规则可以是程序的一个组成部分,也可以单独成立。

g. 规划。它是为了实施必须有的目标、政策、程序、规划、任务安排、工作步骤、所用资源及其他要素的复合体,它通常要有资金和预算的支持。

h. 预算。它是用数字表示预期结果的一种报告书,也可以叫做数字化的规划。

②组织。组织的目的是设计和维持一种职务结构,以便人们能为实现目标而有效地工作。组织结构必须反映企业的目标、计划和管理人员可利用的职权以及企业所处的环境条件(经济的、技术的、政治的,以及伦理的条件)。

组织中的部门指的是企业中某些管理人员为了完成规定的任务而有权管理的一个特殊的领域、部分或分支。组织中的直线机构和参谋机构的职权关系是一个重要问题。应该根据上级行使直接指挥和监督权的分级原则来划分直线机构和参谋机构。

授权也是组织中一个非常重要的问题。为了有效地授权,孔茨认为必须遵守以下原则:

a. 按照预期的成果,授权给有能力达到预期成果的管理人员;

b. 明确划分第一部门的职能界限;

c. 明确划分等级及第一等级的职权范围;

d. 管理层次的原则就是在明确划分第一部门的职能界限和

第一等级的职权范围的基础上,每个管理人员应该在职权范围内做出决策,不应把这些决策责任推给上级,这也就是贯彻职权原则;

e. 贯彻统一指挥原则;

f. 职责绝对性原则,由于职责作为一种应承担的义务是不可能授予别人的,所以上级对下级的业务工作进行授权和委派时负有绝对的责任;

g. 贯彻权力和责任相称的原则。

孔茨还概括了健全组织工作的15条基本原则,即:目标一致原则、效率原则、管理幅度原则、分级原则、授权原则、职责绝对性原则、权力和责任对等原则、统一指挥原则、职权——管理层次原则、分工原则、职能明确性原则、检查部门与业务部门分设原则、平衡原则、灵活性原则、便于领导原则。

③人事。人事职能包括对职工的选择、雇佣、考评、储备、培养和其他一些有关职工的工作。对职工进行选择的测验方法通常有以下4类:

a. 智力测验。其目的在于测验职工的脑力、记忆力、思想的灵敏性及观察复杂事物相互关系的能力。

b. 熟练和适应性测验。目的在于了解职工现有的技术熟练程度以及掌握这类技术的潜在能力。

c. 职业测验。目的在于发现职工最适合从事的工作。

d. 性格测验。目的在于测验职工在领导方面的才能。

对职工的考评,一般采用个人品质和工作特征的标准来评价职工,特别是管理人员,在对管理人员进行考评的基础上,要做好管理人员的储存工作,然后拟订出培训、安排和提升管理人员的长期计划和短期安排。对管理人员进行培训的基本方法有:有计划地提升,职务轮换,设立“副手”职务,临时提升,通过委员会和初级董事会培训等。

④指挥。指挥就是引导下级人员有效地领会和出色地实现企业的既定目标。孔茨指出指挥有3个重要原则:指明目标的原则、

协调目标的原则、统一指挥的原则。授权是指挥的一种重要方法，激励是指挥的一项重要内容。信息交流也是指挥职能中的一项重要要素，信息交流必须明确、完整，并利用非正式组织来补充正式组织的信息交流渠道。

⑤控制。控制职能就是按照计划标准来检验计划的完成情况，并纠正计划中的偏差，以确保计划目标的实现。控制职能使管理工作成为一个闭环系统，它可归纳为以下各点：

保证实现计划的目标；控制要针对未来；控制的职责要明确；控制要讲求经济效率；应尽可能采取直接控制的方式；控制必须反映计划的要求；控制必须有适当的组织来保证；控制必须采用适合具体人员的技术和信息；控制必须有客观的、精确的和恰当的标准，用以检验计划方案完成的情况；控制必须抓住关键；控制必须集中于例外情况；控制必须灵活；发现偏差后必须采取行动，予以纠正。

管理过程学派还有一些其他的代表人物，他们的基本研究方法是把管理人员的工作划分成一些职能，然后对这些管理职能进行研究，并从丰富多彩的管理实践中探求管理的基本规律，以便详细分析这些管理职能。他们运用这种研究方法把管理工作的一切主要方面加以理论的概括，建立起管理理论，用以理解和指导管理实践，使管理过程学派成为“现代管理丛林”中一个重要的学派。

8.2.2　社会系统学派

(1)社会系统学派的形成

社会系统学派的基本观点是：组织是一个复杂的社会系统，应使用社会学的观点分析和研究问题。人际关系学说兴起后，管理学者开始注意使用心理学、社会学的方法来分析管理问题，注意协调好组织中的人际关系。该学派代表学者巴纳德认为人的生活中存在着各种互相冲突的力量，因此要找出一种恰当的平衡，要把各种差异结合起来,避免使之极端化。经理人员的职责在于使各种冲突的力量、各种不同的需要和目的得以维持一种恰当的平衡。巴纳德主张以实践经验为依据,建立一个有条理的、合乎逻辑的关于一般概念的、以便能解释实践经验的各项要素。他在其代表作《经理人员的职能》一书中指出,组织理论是以系统为依据的,把组织看成是一种"开式系统",而组织和组织中的所有人员都是寻求取得这种平衡(即达到稳定状态)的系统,他们不断地调整内部和外部的各种力量,以维持一种动态的平衡。在巴纳德看来,梅奥等人的人际关系学说研究的重点只是组织中人与人之间的关系,并没有研究个体与组织的关系的协调问题,而当时的管理实践也暴露出了某些单纯以人际关系学说为理论指导而不能解释的管理问题。正是在这样一种历史背景下,社会系统学派应运而生了。

(2)代表人物及其著作

社会系统学派从社会学和系统论的观点来研究管理理论,他们把组织中人们的相互关系看成是协作关系。

这种思想的根源可以追溯到意大利的社会学家帕雷托,但社会系统学派的创始人却是被后人称为"现代管理之父"的美国管理学家切斯特·巴纳德。

巴纳德于1909年进入美国电话电报公司统计部工作,专门研究欧洲一些国家中电话电报的收费问题,很快就成为这方面的专家,1915年他被提升为美国电话电报公司的商业工程师,1922年任该公司所属的宾夕法尼亚贝尔电话公司的助理副总经理,1926年任该公司总经理,1927年任规模庞大的新泽希贝尔电话公司的总经理,并多年担任这一职务。巴纳德在美国电话电报公司的职业生涯中,前10年担任参谋人员的职务,以后长期担任直线人员的领导职务,这两方面的工作经验对他以后创立社会系统学派的理论大有帮助。同时,巴纳德是通过自学成为专家的,他反复阅读意大利社会学家帕雷托、德国法学家和管理学家韦伯、美国管理学家卢因等人的原著,并应用他们的理论进行研究。同时他也受到了生物化学家享德森的系统思想的影响，并把系统思想引进社会学。巴纳德结合社会学和系统论的思想来考虑经营问题，这对他创建社会系统理论大有帮助。巴纳德使用社会的、系统的观点分析管理问题，在管理理论丛林中独树一帜。他的代表作《经理的职能》(1938 年)被管理学界称为美国管理文献中的经典著作，他的主要著作还有《经理人员的能力的培养》(1925 年)、《关于经济行为中的非理性》(1938 年)、《关于能力理论》(1937 年)、《领导的性质》(1940 年)、《组织和管理》(1948 年)等。

(3)社会系统学派管理思想的主要内容

以巴纳德组织理论为代表的社会系统学派管理思想的主要内容可归纳为以下几个方面：

1)组织是一个协作系统。巴纳德把组织定义为“两个或两个以上的人有意识协调活动或效力的系统”。这个定义适用于军事的、宗教的、学术性的、工商业的等各种类型的组织。各种类型组织之间的差异只在于其物质的和社会的环境的不同，所包含成员的数量和种类不同，成员向组织提供贡献的基础不同而已。组织是由人组成的，组织要存在下去，就要有两个或两个以上的人愿意为达到一个确定的目标而进行协作活动。个人可以根据自己的目标决定参加哪一个协作系统，他们的这些选择是以他们的目标、愿望、推动力为依据的，这些就是动机，组织通过其影响和控制的职能来改变个人的动机和行为，从而促进组织实现。

2)有关组织中的非正式组织。巴纳德在分析正式组织与个人的协调关系时，还注意到了非正式组织的存在。他认为非正式组织是不属于正式组织的一部分，而且不受正式组织管辖的个人联系和相互作用以及有关的人们集团的总和。非正式组织没有正式的组织机构，通常也并不具有共同目标，它产生于同工作有关的联系，并由此形成一定的看法、习惯和准则。

非正式组织对正式组织既有积极的影响，也可能有某些消极的影响。其积极影响主要表现为 3 个方面：

①非正式组织可以就一些易于引起争论而又不便于在正式渠道提出的难以确定的事情、意见、建议、怀疑等在成员间交换意见;

②非正式组织通过对协作意愿的调节来维持正式组织内部的团结;

③非正式组织能抵制正式组织的不良影响,以维持个人人格和感情,有利于维持个人的品德和自尊心。

3)协作系统有3个基本要素。巴纳德认为,作为正式组织的协作系统,不论其级别的高低和规模的大小,都包含有3个基本要素:

①协作的意愿。协作意愿是指组织成员对组织目标做出贡献的意愿。组织是由个人组成,但真正组成为一个组织(协作系统)的,不是人,而是人的动作、服务、活动或影响,因此,必须要人们有向协作系统提供服务的意愿,这是组织的一个必要条件。而个人协作的意愿,意味着个人自我克制,交付出对个人行动的控制权,个人行为的非个性化,其结果是与个人的努力结合在一起,没有这种意愿,就不可能将不同组织成员的个人行为有机地结合在一起协调组织活动。但是,组织内部个人协作意愿强度的差异性很大,有的人强烈,有的人一般,有的人较弱。对于同一成员其协作意愿的强度也不是固定不变的,而是随着时间和外界条件的变化经常地变化着,因此对于任何一个正式的协作系统来讲,可能贡献者的协作意愿是不稳定的,在巴纳德看来,个人协作意愿的强度是由他将自己向组织提供的服务与他从组织中获得的利益或报偿相比较而决定的。巴纳德认为,个人向组织提供的服务和贡献的时间造成个人对协作的"牺牲",当组织为了补偿个人参加协作而提供的各种刺激,其中包括物质的(如金钱),社会的(如威望、权力、参与、决策等),即诱因小于或等于个人的"牺牲"时,他的协作意愿就不强,甚至可能退出组织。但是,衡量牺牲、诱因的尺度并不是客观的,它是由个人主观决定的。如:有些人重视金钱,而另一些人更重视威望、权力等。所以,组织为了获得和提高成员的协作意愿,一方面要提供必要的金钱、威望、权力等客观刺激,另一方面就

通过说服来影响成员的主观态度,包括培养成员的协作精神,相信组织目标等。

②共同的目标。这是协作系统的第二个基本要素,是协作意愿的前提,协作意愿若没有协作的目的是不能发展起来的。如果设有共同的协作目的,组织成员就不知道他们应做怎样的努力,也不知道从协作的结果能得到怎样的一些满足,于是就不能从组织成员中诱导出协作意愿来。而有了共同的目标就可以统一决策、统一组织中各成员的行动,从而产生协作意愿。

巴纳德在讨论组织目标时,强调个人目标与组织共同目标间相互协调的问题,同时他指出,组织成员对组织共同目标的理解,可分为协作性理解和个人性理解两种。这两种不同的理解常常会发生矛盾,尤其当组织共同目标复杂、抽象时更是如此。这就要求管理人员要协调个人目标与组织共同目标之间的矛盾,使组织目标与个人目标一致。

③信息的沟通。组织的共同目标和不同成员的协作意愿只有通过信息沟通才能相互联系,形成动态的过程,如果没有组织内部信息沟通将无法统一和协调组织成员为实现组织目标而采取合理的行动,所以这一切都是以信息沟通作为基础的。为了更有效地进行信息沟通,巴纳德提出了几个必须遵循的原则:

a. 信息沟通的渠道应被组织成员明确了解;

b. 每个组织成员应有一个正式的信息沟通的渠道;

c. 信息沟通的路线应尽可能直接或短捷;

d. 信息沟通的路线要完整,以免产生矛盾和误解;

e. 作为信息沟通中心的各级管理人员必须称职;

f. 当组织在执行职能时,信息沟通的路线不能中断;

g. 第一个信息沟通都必须是有权威的。

4)经理人员的职能。巴纳德认为在一个正式组织中,经理人员的作用就是在一个信息沟通系统中作为相互联系的中心,对组织成员的协作活动进行协调,以便实现组织的共同目标。经理人员的职能主要有 3 项:

①建立和维持一个信息沟通的系统。信息沟通是复杂的正式组织的必要条件,而正式信息沟通系统就是由经理人员组织。经理人员组织的建立包括确立和阐明经理人员的职务以及找到合适的人来担任这些职务。

②从不同的组织成员那里获得必要的服务。主要包括:招聘和选拔能最好的做出贡献并能协调工作的人员,使用维持组织的各种手段,维持协作系统的生命力。

③设定组织的目标并努力协调组织成员个人目标与组织目标之间的矛盾。

这3项职能是相互联系和相互依存的,共同为维持组织的正常运转而服务。

社会系统理论是古典管理理论和人际关系学说以后出现的较早的一种管理理论,它对后来决策理论学派、系统管理学派的形成产生了重要影响。

8.2.3 决策理论学派

决策管理理论是当代有较大影响的管理理论之一,是以社会系统理论为基础,吸收古典管理理论、行为科学、运筹学和计算机科学等内容而发展起来的一门边缘学科。

(1)决策理论学派的形成

第二次世界大战后,科学技术迅猛发展,推动了世界经济的发展。与此同时,资本主义国家的生产和资本进一步集中,资本主义世界进入了垄断竞争阶段,企业经营管理面临着新的挑战,决定企业竞争力的因素已经不再是内部作业管理的好坏,而转移到了经营的效率方面。因而,如何进行准确的市场预测,如何用更快的速度、更高的效率占领国际国内市场成为了首要问题。许多运筹学家、统计学家、计算机专家和行为科学家都力图在管理领域寻找一套科学的决策方法,以便对复杂的多方案问题进行明确、合理、迅速的选择。正是在这种历史背景下,把现代技术和定量方法用于决策的理论学派产生了。

(2)代表人物及其主要著作

赫伯特·西蒙 1916 年生于美国威斯康星州密尔沃基,是美国的经济学家和社会科学家,他在管理学、经济学、组织行为学、心理学、政治学、社会学和计算机科学方面都有较高的造诣。

西蒙于 1943 年获芝加哥大学博士学位,1949 年以后一直在卡耐基—梅隆大学任教。由于他在决策理论研究中做出的重要贡献,获得了 1978 年度诺贝尔经济学奖。西蒙的主要研究对象是生产者行为,特别是当代公司中决策的组织基础和心理依据。他对 20 世纪 50 年代的公司行为理论的建立起了重要的作用。这种公司行为理论对简单的利润最大化原则提出挑战,强调大公司复杂的内部结构,其目标和子目标的多重性以及必须建立"令人满意的而不是最优的决策模型"。然后,西蒙转而研究大型组织中的信息问题,认为信息本身以及人们处理信息的能力都是有一定限度的。他还设计了帮助公司高层人员进行决策的决策辅助系统。他的著作主要有《管理行为》(1945 年)、《人的模型》(1957 年)、《组织》(1958 年,与马奇合著)、《管理决策的新科学》(1960 年)。

决策理论学派另一位重要代表人物是美国的詹姆斯·马奇,他于 1953 年在美国耶鲁大学获得博士学位,曾在大学任教,他曾与西蒙合作研究决策管理理论的形成和发展并做出了重要贡献,他的主要著作有和西蒙合著的《组织》以及和赛尔特合著的《企业行为理论》(1963 年)等。

(3)决策理论学派管理思想的主要内容

以赫伯特·西蒙为代表的决策理论学派管理思想的主要内容可以归纳为以下几个方面:

1)管理就是决策。组织就是作为决策者的个人组成的系统,决策贯穿于管理的全过程。管理就是决策,管理的全部过程都是决策的过程。一个组织的任何一个成员是参加或不参加这个组织,在他做出这个决策的过程中,他要对他为组织所做的贡献(劳动或资本)和从组织得到的诱因进行比较。如果诱因大于贡献,他会选择。一个人在做出参加某一组织的决定后,尽管他的个人目标依然存在,但却退而成为从属组织的目标了。如果一个组织能让"诱因"大于"贡献",使所有的组织成员积极地为实现组织的目标贡献自己的力量,那么该组织将团结一致,士气高昂。同时,西蒙曾指出组织一体化,即个人在决策时采用组织决策的价值标准,即用组织目标(组织的服务或存读目标)代替个人目标的过程。任何孤立的个人的决策都不可能达到充分的合理性。所以,决策要成为组织中许多集团参政的结果,成为一种"决策"。因此,要了解一个组织的结构和职能,就必须分析其成员的决策和行为及其所受组织影响的程度,就必须研究影响人群行为的复杂的决策网状结构。在研究复杂的网状结构时要重视权威的问题,经理人应该有效地利用各种形势的外部影响力来塑造职工的性格,使他们能变得自动而不是照上级指示并按组织的需要来决策和行事。组织只需在做必要的调节时才使用权威,制裁方式的应用不占重要的地位。西蒙认为,在当代社会中,职能地位的重要性越来越大,而等级地位的重要性越来越小。

2)决策的过程。西蒙将一个完整的决策过程分为 4 个主要阶段:

①收集情报阶段。收集组织所处环境有关经济、技术、社会等方面的情报并加以分析,以便为拟订和选择计划提供依据。这一阶段的任务是探查环境,寻求决策的条件,可以称之为情报活动。

②拟订计划阶段。以组织所需解决的目标,依据第一阶段所搜集到的情报,拟订出各种可能的备选方案,这一阶段的任务是设计和分析可能采取的行动方案,可以称之为设计活动。

③选定计划阶段 。根据当时的情况和对未来发展的预测,从各个备选方案中选择一个适用的方案,可以称之为抉择活动。

④对已选定的方案进行评价,这一阶段的任务是对已做出的

抉择进行评价,可以称之为审查活动。

上述4个阶段中每一个阶段本身都是一个复杂的决策过程。例如在第一阶段,面对大量的情报,要加以分析,决定取舍,其中就有决策。其他3个阶段也是离不开决策的。这些阶段一般是按照上述顺序排列的,即先搜集情报,再拟订,然后选定,最后审查计划,同解决问题的步骤相符合。解决问题的步骤是:问题是什么?备选方案是什么?哪个备选方案最好。

西蒙等人认为,信息联系在决策过程中起着重要的作用。它是决策的前提,而决策则是以命令、情报或建议的形式出现的。信息联系是一种双向过程,它包括从组织的各个部分向决策中心的传递,也包括从决策中心向各个部分的传递,也即是说,决策传递向上、向下并"水平地"贯穿于整个组织。

信息传递途径又可分为正式渠道和非正式渠道两种。西蒙等人对非正式渠道更加重视,而认为权力机构的正式渠道都可能发生信息传递的阻塞和歪曲。在系统中造成信息联系障碍可能是多种多样的,如决策专门化产生的错误和偏见,地理位置上的差距带来的联系上的困难,对信息的偏向性等。为克服这些障碍因素,使信息传递更为通畅、准确,西蒙主张在组织中成立一个特别的信息联系服务中心以搜集、传递和储存各种情报。这主要应该借助计算机,同时要特别重视利用会议作为传递信息的渠道。

当代是信息爆炸的时代,重要的不是获得信息,而是对信息的加工和分析,使之对决策有用。决策者需要的是对决策有意义的信息。决策者是一种宝贵的资源,不能无谓地消耗在大量无关的信息上,所以对信息的提供,应当有一定条件的限制,不符合这些条件的信息,不应该输送给决策者。所以系统必须包含一个筛选系统,以保证提供与决策有关的信息。

3)决策的准则。关于决策的准则,以前人们主张绝对的理性,即最优化原则,把人看成是以绝对理性为指导,按最优准则行动的理性人或经济人。西蒙认为这是一种超现实的理想,事实上是做不到的。因为如果总是企图找到最好的,不但最好的找不到,也许连好的也找不到;反之,如果满足于好的也许在找的过程中会碰上一个最好的。人们之所以不能用绝对的理性作为决策的标准,是由于要实现理性要具备3个前提:

①决策者对可供选择的方案及其未来的后果要无所不知;

②决策者要具有无限的估算能力;

③决策者的脑中对各种可能的后果要有一个完全一贯的优先顺序。

由于决策者在认识能力和时间、经费、情报来源等方面的限制,不可能完全具备这些前提,因而,人们不可能做出完全合理的决策。人类实际的理性既不是完美无缺的,也不是非理性的。况且人的知识和能力也是有限的,在做出决策时,很难求得最佳方案,所以人们往往根据令人满意的准则进行决策。

西蒙认为应该以管理人模式代替按最高准则行事的经济人模式,这种管理人模式要求:

①用令人满意的准则代替最优化准则;

②不考虑一切可能的复杂的情况,只考虑与问题有关的特定情况。

4)程序化决策和非程序化决策。西蒙把人的符合目的的行动分为两种类型:踌躇—选择型和刺激—反应型。踌躇—选择型的意思是为了实现决策的合理性,对一切代替手段将产生的结果以及对这种结果的选择等都需要加以考虑。刺激—反应型的特点是只注意情况的某些方面,而排除其他方面,毫不犹豫地做出反应。

西蒙把一个组织的全部活动分为两类。一类是例行活动。这些是重复出现的例行公事,如订货、材料出入等。有关这类活动的决策是经常反复的,而且有一定的结构,因此可以建立一定的程序,当这类活动重复出现时予以应用,不必每次都做新的决策。这类决策叫做程序化的决策。另一类是非例行活动。这类活动不是重复出现的,也不能用对待例行公事的办法来处理,如新产品的开发,企业的多角化经营,新工厂的建设等。这类活动的决策是新出现的,不能程序化地处理。这类决策叫做非程序化决策。但是程序化决策和非程序化决策绝非截然不同的两类决策,而是像光谱一样的连续统一体,其一端为高度程序化决策,另一端是高度非程序化决策,类似于光谱中的黑色与白色。在这两个极端中间,可以找到不同灰色程度的各种决策。

5)决策制约着组织机构的设置。西蒙认为,一个组织机构的建立必须同决策过程联系起来考察,不能脱离决策过程而谈论部门化原则。一个组织划分为几个单位,必须以所要做出的决策类型为依据,而评价一个机构的主要标准就是它对行为的影响。

一个组织分为 3 层机构:第一是基层机构,从事直接生产过程,获取原材料,制造和储存产品。第二是中层机构,一般从事程序化决策,管理生产和分配的日常工作决策。第三是上层机构,从事非程序化决策,包括组织的设计与再设计,确定组织目标并监督其实施。决策过程中电子计算机等先进技术的运用并不会改变这 3 层机构的划分,而只会使之更加明确和清楚。未来的组织机构仍将是等级制的,虽然其具体形态可能同现在的组织机构有重大差别。

决策理论适应了社会生产力发展的需要,特别是适应了大型垄断企业的经营管理的需要。它的提出大大丰富了西方现代管理理论的内容。

8.2.4　系统管理学派

20 世纪 60 年代,由于系统理论的创立和发展,一些学者运用一般系统理论的原理和方法来分析和研究管理问题创立了系统管理学派。系统管理理论的管理思想基础是一般系统理论系统地阐述了系统观点、系统分析、系统管理及它们的相互关系,分析了组织和管理的系统模型以及系统管理中的各项职能。

(1)系统管理学派的形成

1938 年,巴纳德在其发表的《经理人员的职能》一书中,第一次把企业看成是由物质的、生物的、个人的、社会的多种要素组成的协作系统。企业管理的核心是对这个几方面的要素进行协调。巴纳德研究的重点放在解决组织内部个人目标与整体目标的协调问题,而没有涉及到组织外部环境。尽管以西蒙为代表的决策理论学派已经将组织实现与组织外部环境联系起来,把企业看成是一个同外界环境相互影响和相互作用的开放的、有机的、动态的系统,但其研究重点只突出了决策而没有涉及更广泛的管理活动。随着社会的发展和科学技术的进步,组织环境对管理活动的影响日趋明显,如管理不适应外部环境动态的变化,组织目标难以实现。贝特朗一般控制论创立后,一些学者把它应用于工商企业的管理中,最终形成了系统管理理论。

(2)系统管理学派代表人物及著作

系统科学的主要代表人物是一般系统论的创始人贝塔朗菲·韦纳(英国的理论生物学家和哲学家),他在 20 世纪 20 年代末研究生物学时提出有机体系统理论的概念。1968 年,他在《一般系统理论的基础、发展和应用》一书中,把系统作为科学研究的对象,全面地阐述了动态的开放系统的理论。该书被奉为一般系统理论的经典著作。

控制论的创立者韦纳在 1948 年提出了控制论这一术语,并在 1949 年与香家和韦菲发表《信息联系的数学理论》一书,促进了一般系统理论的发展。

系统管理学派的代表人物还有美国的约翰逊、卡斯特及罗森茨威克、米勒、梅萨罗维奇等。1963 年约翰逊、卡斯特和罗森茨威克 3 人合著的《系统理论和管理》以及 1970 年卡斯特和罗森茨威克两人合著的《组织与管理——一种系统学说》比较全面地论述了系统管理理论。

该理论认为系统管理的内应包含系统思想、系统分析和系统管理3个方面,它们都是以系统理论为指导的,三者之间,既有联系又有区别。

(3)系统管理学派管理思想的主要内容

1)企业系统。把企业当成一个系统来研究是系统管理学派的一个突出特点,其管理思想主要体现在以下几方面:

①系统观点、系统分析、系统管理。该理论认为管理的内容应包含系统思想、系统分析和系统管理3个方面。它们都是以系统理论为指导的,三者之间既有联系又有区别,如表8.1所示:

表8.1　系统理论的基本模式

系统理论	观　点	方　法	组织子系统	任　务
系统观点	观念的	经过思考的	战略的	使组织和环境一体化
系统分析	实践的	制作模型的	作业的	有效利用资源并实现目标
系统管理	优化的	优化的	综合的	结合组织内部各种活动

系统观点是基于系统观念的一种思想方法,它强调系统是一种有组织的综合的整体,强调各个组成部分之间的关系。其主要特点有:

a.整体是主要的,其余各个部分是次要的;

b.系统中许多部分的结合是它们相互联系的条件;

c.系统中各个部分组成了一个不可分割的整体,如果影响到其中的某一部分就会影响到整体;

d.各个部分困扰着整个系统目标的实现而发挥作用;

e.系统中各个部分的性质和职能由它们在系统中的地位决定,其行为则由整体对各个部分的关系所制约;

f. 整体是一种力的系统、结构和综合体，而且不论它如何复杂，都是作为一个单元来行事；

g. 一切都应以整体作为前提条件，然后演变出其他部分及各部分之间的相互关系；

h. 整体通过新陈代谢而使自己不断地更新，整体保持不变和统一，而其组成部分则不断改变。

系统分析是解决决策的方法和技术，它是以系统最优为目标，对系统的各主要方面进行定量与定性分析，找出各种可行方案并选择最优方案的过程。系统分析给决策者提供直接判断和决定最优方案所需的信息和资料。系统分析要求有严密的逻辑性，并要从整体利益出发来考虑当前利益，把定量分析和定性分析相结合，紧密围绕建立系统的目的，抓住关键，减轻分析的难度和减少分析的工作量。

把组织作为系统来管理，就叫做系统管理。它是一种管理方式，具有 4 个特点，即以目标为中心；以整个系统为中心；以责任为中心；以人为中心。

系统管理有 4 个相互联系的阶段，即创建一个系统的决策；进行系统的设计；使系统运转并进行控制；检查和评价系统运转的结果。

②企业是一个开放的系统。系统管理学派认为任何组织都是一个开放的系统，它与外界环境在不断相互作用。所谓系统就是由两个以上的、有联系的、相互作用的部分（要素）所组成，具有特定结构和功能的整体。工商企业就是一个由相互联系而共同合作的各个要素的系统所组成的以便达到一定目标（包括组织目标和组织成员的个人目标）的系统。一个开放的系统，它周围环境（顾客、竞争者、工会、供应商、金融机构、政府机构等）之间存在着动态的相互作用，并且有内部和外部的信息反馈网络，能够不断地调节和更正，以适应环境和自身的需要。对于工商企业，输入的是材料、劳动力和资本，经过生产过程，向顾客提供产品和服务（如图 8.1 所示）。

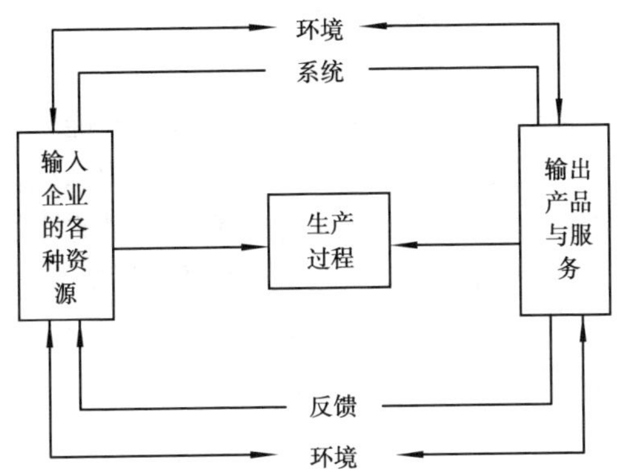

图8.1　企业系统与外部环境的相互关系示意图

由此可见,企业系统与其外部环境存在着相互作用,它既受环境影响,也影响着环境,在环境的交互影响中求得动态的适应与平衡。

③企业内部系统的划分。企业这个系统还包括一些必要的子系统。按子系统所起的作用来划分,可分为:

a. 传感子系统,用来度量和传感企业系统内部和周围环境的变化;

b. 信息处理子系统,如会计系统、电子数据处理系统等;

c. 决策子系统,接受输入的信息,做出决策,并传达下去;

d. 加工子系统,利用信息、物资、能量和人工来完成一定的任务;

e. 控制子系统,保证加工过程按照原定的计划实行;

f. 记忆或存储子系统,可采用记录手册、工艺规程、电子计算机程序等形式。

按各系统的内容划分,可分为:

a. 目标子系统,包括企业的战略目标,各部门的策略目标,职工的个人目标;

b. 技术系统,包括机器、工具、程序、方法、专业科技知识等;

c. 工作子系统,包括企业成员从事生产所需进行的各项工作;

d. 结构子系统，包括各个工作单位和部门的工作组合相互联系的工作组合；

e. 人际社会学系统，包括企业成员的技术与能力、领导者的指导思想和领导方式、正式组织系统和非正式组织系统；

f. 外界因素系统，包括市场调查等情报资料的搜集、人力与物力资源的获得、外界环境的影响、外界需要的反映等。

2）系统动态学。系统动态学是系统管理学的进一步发展，1956 年，美国麻省理工学院的福莱斯特提出了有关工业动态学的概念，并于 1961 年出版了《工业动态学》一书。其后，他和他的追随者又写了许多文章和著作，进一步阐述工业动态学的性质和目的，并逐步扩大其应用范围，把工业动态学发展成为系统动态学。

①主要作用。工业动态学是一种研究工业系统活动的计量方法，它以系统理论和自动控制理论为依据，以电子计算机等先进技术手段为工具，利用模型来研究工业系统的行为和各个个体之间的变化，阐明工业企业的政策、决策、结构、延误和这些因素之间的相互关系及其对企业成长与稳定的影响，以达到改进决策，提高企业经营管理水平的目的。它主要解决了以下问题：

a. 系统结构、管理政策和时间延误之间的相互作用如何影响系统的动态特征；

b. 与系统结构和所采取政策有关的增长性预测及定量化和实践问题；

c. 如何确定一个基本结构以便有利于各种管理职能的有机结合；

d. 在企业、公司、国家经济部门或其他系统内，信息、货币、定货、材料、人员和设备等各种流程之间是如何相互影响；

e. 如何更有效地设计工业和经济等复杂的大系统；

f. 如何把人的判断力、经验和严密的逻辑推导结合起来。

建立工业动态模式的 6 个步骤：

第一步，对工业企业的具体情况进行分析，确定工业管理中的问题并明确所要达到的重要目标；

第二步,系统地表达企业系统特有的各种主要因素的相互依存关系;

第三步,建立数学模型;

第四步,用电子计算机对数学模型进行运算分析;

第五步,依据试验的资料对模型进行修改,以保证企业行为尽可能一致;

第六步,运用模型确定各个参数最适宜的变化范围,以便改进企业行为,并把这些变化从计算机语言翻译成日常生活中的通用语言,供管理者利用。

系统管理理论把系统论、控制论、信息论等新学科知识运用到管理研究中,形成了一定体系的管理理论,给管理人员提供了一种新的思考问题的方法,但由于其理论本身抽象,实际操作性差,因而并未得到广泛的运用。尽管如此,仍有许多人对系统理论及其在管理中的应用进行研究。该理论中的许多内容有助于自动化、控制论、管理信息系统、权变理论等的发展,对于系统动态学的建立和发展及其应用于社会和全球问题的研究更有特殊的意义。

8.2.5 管理科学学派

(1)管理科学学派的形成与发展

管理科学学派又称数量学派或运筹学派,这个学派认为,组织是由"经济人"组成的,是一个追求经济利益的系统,又是一个由物质技术和决策网络组成的系统。管理就是利用数学模型和程序系统来表示计划、组织、控制、决策等合乎逻辑的程序,求出最优的解答,以达到组织的目标。这个学派的理论同泰罗的科学管理理论一脉相承,两者在基本原理上有许多共同点。如科学管理要求找出一种"最好的方法",管理要求"最优化";科学管理用"甘特图"来安排工作进度,管理科学则用从"甘特图"发展而来的计划评审网络图等作为管理的工具。两者都试图摒弃凭经验、凭直觉、凭主观判断进行管理,主张采用科学的方法进行管理。不过,管理科学学派已不限于作业操作方法的研究范围,而是扩展到整个组织的管理,它要求使用现代的科学技术对管理进行整体性、全面性、系统性研究。

第二次世界大战期间,军事上出现了许多超过各级指战员知识范畴的技术问题,为了更好地解决这些问题,军事部门组织了多种学科的专家集体研究,为作战和后勤决策提供依据,于是产生了“运筹学”。二战结束后,“运筹学”逐渐被广泛应用于经济领域。1949 年,乔治・丹齐克运用线性代数确定稀有资源的最优分配方案;在高速大型计算机问世后,“运筹学”开始迅速地应用在美国的一些大型企业中,而后逐步推广到其他工业企业中,同时,高等院校也开设了这方面的课程;1948 年英国成立了运筹学俱乐部(1954 年改名为运筹学会),并于 1950 年出版了世界上第一份运筹学刊物——《运筹学季刊》。1952 年,美国成立了运筹学协会并出版了《运筹学》杂志;1953 年美国又成立了管理科学学会,并开始出版《管理科学》杂志;1959 年成立了美国运筹学联合会。这些组织机构的相继成立大大推动了管理科学的发展。20 世纪 70 年代后,运筹学日趋成熟,更广泛地应用于工商界,目前在美国、日本、欧洲等国都有相当完善的运筹学机构。但是,也有些管理学家认为,管理科学过于侧重于数量分析方面,没有同管理中的实际问题紧密结合起来,因而学派的特长就得不到很好的发挥。

(2)代表人物和主要著作

一般认为,管理科学的代表人物是一支庞大的学者群。主要代表人物有布莱克特、丹齐克、丘奇曼、阿考夫、阿诺夫、里奇蒙、布法等。

布莱克特教授是一名物理学家,诺贝尔奖金获得者。他领导的运筹学小组由 3 名生物学家,1 名天文物理学家,2 名数学家,1 名大地测量学家,1 名军官组成。这样把各方面的专家集中在一起研究,有助各个学科互相启发,取长补短,克服各人在本学科上的片面性。这个小组在二战中发挥了重大的作用。

丹齐克于 1947 年在研究美国空军资源配置问题时,提出了求解线性规划问题的一般方法——单纯形法,使运筹学逐渐应用到了军事上以及民用企业中。

从 20 世纪 50 年代开始,出现了一批管理科学(运筹法)方面的教科书,如由丘奇曼、阿考夫、阿诺夫 3 人合著的《运筹学入门》、里奇蒙著的《用于管理决策的运筹学》、布法的《现代生产管理》、《生产管理基础》等。

(3)管理科学学派的特点及其管理思想

管理科学学派的管理思想是建立在系统思想基础上的,系统的观点要求从系统的整体效果出发进行考察、分析与解决问题,其目的是使整个系统的总效果达到最优。如何求出最优化所采取的方法就是运筹学的方法。

1)管理科学学派的主要特点。管理科学学派的主要特点体现在以下几个方面:

①从系统观点出发研究各种功能关系。管理科学对企业组织中的任何一个部分和功能的关系都是从系统观点出发来研究的。该学派认为组织中的任何部分或任何功能的活动必然会影响其他部分或其他功能,所以评价组织中的任何决策或活动,都必须考虑到它对整个组织的影响和所有的重要关系。正确的决策必须从整个系统出发,考虑到各个部门和各项因素,对整个组织最有利才是最优化。

②应用多学科交叉配合的方法。管理科学学派认为,同样数量的人员,如果分属于不同的学科而互相配合地进行研究比属于同一学科的人共同研究和分析效果更好。在管理科学的研究和应用中,除了应用数学和电子计算机方面等手工艺知识和技术外,还随着具体研究对象的不同而用到经济学、管理学、心理学、会计学、物理学、化学和各种工程技术方面的知识。

③管理科学学派的一个重要特点就是利用模型,把一个研究

范围已确定的现实问题按预期的目标来约束，将其主要因素的因果关系转变为各种符号表示的模型来求解。同时，管理科学学派也很重视数量化，尽可能用数字来说明各种因素及其相互关系。

④随情况的变化而修改模型，求出新的最优解，管理科学学派根据当时的情况建立模型求解。通过模型来解决问题通常对问题有较深入的了解，但在解决问题的过程中，随着外界环境的变化，可能原来的问题会变得很复杂，这样，就要修改原来的模型，不断地对模型进行优化，以求出新的最优解。

2）管理科学学派的管理思想。对于组织，管理科学学派是这样看的：

①组织的成员是"经济人"或者叫"组织人"、"理性人"。人是理性的动物，会由于经济上的激励而为达到组织的目标努力工作，同时也使自己满足。

②组织是一个追求经济利益的系统，这和系统管理理论有密切的联系。该学派认为组织的目标是以最小的成本求得最大的效益。同时，从系统的观点来看，组织追求的是整个系统的最大效益不是局部的最大效益。

③组织是由作为操作者的人同物质技术设备所组成的有机系统，这就要利用数学模型、科学方法和电子计算机等工具来了解、分析它们。

④组织是一个决策网络。决策是组织的一项重要职能，是一个合乎逻辑的理性程序，并遍布于组织活动的各个方面，组成一个网络。许多管理决策具有结构性，可应用计算的模型来进行决策，使之实现最优化。

（4）管理科学学派应用的科学方法

一般认为，管理科学学派应用的科学方法有以下几种：

1）线性规划法。这种方法主要用于研究对现有资源（物力、财力、人力、时间等）如何进行统一分配、合理安排、合理调度或最优设计等问题。线性规划法是规范性的，包含着确定性的变量。

2)决策理论方法。该方法主要用于管理活动中包含着不确定因素的决策问题,而这些决策问题一般属于多阶段决策问题。

3)网络技术法。该方法是大规模项目计划管理的一个有效的方法,以网络图为基础。

4)模拟。所谓模拟就是建立一个表示客观事物的抽象模型,并对模型进行实验,以观察客观事物的运动变化情况。

5)概率论。概率论是从量的角度对大量的随机现象进行研究的一种理论,它是对策论、决策论、排队论等方法的理论基础。

6)对策论。又称博弈论、竞赛论,是研究对抗形势的数学理论。它运用对策模型研究有利害冲突的双方在竞争活动中一方如何战胜他方的最优策略以及如何找出这些策略的问题。

7)排队论。又称随机服务系统理论或公用事业理论中的数学方法。它主要研究随机服务系统应如何合理地设计与控制,以达到既能满足顾客的需要,又能使费用最省的目的。

8)库存论。库存论是用于研究在什么时间,以什么数量、从什么地方供应,以补充零部件、器材、设备、资金库存,使库存的成本达到最省。

管理科学通过以上各种方法,运用各种模型来求最优解,其建立和使用步骤一般是:

第一步,观察和分析;

第二步,确定问题;

第三步,建立一个代表所研究系统的模型,主要有数学模型、实物模型、图解模型、仿真模型、图像模型、图画模型等;

第四步,从模型中得出解决方案;

第五步,对模型和得出的解决方案进行验证;

第六步,建立解决方案的控制;

第七步,把解决方案付诸实施。

管理科学学派的出现,标志着管理从定性阶段转到定量阶段,它将数学、统计学、系统学、自然科学、技术科学和社会科学相结合起来应用于管理的研究,在解决实际管理问题方面取得了明显的成效。

8.2.6 经验主义学派

(1)经验主义学派的形成

经验主义学派形成之前,管理理论名目繁多,但该学派倡导者认为,现成的各种学说,如泰罗科学管理学说和梅奥人际关系学说都不能很好地适应管理实践的实际需要。古典科学管理学说关于工作管理的观点已经陈旧,它所适应的企业环境已不复存在,而人际关系学说过分偏重于以人为中心的管理,忽视了人与工作的结合。在他们看来,只有经验主义学说才能有效地指导管理实践。其基本管理思想是:有关企业管理的理论应该从企业管理的实际出发,特别是以大企业管理经验为主要研究对象,加以抽象和概括,然后传授给管理人员或向管理人员提出实际的建议。因此,该学派非常强调研究管理案例,通过案例研究向一些大企业的经理提供在相同情况下管理的成功经验和科学方法,注重理论研究与实践的结合是该学派最主要的特色。

(2)代表人物及主要著作

这一学派的主要人物有彼德·德鲁克、欧内斯特·戴尔、威廉·纽曼、艾尔福雷斯·斯隆等。

彼德·德鲁克是美国著名的管理学家,他先后担任过美国通用汽车公司、克莱斯勒公司、国际商用机器公司等大企业的顾问。1942—1949 年间任本宁顿学院政治和哲学教授,1950—1972 年任纽约大学工商研究管理学院教授。他的著作很多,主要代表作有:《管理实践》(1954 年)、《有效管理》(1966 年)、《管理、任务、责任和实践》(1973 年)。

欧内斯特·戴尔是美国管理学家,任欧内斯特·戴尔协会主席,其代表作主要有《伟大的组织者:组织的理论与实践》(1960年)。另外,经验主义学派另一个代表人物威廉·纽曼的主要代表作是:《经济活动:组织和管理技术》(1951 年)、《管理的过程》(1961 年与萨默合著)。

(3)经验主义学派的管理思想

经验主义学派认为,管理学就是研究管理经验,通过研究管理成功的经验和失败的教训经过反复学习和实践自然就能领会和应用最有效的管理方法。它重点分析成功管理者实际管理的经验,并加以概括,总结出他们成功经验中共性的东西,然后使之系统化、合理化,并据此向管理人员提供建议,该学派理论的主要内容有以下几个方面:

1)管理的性质。德鲁克不同意以前各派学者对管理概念的解释,他认为管理只同生产商品和提供各种经济服务的工商企业有关,管理学是由一个工商企业管理的理论和实践的各种原则组成,管理的技巧、能力、经验不能移植并应用到其他机构中去,管理的定义是努力把一个人群或团体朝着某个共同目标引导和控制,一个好的管理者就是能使团体以最少的资源和人力耗费达到其目的的管理者。在德鲁克看来,管理的性质、管理的方式和方法都取决于具体的管理活动性,他强调管理应侧重于实际应用而不是纯粹的理论研究。

2)管理的任务。管理的任务主要有 3 项:

①取得经济上的成就。企业的经营人员在他们的每一项决策和行动中,必须始终把经济上的成就放在首位,因为企业就是为了取得经济成就,一个企业如不能取得经济上的成就,就不能按消费者支付的价格向消费者提供他们需要的商品或服务,那么这个组织就是失败的。

②使企业具有生产性,并使工作人员有成就感。工商企业有 3 类资源:资本、人力、时间,但真正的资源只有一项,这就是人。这对于其他的机构和组织来说也是一样,企业是通过“人”这项资源来完成它的工作,通过工作来取得成绩。具有生产性对企业的成长起着重要的作用。同时,在当今的社会中,工商企业日益成为

个人取得生计并取得社会地位、满足个人成就的手段。因此,使企业具有生产性,使职工有成就感愈来愈重要。企业管理者应依据企业本身的需要而创设新的工作,并经常增加和变更工作的内容,使工作丰富化,使职工在工作过程中得到满足,获得成就感。

③妥善处理企业对社会的影响和承担企业对社会的责任。每一个机构都是社会的一个器官,都是为社会而存在的,工商企业也不例外。一个企业的好坏不是由企业自己来评价的,而只能由社会来评定。企业在生产经营过程中必然对人群和社会有所影响。因此,在目前这个组织多元化的社会中,企业必须日益关心自身对社会的责任,认识到应该对社会产生积极的影响和卓越的效果。

3)管理的职责。管理的职责主要是合理配置资源和协调组织的当前与长远利益。

①合理配置资源。合理配置资源,充分利用资源,特别是人力资源,这是组织内管理者的主要职责。这能使组织拥有更大的生产力,管理者要克服企业中所有的弱点,并利用各种资源(特别是人力资源),使其作用得到充分的发挥,因而,德鲁克强调对人的管理要特别注意观察和体会“人们心理上的多变反应”。

②协调组织的当前利益和长远利益。企业管理者在做出每一项决策和采取每一项行动时,首先应该考虑当前的经济利益,但考虑当前利益并不意味着就应忽视组织的长远利益;反之亦然,应协调二者的矛盾,把当前利益和长远利益协调起来。

如果将上述两项管理的职责具体化,则任何管理者共同的管理职责就是:

①树立目标并决定达到目标的手段,使所有有关人员都了解组织目标及其实现手段。

②为实现目标进行组织工作,把工作分类为一些较小的活动,以便进行管理,建立组织机构,选拔人员等。

③建立适宜的奖酬制度,对职工起到鼓励的作用。

④加强组织内的信息沟通和联系。

⑤对组织的成果加以分析,并确定考核和评价工作的标准。

⑥为职工创造成长和发展的机会，使职工更易于发挥自己的能力。

经验主义学派认为，管理是特殊的工作，因而需要一些特殊的技能，如做出有效的决策，正确运用控制与衡量，正确运用分析工具，在组织内部和外部进行信息联系等。虽然没有一个管理人员能掌握所有的技能，但每一个管理人员必须对这些基本的管理技能有所了解。

4）组织结构。经验主义学派认为有效的组织结构就是使得这些关键活动能够进行工作并取得成就的那种组织设计，而这些关键活动反过来成为进行工作并承受负载的组织结构要素。组织设计关心的就是这些关键活动和关键工作。组织结构设计应注意：

①明确性。组织中的任何一个管理部门、任何一个人都应该有其明确的位置。

②经济性。用于控制、监督、引导人们取得成绩的力量应该保持在最低限度。

③稳定性和适应性。一个组织要有充分的稳定性和适应性，能在动荡的环境中进行工作，能对未来进行不断地规划。

④永存性和自我更新。一个良好的组织结构必须能够从内部产生未来的领导者，并且能接受新的思想和做新的事情。

⑤决策。组织结构必须做出正确的决策并能把这些决策转化为工作上的成就。

⑥远景方向。组织结构应该引导每个管理部门及每个组织成员的远景，使之为取得整个组织的成绩而努力。

1975年，德鲁克发表了《今日管理组织的新样本》一文，在文中，他将企业的组织机构分为5种类型，即集权的职能式结构；分权的“联邦式”结构或称“事业部”；规划——目标结构，即矩阵结构；模拟性分权管理结构；系统结构。

在上述的5种组织结构中，经验主义学派认为，并不能决定哪一种组织最佳，应根据各企业的生产性质、特殊条件和管理人员的特点确定自己的组织结构。

5) 目标管理的思想。目标管理是由经验主义学派代表人德鲁克最早提出的一种思路，经后人补充和发展形成了至今仍被管理界所重视和使用的目标管理模式。德鲁克认为所谓“目标管理”就是一个组织中的上级和下级一起制定共同的目标，该目标同每个人的工作成果相联系，通过确立目标，规定他的主要活动，并用这些目标作为经营一个单位和评价每一个成员的贡献的指导方针。其主要内容有3个：

①明确企业中目标的性质。德鲁克将企业的目标分为战略性目标和策略性目标。其中，策略性目标分为多个层次。高级策略由最高管理部门制定，它关系到企业的成败；中级策略由中层管理部门制定；初级策略目标由基层管理人员制定；方案和任务由一般职工制定。每层人员都应该对本层次的目标和任务有着清晰的概念。

②目标管理成功的条件。主要是：

a. 高层管理部门不只限于管理计划的批准，而要参加高级策略目标的制定；

b. 下级也应参加目标的制定并为其实现担负一定的责任；

c. 要有充分的情报资料；

d. 各级管理人员对实现目标的手段都应有一定程度的控制权；

e. 对由于实行目标管理而带来的风险予以承担；

f. 对职工要有信心。

③目标管理的3个阶段。第一阶段是确定目标阶段。在这一阶段要确定组织整体目标，各级管理部门的目标以及组织成员的个人目标。这样就形成了一个目标体系，确定目标的过程又包括具体5个步骤：

a. 准备工作；

b. 由高层管理人员制定组织的整体目标；

c. 确定各管理阶层的策略目标；

d. 各级管理人员提出各种建议，相互讨论并修改；

e. 对各项目标和评价标准达成协议。

第二阶段是目标管理的具体实施阶段。在这一阶段，组织目标体系的实现主要靠组织成员的自我控制和自我管理来完成，上级只是根据“例外原则”才对重大的问题过问和干预。

第三阶段是检查和评价工作绩效阶段。主要是通过把取得的工作成果同原来确定的目标相比较，提出差异，分析形成差异的原因，并将分析的结果应用于下一时期的目标管理，这样目标管理就形成了动态循环。

经验主义学派是一个庞杂的学派，有的受古典管理理论影响较深，有的倾向于行为科学，有的认为系统科学也比较有用，有的介于这些学科之间，但是他们都把实践放在第一位，以适用为主要目的，可以说，他们的方法在管理理论丛林中较具特色。

8.2.7　权变理论学派

(1)权变理论学派的形成

权变理论学派是西方20世纪70年代兴起的一个学派，它是在经验主义学说基础上进一步发展起来的。权变的意思通俗地讲就是“权宜应变”。权变理论认为在企业管理方面没有什么一成不变的且普遍适用的“最好的”管理理论和方法，只有根据企业所处的内外环境条件随机应变地进行管理才是最好的管理。从当时的管理理论背景来看，大多数管理理论主要研究企业内部的管理问题，忽视了企业外部环境对管理绩效的影响，如泰勒的科学管理、法约尔的古典组织理论以及过程管理理论、行为科学等。很少有涉及外部环境的理论，如决策理论和系统理论也不能解决如何使管理适应外部环境的问题，再加上各种理论都有在本理论框架下的固定的管理模式，这些以特定的理论假设为前提的管理模式自然不能解决管理中的一些具体问题，而当时企业管理和重心已经从强调内部管理转移到如何增强企业对外界环境的应变自我调节能力的问题上。一些企业的管理者在多变的外部环境面前,感到管理无方,从实践的角度他们迫切希望能掌握一种可以指导他们在多变的环境中实施有效管理的理论。在这种情势下,一些学者以管理为出发点,提出了权变管理的思想。权变理论的出现意味着管理理论向实用主义的方向发展迈进了一大步。

(2)代表人物及著作

权变理论学派主要代表人物有美国的保罗·劳伦斯、杰伊·洛希、弗雷德·卢桑斯、亨利·明茨伯格,英国的汤姆·伯恩斯、琼·伍德沃德。

英国学者伯恩斯和斯托克是最早运用权变思想来研究管理问题的人,他们合著了《革新的管理》一书。

美国学者劳伦斯和洛希是权变理论学派的另外两位主要代表人物,他们的主要著作有:《复杂组织的分化和整体化》(1967年)、《组织和环境》(1969年),有人把他们称做是权变理论的创始人。

美国管理学家卢桑斯是勃拉加斯大学教授,他的主要著作有《权变管理理论:走出丛林的道路》(1973年)、《管理导论:一种权变学说》(1976年),他提出用权变理论可以统一各种管理理论的观点。

英国管理学家伍德沃德的主要著作有:《经营管理和工艺技术》(1958年),《工业组织:理论和实践》(1965年)、《工业组织:行为和控制》(1970年),她是组织设计权变理论的主要代表人物之一。

除此之外,还有一些比较有影响的著作,如美国学者莫尔斯和洛希合著的《超Y理论》(1970年)、《组织及其成员:权变方式》以及菲德勒著的《领导游戏:使人适合情况》等。

(3)管理思想

1)权变管理理论的理论基础。权变管理学派以所谓的“超 Y 理论”为理论基础。X 管理理论和 Y 管理理论是由美国麻省理工学院教授麦格雷戈于 1957 年提出来的,他认为现在的工业企业一般都是按 X 理论进行管理的,因为 X 理论这种对于人性的假设使得企业必须强迫、控制、指挥及以惩罚相威胁才能实现组织目标。由于 X 理论这种假设不符合实际,所以企业应放弃这种假设并转变对人的看法。而 Y 理论与 X 理论假设相反,是符合本性的,管理应按照 Y 理论行事。为了对“X 理论—Y 理论”进行实际实验,莫尔斯和洛希选了两个工厂和两个研究所做实验。其中一个工厂和一个研究所应用 Y 理论,另一个工厂和研究所则应用 X 理论。结果是:应用 X 理论的工厂效率高,应用 Y 理论的工厂效率低;相反的,应用 Y 理论的研究所效率高,应用 X 理论的研究所效率低。由此他们得出结论:管理的指导思想和管理方式要视工作性质、环境特点、成员素质等而定,不得一概而论。据此调查结果,他们在《超 Y 理论》一文中和《组织及其成员:权变法》一书中,提出了超 Y 理论,其要点如下:

①人们是怀着不同的需要加入工作组织的,而且人们有不同类型的需要,有的人需要正规的组织机构和规章制度而不需要参与决策和承担责任,有的人却需要更多的自治、更多的责任以及发挥个人创造性的机会。每个人最需要的是能够胜任自己的工作。

②不同的人对管理方式的要求也是不同的。如上述工厂的人适宜采用以 X 理论为指导的管理方式,而研究所的人则适宜采用以 Y 理论为指导的管理方式。

③组织的目标、工作的性质、职工的素质等对组织结构和管理方式有很大的影响。凡是组织结构和管理层次的划分、职工的培训和工作的分配、工资报酬和控制程度的安排等适合于工作性质和职工素质者,其效率就高;反之,其效率就低。所以应多方面考虑,不能按部就班。

④当一个目标达到以后,可以激起职工的成就感,使之为达到新的更高的目标而努力。

超Y理论以行为科学中人的特性的“复杂人”假设为依据,它是权变管理理论的理论基础。

2)“如果—就要”关系理论。权变理论力图研究组织的各子系统内部和各子系统之间的相互联系以及组织和它所处的环境之间的关系,并确定各种变数的关系类型和结构类型。他们企图通过对大量事例的研究和概括,把各种各样的情况归纳成为几个基本类型,并从一个类型中找出一种管理模式。他们认为,权变关系是两个或更多变数的函数关系,权变管理就是依据环境自变数和管理思想及管理技术因变数之间的函数关系来确定的一种最有效的管理方式。

卢桑斯使用函数关系将管理与组织环境联系起来。他将环境作为自变量,管理作为因变量,他指出两者之间的函数关系不应是因果关系,而是“如果—就要”关系,即如果某种环境存在或发生,就要采用某种相应的管理思想、管理方法和技术,以有效地实现组织目标。如图8.2所示:

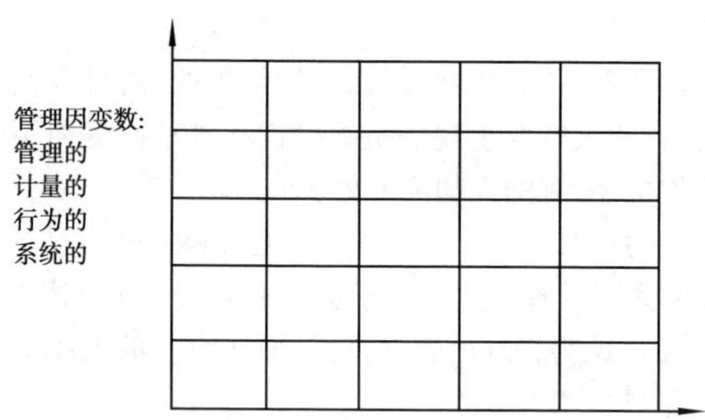

图8.2 管理与组织环境的关系示意图

矩形图中横轴代表环境自变数,纵轴代表管理因变数。卢桑斯认为环境自变数包括外部环境和内部环境两个方面。外部环境包括社会科学技术、经济、政治、法律等一般因素以及供应商、顾客、竞争者等特定因素。这些因素会直接对企业产生影响，而且相互之间也会影响，它们都存在于企业之外，在管理上来说，是难以直接控制的，因此，它们作为"如果—就要"函数关系中的自变数存在。内部环境是企业的正式组织系统，包括组织结构、决策程序、联系与控制、科学技术工艺等因素。由于企业的正式组织是一个系统，这些内部环境变数相互之间是相互关联与相互依赖的，与外部环境变数也是相互影响的。它可能是自变数，也可能是因变数。管理因变数则包括管理变数、计量变数、行为变数和系统变数等 4 个变数。

卢桑斯将当时存在的管理理论划分为 4 个学派，即过程学派、计量学派（或称管理科学学派）、行为科学学派和系统学派。他认为管理过程学派的管理因变量包括计划、组织、指挥、沟通和控制；管理科学因变量包括决策模式、计量模型和计算方法等；行为科学学管理因变量包括学习、行为的改变、激励方式、领导风格、团体动力、组织环境与发展等；系统管理学管理因变量包括一般系统论、系统设计与分析、管理信息系统等。卢桑斯认为管理过程学派、管理科学学派、行为科学学派和系统管理学派等的管理观念和技术都是权变的因变量，4 个学派并不是对立的。

3）权变管理在计划方面的理论。权变管理学派认为，计划是事先制定的，为了进行某项工作预先决定做什么和怎么做的程序。包括确定总任务，确定产生主要成果的领域，规定具体的目标以及制定目标所需要的政策、方案和程序。在制定计划时，应注意：

①在拟定计划前要对以下 4 个方面的因素加以分析：

a. 环境中的机会——组织可能做到些什么？

b. 组织拥有的能力与资源——组织做了些什么？

c. 经营管理上的兴趣和愿望——组织要做些什么？

d. 对社会的责任——组织应做些什么？

制定计划的权变方法就是要把以上 4 个方面的因素及其相互关系进行分析，把这 4 个方面的因素协调并结合起来是一项微妙复杂的工作。

②根据不同的情况制定不同类型的计划。计划的类型不能一成不变,要视不同的情况来加以变化,制定出不同类型的计划,主要分为“有目标的计划”和“指导性的计划”两类。

a. 有目标的计划。其特点是:有明确的目标;目标具体并可计量;可采用合理的、分析的方法;小区域地、狭窄地理解任务;对信息的处理要求较低;计划阶段和行动阶段是分开的。这种计划主要用于:爱好明确的人员;任务和行业是可以相对稳定的;机械式的组织形式——“封闭式”系统。

b. 指导性计划。其特点是:没有具体目标,只有指导性;范围明确;直观性,用非计量方法;广泛地理解任务;处理新信息的要求较高;可能引起浪费;计划阶段与行动阶段不分。这种计划适用于:爱好多样性的、变化和复杂性的人员;任务变化快;有机式的组织形式——“开放式”系统。

③注意计划的模糊性与明确性。权变管理学派认为,制定计划时对目标的明确性问题要做具体分析。对封闭式的、机械组织和程序化的活动来说,明确目标是可行的,并能收到良好的效果,但对开放式的、有机式组织和非程序化的作业活动来说,明确的目标以及为达到目标而规定的机械的程序,可能会忽视人的因素,窒息个人的主动性,使人力资源不能得到充分利用。因此在比较复杂的管理过程中能恰当地掌握明确性和模糊性相结合的度是非常重要的。

在某些情况下,把目标制定得较为模糊和笼统,反而有利。这样,组织成员就可能按照实际情况来使目标进一步明确化和适当地加以补充。如果目标比较模糊,而人们又有采用不同手段的主动性,还有能发现未曾预料到的好思想和有价值的目标。目标的模糊性还有助于拥有不同价值观的组织成员达成妥协。这对实现组织目标是有利的。

④权变管理有组织结构方面的理论。权变管理学派把企业看成是一个“开放式系统”,受到外界环境的影响同时又对外界环境

施加影响的系统。为了对企业的组织结构做进一步地研究,他们把企业分成不同的结构模型,并有不同的划分方法,主要有以下几种方法:

a. 明茨伯格组织设计的分类法。明茨伯格的组织设计理论中的组织结构的形状区别于传统的"金字塔"式的结构,表现出一种具有弹性的组织构形,如图 8.3 所示:

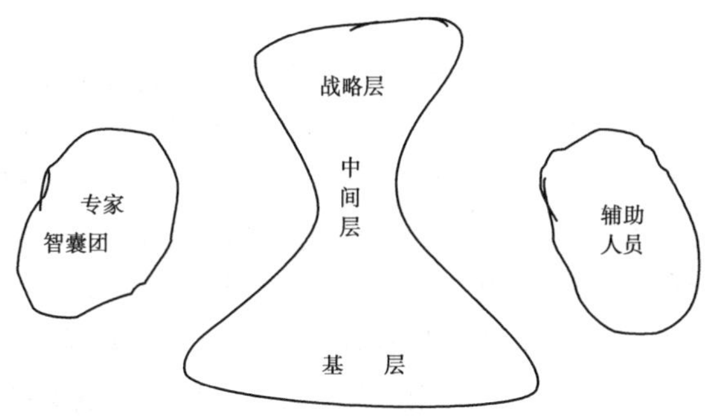

图 8.3　组织设计理论中的组织结构

明茨伯格将构成的结构要素分为 5 个部分:

一是战略层,指组织中掌握大政方针的专职管理人员;

二是中间层,指连接战略层与基层的中间纽带,即中间管理人员;

三是基层,指具体的作业人员;

四是专家智囊团,指为战略层提供咨询和决策的参谋人员;

五是辅助人员,指为组织运转提供人员。

明茨伯格认为组织构形中的 5 个基本部门的设置,没一个既定的模式,应因组织结构的具体类型而不同,而组织结构的具体类型应根据本组织的性质及工作要求来确定。他归纳出 5 种具体的组织结构,即简单制、机械官僚制、专职官僚制、分部制和专题组制。

b. 伍德沃德组织设计的分类法。英国女管理学家伍德沃德认为,每一种有着类似的目的和类似的工艺技术复杂程度的生产系统都有其独特的组织模型和管理原则。企业目的决定着企业会有怎样的生产工艺技术。

伍德沃德于1953—1957年间与英国埃塞克斯东南工学院的人际关系研究小组对埃塞克斯南部100家企业进行了考察,并就这些组织特点在这些企业中的分布情况做了研究。经过调查,她发现这100家企业的组织结构和管理方式各不相同。她按照生产系统的工艺技术复杂性的程度,把企业分为5种类型:单件和小批量生产;大批量生产伴有单件生产;大批量和大量生产;大批量生产伴有流水生产;流水生产。这5种类型再结合其他的目标,可以把企业归纳为3种类型:单件和小批量生产企业;大批量和大量生产企业;长期的流水作业生产企业。分类后,所得出的调查结果显示出了一定的规律性。她发现,生产工艺技术的复杂程度相类似的企业有着类似的组织结构和管理方式。根据调查结果的比较,伍德沃德认为不存在普遍适用的组织结构,有效的组织结构取决于企业的目的和方法以及生产系统的技术。3种类型的企业中,无论是哪一类,较成功的企业都具有高度的适应性、组织性,即具有与其工艺技术水平相适应的组织结构。对大量大批量生产企业来说,不需要对外界很快做出反应,而要求有均衡持续性的生产作业,适宜的组织结构与古典管理原则相符合;而单件小批量生产企业和连续流水生产企业,要求能及时适应顾客的需要或发展,在组织结构上要求有灵活性,适应的管理方式是采用利克特的民主参与型管理。

c. 劳伦斯、洛希组织设计的分类法。劳伦斯和洛希的分类法强调外界环境的影响,他们认为没有一个普遍适用的组织结构,有效的组织结构应与组织的外部环境相适应。组织所处的外部环境是一个系统,它可以分解为若干个不同的系统,这些子系统就是组成外部环境整体的各子环境,如政治子环境、社会子环境、技术子环境以及经济子环境等。而这些子环境又要求组织内部有相应的组织部门与之相适应,因此,有什么样的外部环境就决定了组织内部应设置什么样的职能部门,使之适应外部环境的变化。他们用

“分化”这个词来表示一个企业适应于外部环境,而划分为各个小单位的程度;用“整体化”这个词来表示企业中各个小单位的协作或工作的统一。按照他们的解释,“整体化”是指统一各子系统的行动以完成组织整体任务的过程,在组织整体化的过程中总会使用一定的管理方式与方法,因此,组织分化的程度也决定了组织整体化过程中使用的管理方式与方法。

他们认为组织外部环境对组织设计的影响表现在两个方面。一方面是环境的稳定性。外部环境较稳定的组织,分化程度低,可采取以工作为中心的整体化方法。另一方面是环境的差异性。各个子环境差异较大时,可以在组织内各部门采取不同的组织结构类型。

权变管理学派把管理理论与实践有机地联系起来,它所伸展的权宜应变的思想适应了社会经济、科技、政治等组织环境对管理复杂多变的要求,对管理实践有较强的指导意义。在理论上对各种管理学派理论有较强的综合性,受到了西方管理理论界和实际管理者们的重视,但该学派过分强调管理的具体环境和管理的特殊性,否认管理的普遍性、规律性、共性,对于管理理论没有突破性的发展,更没有为人们指出一条走出“丛林”的道路。

8.2.8　经理角色学派

(1)经理角色学派的形成

经理角色学派是 20 世纪 70 年代出现在西方的一个管理学派,该学派是由美国行为科学家明茨伯格等人创立的。它之所以被叫做经理角色理论,是由于它是从经理所担任的角色来分析和考虑经理的职务和工作,以提高管理效率。所谓“经理”在这里指一个正式组织或组织单位的主要负责人,拥有正式的权力和职位。“角色”一词是行为科学从戏剧舞台的术语借用的,指属于一定职责或地位的一套有条理的行为。这样把权力和行为高度结合就形成了管理的主要特征,然后对此进行分析和归纳,得出对实践有指导意义的理论。该学派认为当时其他一些管理理论未能全面地、理论结合实际地对经理的工作进行深入地研究,不能反映出经理工作的真实面貌和实质,对提高经理工作效率帮助很小,于是,他们采取新的方法对经理的工作活动进行观察,加以分析研究。他们采用的方法是,一方面采用日记法对经理的工作活动作系统地观察和记载;另一方面又在观察的过程中及观察后对经理的工作内容进行分类。这样,既得到了有关经理工作特点的资料,又得到了有关经理工作内容的描述,从而可以深入地了解经理工作的实质。在明茨伯格等人的努力下,经理角色理论产生了。

(2)代表人物及其著作

经理角色学派的主要代表人物有明茨伯格、乔兰、科斯廷、贝克斯、托马斯等。

明茨伯格是经理角色学创始人,他是国际上有名的管理大师,他于1968年在美国麻省理工学院斯隆管理学院获得博士学位,后在加拿大克吉尔大学管理学院任教授。他的主要著作有:《经理工作的性质》(1973年)、《组织的结构:研究的综合》(1979年)等。另外,其他学者的著作有:乔兰的《小公司的经理》(1969年)、科斯廷的《工商业的政府中的管理轮廓》(1970年)、科斯廷与萨尔宾及艾伦合著的《角色理论》(1968年)。

(3)经理角色学派管理思想的主要内容

明茨伯格等人曾对不同组织中的5位总经理的工作活动做过观察、记载和分析研究,得到了大量的研究资料。他们发现,在各种经理类型的经理职务之间存在着一些区别,也存在着一些共同点,找出这些共同点就可以找到探讨提高经理效率的途径。由此,他们发现了以下几个方面值得注意:

1)经理工作的6个特点。经理工作通常具有以下6个特点:

①工作量大,节奏紧张。由于经理全面负责一个组织或组织

中一个单位(如车间)的工作,并要同外界联系,所以总有大量的工作要做。这样他必须保持较快的工作节奏,很少有休息时间。经理之所以工作量大而节奏紧张,是由于经理职务本身的广泛性,他永远不能肯定何时已获得成功或何时可能失败,永远必须以紧张的节奏工作。

②活动短暂、多样而琐碎。社会上大多数人的工作是专业化和专一化的,而经理却不同,他们的活动短暂、多样且琐碎。明茨伯格的调查表明,总经理每天平均有 36 个口头联系,而每项联系往往涉及不同的事。他们工作活动的短暂性也是十分令人吃惊的,他们的活动中有半数不到 9 分钟便完成了。至于中层或基层的经理,这种短暂性更为突出。经理往往不愿采取措施改变工作中的这种短暂、多样而琐碎的情况,于是就采用这种短暂、多样而琐碎的方式来工作,这样容易造成经理工作中的肤浅性,这是必须努力加以克服的。

③把现实具体活动放在优先的地位。经理倾向于把注意力精力放在现场的、具体的、非常规的活动上,他们对现实的、涉及具体问题的和当前大家关心的问题的信息做出积极的反应,而对例行报表及定期报告则不那么关心。他们只是希望获得最新信息,因此,他们经常通过闲谈、传闻、推测收集非正式的、及时的信息。

④爱用口头方式进行交谈。经理使用的工作联系方式主要有 5 种:邮件、电话、未经安排的会晤(非正式的面谈)、经过安排的会晤(正式的面谈)以及视察。调查材料表明,经理都爱用口头方式交谈,他们用在口头交谈上的时间占的比重很大,大约为 78%。需要加以说明的是,经理并不需要从事具体的作业性的工作,通过口头联系等方式来指导和安排别人的工作,就是他的职责。所以,经理生产性输出基本上能够用他们口头传递的信息量来衡量。

⑤重视同外界和下属的信息联系。经理和 3 个方面维持信息联系:上级、外界、下属。经理实际上处于下属和其他人之间,用各种方式把他们联系起来,同外界维持着一个复杂的关系网,以便及时从外界获得信息。

⑥权力和责任相结合。经理的责任重大,经常有要紧的事务要他处理,他似乎很难控制环境和他自己的时间,但他们的权力很大,至少有两个方面的控制权,一是他可以主动地选择承担或不承担责任,二是他可以利用在承担责任的过程中为自己的目的服务。他可以采取一些措施,在解决问题的过程中想出一些新的主意,把问题变成机会,为企业的发展服务。

以上是各种类型的经理工作中共有的6个特点,认识了这些特点,有助于我们进一步认识经理的工作性质和他所承担的责任。

2)经理担任的10种角色。经理一般都担任以下10种角色:

①挂名首脑角色。经理所担任的各种角色中,最基本和最简单的是挂名首脑角色。经理由于其正式权威,是一个组织的象征,必须履行许多这类性质的职责。这些职责中有些是例行公事,有些带有鼓舞人心的性质,但全部涉及人际关系方面的活动,而没有一项涉及重大的信息联系或决策。

②领导者角色。经理作为一个组织的正式首长,要负责对下属进行激励和引导,包括对下属的雇佣、训练、评价、报酬、提升、表扬、批评、干预以至开除。领导者角色渗透于经理的各种活动之中。他的重要目的是把组织成员的个人需要同组织的目标结合起来。经理通过领导者这一角色把他权力明确地显示出来,把组织中各种分散的因素和力量结合成为一个协作的整体。

③联络者角色。联络者角色涉及的是经理同组织以外的无数个人和团体维持关系的重要网络,这是一种“交换”关系,即经理为了获得某些事物而付出另一些事物。他通过各种正式的和非正式的渠道来建立和维系组织同外界的联系。

④信息接受角色。经理由于担任角色和联络者角色而获得大量有关组织内外的信息,可以觉察出各种变化,发现问题和机会,据以做出决策或传播这些信息。

⑤信息传播角色。信息传播角色是把外部信息传播给他的组织,把内部信息从一位下属传播给另一位下属,以便使下属了解情况,对他们的日常工作和决策的制定进行引导。

⑥发言人角色。经理的发言人角色面向的是组织外部，把本组织的信息向组织周围的环境传播，在这一角色中，经理被要求在他的组织中是一位专家。

⑦企业家角色。企业家角色指的是经理在其职位范围内充当本组织许多变革的发起者和设计者，这一角色的活动开始于视察工作，然后是决策和设计的阶段。

⑧故障排除角色。经理的故障排除角色把注意力集中于导致组织变革的非自愿的情况，其中含有不能控制的因素的变革，这一角色与企业家角色代表着一个不太明确的领域，同个人的判断和看法也有关系。

⑨资源分配角色。资源分配角色是组织战略制定系统的核心，因此，作为正式权威的经理必须监督组织的资源分配系统，这就是经理的资源分配角色。广义的组织资源包括：时间、金钱、设备、人力以及信誉，经理可以决定耗用或保存这些资源，但他必须从多方面加以考虑，以便恰当地分配资源。

⑩谈判者角色。组织不时地要同其他组织或个人进行重大的、非程序化的谈判。这种谈判通常是由经理带队进行的，这就是经理的谈判者角色。谈判就是当场的资源交易，要求参加人有足够的权力来支配各种资源，并迅速做出决定。

上述经理的 10 种角色是一个相互联结的整体，不能割裂开来。经理实际上是一个"投入—产出"系统，其关系可表示为："经理的权威和正式地位→人际关系方面的角色→信息方面的角色→决策方面的角色"。这表明，从组织的角度来看，经理是一个全面负责的人，从另一个方面来看，经理的工作也是专业化的。

3）经理工作的 6 项指标。经理的 10 种角色表明，经理有以下 6 项基本的指标：

①经理的主要目标是保证其组织实现组织基本目标——有效生产出某些产品或服务，这就导致了经理产生第二项中的目标。

②经理必须设计和维持他的组织业务稳定性。经理必须规划他的组织业务并对这些规划进行监督，以保证工作流程有一个稳

定的方向,在发生偏差时予以纠正,分配新资源,以保证业务的顺利进行。他必须维持一个使工作得以顺利完成的氛围,保证组织像一个统一的整体那样发挥作用。

③必须负责他的组织的战略决策系统,并使他的组织以一种可控制的方式适应变动的环境,经理通过他的信息接受角色的身份来提供发展的方向,并使组织实现必要的改革,在稳定性和变动性之间维持平衡,是经理最困难的工作之一。

④经理必须保证组织为那些对组织有影响的人服务,对组织有影响的各种人对经理施加压力,让组织为他们的目的服务。

⑤经理必须在他的组织同环境之间建立起稳定的信息联系。由于经理具有正式权威,只有他才能在某些特殊的信息来源同他的组织之间建立起重要的联系。作为这种信息的神经中枢,他通过联络者角色建立起这种联系,通过信息接受者角色接受外来的信息,把一些比较模糊而杂乱的信息整理成清楚的信息,然后通过信息传播者角色把信息传递给下属,另一方面,他又通过发言人角色和谈判者角色把组织的信息传递给外界。

⑥作为正式权威,经理负责他所在组织的等级制度运行,这项工作虽然通常是例行的和程序化的,但经理仍然要履行这些职责。这些活动特别同他的挂名首脑角色有关,但在一定程度上也与发言人角色和谈判者角色有关。

4)经理职务的 8 种类型。由于环境、职务、个人、情境等因素的影响造成了经理职务的差异,因而形成不同的类型,可以概括为以下 8 种:

①联系人。有些经理把他们大部分的时间用于他的组织之外,同那些可以给他的组织提供优惠、订货单和信息的人打交道。此外,这类经理通过游说或提供优惠等为自己和组织树立信誉。这种经理就叫做“联系人”,他们所担任的主要角色是联络者角色和挂名首脑角色。

②政治经理。这类经理也把很大一部分时间用于同外界打交道,但其目的却不同于“联系人”。这类经理处于一种复杂的地

位,其主要目的是要调和他的组织与有政治影响的不同政治势力的关系。他们的关键性角色是发言人角色和谈判者角色。

③企业家。这种类型的经理把很大一部分时间用于寻找机会和在他的组织中实行变革。他的关键角色是企业家角色和谈判者角色。

④内当家。有些经理主要关心的是维持企业内部业务的平衡进行,他们大都把时间用在建立机构、培训人员、监督下属正常地进行作业上。他们的主要角色是资源分配角色,同时也承担一些领导者角色的工作。

⑤实时经理。这类经理同“内当家”相似,主要关心维持组织内部的业务,某些人时间尺度和处理问题的原则有所不同。这类经理可以叫做“实时经理”或“解决问题的能手”,他主要保证组织的日常工作继续而不中断,因此,他们的关键角色是故障排除者角色。

⑥协调经理。这类经理也是面向组织内部的,但他关注的主要是创造出一个团结一致的整体并有效地进行作业。他们的关键角色是领导者角色。

⑦专家经理。在某些情况,一个经理除了担任通常的经理职务之外,还必须担任一个专家的职务,这种经理往往是一个专家参谋集团的首脑,在大组织作为专业化信息的一个中心。他们在专业问题上向其他经理提供建议和咨询,他们的关键角色是信息接受角色。

⑧新经理。这种类型的经理是新近担任经理职务的,“新经理”在开始时缺乏联系和信息,集中精力于信息,努力建立起联系网络和信息基地,是接受者和联络者的角色。在他拥有足够的信息和联系之前,决策方面的角色不能充分地发挥作用。

5)提高经理工作效率的 10 个要点:

①与下属共享信息。信息是下属有效进行工作所必需的。下属由于条件的限制,必须依靠经理来获得某些信息,以便有效地做出决策和进行工作。由于经理同外界有广泛的联系而易于从外界

获得大量信息,所以,经理必须采取适当的途径将自己掌握的信息传达给下属。他可以通过两种途径传达信息,即:口头传达和书面文件传达。

②自觉地克服工作中的表面性。经理的工作由于紧张、多样、琐碎、简短,很容易浮于表面。经理必须自觉地对待并驱除他在工作中浮于表面的压力。对于问题分别对待,一些必须集中精力,深刻理解,而另一些只需粗略地过问一下就可以了。经理必须在这两者之间加以权衡,这样他可以把工作分成3类来处理:一般性的工作,交给下属去处理;一些工作,他需要过问,但不必太多的时间,可由下属拟订方案,自己做最后的审批;对那些最重要、最复杂、最敏感的问题,他必须亲自处理,这些问题往往是属于机构改组、组织扩展、重大矛盾事件等。

③在共讯信息的基础上,由两三个人分担经理职务。

④尽可能地利用各种职责为组织目标服务。其实经理的每一项职责都给他提供了为组织目标服务的机会。履行各种职责,意味着花费许多的时间和精力,但他也可以乘机进行某些必要的改革。他的成功与否和他是否能充分利用各个职责给他提供的机会是有密切联系的。

⑤摆脱非必需的工作,腾出时间规划未来。为了组织的将来,经理必须努力摆脱一些非必要的工作,腾出时间,规划未来,使组织能适应未来的环境。经理必须在维持组织的稳定运行和寻求组织的变革之间加以平衡。

⑥以适应于当时具体情况的角色为重点。尽管经理要全面地担任10种角色,但在不同的时候有不同的侧重点,即不同的时候承担不同的角色,不同的场合承担不同的角色,而这些角色是不能混淆的。因此,经理必须以当时、当事的角色为重点。

⑦既要掌握具体,又要有全局观点。为了做好工作,经理必须把事物的具体情节汇合起来,形成自己的整体概念。为了做到这一点,他除了掌握必要的信息之外,还要参考别人的意见,取长补短,同时必须要有全局观念。

⑧充分认识自己在组织中的影响。下属对经理的为人举止极为敏感,所以,经理凡事要谨慎从事,注意自己在组织中的影响。这一点不但适用于小型组织,也适用于大型组织。

⑨处理好对组织施加影响力的力量的关系。任何一个组织之所以能够存在,是由于有一些人创建了它,另有一些人准备支持它。这些人都对组织施加影响,经理的任务就是处理好对组织施加影响的力量的关系,使他们协调起来,这样才有利于组织的存在和发展。

⑩利用管理科学家的知识和才能。经理要处理大量日常的、琐碎的工作,再加上组织外部环境变化十分复杂,能否在战略高度对组织的生存发展提出有意义的战略方案,取决于经理有没有利用大量的科学家(尤其是管理科学家)为组织的发展提供帮助的意识。

经理角色理论学派的理论对企业管理具有一定的指导意义,得到西方工商界的认可,该学派也是一个正在不断发展的学派,有许多人的著作还未出版,有些管理思想也正在形成之中。

第 9 章　当代管理思想

9.1　“人本管理”理论

9.1.1　人本管理理论概述

管理科学历经 3 个发展阶段。19 世纪资本主义的传统管理（经验型管理）为其经济的发展奠定了基础。1911 年美国人泰罗发表了《科学管理原理》，提出科学管理，这是管理科学的第一个里程碑。在近半个世纪的时间里，以泰罗倡导的科学管理为核心，管理逐步走向规范化、科学化和系统化。1924—1932 年，澳大利亚人乔治·埃尔顿·梅奥在进行了著名的霍桑实验以后，提出了以人为核心的管理，即以人为本的管理，这为人际关系理论的发展奠定了基础，这是管理科学的第二个里程碑。以人为核心的管理，强调人在生产中的作用是 20 世纪中叶以电子产品的生产和飞速发展为先导的现代管理的核心。具有现代管理学意义上的人本观念的源头是欧洲文艺复兴时期所倡导的“人文主义”，但对人本管理理论贡献最大的代表人物应首推梅奥。

(1)梅奥对人本管理理论的贡献

1)提出了“社会人”的人性假设。传统理论认为人是“经济人”或“工具人”,即人总是懒惰图清闲、不愿意负责只愿意听命行事、少有事业心和责任心等等,这种“经济人”利大大干、利小小干、无利不干,一味追求其经济收入。以梅奥为代表的社会心理学家通过在美国西方电器公司的霍桑工厂进行企业管理的实验,撰写了《工业文明的人类问题》一书,建构了人际关系学说。认为人不是单纯追求经济收入,他们在生产中追求人与人的和谐、友善,追求地位、名誉、受人尊敬及自身能力在社会中的体现。按照这一理论,梅奥提出管理人员应关心职工,满足职工精神需求,这样才能促使生产经营任务的圆满完成;认为管理者应注重职工之间的关系,培养他们的主人翁意识、全局意识和团队精神;强调集体荣誉、提倡奖励制度等。人际关系理论的确定,使管理者重新审视自己的地位和重新看待生产中人的作用。这样,人由原来受管制的被动地位上升为主动地位,进而使人的主动性、积极性充分发挥出来,为企业注入了活力,为生产发展起了积极的促进作用。

2)提出企业生产发展中不仅要重视“正式团体”的作用,同时应注重“非正式团体”的积极作用。“正式团体”的作用是显而易见的、重要的,因为它规范了生产中的秩序,但是不能由此而否定“非正式团体”的巨大力量。“非正式团体”由于人们的共同利益、爱好和志趣的相同形成了坚不可摧的力量,在这里人们心理达到一定的平衡,不和谐因素得到调整。梅奥认为管理者应创造一定的条件和环境使“非正式团体”得以正常活动和发展。美国的“威尔逊”中心、日本一些大企业里的“健康室”等就是这一理论的实际应用。

3)对领导问题提出了最新看法。认为领导的能力在于调动职工的干劲和士气,这种干劲和士气来源于职工的满足度,即需要满足的程度。职工的需要得到满足,才能使其干劲和士气得以提升,使企业增产增收,反之则不然。当今在发达国家如美国已经形成了以人为中心管理"智能产业",这说明人本管理的科学性、合理性已被世人所认同。日本经济奇迹般腾飞、亚洲"四小龙"的飞速发展、西方经济的日新月异、中国古时就有的"人和为贵"的思想,全部管理历史实质上是一部人本管理的历史。

由上述可知,以人为本的管理思想是指任何管理都要以人为中心,把提高人的素质,处理好人际关系,满足人的需要,调动人的主动性、积极性、创造性的工作放在首位。在西方管理理论的研究中,不同的管理理论几乎都是建立在对人的本性、动机等不同的认识和理论假设的基础上,只不过这种认识和理论假设经历了一个不断深化和完善的过程,而每一次大的理论突破,几乎都是基于对人的认识的飞跃。各种管理理论的不同,也多是基于对人认识的不同,这说明了在整个管理中人具有非常重要的作用。管理活动的基本要素是由管理主体、管理客体、管理目的、管理职能和方法、管理环境等构成。管理主体是管理活动中具有决定性影响的要素,一切管理职能都要通过管理主体去发挥作用,而作为管理主体的单个管理者或群体管理机构都只能由人来承担,而且这些人自身素质和能力的好坏直接决定着管理的效率和效果。从管理客体看,在作为管理客体的人、物质资源、科学技术、信息、时间、空间、观念等诸要素中,人是其中最活跃、惟一起主导作用的要素。没有人的使用和管理,再先进的物要素也只是一堆废物,离开了人的实践和思维活动,就不会有科学技术,而人的主动性、创造性可以在一定程度内突破信息及时间的限制,达到预期效果。因此,只有把人的因素作为根本,才能依靠被管理的人去组织协调物的要素和其他管理要素。就管理目的而言,现代管理从获得最大效益、最高效率为目的向以人的全面发展为目的转变。尤其是我们社会主义国家,以满足人的物质需要和精神需要,实现人的全面发展和人的才能全面发挥作为管理活动的终极目标,即管理的出发点和落脚点都是为了人。另外,管理的职能、方法和管理环境等,必须由人制定、创造并控制或实施,这充分说明人在管理实践的决定作用。

这里,我们所说的"人",不是抽象的人,而是受历史和社会制约的、具体的人,因此,以人为本绝非宣扬非理性主义和唯心主义的人本主义,而是具有社会属性的管理思想。

(2)人本管理理论对管理实践的推动

以人为本的管理思想自20世纪二三十年代形成以来,对各国的管理实践起到了巨大地推动作用,尤其是对资本主义国家的许多大型企业的管理产生了巨大影响。主要包括:

1)追求管理方式的创新,特别是参与性管理有效缓解了劳资之间的矛盾。如美国的国际商用机器公司(IBM)坚持从生产一线抽调干部;总裁办公室敞开大门,员工可入内商谈。美国摩托罗拉的"畅所欲言"信箱,每月的总经理座谈会、随时进行的总经理"告示对话"等,有效地保持了管理者与被管理者之间的良好关系,对企业发展起到了极大推动作用。

2)重视人才管理与培训。在尊重人、关心人的同时,倡导基于育人的用人原则,注重了人的素质的提高,加强了人才培训和人才开发,尤其对管理人员不仅要求一定的文化素质和知识水平,还要有良好的心理素质,能理解人、关心人。美国通用汽车公司、通用电气公司等制定的经理晋升考试制度,其考试并非来自经济学典籍,而是莎士比亚作品中的一部,试题则是我们常说的读后感。道理很简单,连一部世人皆知的文艺作品中的人物的心理尚不知晓的人,又如何去理解公司内部成千上万的雇员心理呢?许多大公司企业的职员必须经过培训才能上岗,因为这些企业明白,人的素质决定产品质量或服务质量,从而决定企业的命运。

3)注重企业文化建设。企业文化,也是以人为本思想在管理中的具体体现和进一步升华。作为管理手段,企业文化刚一问世就产生了广泛影响,形成了席卷世界的"企业文化热"。一个企业好比一个家庭,"家庭"成员间要注重感情培养,营造相互关心、团结友爱的氛围,使每个成员都感到满足。美国英特尔公司形成了一种自由的企业文化,人人都可以就公司的问题和发展提出个人的看法。摩托罗拉那独具特色的告示栏,既有生活指导、工作信息，又有意见反馈、经理答话等等。到摩托罗拉公司你会发现每个员工胸前都佩有一胸卡，卡上只有像片姓名无岗位职务，这表示对所有员工的平等与尊重，员工没有高低之分，只有分工不同；统一的厂服、厂歌、厂训、厂徽能激发员工的荣誉感与自豪感，增强企业向心力和凝聚力，激发员工的报效信念和奉献精神。正因为如此，以人为本的管理在资本主义企业管理中越来越受重视，它为资本主义企业带来了巨大的经济效益。

改革开放以来，我国的管理理论与实践都有了很大的进步，在注意借鉴资本主义管理中有价值的东西的同时，注重发挥我们自身的优势。以人为本是东方管理文化的本质属性，追求人的全面发展和人民群众管理是我们区别于资本主义管理人本观念的两大特征。我们应弘扬中国的优秀传统文化，广泛吸收西方人本管理思想的精华，努力打造中国特色的人本管理理论。

9.1.2 非理性管理理论

西方国家经过英国的工业革命，在 19 世纪末和 20 世纪初产生了以泰勒、法约尔、韦伯等人为代表的经典（古典）的科学管理运动和思潮，对生产力的发展起到了巨大的推动作用。在当时没有科学管理原则，也没有科学管理依据的状况下，科学管理运动第一次科学地、理性地把管理纳入了科学的轨道，使得管理成为一门真正的科学。这次运动，在当时收到了相当好的效果，促进了生产力的发展和劳动生产率的提高。但是，随着社会经济的进一步发展，人们发现单纯强调管理的科学性、理性化不能保证管理的持续成功和劳动生产率的持续提高。因为不论是什么样的企业都是由人组成的，而随着生活水平的提高，企业的职工对现实的要求也在不断地变化，他们不仅有理性，更重要的是有感情，不但要求获得经济上需求的满足，还要获得感情、社会地位和自我实现等方面需求的满足。因此，行为科学随着生产力的提高和社会、经济的发展产生了。行为科学的产生和发展，对生产力的发展和劳动生产率的提高有着重要的作用。但是如果过于偏重非理性方面而忽略了理性方面,管理绩效也达不到理想的状态,只有把两者结合起来才是可行的,即把管理的理性方面同非理性方面结合起来。

9.1.3　情感智商理论[①]

(1)"情商"概念的由来

智商(IQ)作为测量个人智力的指标已存在近百年了。过去,人们通常认为高智商就等于高成就。其实不然,大量研究和实践证实,在人们成功的主观因素中,智力因素仅占大约20%,而80%的因素则属于非智力因素。1990年,美国耶鲁大学心理学家彼德·塞拉斯和新罕布什尔大学的琼·梅耶将这种非智力因素称之为"情感智力",第一次提出了"情感智力"(emotional intelligence)的概念,用它来诠释人类了解和控制自我情绪,理解和疏导他人情绪,通过情绪的自我调节、控制,以提高生存质量,最终决定一个人的一生能否成功。1995年,美国哈佛大学心理学教授、《纽约时报》专栏作家丹尼尔·戈尔曼(Daniel Goleman)基于大量相关研究和实验报告的总结,写成了《情感智商》[②]一书。书中首次使用了与"智商"(intelligence quotient, 简称IQ)相对形式命名的术语——"情商"(emotional intelligence quotient, 简称EQ),对情商这个崭新的概念做了详尽的描述。丹尼尔教授认为人有两个大脑、两个中枢、两种不同的智慧形式:理性的和感性的。人生能否成功,取决于这两者,不仅仅是智商(IQ),还有情商(EQ)与之并驾齐驱。

人类的一切活动都是一种智力活动,而智力活动实质上是一

---

① 窦胜功编著.智商与情商.沈阳:辽宁人民出版社、辽海出版社,2001.

② (美)丹尼尔·戈尔曼著.情感智商.耿文秀等译.上海:上海科学技术出版社,1997

种心理过程。如果把人的整个智力活动的全部心理过程看成是一个系统,那么这个系统是由两个子系统协同作用构成的。其中一个是智商系统,它起着智力执行、操作的作用,承担着对智力活动内容的感知、理解、巩固、应用等任务;另一个是情商系统,起着引发、导向、激励、强化、驾驭智力活动的作用。两者相互制约、互相促进。事实上,一个人光聪明而不会做人,未必能胜券在握,而会做人,懂得处理好人际关系,却能弥补智力稍差的缺陷,只有与情感智力相结合,智能才会充分地发挥。丹尼尔教授高屋建瓴地揭示了人们应当同时具备的两种素质。

"情商"作为心理学理论的一个新概念一经提出,立即在全球范围内受到普遍关注和高度重视。人们通过情商找到了印证自己人生道路上的各种境遇的答案,并可以通过情商理论的引导,跨越自己的"心理围城",敲开驾驭自己、控制自己美好人生的大门,在一定程度上打开了不同学派的学者从心理学的角度探讨、研究人们如何成功的神秘通道。

丹尼尔·戈尔曼教授指出,情商是一个人最重要的生存能力,是一种发掘情感潜能、运用情感能力影响生活的各个层面和人生未来的关键性的品质要素。心理学的研究证实,情商是一种能洞察人生价值、揭示人生目标的悟性,是一种克服内心矛盾冲突和协调人际关系的技巧,是一种可在顺境和逆境中穿梭自如的能力。情商也包括驾驭自己的情绪、情感、思想和意志等心理过程,准确地了解自己的真情实感,理智地克服冲动,有延迟满足暂时欲望的克制力,真诚地理解社会,能设身处地为他人着想,永恒地鞭策自我,激励人生,大智若愚,宠辱不惊,坦然地面对人生的一切遭遇。高情商是优秀人格和高尚情操的完美结合。

智商(IQ)与情商(EQ)虽然两者互异,但并不冲突,每个人都是两者的综合体。智商高而情商奇低,或者智商低而情商奇高的人都很少见。事实上,智商与情商虽然判若分明,但两者之间互相制约联系,共同影响人的一生。心理学的研究提出了如下的公式:

$$IQ(20\%) + EQ(80\%) = 成功(100\%)$$

即人的成功,20%由IQ决定,80%由EQ主宰。

有关情商的含义,丹尼尔·戈尔曼概括为5个方面的内容:了解自我、自我觉知;管理自我;自我激励;识别他人情绪;处理人际关系。了解自我、自我觉知是情商的核心,是人类对心灵的自我感受,是心理顿悟的根基;管理自我是建立在自我觉知的基础上的自我控制,自我安慰;自我激励是主体为趋向某一目标而做出的自我调动与自我指挥;对他人情绪的识别是体尝他人情绪情感的人际关系能力,丹尼尔称之为移情;处理人际关系是调控与他人相处的情绪反应技巧,具体指受社会欢迎程度、领导权威、人际互助效能等。

(2)情商的内容与实践

1)了解自我,自我觉知——了解、把握与控制自己情绪的能力。当个人某种情绪刚出现时便能察觉,这是情商的核心与基石。监控个人情绪时时刻刻变化的能力,是自我理解与心理领悟的基础。没有能力认识自身的真实情绪情感,就只好听凭这些情绪情感的摆布而成为其奴隶,而对自我的情绪情感有更大的把握性就能更好地指导自己的人生,从而主宰自己的人生。

①认识自己的情绪。所谓认识自己的情绪即当自己的情绪产生之时即能觉知。乍一看,似乎我们的情绪是显而易见的,但有意识地回想一下就会发现,我们其实并未留心自己对事物的真正感受,而往往是过后方知。而情绪的自我觉知既觉知到自我的情绪,又意识到自我对此情绪的看法,是对自我内在状态的不做反应也不加评价的注意。这种自我情绪的觉知作为内在注意力,既不会随情绪之波、逐情绪之流而迷失,也不会对所觉察的情绪夸大其词或过度反应,而是保持中立,哪怕身陷情绪骚乱暴动之中仍能自省,客观地反映自我。情绪的自我觉知是情绪能力的最根本基础,否则就不可能有情绪的自我控制乃至其他能力的发展。

人们注意和处理自己情绪的风格特点各不相同,大致有3种类型。第一种,自我觉知型。自己的情绪一出现便能察觉,对自己情绪的清晰认知构成了其人格特点。他们拥有积极的人生观,心理健康,自制自主,随心所欲不逾矩。一旦情绪低落,也决不辗转反侧,缠绵其中,而是努力跳出重围,很快恢复平静。总之,自我觉知型能有效地管理自己的情绪,心脑健全。第二种,沉溺型。总是被卷入自己情绪狂潮之中,无力自拔,听凭情绪的主宰;情绪多变,反复无常,而又不自知;听任自我沉溺于恶劣的情绪之中,无力也无能摆脱,常常处于情绪的失控状态,自感被压倒击溃。第三种,认可型。对自我感受了解得清清楚楚,但对此接受认可,并不打算去改变。这一类型又可分为两种,其一是乐天知命型,总是高高兴兴,自然不愿也没有必要去改变;其二是悲观绝望型,虽然清晰地认识到自我的情绪状态,而且明知是不良情绪,但却采取认可态度,无论自己有多么烦恼与悲伤,就是无所作为,抑郁症患者是这一类人的典型。

②管理自己的情绪。“先做好自己的主人,然后才能做别人的主人”。管理好自己的情绪并不简单,因为每个自我中都经常存在着感情与理智的斗争。而所谓的克己自律,就是要克服自己本能的好恶,根据理智思考结果做事。即使在情绪高涨时,也能够做应该而非他想要做的事,当一个人感情胜过理智后,便成为感情的奴隶。

人的行动总是为现在,更是为未来,因此,现在的行动必须与未来的结果相结合,这便是未来导向思考模式。不论我们多么喜欢现在,但凡谨慎而有远见的人,在享受现在之时,都会考虑到现在对未来的影响。

美国一位叫汤姆逊的心理学家一次外出归来时天色已晚,小街上寂无一人,他不免担心地、情不自禁地摸了摸旧大衣口袋里的2 000 美元。走不多久,发现身后几十米处有个彪形大汉紧紧跟着他,无论怎么快走或慢走,怎么也甩不掉。眼看那家伙就要追上来,汤姆逊突然向后转朝那大汉走去,装出一副十分可怜的样子对那大汉说:“先生,发发慈悲,给我几个钱吧! 我快饿昏了!”那家伙打量着他的旧大衣,见他一副寒酸相,没好气地说:“活见鬼!

我以为你口袋里有几百美元呢。”说完转身就走了。这位心理学家之所以能智退强盗的关键是他善于管理自我情绪,冷静使他快速想出合理的“退敌”之策。

与冷静相对应的是急躁。表面上看,急躁似乎同快节奏的现代生活相联系,实际上,这完全是一种错觉。急躁使人心情不宁,处于惴惴不安的精神状态,其结果经常把本来十分简单容易办的事情人为地变得复杂难以处理了。“忙中出错”常常导致人们的情绪由热情高涨一下子变成心灰意冷,从而降低人的承受困难和挫折的心理韧性。所以,急躁不仅误事,有时还可能坏事。人在急躁时往往失去了理智和思考认识问题的缜密与条理,不讲科学,想当然占据主导地位。由于急躁,常常把如果心平气和、稍加用心就可以办好的事搞得一塌糊涂。因此,一位作家这样说:“事业常毁于急躁。”而冷静则使人在一种正常的心理状态下实事求是地看待事物,对所要做的事情的条件和实现的可能性有科学的认识和预测,进而深思熟虑、千方百计地确定完成目标的最佳方案和具体办法。

③克制自己的情绪。一个人能否把握与控制自己的情绪,往往决定一个人事业的得失成败以至人生命运。世界富豪,美国著名投资家沃伦·巴菲特在谈到自己成功的原因时说:“我的成功并非源于我的高智商,最重要的是理性。”克制自己的情绪是一种美德,亦即要能抵挡因命运的冲击而产生的情绪波动,不可沦为激情的奴隶。人的任何一种情感反应都有其意义与价值。人生如果没有激情将成为荒原,失去生命本身的丰富价值,重要的是情感要适度、适时、适所。情感若太平淡,人的生命将枯燥无味;太极端又将成为一种病态,抑郁到了无生趣、过度焦虑、怒不可遏、坐立不安等都是一种病态。一个人善于克制不愉快的感受正是情感是否幸福的关键,极端的情绪(太强烈或持续太久)是情感不稳定的主因,但这并不是说我们只追求一种情绪。永远快乐的人生也未免太平淡,痛苦也是生命的一个重要成分,痛苦也能使灵魂升华。

在所有不愉快的情绪中,愤怒似乎是最难摆脱的,是人类最不善控制的情绪;愤怒是最具诱惑性的负面情绪。因为愤怒与悲伤不同,愤怒能带给人以力量,甚至是激昂的生命力。正因为如此,一般人常说愤怒是无法控制的,或者说愤怒是健康的宣泄,根本不应加以克制。但大量研究的结果证明,这种看法大错特错。因为,愤怒时人们会变得毫无宽恕能力,甚至不可理喻,思想尽是围绕着报复打转,根本不计任何后果。这种高度激昂的反应会给人力量与勇气的错觉,激发侵略心理,若一时失去理智,便可能诉诸最原始的反应。

熄灭沸腾怒火的最好办法,一是谅解的心,谅解是最佳的灭火剂;二是独处让怒气冷却,如独自走一走,做深呼吸或放松肌肉,以使身体从愤怒的高度警戒状态改变过来,使注意力从愤怒的原因中转移开来。

④消除不良情绪。人的各种不良情绪长期而重复,恶性循环,没来由地感到忧心、无法控制,这种情绪持续不断、久而久之,最终可能出现恐惧症、强迫行为、惊慌失措等症状。

美国生理学家爱尔·马先生认为:气愤是人类死亡的重要原因。实验表明,人在盛怒时,呼出的气液化成水,是紫色沉淀状,把这种"生气水"注射到老鼠身上,几分钟后就会死亡。实验也表明,人生气10分钟耗费掉的精力,不亚于参加一次3 000米赛跑;生气时人的生理反应剧烈,分泌物复杂且有毒性;经常生气的人很难健康,更难长寿。爱尔·马先生郑重告诫世人,尽量不要生气。由此可见,"孔明三气周郎"是不足为怪的。

在人生道路上,无论遇到什么遭遇,都要坦然处之,不要长期处于不良情绪之中,更不要过于悲伤。"悲哀则心动,心动则五脏六腑皆摇"!世界著名的成功心理学家美国的希尔博士说:"播下一个行为,就收获一个习惯;播下一个习惯,就收获一种性格;播下一种性格,就会收获一种命运。"要知道,性格决定命运!

2)管理自我——面对各种逆境、挫折的承受能力。管理自我,调控自我的情绪,使之适时、适地、适度。这种情绪的自我管理能力建立在自我觉知的基础上，是自我安慰，有效地摆脱焦虑、沮丧、激怒、烦恼等因失败而产生的消极情绪侵袭的能力。如果这一能力低下就会使人总是陷于痛苦情绪的漩涡之中；反之，这一能力高者就可以使人从人生的逆境、挫折和失败中迅速跳出，从而走向胜利的彼岸。

①坚忍不拔。生活中，人人都会有挫折。“没有崎岖和坎坷就不叫攀登，没有烦恼和痛苦便不叫生活”。人人都难免遇到六失：失学、失业、失败、失意、失足、失恋，但“挫折和失败是兴奋剂，激人进取；挫折和失败是镇静剂，使人冷静”。下面是亚伯拉罕·林肯坚忍不拔地走过的一段崎岖的人生路：

1832年失业，1832年竞选州议员失败，1833年生意失败，1834年当选州议员，1835年失去他的爱人，1836年曾因紧张而崩溃，1838年竞选议会主席失败，1843年竞选国会议员失败，1846年选上国会议员，1848年提名国会议员失败，1849年被拒而未担任国有土地管理局官员，1854年竞选参议员失败，1856年提名副总统失败，1858年竞选参议员再度失败，1860年当选总统。

只因林肯深信上帝赋予他去完成神圣的使命，才使他屡败屡战，换了其他人，可能早就半途而废，不会继续下去了。

②百折不挠。你也许有最高目标、最高理想，但记住，除非你去做，并百折不挠，否则将一事无成。让我们看看下面的记录，一定会有所启示。

亨利·福特，在成功之前因失败而破产过5次。丘吉尔直到62岁才成为英国首相，那时他已经历过无数次的失败和挫折了。他最伟大的贡献就是在他成为“年长公民”后完成的。理查·巴哈的1万字故事书《天地一沙鸥》，曾先后被18位出版家否决，最后才由麦克米兰出版公司于1970年印行。到了1975年，仅在美国便卖出700万册。

在成功生活的公式中，百折不挠的坚毅是无可取代的。我们经常发现，许多失败的人都是有特殊天分的，也有许多人拥有许多大好的机会，只因为太快放弃而未能成功。天才视困难为机会，对他们而言,每次挫折和失败都是一个机会。爱德蒙·柏克(18 世纪英国政治家及作家)说过:"生活的战斗在大多数情况下都像攻占山头一样,如果不费吹灰之力便赢得它,就像打了一场没有光荣的仗。没有困难,就没有成功;没有奋斗,就没有成就。困难也许会吓阻懦弱的人,但对有决心和勇气的人而言,它是一种受欢迎的刺激。所有的生活经验都证明那些阻挡人类进步的障碍,都会被坚定的言行、诚实、积极、坚韧以及克服困难的决心和勇敢所克服。"巴尔扎克也曾说过:"世界上的事情永远不是绝对的,结果完全因人而异。苦难对于天才是一块垫脚石,对于能干的人是笔财富,对于弱者是一个万丈深渊。"

③自我安慰。自柏拉图起,管理自我的自制力作为一种高尚的人格品质为人们所赞颂。所谓自制力即人体抗衡由命运之神的打击所引起的情绪风暴,而自己免于沦为"激情奴隶"的能力。"自制"(管理自我)的意思就是控制过激情绪,其核心是保持情感的平衡,而不是压制情感,因为每种情感都有其作用和意义。起伏波动的情绪使人生绚丽多彩,但需要保持平衡,即将积极情绪与消极情绪保持在适当的比例,这决定着个人的生活愉快与否。有人曾对人的心情状况做过研究,研究人员让被研究者都带上提示器,不时提醒他们记录下自己当时的情绪。研究发现,人们要获得情感满足并不需要避免所有的不愉快情绪,只是不应让过激情绪控制并取代所有的愉快情绪。有些非常快活的人也有火冒三丈或十分抑郁的时候,但他们同时还保持着平衡,因而感到愉快和幸福。

人的情绪是时刻都存在的,人们每时每刻总是处于某种情绪状态之中。当然,人们在今天清晨与明天清晨的心情可能截然不同,但人们数周或数月的情绪,大致反映了他们总的情绪状态。研究表明,就大多数人来讲,极强烈的情绪相对较少,一般处于一种中间状况,相对于情绪的水平线,上下略有波动。

人们时刻都要管理好自己的情绪,尤其是人生的一些关键时刻。永远记住:自己不愉快的情绪,只有靠自己去克服。遇到不愉快就生气,行为就容易失控。富兰克林曾说过:"任何人生气都是有理由的,但很少有令人信服的理由。”而使自己心情愉快的基本心理技巧就是自我安慰,一些精神分析大师都把自我安慰看成是最重要的心理技巧,一个人不要太在乎外界评价。美国当代培训大师卡耐基说过:“没有人会去踢一条死狗。”要知道,“牢骚太盛防肠断,风物长宜放眼量”;“未经天魔非铁汉,不遭人疾是庸才”。

3)自我激励——乐观人生、自我激励与自我把握的能力。所谓自我激励即为服从某一目标而自我调动、指挥个人情绪的能力。为集中注意力、自我激励、自我把握、发挥创造性,将情绪专注于一项目标,这一能力绝对必要。一个人在任何方面的成功,都必须有情绪的自我控制——延迟暂时的满足、压抑冲动,能够自我激励、积极热情地投入,才能保证取得杰出的成就。一般而言,具备这种自我激励能力的人,无论做什么事情都会更有效率,更富有成效。

①自我激励是无形的财富,看不见的法宝。自我激励是一切内心要争取实现的条件,包括希望、愿望等所产生的一种动力,它是人类活动的一种内心状态。人类的一切行为都有一定的目的和目标,人的有目的行为都是出于对某种需要的追求。人的一切行为都是受到激励而产生的,通过不断地自我激励,就会使人有一股内在的动力,朝向所期望的目标前进并最终达到目标。因此,自我激励在个人走向成功的过程中发挥着引擎的作用。

一般说来,成绩与能力(智力)成正比,即能力强的人绩效也高,但也往往有相反的情况,即能力差的人可以通过强烈的动机激发去弥补能力的不足,还可以靠自己强烈的进取心、过人的动机内驱力去取得与自身能力不相称的特殊成绩。相反,一个能力很强的人,由于缺乏自我激励,缺少实干的愿望,也将一事无成。

自我激励能力强的人,经过运用自我暗示和自治式的刺激,即用语言或其他方式对自己的知觉、思维、想像、情感、意志等方面的心理状态产生某种刺激的过程。这种自我刺激是一种启示、提醒和指令,它会通知你注意什么,追求什么,致力于什么和怎样行动,因而它能影响并支配人的行为,这是每个人都拥有的一个看不见的法宝。

②喜欢自己,相信自己。坚强肯定的自我印象可以造就出能面对一个人生活中任何障碍的性格。一个人只要喜欢自己,相信自己,信任自己的经验过程,对自我充满信心,就可以既成功又快乐,就可以用信心、希望和勇气去应对失望和令人丧失勇气的局面。

确信天生我材必有用。18 世纪法国哲学家兼数学家巴斯葛说:"老天给我们每个人都留了空处,如何去填补这个空处却是我们自己的选择。"一个人不要老说自己的坏话。一句自我批评的话,其毁灭的力量 10 倍于一句别人批评的话;经常说自己不好的人,最后就会相信他自己说的话,一旦这种人相信自己的话后,就会表现出自暴自弃。

就自我而言,心理上的积极自我暗示是非常重要的,它能帮助自己走出困境。一个人只要知道自己在想什么,就知道自己是怎样一个人,因为每个人的特性,都是由思想造成的。我们的命运,完全决定于我们的心理状态。爱默生说:"一个人就是他整天想的那些。"每个人都必须面对的最大问题,事实上也是人们都需要应付的惟一问题,就是如何选择正确的思想。如果做到了这一点,就可以解决所有的问题。因为,如果我们想的都是快乐的念头,我们就可能心安理得;如果我们想的都是失败,我们就很难再取得胜利;如果我们老是沉浸在自怜里,人们就必然会有意躲开我们。

自信是成功者的必备心理素质,自信心是人们从事一切活动获取成功所必需的前提。法国作家莫泊桑有一句名言:"人是生活在希望中的。"希望是人生精神的寄托、生命的支柱。从心理学来说,希望是人类的一种心理活动。人为了生存和发展,就自然有许多愿望、向往,由此而产生实现愿望的行为。人们企求希望转化为现实,而促进这种转化的首要条件就是"自信"。自信表现为一种自我肯定、自我鼓励、自我强化,坚信自己一定能成功的情绪素养。没有自信心,也就没有生活的热情和趣味,也就没有探索拼搏的勇气和力量,从这个意义上说,没有信心也就没有了希望。"哀莫大于心死"恰当地说明了这个道理。

人们常有这样的感受:相信自己成功,鼓励自己成功,就会感到自己内在的振奋力量充分地显现出来,做什么事都感到力量倍增,轻而易举,甚至可以创造奇迹。18 世纪末,只身探险航海之风席卷整个欧洲,几年中有 100 多名德国热血青年先后加入横渡大西洋的冒险行列,但这些青年均未生还。人们当时普遍认为独自横渡大西洋是完全不可能的。就在这时,有位精神病学专家林德曼却宣布,他将只身横渡大西洋。原因是在医学实践中他发现,许多精神病人都是由于在某种外界压力之下,自身丧失信心而导致了自己的精神崩溃,林德曼为此想亲身体验一下,强化自信心对人的肌体和心理会产生什么样的效果。在他独舟出航的十几天后,巨浪打断了桅杆、船舱进水。由于长时间的疲劳、睡眠不足,林德曼精疲力竭,周身像撕裂般的疼痛,终于失去了知觉而产生了幻觉,并出现死了比活着舒服的念头。这时,他马上对自己大声喊,“懦夫,你想死在大海里吗? 不! 我一定要成功,我一定能成功!”在整个航行的日日夜夜,他将“我一定能成功”这句话同自身融为一体,正当人们认为林德曼恐难生还的时候,他却奇迹般地到达了大西洋的彼岸。事后他回忆说,以前的 100 多名青年之所以失败,不是由于船体被打翻,也不是生理机能到了极限,而是精神上的绝望。他更加确信人们通过自我鼓励、自我强化完全可以战胜肉体上不能战胜的困难。

③快乐是金——“乐观成功理论”。一个人的心情怎样,这对生活、对人生都是十分重要的。但是,并不是每一个人都能以好心情来度过每一天,人们常常会遇到这样那样不愉快的事情,从而破坏了心情,影响了生活、事业以至命运。

所谓乐观是指面临挫折、逆境、困难仍坚信情势必会好转。从情商的角度来看,乐观是人们身处逆境时不心灰意冷、不绝望或抑郁、不致流于冷漠、无力感、沮丧的一种心态。乐观和自信一样使人生的旅途更加顺畅。当然,这种乐观必须是务实的,否则,天真盲目的乐观可能导致可悲的后果。

乐观与悲观可以说是人们给自己解释成功与失败的两种不同

方法。乐观者认为失败是可以改变的,结果反而转败为胜;悲观者则把失败归诸于自己无力改变的恒久特质,个人对此无能为力。这两种迥然不同的看法对人们怎样对待人生有着深刻的影响。研究表明,在焦虑、生气、抑郁、沮丧的情况下,任何人都无法有效地接受信息或妥善地处理信息,情绪沮丧的悲观者会严重影响智力的发挥,因为沮丧悲观的情绪压制大脑的思维能力,从而使人的思维瘫痪。

心理学家马丁·赛格曼根据多年研究发表了他的"乐观成功理论"。该理论认为,具有乐观精神的人要比悲观的人更容易获得成功,尽管两者在智能上相差无几。赛格曼在一个公司对5 000名新招收的推销员进行乐观测试,有几个新员工在公司常规摸底测试中不及格,但在乐观测试中却得了最高分——"超级乐观者"。后来事实果真如赛格曼所料,这几名"超级乐观者"是最优秀的推销员。他们第一年比那些"悲观者"多推销20%,第二年竟高出57%。从此,那家公司就把"赛氏测试"作为招收新员工的主要测试手段。

心理学家曾用"半杯水实验"较准确地预测出乐观者和悲观者的情绪特点。悲观者面对半杯水说:"我就剩下半杯水了。"乐观者则说:"我还有半杯水呢!"因此,对乐观者来说,外在世界总是充满着光明和希望。乐观使人经常处于轻松、自信的心境,情绪稳定,精神饱满,对外界没有过分的苛求,对自己有恰当客观的评价。乐观的人在受到挫折、失败时,常会看到光明的一面,也能发现新的意义和价值,而不是轻易地自责或怨天尤人,而悲观者一般是敏感、脆弱、内心情感体验细致、丰富,一遇挫折就会比一般人感受得深,体验得多。

④快乐人生三句话。要拥有快乐的人生,必须有一个积极心态,永远微笑看世界,因为良好心态是成功的一个必备条件。其实,快乐不是别人给予的,而是自己内心的感受。为此,面对失败和困境,要具有"太好了"的良好心态;面对困难,要敢于说:"我能行";与人相处,要学会关心人,为别人着想,学会说:"你有困难

吗？我来帮助你！”

a. 人有两种心理网络。一种是恶性网络，遇到任何问题，心理上反映出来的都是“太糟了”、“糟透了”、“真倒霉！”另一种是良性网络，遇到什么问题，都抱有积极的态度，认为“太好了！我又多了一次锻炼的机会”。这种人常常能把负效变成正效，由弱势变成强势，把坏事变成好事，把不利因素变成有利因素，永远有一种成功感。因为成功不是战胜别人，而是战胜自己。

心理健康的人常说“太好了！”、“我能行”。心理病态的人爱说“太糟了”、“我不行”。“我能行”是一种正信息，是成功者必备的心理素质，总用正信息来调控自己，一种“我能行”的形象就不知不觉地塑造出来；而“我不行”则是一种反向的负信息，是缺乏自信的表现，总是用这种信息来暗示自己，一种“我不行”的形象就被自己不知不觉地塑造出来了。

b. “我能行”与“我不行”虽然只有一字之差，却有着本质的不同。“我能行”是成功者必备的心理素质，而“我不行”正是失败者的主要原因，因为他们失去的是成功的重要支柱——自信。“我能行”3个字有着神奇的力量，让软弱无能的人变得十分能干，让那些遇到困难和挫折的人增长勇气和力量。面对困难和挫折，最难战胜的不是别人而是自己。勇敢的人常说：“我能行”，懦弱的人爱说“我不行”。

c. “你有困难吗？我来帮助你！”有一则真实的小故事：有人问：“一个人怎样才能快乐？”答：“帮助有困难的人。”问：“为什么呢？”答：“助人为乐嘛！”问：“那只不过是词语。”答：“不，那是真理。帮助别人的确是一种快乐。”

“助人为乐”4个字说起来简单，但真正要体味到“乐”字实属不容易，因为“助人为乐”4个字蕴含着人世间至真、至诚、至美的奇妙含义。“助人”为什么快乐呢？因为可以从帮助别人的过程中发现自己的生存价值。由于你的帮助、付出，使对方的困难得到解决，使别人的不便变为方便，这其中显示了自己的价值，自然会有一种成功的体验，觉得自己还有点用呢。正如歌德所说：“你若要喜爱你的价值,你就得给人创造价值。"

快乐的人常说"我帮你",烦恼的人爱说"你帮我"。

⑤"忘我"精神——神驰状态。神驰或称忘我是指人的情感的最佳状态,这种状态代表了在实践中驾驭情感的最高境界。在神驰状态下,情感既不是自我克制,也不是规行矩步,而是积极进取、意气风发,处理眼前的工作得心应手。

一位曲作家曾这样描述他思如泉涌时的情形:如痴如醉,似乎自我不复存在;我曾有过多次这种体验:好像手已不属于自己,挥洒自如;我坐在那里,目送手挥,意到笔随,曲谱一蹴而就。这就是人们情绪情感巅峰状态的描述。

神驰是一种愉快至极的体验,其特点是满心欢快,甚至是欣喜若狂。在这种情感状态下,人们做事专心致志、心无旁骛、心行合一。此时人们聚精会神,高度专注于眼前的事情,以致觉察不到时空变换、岁月流逝。

神驰是一种忘却自我的状态,此时,任何穷思极想或忧虑心绪都已荡然无存。在这种状态下,人们全神贯注于手边的工作,已无自我意识,全然抛开诸如健康、债务等生活琐事,甚至自己当时的表现也忘得一干二净。从这个意义上来说,神驰就是忘我、无我。人们一旦进入这种状态,对手中的事情驾轻就熟,对任何变化都能应付自如,自身的技能发挥得淋漓尽致,而本人对此却浑然不知,对成败得失淡然置之,动力就是行为本身的乐趣。

达到神驰状态有几种途径:一是有意识地专注于手中的工作。因为从本质上讲,神驰就是注意力高度集中。当然,要做到自制冷静且精力集中,须付出相当的努力,但一旦能专心致志,就转化为一股动力,既能使人排除杂念,又让人做起事来得心应手。二是手头的工作既是自己所擅长的,同时又对自己的能力具有一定的挑战性。

4)识别他人情绪——对别人的情绪了解、疏导与驾驭的能力。识别他人情绪是在情感的自我觉知的基础上发展起来的又一种能力,是最基本的人际关系能力,具有这种能力的人能通过细微的社会信号，敏锐地感受到他人的情绪变化状态、需求与欲望。

①善于移情。移情是一种感人之所感、知人之所感，既能分享他人感情，对他人的处境感同身受，又能客观地理解、分析他人情感的能力。

移情是在情感的自我觉知基础上发展起来的。一个人越坦诚，情感越丰富，对他人的情绪感受也就越准确。否则，一个对自己的感受一无所知的人，对自己身边其他人的感受更是一片空白，对人们言谈举止表现出来的情感，诸如讲话语调的抑扬顿挫、手势姿态的变化、意味深长的沉默、另有他意的啰嗦等等，全都视而不见，听而不闻。

移情在人生广阔领域中发挥着重大作用。从管理、销售、医疗教育、恋爱、养育子女，到一切社会活动，无一或缺。缺乏移情将导致创巨痛深的后果。

移情的典型表现是：设身处地，将心比心，他人的痛苦就是自己的痛苦；推己及人，感人之所感，"己所不欲，勿施于人"；角色转换，换位思考，站在对方的立场上考虑问题。移情可将人导向道德行为，如路见不平，见义勇为，提供自愿的帮助。研究表明，旁观者对受害者的移情越强烈，挺身而出的可能性就越大。研究同时也证明，移情水平的高低，影响着人们道德价值观的形成。

②缺乏移情与反社会行为。缺乏移情可能导致人的心理变态，以至犯罪。更典型、极端而且也更可悲的是那些盗窃、杀人的罪犯最缺乏移情；强奸、家庭暴力、虐待之类犯罪的共同特征就是没有移情能力。无力感受受害者的痛苦，使他们在罪恶面前泰然自若，强词夺理，以强盗逻辑为自己的罪行开脱。这些罪犯总是处于情绪的恶性循环之中，一旦丧心病狂，当然无移情可言，就会荼毒生灵。他们往往一开始感到焦虑、愤怒、抑郁、孤独。当看到电视、电影或现实中的他人欢聚，而愈感形单影只，更加抑郁沮丧。于是，罪犯企图从幻想中得到慰藉，接着演变成犯罪行为，尽管他们仍很悲哀，但获得了一时的解脱。不过这种缓解是极短暂的，抑郁与孤寂很快又卷土重来，更加难以忍受。

③了解、判断与驾驭他人的情感。

a. 判断人们初次见面寒暄时流露的感情。人们初次见面，通常从寒暄开始，这时，即使是初次见面，也总是受某种意图和感情的支配。但是，在多数情况下，这些感情和看法是不会毫无保留地表现在寒暄之中的，而是尽量将某些情感隐藏在面纱之下，尽量不让对方感知。尽管如此，被抑制着的感情总是一有机会就会情不自禁地流露出来，仔细观察就可以了解对方的感情、态度、看法以至人品。例如，盯着对方的眼睛鞠躬的人，对对方持有戒心，同时想处于优势地位；完全回避对方的目光而深深鞠躬的人，多数是在对方面前感到自卑；鞠躬时，有意保持距离的人，对对方表示戒心、客气；初次见面就几乎能触碰到对方身体行鞠躬礼的人，想把当时的气氛引向有利于自己；握手时，用力握住对方是富有主动而充满自信的表现；握手无力的人，缺乏魄力，性格软弱；和不相识的人不停地握手表示其自我显示欲强；握手时手掌出汗，表示有些兴奋，内心失去平衡；握手时盯住对方的眼睛，是想将自己置于心理上的优势。

b. 通过坐姿判断人的情绪与情感。不同的坐姿，反映了人们的不同情绪状态以及人们之间的关系程度。如：相互侵犯身体范围的程度越大，表明相互之间的关系越亲密；有意避开对方身体的人，在心理上对对方有抵触情绪；单方面侵犯对方身体范围的人，是想压倒对方或想讨好对方；坐在对方正面的人是更想让对方了解自己；轻轻落座的人，是对对方表示恭顺之意，或是对对方的话有强烈的兴趣。

c. 通过表情判断人的情绪与情感。人微妙的心理活动往往显露在表情上，人的表情有时比言语更明显地传达出内心的活动。人的表情，特别表现在人的眼睛和嘴的周围。一个抑制感情的人，其表情与动作就会不协调；毫无表情的人，并非没有感情。随着心理活动而面部肌肉不发生变化是极不自然的，毫无表情比什么都更能证实其感情。愤怒、悲哀、憎恨加剧，有时则会出现“喜悦”的表情；明明心里怀着敌意，表面上却笑逐颜开、一副和蔼可亲的样子。因此,毫无表情则表示想让对方知道自己内心的不满和抵触情绪;女性毫不关心的表情,委婉地表示着对对方的好感;笑颜深处,时常潜藏着强烈的憎恶;暧昧的笑往往是一种戒心的表现。

d. 通过目光判断人的情绪与情感。眼睛是“五官之王”,在人的5种感觉器官中是最敏锐的。人们常说:“眼睛是心灵之窗。”孟子将眼睛作为判断人心之善恶的基准,他说:“存之人者,莫良于眸子,眸不能掩其恶。胸中正,则眸子明;胸中不正,则眸子眊。”

一般在相识者之间相互交换视线时,正是希望进行交流。初次见面,先移开视线的人性格主动,眼睛本身的转动有时也表现出深层心理。

俗话说:“眼睛比嘴更传情。”如果能熟练地掌握视线的观察法,就能获得比从嘴里多得多的“深层情报”。例如:初次见面时,首先移开视线的人,想处在比对方更有利的地位;在讲话时注视着对方,表示这句话是自己想强调的,想求得对方的理解;对方一注视就移开视线的人,多是有自卑感;斜眼看对方,是对对方有强烈兴趣而又不想让对方知道;眼睛向上看对方的人,对对方怀有尊敬和信赖之情;眼睛朝下看对方,是想在对方面前保持威严;眼睛左右不停地转动,表明正在展开激烈的思考;视线的方向不断变化,多数是怀有不安和戒心;讲话中突然眼睛向下,表明想沉浸在自己的思索中;长时间盯着对方不移开视线的女性,心里一定隐藏着什么事情。

e. 通过动作姿势判断人的情绪与情感。即使想掩饰表情,深层次心理也会表现在手脚上。人的深层次心理,就像病好了一半的病人一样,越是想控制不表现出来,却越是显示出来,即使不表露在脸上,它也会明显地表露在手脚上。人的内心思考活动,意识和无意识活动大大超出语言和表情所能表达的程度时,就会在手脚上寻找出路。例如:抱胳膊的姿势,表示自己免受对方攻击及必要时随时进行反击的心理,有时则又表示傲慢的心理;将手掌朝向对方,表示强烈拒绝的心理;将手放在头上或用手敲头,表明正沉浸在思索之中;放在头上的手不停地动着,表示思考不下去;支着腮多是思考的问题还很模糊的时候;盘腿而坐的人多数是表示充满自信;女性支起胳膊交叉着手,表示拒绝对方的心理;女性边说"我"边指着自己的胸,是一种自我陶醉。

f. 通过着装打扮判断人的情绪与情感。服装是自我的延长,"衣服是第二皮肤",人的内心更直接地表现在穿着打扮上,服装非常清楚地表现出人的性格和心理状态。人本来是赤身裸体的,穿上服装是为了隐藏和掩饰自己。实际上,穿上衣服反而暴露了自己,因为人们自己选择的服装,恰好表现了从赤身裸体的肉体上无法窥知的内心心理。从这个意义上说,服装就是"他自己",心理学称之为"延长自我"。根据"延长自我"理论,人穿上服装戴上装饰品,反而暴露了自己,因此,人们常说:"视其装而知其人。"例如:穿着违反社会一般观念服装的人,优越感强;穿着肥大服装的人,自我显示欲强;喜欢穿藏青色粗竖条纹西装的男性多是对自己的地位不安,或是懦弱的人;喜欢穿极端花哨服装的人,自我显示欲强,金钱欲强,多是歇斯底里性格;喜欢系华丽领带的人或完全不系领带的人,自我意识强;穿素净服装的人是顺应体制的类型,缺乏独立性;全身穿着素净的人,常常有个性上的自我主张,或是对自己的姿容感到自卑的人;对流行服装敏感的人,对自己缺乏自信而想掩饰;一味赶时髦的人,内心孤独,情绪不稳定;对流行服装麻木不仁的人,个性很强;服装的爱好突然变化,常是心境发生了变化,或是有了新的决心。总之,每个人对服装的式样、颜色、花样等等都有自己的爱好,假设公司的办公桌上放着一件外套,这件外套是谁的,是很容易猜出来的。

5)处理人际关系——处理人际关系的技巧与能力。人际关系能力就是觉知、调控、管理他人情绪的技巧与能力。人际关系能力可强化一个人的受社会欢迎程度、领导与管理权威、人际互助的效能等。擅长处理人际关系者,在各种复杂的人际关系中,游刃有余,事事顺利。

美国心理学家奥列弗·温德尔·荷尔姆斯运用情商概念，对美国历史上历届总统进行了研究。他认为，富兰克林·罗斯福总统是个具有二流智力、一流情商的政治家，被公认为美国历史上一个卓越的领导人；而尼克松总统具有一流的智慧、二流的情商水平，结果黯然下台。事实证明，人们普遍喜欢高情商，高情商者具有良好和谐的人际关系。美国“领导者中心研究所”在对美国和欧洲的大企业总裁调查后，列出管理者的“九大致命缺点”，其中大多数都与个人情绪素养和人际关系有关。

高人际技能的人，可以使人在交往中，把握、激励、驱动对方培育亲密的关系，劝说影响对方而又让对方怡然自得，能有效地处理与他人的关系，从而赢得社会竞争的优势。否则，将会导致社会生活中处处碰壁，人际关系时时坍塌。哪怕是智商超常、绝顶聪明的人，若缺乏人际技能，也将在人际关系中栽跟头，被看做傲慢无礼、令人生厌、麻木不仁的人。

①人际间的表情规则。人的自我情感的表达是一项重要的人际关系能力。社会认可的、适时适度地表达某些感情有一套规则，被称之为“表情规则”。不同文化背景，其“表情规则”有很大的差异，表情规则有若干基本类型。

a.“缩减”型。尽量抑制表情的表现，将自己的情绪表现降到最低限度，俗称“扑克牌”的面具脸，掩盖了自己的真实情感与烦恼。

b.“夸张”型。故意将自己的情绪情感状态夸大。比如，小妹妹被哥哥欺负，故意夸张地扭着头、歪着脸、皱起眉、撅着嘴跑到妈妈面前去诉苦告状即是最佳例证。

c.“替代”型。即一种与内心不一致的、虚假的表情。例如，觉得当面拒绝别人不礼貌，于是假装应允。

人们怎样娴熟地运用这些技能且运用得适时、适度、适当，正是情感智商的一个重要方面。实际上，人们在很小时就已经开始学习表情规则，明确地言传身教是重要的一个方面。例如，孩子过生日，爷爷用心良苦地买了一件礼物，可孩子却一点也不喜欢，为了不使爷爷扫兴失望,我们得教孩子面带微笑地向爷爷表示感谢。

情绪表情对接受者会即刻产生影响作用。“如果真实感情可能伤害你所喜欢、所爱的人,那就掩藏起来,代之以虽然虚假但却不那么有害的”;热情话语甜在心里,冷漠的用语伤心伤情。因此,这种表情规则已不仅仅是我们社会礼仪的组成部分,而且还支配着我们怎样对他人产生情绪影响,长于运用这些规则,可产生积极效果,有利于人际关系的成功。

②人际关系融洽的基础是情绪协调。人际关系的一个基本定理是情绪的互相感染。人们在交往中,彼此传输和捕捉相互的情绪信息,心照不宣,汇聚成心灵世界的地下潜流。实际上,每次交往,人们都发出情绪信息以感染、影响对方。社交技能越娴熟高妙,对情感信息传送的控制也就越随机应变。实质上,社交礼仪的温良恭俭不过是一种手段,是确保不让骚动、不良情绪泄漏,以免打破交往关系的和谐,情感智商就包含这种机变自如。人们常将“人缘好”、“有魅力”等词汇用于我们喜欢与之交往的人,就是由于他们的情绪技能使我们感到舒适、愉快、自在,因此,那种善于替别人排忧解难的人具有特别重要的社会价值,他们是群体的灵魂。

人们在交往时,情绪传递的方向总是从表达能力较强的一方指向相对较被动的一方,某些人特别容易受感情的感染,因此,他们极易被打动和动情。

总之,情绪协调是人际关系融洽的基础,人们如何把握这一情绪协调是人际关系效能的决定性因素,人际关系的好坏与情感协调能力直接相关。善于顺应他人情绪或使他人情绪顺应你的步调,必然会建立起良好的人际关系。成功的领导者或富于感染力的表演家都具有这一特征,能以这样的方式调动成千上万的人与己同痴同醉。

③人际关系四大智能要素。主要包括组织能力、协商能力、人际联系能力和社会分析能力。

a. 组织能力。包括群体的动员与协调能力,激发他人情绪情感的能力。这是领导者、管理者必备的人际技巧,卓有成效的领导者都具备这种能力。

b. 协商能力。即指制止人际冲突,化干戈为玉帛,善于仲裁与排解纷争的能力。

c. 人际联系能力。即自如地与人打交道,敏锐地辨识、恰如其分地反应他人的情绪和关注,深信人际关系的艺术,容易认识人且善解人意,具有同情心。这种人是工作上的好搭档,婚姻的忠实伴侣,生活中的知心朋友或信得过的商业伙伴,这种人几乎和任何人都可以相处愉快,自己也乐在其中。

d. 社会分析能力。敏于察知他人的感情、动机与想法,容易与他人建立亲密关系,知晓他人如何感受,易于发展友情与友好关系。

这些技巧是人际关系的润滑剂,是构成个人魅力与领导才能的根本要件。具备这些社交技能的人易于与人建立良好关系,精于察言观色,敏锐地监控着自我的情绪表达,对他人的反应随机应变,这种人是集体情感的代言人,从而引导群体走向共同的目标。

④心地善良、胸怀开阔。人的第一印象是最不容易磨灭的。长相凶恶的人谁也不喜欢,没有自信的人总是让人觉得缩头缩尾,长相贼头贼脑的人总是让人觉得靠不住,而慈眉善目的人很容易赢得别人的信任。交际实际上很重要的一点就是要让对方松懈,失去警戒心。所谓最佳表情就是不要让对方觉得你是笑里藏刀,要保持率直、毫无用心的自然的表情。正直的人给人以安全感,人们最忌讳的就是过于尖锐的处理方法,因此,应该让自己养成保持柔和表情的习惯。人际关系的一个重要守则就是保持开阔的胸怀,这不仅仅是表现在脸上,而且出自于内心。惟有真正地拥有一副宽广的胸怀,才能使自己更加成熟而稳重。

社交低能的人,连起码的交往技能也一窍不通。这种人不懂礼貌、礼节、礼仪,毫无情趣,与人相处时间稍长他便手足无措,连基本的招呼应酬也不会;跟人讲话时靠得太近,或把自己的东西放在别人的地方;对身体语言、面部表情、目光接触之类不会应用,也不理解别人以此传递的意思;对语言语调不能把握和运用,说话要么尖得刺耳,要么无腔无调。这种人不知道适时结束交谈,只听得他一个人喋喋不休,视而不见所有的明示暗喻;任何时候的话题中心都是他自己,全然不顾及别人,即使你想方设法转移话题,他仍旁若无人地自说自话;专喜欢谈论人家长短,打探他人隐私。这种人不仅缺乏社交风度,而且也不能把握对方的情绪,与此类人打交道,无异于受折磨。

9.2 “组织再造”理论

9.2.1 迈克·哈默及企业再造理论

当今的管理者所面临的最大挑战是变化(变化的速度比过去快得多),他们要感觉到变化的需要,要看到变化的到来以及要在变化到来时做出有效反应。在这种情况下,采取不断完善的方法来对变化进行管理是不够的,可能需要快速、激进甚至革命性的变化。迈克尔·哈默(Mickael Hammer)和詹姆斯·钱皮(James Champy)在1993年出版的《再造公司》一书中,主张采取上述的方法来对变化和为提高产品和经营的质量而付出的努力进行管理。他们把再造定义为“对经营过程彻底进行再思考和再设计,以便在业绩衡量标准(如成本、质量、服务和速度等上取得重大突破”。采取再造方法的公司要迅速学会对其所做的一切以及为何这样做提出疑问。“‘再造’首先确定公司必须做什么,然后确定它如何去做。‘再造’不把任何事想当然,它对‘是什么’有所忽视,而对‘应该是什么’相当重视”。

再造(reengineering)中最关键的部分是在公司的核心竞争力和经验的基础上确定它应该做什么,即确定它能做得最好的是什么之后,确定需要做的事最好是由本组织来做还是由其他组织来做。采取再造方法的结果是公司规模的缩小和外包业务的增多。

企业再造是1993年开始在美国出现的关于企业经营管理方式的一种新的理论方法。所谓“再造工程”，简单地说就是以工作流程为中心，重新设计企业的经营、管理及运作方式。按照该理论的创始人原美国麻省理工学院教授迈克·哈默与詹姆斯·钱皮的定义，是指“为了飞越性地改善成本、质量、服务、速度等重大的现代企业的运营基准，对工作流程进行根本性重新考虑并彻底改革”，也就是说“从头改变，重新设计”。为了能够适应新的世界竞争环境，企业必须摒弃已成惯例的运营模式和工作方法，以工作流程为中心，重新设计企业的经营、管理及运营方式。

9.2.2　企业“再造工程”产生的背景

企业再造理论的产生有深刻的理论背景。20世纪60、70年代以来，技术革命使企业的经营环境和运作方式发生了很大变化，而西方国家经济的长期低增长又使得市场竞争日益激烈，企业面临着严峻的挑战。有些管理专家用3C理论阐述了这种全新的挑战：顾客(customer)——买卖双方关系中的主导权转到顾客一方。竞争使顾客对商品有了更多的选择；随着生活水平的不断提高，顾客对各种产品和服务也有了更高的要求。竞争(competition)——技术进步使竞争的方式和手段不断发展，发生了根本性变化。越来越多的跨国公司越出国界，在逐渐走向一体化的全球市场上展开各种形式的竞争。美国企业面临日本、欧洲企业的竞争威胁。变化(change)——市场需求日趋多变，产品寿命周期的单位已由“年”趋于“月”，技术进步使企业的生产、服务系统经常变化，这种变化已经成为持续不断的事情。因此，在大量生产、大量消费的环境下发展起来的企业经营管理模式已无法适应快速变化的市场。面对这些挑战，企业只有在更高水平上进行一场根本性的改革与创新，才能在低速增长时代增强自身的竞争力。

在这种背景下，结合美国企业为面对来自日本、欧洲的威胁而展开的实际探索,1993 年哈默和钱皮出版了《再造企业》(Reengineering the Corporation)一书,书中认为:“20 年来,没有一个管理思潮能将美国的竞争力倒转过来,如目标管理、多样化、Z 理论、零基预算、价值分析、分权、质量圈、追求卓越、结构重整、文件管理、走动管理、矩阵管理、内部创新及一分钟决策等”。1995 年,钱皮又出版了《再造管理》。哈默与钱皮提出应在新的企业运行空间条件下,改造原来的工作流程,以使企业更适应未来的生存发展空间。这一全新的思想震动了管理学界,一时间“企业再造”、“流程再造”成为大家谈论的热门话题。哈默和钱皮的著作以极快的速度被大量翻译、传播,与此有关的各种刊物、演讲会也盛行一时,在短短的时间里该理论便成为全世界企业以及学术界研究的热点。IBM 信用公司通过流程改造,实行一个通才信贷员代替过去多位专才并减少了九成作业时间的故事更是广为流传。

9.2.3 企业“再造工程”的主要程序

企业“再造”就是重新设计和安排企业的整个生产、服务和经营过程,使之合理化。通过对企业原来生产经营过程的各个方面、每个环节进行调查研究和细致分析,对其中不合理、不必要的环节进行彻底地变革。在具体实施过程中,可以按以下程序进行:

(1)对原有流程进行全面功能和效率的分析,发现其存在的问题

根据企业现行的作业程序,绘制细致、明了的作业流程图。一般地说,原来的作业程序是与过去的市场需求、技术条件相适应的,并由一定的组织结构、作业规范为其保证的。当市场需求、技术条件发生的变化使现有作业程序难以适应时,企业效率或组织结构的效能就会降低。因此,必须从以下方面分析现行作业流程的问题:

1)功能障碍。随着技术的发展,技术上具有不可分性的团队工作,个人可完成的工作额度就会发生变化,这就会使原来的作业或者支离破碎增加管理成本,或者核算单位太大造成权责利脱节,并会造成组织机构设计不合理,形成企业发展的瓶颈。

2)重要性。不同的作业流程环节对企业的影响是不同的。随着市场的发展,顾客对产品、服务需求的变化,作业流程中的关键环节以及各环节的重要性也在变化。

3)可行性。根据市场、技术变化的特点及企业的现实情况,分析问题的轻重缓急,找出流程再造的切入点。

为了对上述问题的认识更具有针对性,还必须深入现场,具体观测、分析现存作业流程的功能、制约因素以及表现的关键问题。

(2)设计新的流程改进方案,并进行评估

为了设计更加科学、合理的作业流程,必须群策群力、集思广益、鼓励创新。在设计新的流程改进方案时,可以考虑做好以下几个方面的工作:

1)将现在的数项业务或工作组合,合而为一;

2)工作流程的各个步骤按其自然顺序进行;

3)给予职工参与决策的权力;

4)为同一种工作流程设置若干种进行方式;

5)工作应当超越组织的界限,在最适当的场所进行;

6)适量减少检查、控制、调整等管理工作;

7)设置项目负责人(case manager)。

对于提出来的多个流程改进方案,还要从成本、效益、技术条件和风险程度等方面进行评估,选取可行性强的方案。

(3)制定与流程改进方案相配套的组织结构、人力资源配置和业务规范等方面的改进规划,形成系统的企业再造方案

企业业务流程的实施是以相应组织结构人力资源配置方式、

业务规范、沟通渠道甚至企业文化作为保证的，所以，只有以流程改进为核心形成系统的企业再造方案才能达到预期的目的。

(4)组织实施与持续改善

实施企业再造方案必然会触及原有的利益格局，因此，必须精心组织，谨慎推进，既要态度坚决，克服阻力，又要积极宣传，形成共识，以保证企业再造的顺利进行。

企业再造方案的实施并不意味着企业再造的终结。在社会发展日益加快的时代，企业总是不断面临新的挑战，这就需要对企业再造方案不断地进行改进，以适应新形势的需要。

9.2.4 企业“再造工程”的效果与问题

“再造工程”在欧美的企业中受到了高度的重视，因而得到迅速推广，带来了显著的经济效益，涌现出大批成功的范例。1994年早期，CSC Index公司(战略管理咨询公司)对北美和欧洲6 000家大公司进行了621家抽样问卷调查。调查的结果是：北美497家的60%，欧洲120家的75%已经进行了一个或多个再造项目，余下的公司一半也在考虑这样的项目。American Express(美国信用卡公司)通过再造，每年减少费用超过10亿美元；德州仪器公司的半导体部门，通过再造，对集成电路的订货处理程序的周期时间减少了一半还多，改变了顾客的满意度，由最坏变为最好，并使企业赢得了前所未有的收入。

在企业再造取得成功的同时，另一部分学者也在严肃地探讨其在企业实施中高失败率的原因。大家认为，企业再造理论在实施中易出现的错误主要在于：一是流程再造未考虑企业的总体经营战略思想；二是忽略作业流程之间的联结作用；三是未考虑经营流程的设计与管理流程的相互关系。

总体来说，企业再造理论顺应了通过变革创造企业新活力的需要，这使越来越多的学者加入到流程再造的研究中来。有些管理学者通过大量研究流程重建的实例,针对再造工程的理论缺陷,发现了一种被称为“MTP”(manage through process)即流程管理的新方法。其内容是以流程为基本的控制单元,按照企业经营战略的要求,对流程的规划、设计、构造、运转及调控等所有环节实行系统管理,全面考虑各种作业流程之间的相互配置关系,以及与管理流程的适用问题。可以说,“MTP”是再造工程的扩展与深化,它使企业经营活动的所有流程实行统一指挥,综合协调。因此,作为一个新的管理理论和方法,企业再造仍在继续发展。

随着企业再造运动的发展,亚洲国家一些公司也在开始重新考虑企业的构成模式。企业再造运动主要在两个方面和传统的管理模式不同:一是从传统的自上而下的管理模式变成为信息过程的增值管理模式,即衡量一个企业的有效性的主要标志是——当一个信息输入企业以后,经过企业的加工,然后再输出,信息所通过企业的任何一个环节其管理环节对此信息的加工的增值是多少,从工业的新产品链到信息的价值链,形成一个企业的价值的增值过程。如果不对该信息进行增值就要进行改造,这样就形成了一个企业管理机制观念的改变。二是企业再造不是在传统的管理模式基础上的渐进式改造,而是强调从根本上着手。要改变企业的运作模式就要进行彻底改造,把旧的全部忘掉,全部抛弃,惟有破除过去,才能创造新机。这样的企业再造革命是建立在信息网络遍布企业内部的各个部门的基础上的,在企业的内部职工可以得到与自己有关的任何信息。这样大大减少了信息流动所带来的时间损失,不仅提高了效率、精简了人员,还使得每个员工都对企业的全局有一个全面的了解,从而使企业出现一个崭新的局面。

9.3 “学习型组织”理论[①]

9.3.1 彼得·圣吉与学习型组织

美国学者彼得·圣吉(Peter M. Senge)把系统思考看成五项修炼的核心。早在20世纪60年代,史隆管理学院便研发出一种叫“啤酒游戏”的修炼,让人在生产商、批发商、零售商中任选一个角色,根据另外两个角色的变化情况做出自己的决定。目前,“啤酒游戏”已做成游戏卡,可以在电脑上玩。

无数参加了“啤酒游戏”的人得分都比他们想像中差得多。这样的结果表明:我们的问题或危机常常是由我们身处其中的系统的结构所造成,并非外部力量或个人错误使然,而人类系统中的结构是微妙而错综复杂的。

从“啤酒游戏”出发,彼得·圣吉发展出一套组织为何出现问题以及怎样以系统思考求解的模型,如“反应迟缓的调节环路”、“成长上限”、“舍本逐末”、“目标侵蚀”、“恶性竞争”、“富者愈富”、“共同使用资源的悲剧”、“成长与投资不足”等等。这些模型不仅适用于企业,也关联到人类生活的方方面面。例如:“成长上限”描述一个会自我繁殖的环路在产生一段时期的加速成长或扩展后,逐渐减慢成长速度(而系统中人尚未察觉),终至停止成长甚至可能加速衰败。圣吉提出的管理方针是:不要去推动“增强(成长)环路”,应该要去除(或削弱)限制的来源。

按照圣吉的定义,组织的领导者应该是“学习的设计师”,领

---

① (美)彼得·圣吉著.第五项修炼——学习型组织的艺术与实务.郭进隆译.上海:上海三联书店,1994

导的修炼就是不断设计和参与学习，学习型组织永远不是一个终结的概念，而是一个进行着的概念，因此没有凝滞的组织（organization），它永远处在形成组织（organizing）之中。学习型组织从根本上说是人类智力进化的工具，只要人在求索进步，它就在发挥作用，这就是终身学习的理念。

世界性的竞争已经使所有企业都必须时时居安思危，全球最优秀的1 000家企业平均寿命只有30年就是一个佐证。因此，世界各地第一流的企业为了避免被淘汰的下场，纷纷寻找求生存、求发展的途径，最后，有眼光的企业都认为，学习是惟一的出路。由此可以预言：未来的企业是一种学习型的组织。

(1)学习型组织及其作用

学习型组织有各种不同的定义，但最具影响的是圣吉在《第五项修炼——学习型组织的艺术与实务》一书中所做的界定。

1)圣吉关于学习型组织内涵的界定。圣吉认为，学习型组织是一种更适合人类心理发展的组织模式，它由学习群体组成，有崇高的核心价值观和使命，是一种追求不断创新、持续变化的组织。在学习型组织中，其成员胸怀大志、心心相印、互相反省、脚踏实地，勇于挑战极限与过去成功的模式，不为眼前利益所动，轻视成果分享而重视成果创造，朝着共同的理想而努力奋斗。同时，他们在学习中体会到工作的意义，追求心理成熟与自我实现，并与周围的世界产生同一感。

2)学习型组织的作用。学习型组织对企业的作用相当广泛和深刻，主要有以下几个方面的作用：

①使企业变为一个有机的组织——一个具备自我智慧、自我判断和自我学习等各种能力的组织。

②能使企业随环境变化而作适当的变化。

③由于学习应变的单位是群体而不是个体，因而应变的效果将更好。

④不仅强调学习物质的科学与技术，同时强调学习人的心理

和行为，学习人与人之间的关系，倡导人文精神与科学精神的有机结合，全面提升企业的整体素质，从而使企业产生一种质的飞跃。

(2)如何使企业成为学习型组织

企业成为学习型组织后才能更有效地适应未来社会的变化。要使企业成为学习型组织，就必须加强以下几方面的修炼：

1)进行系统思考。系统思考就是指运用一系列模糊的原理、方法和工具探讨同一方向各种力之间的相互关系，最终寻求出相对较合理的途径来解决问题。系统思考的具体操作是一个较为复杂的过程。简言之，有以下步骤：一是找出最初问题症状；二是指出最直接的治标方法；三是列出治标方法的各种负面影响；四是找出治本方法；五是找出治本方法实施后的互动效应；六是确定最佳方法。

2)努力实现自我超越。自我超越以员工为主体，使员工能充分发挥自己的潜力，到达令人羡慕的境地。自我超越中有一项重要内容是描述个人的憧憬。其主要步骤如下：

①对你未来的憧憬做出想像；

②考虑一下憧憬中的要素；

③形容个人的憧憬，例如自我形象、财产、家庭、健康、人际关系、工作等；

④阐述并理清个人的憧憬；

⑤反复想像自己理清后的憧憬。

3)改善心智模式。心智模式是认知心理学的一个概念，指人们的长期记忆中隐含着的关于世界的心理地图。通俗地讲，心智模式就是深植于我们心灵中的各种图像、假设和故事。它是我们观察世界的心灵之窗上的一块“玻璃”，透过这块“玻璃”，我们往往看到不真实的世界。

①心智模式是如何形成的？心智模式的形成由下列步骤组成：

第一，可以观察到的“原始资料和经验”；第二，从观察中选择想要的“资料”;第三,赋予这些“资料”以意义;第四,根据自己的观点进行假设;第五,下结论;第六,形成观念;第七,根据观念采取行动——影响下一次的观察。

②如何创造出新的积极的心智模式?要创造新的心智模式应把握以下几个要点:

第一,仔细推敲上述7个步骤;第二,认识每一个步骤中可能产生的误区;第三,走出误区;第四,改变心理地图。

4)构建共同憧憬。憧憬是一个人想要创造的未来的图像,而共同憧憬则是指企业员工都想要的未来图像。共同憧憬能指出我们前进的方向以及到达目的地后我们企业会是什么样子。描述憧憬必须是现在时的,就好像发生在眼前一样,憧憬描述得越生动,吸引力也越大。组织的共同憧憬不但包括憧憬,而且包括价值观、使命和目标。

价值观是指我们如何到达目的地。在企业中主导我们行为的价值观主要包括:我们想要如何对待彼此,我们想要如何对待我们的客户和供应商,我们会遵守何种规范等等。

使命是企业存在的根本理由。企业的使命不仅仅为了赚钱。如果一个企业的使命仅仅为了赚钱,那么它的寿命是很有限的。

目标是我们期望在短期内达到的里程碑。目标也可以认为是我们要达到憧憬而必须克服的障碍,通常是一个月至一年内必须完成的工作。

5)倡导团队学习。组织的成功取决于团队,只有团队成员彼此了解感觉和想法,具有完善的、协调一致的感觉,才能提高团队的思考力和行动力,才能更好地完成组织的任务。

团队学习中的一项重要内容是深度会谈。深度会谈的步骤如下:

①由一位熟练掌握有关技巧的辅导员主持;

②邀请有关的人士参加会谈;

③建设性地聆听;

④自我观察;

⑤悬挂假设，既不要推销自己的观点，也不要抑制自己的思维；

⑥有技巧地讨论；

⑦达成共识。

9.3.2 《第五项修炼》

(1)五项修炼概要

1)第一项修炼：自我超越。“自我超越”是个人成长的学习修炼，它指学习不断理清并加深个人的真正愿望，集中精力，培养耐心，并客观地观察现实。精熟“自我超越”的人，能够不断实现他们内心深处最想实现的愿望，他们对生命的态度就如同艺术家对艺术作品一般，全心投入，不断创造和超越，是一种真正的终身“学习”。自我超越的核心原理是创造性张力，这种张力来自于个人愿景与现况之间的差距。个人愿景具有强大的拉动力，而且我们生活中喜悦的感觉也常来自对愿景的坚定不移，正所谓乐此不疲。

2)第二项修炼：改善心智模式。“心智模式”是根深蒂固于心中，影响我们了解世界以及如何采取行动的许多假设、成见、或甚至图像、印象。我们通常不易察觉自己的心智模式以及它对行为的影响。在管理的许多决策模式中，决定什么可以做或不可以做，也常是一种根深蒂固的心智模式。把镜子转向自己，是心智模式修炼的起步，借此，我们学习发掘内心世界的图像，使这些图像浮上表面，并严加审视。

3)第三项修炼：建立共同愿景。“共同愿景”是组织中人们所共同持有的意向，是人们心中一股令人深受感召的力量，它创造出众人是一体的感觉，并遍布到组织全面的活动，从而使各种不同的活动融会起来。在追求愿景的过程中，人们自然而然会产生勇气，去做任何为实现愿景而必须做的事。共同愿景是从个人愿景汇聚而成，借着汇集个人愿景，共同愿景获得能量，因此建立共同愿景，必须持续不断地鼓励成员发展自己的个人愿景。当一群人真正奉献于一个共同愿景时，将会产生一股惊人的力量，他们能完成原本不可能完成的事情。中国传统文化中所谓“二人同心，其利断金”以及以共产主义为远大理想的中国共产党取得革命的胜利就是极好的例证。

4）第四项修炼：团体学习。在一个管理团体中，大家都认真参与，每个人的智商在120以上，何以集体的智商只有62？团体学习的修炼即在处理这种困境。我们知道团体确实能够共同学习。在体育运动、表演艺术、科学界，甚至企业中，团体拥有整体搭配的行动能力。当团体真正在学习的时候，不仅团体整体产生出色的成果，个别成员成长的速度也比其他的学习方式为快。团体学习的修炼从“深度会谈”开始。深度会谈是一个团体的所有成员摊出心中的假设而进入真正一起思考的能力。团体学习之所以非常重要，是因为在现代组织中，学习的基本单位是团体而不是个人，除非团体能够学习，否则组织便也无法学习。

5）第五项修炼：系统思考。系统思考将前述四项修炼整合为一个完整理论和方法体系。少了系统思考，就无法探究各项修炼之间如何互动。系统思考具有强化其他每一项修炼的功能，并且融合整体能得到大于各部分机械之和的效力。譬如，如果缺乏系统思考，我们愿景将止于对未来不着边际的描述，而对各方力量如何整合运用缺乏深刻的理解，这就是为什么许多搭乘“愿景列车”的企业发现单有高唱如云的美景仍然无法扭转现实命运。片断思考常使人们衷心相信愿景终将实现，却无法帮助我们探究隐藏在它背后的系统结构运动的巨大力量。另一方面，“系统思考”也需要有其他四项修炼来发挥它的潜力。“建立共同愿景”培养成员对团体的长期承诺。“改善心智模式”专注于以开放的方式体会我们认知方面的缺失。管理者必须学习反思他们现有的心智模式，直到习以为常的假设公开接受检验，否则心智模式无从改变，系统思考也无从发挥作用，所以五项修炼必须整合在一起方可发挥其巨大的效力。学习型组织正是以五项修炼为契机而成为当今世界管理的新趋势。

(2)五项修炼在国内外的实践

以系统思考为基石的五项修炼以其充满智慧的理论体系和极具可操作性的实务技能,不仅使人们能探讨许多困扰大家已久的全球、社会、企业、家庭等难题,而且更重要的是,人们可在其中逐渐在心灵上潜移默化而活出生命的意义。这正顺应了较发达国家人们由"工具性"的工作观向"精神面"的工作观转变的趋势。

1)五项修炼在国外的实践情况。系统动力学的创始人、圣吉博士的导师佛睿思特教授亲自到美国中小学向老师及孩子们介绍系统思考,成绩斐然。20 世纪 90 年代初,全美大约有 400 多所中小学引进这方面的教学,学生们用系统思考软件来思考许多社会、经济、自然、体育、物理、数学、家庭等问题。行政效率被评鉴为全球最佳的荷兰及新加坡已开始体认这个新领域的重要性,新加坡的国防部曾邀请彼得·圣吉为他们的主管开设系统思考研习营。有些公共事务学者用第五项修炼的观点,反省现行的许多公共事务观念及政策上的偏差。斯坦福大学法学院有人运用这种观念,重新思考人类未来的法律体系;麻省理工学院校方也请圣吉辅导该校成为学习型的组织。在企业界,壳牌石油公司是第一家了解加速组织学习的好处的大企业,他们发现隐藏的心智模式影响既深且广,该公司能成功地度过 1970 年和 20 世纪 80 年代石油危机的巨大冲击,并由 20 世纪 70 年代初排名世界七大石油公司末位,到 20 世纪 80 年代末上升为第一位,主要归功于学习如何浮现管理者的心智模式,并加以改善。在美国,许多在业界极具影响的大公司的领导都成为五项修炼理论的研究者与实践者,如汉诺瓦保险公司、赫门米勒家具公司、类比元件公司、苹果电脑公司、福特汽车公司、全美房地产公司等。如今五项修炼的精义也成了硅谷商界的成功秘诀而传遍全球。

2)五项修炼在国内的实践情况。20 世纪 80 年代初,美国麻省理工学院终身荣誉院士、上海复旦大学管理学院教授杨通谊看到系统思考理论在美国的发展,感到这些理论对中国经济发展的潜在力量,于是将这一理论带到中国,先后在上海交通大学、复旦大学建立了“佛睿思特——杨通谊阅览室”,积极传授这一理论。在教育界,国家教委已于 1996 年 5 月正式发文(教成司[1996]41 号),把“学习型企业”的内容列入了“人力资源开发理论与实践”培训班的教学计划;1997 年又把“学习型组织与五项修炼”列入我国高校院校长资格培训的教学内容。在企业界,上海的宝钢集团、中美施贵宝制造有限公司、大众汽车、东方航空、同济大学等几百家大中型企业、高等院校、政府机关进行了有关系统思考的理论与实务的培训;内蒙古电力局及其所属的几家大企业、伊利集团、山东化纤总公司、小鸭圣吉奥等也正努力创建“学习型企业”。目前,研究并实践系统思考的浪潮正在我国呈现出兴盛之势。

9.4 当代管理思想家及其理论

9.4.1 托马斯·彼得斯及其理论[①]

(1)彼得斯其人

托马斯·彼得斯(Thomas Peters)是美国最负有盛名的管理学大师之一,他对美国经济情况的熟悉和对企业深入了解的程度是令人惊叹不已的,无论是巨型公司还是小企业,无论是制造业还是服务业方面的管理都有很高的造诣。他和小罗伯特·沃特曼(Robert H. Waterman)合著的《追求卓越》以及后来和南茜·奥斯

---

① 郭咸纲著. 西方管理思想史. 北京:经济管理出版社,2002

汀(Nancy Austin)合著的《追求卓越的激情》这两本书在20世纪80年代的美国影响是非常大的,以至于成为美国的畅销书,并且都在世界管理学界产生了巨大的影响。到了20世纪80年代后期,他的《振兴于混乱之上——管理革命的手册》同样掀起了巨大的轰动,这说明彼得斯的思想反映了美国20世纪80年代管理思想的一个重要方面。

概括地说,第二次世界大战以后到20世纪70年代末,整个美国的管理思想对企业发展的影响可以说就是结构紧跟战略,即只要把战略计划写在纸上,正确的组织结构就将轻而易举地产生,剩下来的就是调动人的积极性来进行组织实施,从而就得到了战略目标的实现。加上第二次世界大战以后的国际形势对美国极为有利,所以美国的企业基本上是沿着这个思路发展的。然而进入20世纪80年代以后,由于整个世界的形势发生了巨大的变化,美国的管理思想进行重大的调整也实属情理当中的事。彼得斯的管理思想概括起来,集中体现在两个方面:一是人受到"两重性"的驱动,他既要作为集体的一员,又要突出自己,他既要成为一个获胜队伍中的一个可靠的成员,又要通过不平凡的努力而成为队伍中的明星。二是只要人们认为某项事业从某种意义上说是伟大的,那么他们就情愿为了这个事业吃苦耐劳。

(2)管理的8条原则

彼得斯在分析了美国的许多大小企业以后,提出了成功的公司必须遵循的8条原则:

1)看准就干,行动果断,以求发展;

2)接近顾客;

3)自主创业;

4)以人促产;

5)深入基层;

6)专心搞本行;

7)精兵简政;

8)张弛互济。

这8条原则看起来是老生常谈,但是真正地做起来,实在是不容易,这里面包含着深刻的管理思想。

(3)调动人的潜力

彼得斯在建构他的管理思想时应用了大量心理学的研究成果,以寻求调动人的最大潜力的途径:

1)所有人都是以自我为中心的,对来自他人的赞扬感到快慰,有普遍认为自己是优胜者的趋向;

2)人是环境的奴隶;

3)人迫切需要活得有意义,对于这种意义的实现愿意付出极大的牺牲;

4)人们通常将成功看成是由自身因素决定的,而把失败归于体制所造成的,以便使自己从中开脱出来;

5)大多数人在寻求安全感时,特别乐于服从权威,而另一些人在利用他人向他们提供有意义的生活时,又特别乐于行使权力。

他引用了欧内斯特·贝克尔在《死亡的否定》一书中的论述:"这样,人们具有的激情就不可否认地带有两重性。个性化是指人要和自己以外的自然界相对立(突出个人)。然而个性化恰恰造成了一种孤立状态,这种状态人们是难以忍受的,然而却是需要的,以便独立地发展,个性化造成的这种变化成为一种负担,它既强调了个人的渺小,又强调了突出个人。"

(4)彼得斯的管理哲学

在彼得斯看来,成绩优秀的公司既为人们提供了出人头地的机会,但又将这一机会和一种具有超越意义的哲学和信念体系结合起来。这真是一种绝妙的结合。这里说明了一个重要的事实:所谓的管理新思想是把我们引入了一个模糊不清的、自相矛盾的世界,但是这是一个重要的原则,是一个具有更大用处的原则,最重要的事情是看他们是否懂得这个原则,是否知道运用这个原则去处理这些自相矛盾的事情。最后彼得斯对人性的认识进行了归纳:第一,人们需要有意义的生活。第二,人们需要受一定的控制。第三,人们需要受到鼓励和表扬。第四,人们的行动和行为在一定的程度上形成态度和信念,而不是态度和信念形成行动和行为。[①]在这些理论的基础上我们再看看彼得斯的8条原则,其中确实体现了一种全新管理思想的转变。显然,彼得斯对人性的认识比前人大大地深化了一步,对管理思想的发展做出了应有的贡献。

9.4.2 迈克尔·波特及其理论[②]

进入20世纪80年代以后,由于竞争的进一步加剧,企业的形态呈现出新的形式。国际经济形势的变化更促进了企业向国际化、大型化方面发展,同时,社会进一步的分化又提供了许多新的市场机会,小型企业也得到了快速的发展。每一个企业为了生存和发展,都在寻找自己的发展道路,都在寻求一个适合于自己的发展战略。因此,制定战略成了企业发展首要考虑的问题。美国哈佛的管理学家迈克尔·波特(Micheal E. Porter)提出了他的战略三部曲,其中对企业发展的战略思想影响比较大的是《竞争战略》和《竞争优势》,这两本书已成为企业发展战略理论方面的经典著作。下面主要介绍他的有关战略管理的思想。

波特的战略思想主要是由几个重要的概念组成的:构成行业结构的5种作用力、3种企业发展的基本战略、价值链分析方法、进攻性战略和防御性战略的分析。

(1)行业结构分析

决定企业赢利能力的重要因素和根本因素是行业的吸引力。

---

① [美]J·彼得斯,H·沃特曼著. 追求卓越. 戴春平等译. 北京:中央编译出版社,2000

② 郭咸纲著. 西方管理思想史. 北京:经济管理出版社,2002

任何行业的竞争规律都体现了如图 9.1 所示的 5 种竞争力的作用，是它们决定了行业的赢利能力。

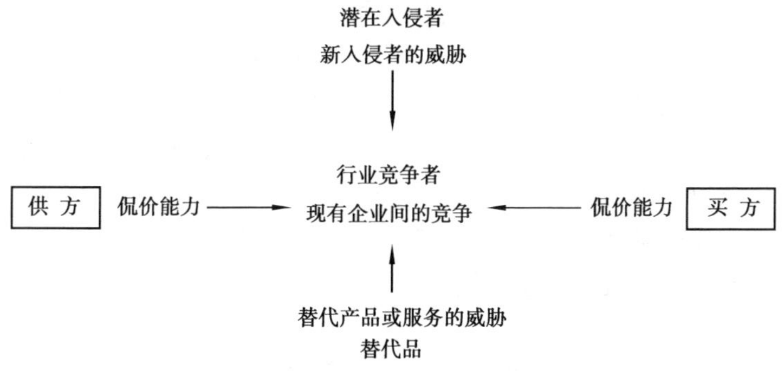

图 9.1　行业的 5 种竞争结构作用力示意图①

这 5 种竞争的作用力的总和决定某行业中企业获取超出资本成本和平均投资收益率的能力。在波特看来，行业的这 5 种作用力决定了行业结构，也决定了行业的赢利能力，它们影响价格、成本和企业所需的投资——即影响投资收益的诸多因素。因此，波特对 5 种结构作用力进行了较为详细地分析：

1)新入侵者。任何一个企业在进入一个新的行业的时候，首先必须要攻破这个行业给企业设置的入侵壁垒。这些壁垒主要是由下列因素所构成：在产品方面主要有规模经济、专卖产品的差别、商标专有性；在经营方面主要由转换成本、资本需求、分销渠道、绝对成本优势、政府的政策、预期的反击等方面所构成。企业决定是否要进入某一个行业，取决于企业攻破这些壁垒的实力，在预测攻破这些壁垒以后，多花成本还能否达到企业预期的利润，是企业考虑的主要问题。如果对此没有深入地考虑，企业就有可能会犯战略性的错误。

2)决定供方力量的因素。在企业进入某一行业以后，它必须要在市场获取资源，这种获取是要花成本的。对供方来说，是提供

① [美]迈克尔·波特著．竞争优势．陈小悦译．北京：华夏出版社，1997

投入产品的差异,而对于进入某个行业的企业来说,就要考虑行业中供方和企业的转换成本。除了这个因素以外,还必须考虑替代品投入的现状和供方的集中程度,而批量大小对供方的重要性与产业总成本及特色也影响产业中企业前向整合和后向整合。

3)决定替代威胁的因素。替代品是一个企业产品生存的主要威胁之一,这种威胁主要来自于替代品相对价格的表现。这种价格竞争一直是企业竞争的主要手段,其转换成本是消费者要考虑的主要因素之一,如何增大消费者对于使用替代品的转换成本是企业考虑的战略因素。同时,还必须把客户对替代品的使用倾向考虑在内。

4)竞争的决定因素。直接影响某一行业的竞争激烈程度的主要因素有:

①该行业的增长情况。是夕阳行业还是朝阳行业,行业的快速增长在很大程度上缓和了该行业的竞争激烈程度。

②固定(存储)成本或附加价格。产品构成的固定成本是行业竞争的因素之一,因为它直接决定了企业的获利能力。

③周期性生产过剩。产品的生命周期严重地影响着该行业中的竞争企业,如果同类产品的生命周期相同,该行业的竞争激烈程度就高。

④产品差异。独特的产品始终是制胜的法宝和无形的壁垒,而商标专有是企业经营者利用法律所设置的一个障碍,从而造成其转换成本加大,有利于提高企业的竞争力。

⑤退出壁垒。在竞争激烈的行业,其信息也呈现出相当的复杂性。一方面是获取真实信息的难度提高,另一方面是市场本身同样也不断产生虚假信息。这是由于在竞争激烈的行业内竞争者的多样性所造成的。在众多的竞争者中,企业的风险精神和行业的退出壁垒有关联,退出的壁垒小,企业所冒的风险相对较小,而退出的壁垒高,则企业的战略必须要冒较大的风险。所以,退出壁垒也是直接影响行业竞争激烈程度的因素。

5)决定买方力量的因素。对于进入的企业来说,购买企业产品的买方是决定企业生存的主要力量。他们主要从两个方面影响企业：

①砍价杠杆。首先是双方地理上的集中度的比较，即买方的集中程度相对企业的集中程度。如果集中程度高，对企业有利，反之则不利。其次是买方数量，包括买方组成的数量和买方购买的数量，无论是哪个方面的数量对企业的竞争都构成影响。然后是买方转换成本相对企业转换成本，这就是说，这两个成本的比较也对企业的竞争有着重要影响。最后是买方信息获取的成本和替代品对企业的影响，这些又会影响企业的前向和后向一体化的战略，这也是克服危机的一种能力。以上都是构成买方砍价的主要因素，形成买方砍价杠杆，所以企业对以上的各种要素都必须认真考虑。

②价格敏感性。一般来说，买方对价格是非常敏感的。除了价格外，其购买的总量也是一个重要的方面，产品差异和品牌专有也是买方所关注的重点之一。另外就是产品质量及性能的影响，这两个方面直接影响着买方对价格的敏感性的强度。最后要考虑的是买方购买后所能形成的利润，这是直接和买方对购买价格关联的决定的力量。所以买方对价格敏感是行业获利能力的关键因素之一。

上述5种作用力构成了行业分析的框架。波特进一步指出，并非所有的作用力都是同等重要，这些因素是否重要，依据结构的不同而不同，每一个行业都是独特的，都有其独特的结构。

(2)基本的竞争战略

在对行业结构的5种作用力进行深入分析以后，波特提出了企业的3种基本的竞争战略。

波特认为，企业的其他战略都是在这3种基本战略的基础上制定的，因此有必要对这3种基本的战略进行较为深入地分析。这3种战略就是成本领先战略、标新立异战略和目标集聚战略，其概念的深层含意是：竞争优势为任何战略的核心所在，而创造竞争优势要求企业做出选择——如果企业要获得竞争优势,它必须要选择它所要获得的竞争优势的类型以及活动于其中的境况。

波特对这3种基本的战略进行了分析:

1)成本领先战略。成本领先战略是这3种战略中最明确的一种,它主要依靠追求规模经济、专有技术、优惠的原材料以及其他的一些因素来使得企业的产品成本低于行业的平均水平以下,以获得较大的利润和市场份额。在很大程度上成本领先战略依赖于企业的技术水平和管理水平,而即使这样也不能放弃企业的特异追求。

2)标新立异战略(特异优势战略)。这种战略是企业力求使自己在行业内部独树一帜,它在行业内有一种或多种特质,以它的特质获得溢价的报酬。这种战略主要依赖于建立的基础产品本身、销售交货体系、营销渠道及一系列其他的因素,但是追求这种优势的企业也不能放弃追求成本领先地位。

3)目标集聚战略。波特认为这种战略是着眼于行业内的一个狭小的空间做出选择,这一战略与其他的战略相比是不同的。集聚战略的企业选择行业内一种或一组细分市场,并量体裁衣使其战略为它们服务而不是为其他细分市场服务。而集聚战略有两种形式:成本集聚战略和特异成本战略。成本集聚战略是在一些细分市场的成本行为中发掘特异,而特异集聚战略则是开发特异细分市场上顾客的特殊需求。这些差别意味着多目标竞争者不能很好地服务于这些细分市场,这样就取得了竞争的优势。

然而如何分析和实施这些战略呢?波特提出了一种独特的分析工具——价值链。

(3)价值链

波特的观点是:一个企业赢利能力的关键是企业是否能收取其为买方创造的价值,或是否确保这种价值不落入他人的手中。价值是买方愿意为企业提供给他们的产品所支付的价格,价值用总收入来衡量。总收入则是企业产品得到的价格与所销售的数量的反映。如果企业所得的价值超出了创造产品所花费的各种成本，那么企业就有赢利，因此分析竞争地位时必须使用价值，而不是成本，所以应该采取价值链的方法。

他认为每一个企业都是进行设计、生产、营销、交货以及对产品起辅助作用的各种活动的集合，所有这些活动都可以用价值链表示出来，而这个价值链中的各种活动反映了企业的历史、战略、推行战略的途径和这些活动本身的根本的经济利益。

波特认为，一定水平的价值链是企业在特定的行业内活动的组合，且竞争者价值链之间的差异是竞争优势的一个关键来源。

他把企业的整个活动分为两大类：基本活动和辅助活动。基本活动涉及到产品的物质创造及其销售以及转移给买方和售后服务的各种活动。任何企业的基本活动都可以分为5个方面的内容（如图9.2所示）：内部后勤、生产经营、外部后勤、市场营销及服务。所谓辅助活动，就是辅助基本活动并通过提供外购投入、技术、人力资源以及企业基础设施以支持企业的基本活动，整个活动是有机地联系在一起的。

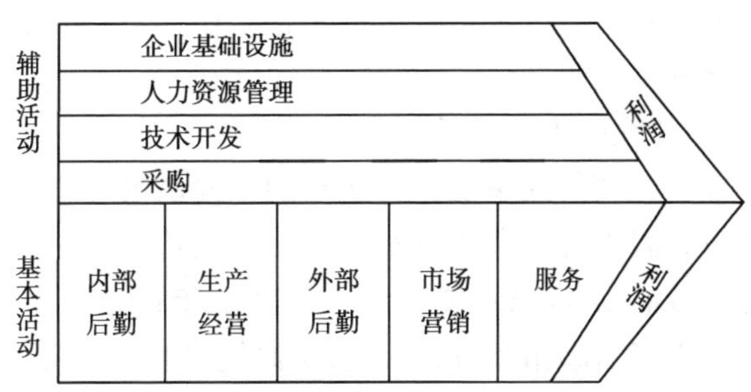

图9.2　企业的基本活动内容

价值活动是竞争优势的各种相互分离活动的组成。每一种价值活动与经济效果的结合是如何进行的，将决定一个企业在成本方面相对竞争能力的高低；每一种价值活动的进行，也将决定它对买方的需要以及特异方面的贡献。与竞争对手的价值链的比较揭示了决定竞争优势的差异所在。

波特用价值链的分析方法揭示了企业内部活动的秘密,把企业竞争的内涵通过价值链反映出来。他通过价值链深入地分析了每一个活动的价值及其对其他活动的影响。在此基础上,波特提出了一些战略的概念。相对于竞争对手来说,主要是指防御性战略和进攻性战略。

波特的竞争战略的理论体系是非常完整的,从企业竞争的最基本因素,即行业结构开始分析,到提出具体的战略构想的制定进行了全面地分析,使它在美国的企业中得到广泛的应用。所以波特的竞争战略思想为西方在进入 20 世纪 80 年代的企业竞争方面提供了有力的思想武器,现在已成为竞争战略方面的经典的管理理论。

然而,对波特提出的 3 种竞争优势战略:成本最低、产品特异和重点进攻的理论,有些管理学者提出了异议,其主要观点是:

1)波特的竞争战略思想主要是来自战争和体育运动方面,无论是战争还是体育运动,都有一个和企业竞争十分不同的地方,即战争和体育运动的敌方或对手是非常清楚的,而在正常的企业经营中并不是只有一个很容易识别的竞争对手。尽管可以用竞争对手的思想来分析问题,但是在实际操作时由于竞争对手是十分不清楚的,所以往往是无从下手。

2)企业的经营与战争及体育运动的不同的另一个方面是:它的和为正值。因为有一个竞争对手在那里大获全胜,并不意味着你一定是大败而归,经营可能有多个胜利者,有时由于多个竞争对手在一个地方能引起相互激化效应,从而使得大家都获利。

3)在对竞争对手的分析方面,往往是从远处看待竞争对手的,由于晕轮效应的作用,常常把竞争对手理想化,这种错觉对企业的经营是十分有害的。只有进行目标集中的竞争分析才能消除这种错觉。

可以看出,尽管波特的竞争战略理论是一个指导企业竞争的有效武器,但是在进行应用时也要注意其有一定的局限性。

9.4.3 威廉·戴明及其理论[①]

(1)戴明其人

戴明(W. Edwards Deming,1900—1993)博士是世界著名的质量管理专家,他对世界质量管理发展做出的卓越贡献享誉全球。他在早期的工作生涯中,发展了运用统计方法来提高组织效率的思想。虽然在20世纪50年代他在美国不太出名,可是在日本,他很快成了国家英雄。1960年,由日本天皇授予他杰出人才奖,这是一个他所欣赏的奖励,表明了对他的高度承认。此后,他在美国和日本传播的思想均得益于他在日本的经历。直到20世纪80年代初,西方世界才认真地对待戴明。10年之后,虽然有争议,戴明还是成为全世界最有影响的经济大师。

作为质量管理的先驱者,戴明对国际质量管理理论和方法始终产生着异常重要的影响,其主要观点为"十四要点",成为20世纪全面质量管理(TQM)的重要理论基础。

(2)戴明的"十四要点"

1)创造产品与服务改善的恒久目的。最高管理层必须从短期目标的迷途中归返,转回到长远方向的正确方向,也就是把改进产品和服务作为恒久目的,坚持经营,这需要在所有领域加以改革和创新。

2)采纳新的哲学。必须绝对不容忍粗劣的原料、不良操作、有瑕疵的产品和松散的服务。

3)停止依靠大批量的检验,检验出来已经太迟,且成本高而效率低。正确的做法是改良生产过程。

4)废除"价低者得"的做法。价格本身并无意义,只是相对于

---

① 郭咸纲著. 西方管理思想史. 北京:经济管理出版社,2002

质量才有意义。因此,只有管理当局重新界定原则,采购工作才会改变,公司一定要与供应商建立长远的关系,并减少供应商的数目,采购部门必须采用统计工具来判断供应商及其产品质量。

5)永不间断地改进生产及服务系统。在每一活动中,必须降低浪费和提高质量,无论是采购、运输、工程、方法、维修、销售、分销、会计、人事、顾客服务及生产制造。

6)培训必须是有计划的且必须是建立于可接受的工作标准之上。必须使用统计方法来衡量培训工作是否奏效。

7)督导人员必须要让高层管理知道需要改善的地方。当知道之后,管理当局必须采取行动。

8)驱走恐惧心理。所有同事都必须有胆量去发问、提出问题,或表达意见。

9)打破部门之间的围墙。每一部门都不应只顾独善其身,而需要发挥团队精神;跨部门的质量圈活动有助于改善设计、服务、质量及成本。

10)取消对员工发出计量化的目标。激发员工提高生产率的指标、口号、图像、海报都必须废除。很多配合的改变往往是在一般员工控制范围之外,因此这些宣传品只会导致反感。虽然无须为员工定下可计量的目标,但公司却要有这样一个目标:永不间歇地改进。

11)取消工作标准及数量化的定额。定额把焦点放在数量,而非质量。计件工作制更不好,因为它鼓励制造次品。

12)消除妨碍基层员工工作尊严的因素,同时消除不知什么是好的工作表现。

13)建立严谨的教育及培训计划。由于质量和生产力的改善会导致部分工作岗位数目的改变,因此所有员工都要不断接受训练及再培训。一切训练都应包括基本统计技巧的运用。

14)创造一个每天都推动以上 13 项的高层管理结构。

(3) PDCA 循环

戴明博士最先提出了 PDCA 循环的概念，所以又称为“戴明环”。PDCA 循环是任何一项活动有效进行的一种合乎逻辑的工作程序，特别是在质量管理中得到了广泛的运用。P，D，C，A 所代表的意义是：P(plan)——计划，包括方针和目标的确定以及活动计划的制定；D(do)——执行，执行就是具体运作，实现计划中的内容；C(check)——检查，就是总结执行计划的结果，分清哪些对了，哪些错了，明确效果，找出问题；A(action)——行动(或处理)，对总结的检查进行处理，对成功的经验加以肯定，并予以标准化，或制定作业指导书，便于以后工作时遵循；对于失败的教训也要总结，以免重现，对于没有解决的问题，应提交下一个 PDCA 循环中去解决。

PDCA 循环有以下 4 个明显的特点：

1)周而复始。PDCA 循环的 4 个环节不是运行一次就完结，而是周而复始地进行。一个循环结束，解决了一部分问题，可能还有问题没有解决，或者又出现了新的问题，再进行下一个 PDCA 循环，依此类推。

2)大环带小环。类似行星轮系，一个公司或组织的整体运行体系与其内部各子体系的关系是大环带动小环的有机逻辑组合体。

3)阶梯式上升。PDCA 循环不是停留在一个水平上的循环，不断解决问题的过程就是水平逐步上升的过程。

4)统计工具。PDCA 循环应用了科学的统计观念和处理方法，作为推动工作、发现问题和解决问题的有效工具，典型的模式被称为“四个阶段”、“八个步骤”和“七种工具”。“四个阶段”就是 P，D，C，A。“八个步骤”是：①分析现状，发现问题。②分析质量问题中各种影响因素。③分析影响质量问题的主要原因。④针对主要原因，采取解决的措施。包括解决 6 个“W”的问题，即为什么要制定这个措施？达到什么目标？在何处执行？由谁负责？

什么时间完成？怎样执行？⑤执行，按措施计划的要求去做。⑥检查，把执行的结果与要求达到的目标进行对比。⑦标准化，把成功的经验总结出来，制定相应的标准。⑧把没有解决或新出现的问题转入下一个 PDCA 循环中去解决。通常，"七种工具"是指在质量管理中广泛应用的直方图、控制图、因果图、排列图、相关图、分层法和统计分析表等。

戴明理论反映了全面质量管理的全面性，说明了质量管理与改善并不是个别部门的事，而是需要由最高管理层领导的推动才可奏效。戴明理论的核心可以概括为：高层管理的决心及参与；群策群力的团队精神；通过教育来提高质量意识；质量改良的技术训练；制定衡量质量的尺度标准；对质量成本的认识及分析；不断改进活动；各级员工的参与。

戴明博士认为，"质量无须惊人之举"，"质量是一种以最经济的手段，制造出市场上最有用的产品"。他平实的见解和骄人的成就之所以受到企业界的重视和尊重，是因为若能系统地、持久地将这些观念付诸行动，几乎可以肯定在全面质量管理上就能取得突破。

9.4.4 约瑟夫·朱兰及其理论[①]

(1)朱兰其人

约瑟夫·M·朱兰(Joseph Juran)，1904 年 12 月 24 日生于罗马尼亚布莱勒，他成长在一个叫卡帕西亚的小城，父亲是个制鞋匠。他于 1912 年移民美国，1926 年结婚，共有 4 个子女、9 个孙女和 5 个曾孙。朱兰曾获明尼苏达大学电子工程学学士学位，后又获得芝加哥洛约拉大学法学博士学位。

朱兰曾从事过多种职业，历任工程师、企业管理者、政府官员、

---

① 郭咸纲著．西方管理思想史．北京：经济管理出版社，2002

大学教授、劳动仲裁人、公司董事和管理顾问。他最后的工作岗位是西部电器公司的一名管理人员。40 岁时，他成为一名自由职业者。以后的 50 年中，他同戴明、石川馨和克罗斯比等人一样，成为质量观念的倡导者之一。

在他的职业生涯中，朱兰写过 12 本关于质量的书，这些著作是质量领域中影响深远的参考书。他的《质量管理手册》于 1951 年首次出版，至今仍是这一领域中重要的国际性参考著作。他曾给上千家企业开办研习班、培训班、提供咨询；同时他还创造了国际性的培训课程，并伴有培训教材、录像带等辅导资料。通过他在世界各地的咨询和讲演，朱兰向企业家和政府提供建设性意见。他曾 30 余次获得奖章、名誉称号、名誉成员等荣誉。其中最显赫的是他曾获得日本的圣贤勋章。1981 年，裕仁天皇为朱兰颁发这一奖项，以表彰他为日本所做出的贡献。

“质量是一种合用性，而所谓‘合用性’(fitness for use)是指使产品在使用期间能满足使用者的需求”。“事实证明，TQM 带给企业一个强烈的呼声，一个新的工作动力，一种机关报的管理方法。为此，我们对 TQM 必须全力以赴，再接再厉，因为 TQM 给我们的企业经营提供了一种新的管理方法和体系”。

朱兰博士是世界著名的质量管理专家，他所倡导的质量管理理念和方法始终影响着世界企业界以及世界质量管理的发展。他的“质量计划、质量控制和质量改进”被称为“朱兰三部曲”。他最早把帕累托原理引入质量管理。《管理突破》(Management Breakthought)及《质量计划》(Quality Planning)两书是他的经典之著，由朱兰博士主编的《质量控制手册》(Quality Control Handbook)被称为当今世界质量控制和质量控制科学的名著，为奠定全面质量管理(TQM)的理论基础和基本方法做出了卓越的贡献。

(2)朱兰的突破历程

朱兰博士所提出的“突破历程”，包括 7 个环节，综合了他的基本学说。

1)突破的势态。管理层必须证明突破的急切性,然后创造环境使这个突破能实现。要去证明此需要,必须搜集资料说明问题的严重性,而最具说服力的资料莫如质量成本。为了获得充足资源去推行改革,必须把预期的效果用货币形式表达出来,以投资回报率的方式来展示。

2)突出关键的少数项目。在纷纭众多的问题中,找出关键性的少数。利用帕累托法分析,突出关键的少数,再集中力量优先处理。

3)寻求知识上的突破。成立两个不同的组织去领导和推动变革——其一可称之为"策导委员会",另一个可称为"诊断小组"。策导委员会由来自不同部门的高层人员组成,负责制定变革计划、指出问题原因所在、授权做试点改革、协助克服抗拒的阻力以及贯彻执行解决方法。诊断小组则由质量管理专业人士及部门经理组成,负责寻根问底、分析问题。

4)进行分析。诊断小组研究表症,提出假设以及通过实验来找出真正原因。另一个重要任务是决定不良产品的出现是操作人员的责任或者是管理人员的责任(若说是操作人员的责任,必须是同时满足以下3个条件:操作人员知道他们要做什么,有足够的数据明了他们所做的效果,以及有能力改变他们的工作表现)。

5)决定如何克服变革的抗拒。变革中的任务是必须明了变革对他们的重要性。单是靠逻辑性的论据是绝对不够的,必须让他们参与决策的内容。

6)进行变革。所有要变革的部门必须要通力合作,这是需要说服功夫的。每一个部门都要清楚地知道问题的严重性、不同的解决方案、变革的成本、预期的效果,以及估计变革对员工的冲击及影响。必须给予足够时间去酝酿及反省,并进行适当训练。

7)建立监督系统。变革推行过程中,必须有适当的监督系统定期反映进度及有关的突发情况。正规的跟进工作异常重要,足以监督整个过程及解决突发问题。

(3)朱兰的质量环(quality loop)

朱兰博士提出,为了获得产品的合用性,需要进行一系列工作活动。也就是说,产品质量是在市场调查、开发、设计、计划、采购、生产、控制、检验、销售、服务、反馈等全过程中形成的,同时又在这个全过程的不断循环中螺旋式提高,所以也称为质量进展螺旋。

(4)朱兰的“80/20”原则

朱兰博士尖锐地提出了质量责任的权重比例问题。他依据大量的实际调查和统计分析认为,在所发生的质量问题中,追究其原因,只有 20% 来自基层操作人员,而恰恰有 80% 的质量问题是由于领导责任所引起的。在国际标准 ISO 中,与领导作用相关的要素所占的重要地位,在客观上证实了朱兰博士的“80/20”原则所反映的普遍规律。

(5)生活质量观

朱兰博士认为,现代科学技术、环境与质量密切相关。他说:“社会工业化引起了一系列环境问题的出现,影响着人们的生活质量。”随着全球社会经济和科学技术的高速发展,质量的概念必然拓展到全社会的各个领域,包括人们赖以生存的环境质量、卫生保健质量以及人们在社会生活中的精神需求和满意程度等。朱兰博士的生活质量观反映了人类经济活动的共同要求:经济发展的最终目的是为了不断满足人们日益增长的物质文化生活的需要。

第10章　中外管理思想的内在精神

东西方文化以各自的历史和特色立于世界民族之林，这是人类社会发展的一个自然历史过程。人类社会生产力的发展也是和文化紧密地联系在一起的，它们之间相互影响、相互促进、相互制约。东西方文化的互动直接影响着管理思想的发展，使得东方和西方最终形成了不同的文化形态、管理理念和管理模式。

10.1　外国管理思想的内在精神

西方管理思想萌芽于文艺复兴时期，得益于西方资本主义制度在整个世界的确立，形成于19世纪末20世纪初，成熟于第二次世界大战以后，即20世纪70年代末80年代初，完善于20世纪80年代后期至今。回顾管理思想的发展历史，我们清楚地看到，管理思想的发展与文化历史、社会生产力的发展水平，以及对人的认识程度和生产方式等因素的发展变化紧密相关。

从西方管理思想的发展和演变，我们可以从中看出以下几个方面的规律：

第一，由以往单纯地、片面地强调管理的理性化过渡到注重管理的感性化。经过英国工业革命的洗礼，西方国家在19世纪末和20世纪初产生了以泰勒、法约尔、韦伯等为代表的科学管理理论。科学管理理论要求对工人操作的每个动作进行科学地研究，用以替代工人单凭经验的方法，强调的是通过制定标准的操作方法来训练工人，用经济手段来驱使人们工作。亨利·福特创造的自动生产流水线将科学管理发挥得淋漓尽致，齐艾福利德创造的事业部制则是科学管理在组织上的保证。自动流水线和事业部制体现了“效率至上”的管理理念，第一次科学地、系统地把管理引进了科学的轨道。但是，科学管理忽视了人的作用，只强调了管理的理性化，是一种“以人适应机器”的方式，这在当时满足了大量生产、大量消费的经济发展要求，但却造成了严重的社会矛盾。美国电影大师卓别林主演的电影《摩登时代》就深刻地反映了科学管理所造成的弊端，尤其是对人性的摧残。随着生产力的进一步发展，人们发现单纯地强调管理的科学性、理性化不能保证管理的持续成功和劳动生产率的持续提高。当历史进入20世纪30年代，霍桑实验证明生产效率不仅仅是取决于管理的科学化，而主要取决于员工的积极性和“士气”，而员工的积极性和“士气”又取决于员工的家庭和社会生活以及企业中人与人的关系。因此，新型的领导要注重于提高员工的满足感，善于倾听和沟通员工的意见使员工在经济需要与社会需要之间取得平衡，从此，人际关系学派提出了“社会人”的概念。与此相适应，产生了“以人为导向”的管理思想，这是管理史上第一次明确了人在管理中的重要地位，在以后形成的行为科学中，则始终把人放在管理工作的重要的乃至中心的位置上，管理也因此注入了人的感情而充满了感性。

第二，由以往地只注重正式组织的作用过渡到注重非正式组织的作用。正式组织，是指企业为了有效地实现企业目标，所规定的组织成员中正式的相互关系和组织体系。非正式组织是指组织中没有经过正式的相关的程序而建立起来的，以感情联系为主要沟通方式的一种非正式群体。科学管理理论注重的是正式组织的作用。而随着“人”在企业中地位的确立，要想取得理想的管理绩效，最大限度地提高劳动生产率，就必须注重非正式群体的作用。例如在霍桑实验中的继电器绕组的工作室实验就是为了证实在以上的实验中研究人员似乎感觉到在工人当中存在着一种非正式的组织,而且这种非正式组织对工人的态度有着极其重要的影响。研究者通过对在一个工作室工作的工人工作情况的观察,发现在组织中有非正式群体的存在,就其对个人行为影响来说,主要有包括:

①谁也不能干得太多或太少,以免影响大家。

②谁也不准向管理当局告密,做有害于同伴的事。

③任何人都不得远离大家,孤芳自赏,也不得打官腔,找麻烦。

④任何人不得在大家中间唠叨或自吹自擂,自以为是,一心想领导大家。

研究表明,这种自然形成的非正式组织(群体)的职能,对内在于控制其成员的行为,对外则为了保护其成员,使之不受来自管理阶层的干预。这种非正式组织一般都存在着自然形成的领袖人物。由此而产生的行为科学管理理论认为不管承认与否,非正式组织都是存在的。它与正式组织相互依存,而且会通过影响工人的工作态度来影响企业的生产效率和目标的达成,因此管理人员应该正视这种非正式组织的存在,利用非正式组织为正式组织的活动和目标服务。卢因的团体动力学理论提出人的行为是他的个性同他所理解的环境的函数。卢因所讲的团体指的是一个非正式的组织,它和正式组织一样,有 3 个要素:活动、相互影响、情绪。非正式组织和正式组织是同时存在于同一个组织之中的,与正式组织一样,非正式组织也有其行动规范,它们将相互影响、相互作用并且共同地接受投入和共同对外提供产出,而这些行动都是组织内部各种力作用的结果。此后,其他管理学家也对非正式组织进行了研究并提出了相关理论。

第三,由强调管理中的系统性、计划性、程序化等方面过渡到强调管理的灵活性、权变性和非程序化。科学管理论强调制定科学的工作方法,把企业中的一切活动都系统性、计划性、程序化,使其可以量化。但任何事物都是在不断发展变化的,如果不顾企业内外环境的变化而墨守成规,不考虑到企业中“人”这一重要而又不稳定的因素,把计划、系统看得一成不变,就会给企业造成不应有的损失。因此，随着时代的发展，人们也越来越注重管理的灵活性、权变性和非程序化，主张实施“弹性管理”，现代管理中的权变学派就是其中的代表。

权变学派的理论基础是所谓的超Y理论。美国的麻省理工学院教授麦格雷戈提出，他认为Y理论是符合人类的本性的，管理应该按Y理论行事。情况是否是应该这样呢？莫尔斯和洛希对两个工厂和两个研究所分别采取了X理论和Y理论的管理实验，并得出了结论，即Y理论并不是在所有的情况下都比X理论效率高，管理思想和管理方式应依据成员的素质、工作的特点、环境情况而定，不能一概而论。由此他们在《超Y理论》一文中和《组织及其成员：权变法》一书中，提出超Y理论，即：

①人们是怀着许多不同的需要加入工作组织的，而人们的需要有不同的类型，有的人需要正规化的组织机构和规章制度，有的人却需要更多的自治和更多的责任，更多发挥创造性的机会实现责任感。

②组织形式和管理方法要与工作性质和人们的需要相适应。

③组织机构和管理层次的划分，职工的培训和工作的分配、工资报酬、控制程度的安排都要从工作的性质、工作目标、职工素质等方面来考虑，不能千篇一律。

④当一个目标达到以后，可以继续激起职工的胜任感，使之为达到新的、更高低目标而努力。

权变管理的基本思想是，管理的方式和技术要随着企业的内外环境而变化，所以在管理因变数和环境自变数存在着一种函数关系，但并不一定上因果关系。管理因变数与环境自变数存在着一种函数的关系，其中环境自变数包括以下两个方面：一是一般外部环境。它通常不会直接影响企业的正式组织系统，但会间接地产生影响，而且这些外部环境因素之间也会产生影响。二是内部环境，即是企业的正式组织系统。

权变理论的基本设想是在组织与环境之间，即在组织的各个系统之间都应有一致性，管理的主要任务就是寻求组织环境之间以及内部组织设计之间的和谐,提高工作效率和组织成员的满足感。

20 世纪 80 年代的西方,在探索管理的新思想和新方法的过程中,出现了不少新的见解,《工业论》、《企业文化》等书的出版就是其见证。但是,事实证明,西方的管理理论并没彻底地解决西方现代管理中的问题,尤其是日本这个以东方文化为主的国家,在经济上的腾飞吸引了西方管理学者对东方文化所形成的管理思想的兴趣。这样,东方的管理思想在整个世界上备受重视,而且对西方的管理思想产生巨大的影响。

10.2 中国管理思想的内在精神

中国的管理思想主要来源于中国文化。中国文化是一个博大精深的人类文化宝库。

中国传统文化中包含着丰富的管理思想,这些思想始终贯穿着中国从古至今的管理实践,涉及到行政、经济、军事、文化、家庭等社会的各个方面和层次,这些管理思想及实践的文化底蕴就是中国伦理型文化传统。

20 世纪 70 年代,世界管理理论的正统地位由美国转移到了有中国文化背景的日本。在日本管理界有着一种普通现象,就是高层管理者几乎人手一本中国的《论语》、《孙子兵法》等书。可以说,日本和许多东亚、东南亚国家的文化都与中国文化有着很深的渊源。日本及其他亚洲国家和地区经济的崛起应引起我们的思索,我国的管理不应全套西化,照搬西方的管理理论,而应立足于本国的人文特点、生产力现状等现实因素。

在整个东方的历史发展进程中,东方文化的核心是以儒家思想为主线,以道家思想和佛教为副线的发展历程。儒家的理论是一种以规则和说理的方式来传播的思想,而道家是以一种辩证的理论而使人信服的，佛教则是以一种哲学的方式来解释世界的。它们对人生、对事物发展的规律都有自己的解释的理论，对人性的认识和对社会的认识都有自己的角度，尤其是对人生对人自己的本质的理解，更是各有不同。

儒家有句话："天地六性人为贵"，贵人的思想是儒家的一个根本观念。从儒家看来，天地之间只有人是宝贵的，因此，东方管理理想十分重视人在管理过程的地方。儒家在对人性的假设方面和对人性的改造提出了相当多的见解，如孟子的"性善论"和荀子的"性恶论"，并认为人性的改造主要是通过自身的修养来解决，提倡"仁"、"德"、"礼"。这些思想运用在管理中则表现为：一为以身作则，以自己的行动来带动其他人；二为无论是管理者还是被管理，都必须要有一种爱心。三是要有集体主义的精神，要有不追求个人表现的群体意识。这与西方管理思想中的"人本管理"有着共通之处。

中国管理思想中有一个明显的特点就是追求宽容和谐的内部环境，管理中感性的比例偏高。以儒学为代表的伦理型管理思想可概括为"修己"和"安人"，即以自我管理为起点，以社会管理为过程，最终实现"平天下"之目标。格物—致知—正心—诚意—修身—齐家—立业—治国—平天下，是其管理思想的逻辑演绎，将家、业、国、兴天下的管理只看成是人口和范围的不同，而管理模式和方法没有本质的差异，对家庭的管理方法同样适用于企业和国家，这样就形成了以家族管理为出发点的中国传统管理思想。以伦理文化为基础的家族管理思想与西方制度化科学管理理论不同。西方管理强调理性准则，不论亲疏远近，一律用统一的组织制度和纪律来约束人们的行为，而伦理型管理以由己及人来看待社会。把儒家的伦理道德准则及管理方法运用于企业及国家管理中，要求企业成员要像兄弟一样相处，讲求以情动人，以行感人，以德服人，领导用职位权力较少，用个人权威较多。但是，这种管理过分重视人情，忽视制度建设和管理，当企业成长到一定规模后其弱点非常明显，缺乏理性容易导致企业不攻自破。

道家历史源远流长。《易经》说:“一阴一阳谓之道。”春秋战国时代的老子所著的《老子》和庄周所著的《庄子》成为道家的经典著作,通常,他们被看成是道家学说的创始人。

道家学说是一个比较完整的理论体系,它结合《易经》的学说对其理论进行了系统地阐述和分析。就其整体内容看,是以道为中心和纲领,从道出发,然后根据具体的实际情况因时、因地、因人、因势、因需要,向外延扩展开来。强调从道出发,道为归一,认为世界上的一切事物的发展都是处在矛盾的对立统一规律的支配下运行和发展的,谁掌握了这一事物发展的规律,谁就成为事物发展的真正主宰。

阴阳这个概念是中国古代人所独创的,最早可以追溯到伏羲氏。在道家看来世界上的任何事物都是由阴阳两个方面所组成,即凡是正面的、表现积极性的事物都是属于阳,凡是处于消极的事物都是属于阴。阴和阳不是相互孤立存在的,而是不断相互作用的,并且在相互作用的不同情况下产生相生、相克、转化、共存、互惠、相比和统一等不同的形式。

佛教的理论是一个非常玄妙又无法完全捉摸的东西,总共有3个部分:佛是世界上已经明了一切痛苦并且禅透了世界上一切万事万物生死规律的觉悟者;佛学是成佛的理论;佛法是实行佛学的方法。

佛学本身是一个相当丰富的理论,而且非常深奥。第一,它将宇宙分为“三界”:欲界、色界、无色界,而这三界都是我所创造的,如果我的心在,则宇宙在,我心空则宇宙空。第二,那么宇宙是怎么被感知的呢?因缘。这就是存在这个被感知的世界的原因,一切皆因一个缘故而发生。它的理论根据是:世界上一切的事情都不是孤立的,都是由当时的各种条件所决定的。第三,色空关系。佛学“色”指的整个物质世界。“空”的概念是一个比较复杂的概念,既有什么都没有的意思,也有虚无的意思,同时又有广大的意思和具有无穷的物质在内的涵义,可能还有意识的意思,总之是个非常难理解的概念。由于物质都是由周围的环境所决定的,而且周围的环境是在不断地变化的,所以物质都处在刹那生灭的无常的变化之中,找不到可把握的永恒的主体,所以物质的本质是空的,色只不过是物质的表现性态,这二者是不可分割的。“不异”就是不相离异,二者是共存的,相互依存,不可分离。第四,人非是我,我不是我,而是非我。这就是说,我并不是现在说的我,而是由一堆肌肉、骨头等因为一个偶尔的缘故拼合而成的,我只不过是借了这个用用罢了。我之所以感觉到人世间喜怒哀乐是因为我还没有修炼到跳出“三界”以外,如果我不能跳出,那么下辈子还得受苦,这就是所谓的六道轮回。这样只要我这辈子做好事,下辈子就可以过上好的日子了。这一理论对于色空关系,是个具有相当辩证关系的理论,对我们的思维和解决心理的压力方面起着相当大的作用。

另外,人的一生的许多时间和精力都是和人与人之间的情感所牵连的,尤其是男女之间。如果认识了色空的关系,对此问题有了一个透彻地认识,那么在处理管理中的许多的问题时就要容易把握得多了。同时,它对依条件而变化的客观世界的认识,对管理中应时、应地、应条件的处理问题是有着很大的帮助。在哲学上,佛学的色空辩证关系对人们进行辩证思维是大有帮助的。最后,佛学的这样一个观点对管理上也是有用的,就是所有众生都是佛,强调在佛面前人人平等,且每一个人都可以成佛的,只要他皈依佛门,这对于我们正确看待职员是大有好处的。

此外,中国古代的墨家、法家、兵家、农家等也提出了独特的管理思想,这些思想不仅丰富了中国古代的管理思想,而且和儒家、道家、佛家一道形成了具有东方特色管理思想。这些思想今天越来越被东西方所认识并运用到管理实践中,对管理理论的发展做出了重要贡献。

10.3 中国管理思想对管理理论的影响

我国的传统文化源远流长,博大精深,包含有儒家、道家、法家等思想,其中蕴藏着许多哲学思想和道理,对我国管理有着极其重要的影响。

“天地人三才合一”是中国文化的核心观念之一。从现代管理学的角度看,“天”是企业的钻研运营环境,“地”是指企业运物质资源和制度资源,“人”则是人力资源。现代社会中的人并非机器,而是有意识、有感情和有社会关系的“人”。每个人都有特殊的社会关系及以此为依托的复杂的人文背景,科学管理制度在其实施过程中不可避免地受其影响。我国有着长期的历史积淀,人的心理观念、道德准则和价值取向多元多变,人们的社会利益关系有多种多样的不同,这些因素构成了我国人文背景的特异性,这种特异性常常与科学管理制度有着千丝万缕的联系。传统文化对我国各个领域都存在着很大影响,研究传统文化具有重要的现实意义。

10.3.1 中国管理思想的主要特征

(1)以人为政治管理的中心

中国的哲学是以追求人身的自由、人的尊严、人的价值为命题的哲学,所有关于自然社会规律的探讨都是围绕这一命题展开的,所以中国文化是中国的人本主义精神的具体表现。

对于人的研究,以及对于人如何适应统治者的需要规范,中国的文化是有着独到之处的。首先是人要听命于天,天的代表者是天子,那就听命于天子,这样,为了达到这一目的,儒家提出了大量的规则和道德规范，如“克己复礼”，通过自身的修养来满足统治者的要求。

中国人是讲究中庸之道的，其最基本的含义是：“过犹不及”、“礼之用，和为贵”，这是有东方特色的思维方式，又有传统文化所追求的一种理想人格和合理的道德规范。在孔子看来，这是一个最为高尚的美德。从某种意义上，中庸和中和的意义是相近的，中是循礼，和是行仁，以中和为用的中唐思想是礼与仁思想的集中表现，也就是儒家的礼和仁都是通过中庸来实现的，通过中庸从普通人修养成为至诚的圣人。这样中国人用平衡、协调、适应统一来代替人与人之间，人与社会之间，家庭内部之间的冲突和矛盾，这是有利于团体的发展的。

(2)以家为生活及日常活动的中心

家在中国人的心目中是个神圣的词。家庭生活是中国人第一重要的社会生活，亲戚朋友邻居是第二重要的社会生活。这两种生活集中了中国人的要求，包括了中国人的活动，规定了其社会道德条件和政治上的法律制度。

中国的家庭关系是一个非常复杂的关系，人一生下来就有这些关系，而且是一辈子都在这些关系中生活。人生实质上是存在于各种关系之中的。父母在先，再则兄妹，然后有了夫妇，其后是子女，最后是朋友，朋友也成为一种家庭的延伸。有种种关系，就有了种种的伦理，有了伦理就有了各种规则，道德的规范。是关系，皆有伦理，伦理始于家庭，而不止于家庭。正是这各种各样的关系，构成了中国特殊的社会生活画面，在中国的管理就是在这样一个画面的背景下面展开的。

(3)以计谋为交往的中心

筹划和谋略是中国人智慧的集中体现，在中国几千年的历史长河中，积累了大量的计谋，这是智慧的结晶，如《孙子兵法》、《三国演义》、《三十六计》等等。兵书是中国文化的一个重要组成部分,我们可以分3个层次来看:第一是国家间外交谋略;第二是军事谋略和计策;第三是集团内部各派势力之间的抗衡,这主要是通过谋略获取皇帝的宠信为主要目的。

10.3.2 中国的管理思想对管理理论的影响

(1)"人为邦本"

关于对象管理,现代西方管理理论认为,人是管理对象中最能动、最活跃、最革命的因素。事实上,这些现代管理思想在两千多年的中国传统文化中就能找到源头活水。《尚书·盘庚》记载:"重我民"、"施实得子民";孔子主张富民、教民(见《论语·子路》),重视"民、食、丧、祭","民"位列第一;孟子坚持"民为贵,社稷次之,君为轻"(《孟子·尽心下》)的基本观点,强调政在得民,失民必定之国灭身。因而,在我国现代管理当中,应该充分重视人的管理,关心下属,调动他们的积极性,他们才会全身心地投入到工作当中去,促进事业的发展。

(2)"人久能群"

关于组织,现代管理在组织的机构高置、人员配备、办事效率、行为规范等方面都出了许多科学的理论。儒家的管理组织则集中体现在荀子所说的"人力不或牛,定不若马,而牛马为用,何也?曰:人能群,彼不能群也"(《荀子·王制》)。"群"是人类生来就有的本能,而要使之成为现实的社会组织,就必须有"分"。所谓"分",作为组织结构、职业结构以及国家的管理机构等,是人类生存的保证,社会正常运转的前提,组织有序化的标志。在此基础上所形成的社会组织可以使人类的整体力量得到汇集和放大。儒家所提倡的"五伦"(父子、君臣、夫妇、长幼、朋友)是中国传统社会组织形态的基石,它所反映的家庭主义倾向在现代管理中已不具有普遍意义,但其中所追求的亲密型的人际关系。对于现代社会组织来说,却依然是不可或缺的"润滑剂",有了紧密的组织架构,就会便于人员和机构的密切配合,在工作中提高管理效能,进一步推动事业的发展。

(3)"正己正人"

关于指挥管理,现代管理关于指挥和领导行为的理论有其丰富的内容,如 R·布莱克和 J·穆登设计的管理方格图和 F·菲德勒提出的随机制宜理论。中国传统儒家文化中"正己正人,成己成物"的思想与以上理论如出一辙。孔子"己欲立而立人,己欲达而达人"(《论语·颜渊》)的忠恕之道,是为仁为方。因此,在人际关系问题上,要"躬自原而薄贵于人"(《论语·卫灵公》),即要严于律己,宽以待人。只有正己,才做正人,"其身正,不令而行;其身不正,虽令不从"(《论语·尽心上》),如果剔除其包含的封建内容,古代先哲"正己正人,成己成物"思想中所提倡的以身作则、率先垂范、身先士卒、推己及人的思维方式和方法,是完全可以用在管理工作中的。

(4)"贵和持中"

关于协调管理,中国文化的基本精神是贵"和"持"中"。注重和谓、坚持中庸,是浸透中华民族文化肌体每一个毛孔的精神。春秋末年齐国的晏婴用"相济"的思想丰富了"和"的内涵。他将其应用在君臣关系上,强调君臣在处理政务时意见"否可相济"的重要性。通过"济其不及,以泄其过"的综合平衡,使君臣之间保持"政平而不予"和谐统一关系。孔子讲:"礼之用,和为贵。先王之道,斯为美,小大由之。有所不行,知知而知,不以礼节之,亦不可行也"(《论语·学而》)。这里强调以礼为标准的和谐,是一种贵和须息争,息争以护和的和谐论。孟子也主张"天时不如地利,地利不如人和"。在现代管理中,人"和"精神已经成为一项基本的管理思想。"中",即中庸之道,不偏不倚渭之中庸。《中庸》将九子所主张的持中的原则,从"圣德"提到"天下之天本"、"天下之达道”的哲理高度。贵“和”持“中”作为中华民族的一项基本精神，使得中国人十分注重和谐局面的实现和保持。做事不极端，着力维护集体利益，求天同而亦沁异，成了人们的普遍思维原则，这些对于民族精神的凝聚和扩展，对于统一的多民族政权的维护有着积极作用。当然，由于贵“和”持“中”的观念说到底是一种否认斗争、排斥竞争和简单协同的道德，在管理上这是有不足之处的。

(5)“百强不息”

关于激励管理，中国文化的基本精神之一是百强不息。《易传》讲，“天行健君小以自强不息”、“天地之大德日生”，这是对中华民族刚健有为、自强不息精神的集中概括和生动写照。孔子提倡并努力实践“发愤忘食”的精神，鄙视“饱食终日无所用心”的人生态度，他“发愤忘食、乐以忘忧，不知老之将至”(《论语·述而》)。如果说，这只是知识分子和上层人士自强不息、积极向上思想的表现，那么“人穷志不短”、“刀不磨要生锈，人不学要落后”等民间俗谚，则反映了自强不息精神的普遍化和社会化。正是这种精神，凝聚、增强了民族的向心力，哺育了中华民族的自主精神，反抗压迫的精神，以及不断学习、不断前进的精神。如果将自强不息的精神运用到管理过程中去，那将充分调动发挥员工的积极性、自主性和创造性，增强组织的向心力和凝聚力，使整个组织充满活力地向前发展。

第 11 章　管理思想发展的趋势

和其他文化形态一样,人类的管理思想也有两种主要类型:一种是渊源于古希腊文化传统的西方管理思想,它在近代资本主义的条件下演变为具有一定科学形态的管理理论,从 20 世纪初泰勒开始已发展成为科学化的理论体系,对现代人类的经济社会发展产生了重大影响。另一种是渊源于华夏文化传统的中国管理思想,它具有极为丰富的内容和东方文化特色并曾产生出光辉灿烂的古代物质文明和精神文明。由于社会历史条件的限制,中国管理思想在近代没有能够与产业革命及资本主义企业经营相结合,以至今天,一般人认为科学管理的观念和方法都来自西方。20 世纪 80 年代以来由于日本及“亚洲四小龙”经济的飞速发展使人们的眼光重新从西方转向东方开始研究中国古代管理思想在当代社会中的重大意义。

许多学者研究后发现中国传统管理思想的长处往往正是西方管理中所欠缺的地方。美国著名管理学家威廉·大内在考察了日本管理的成功之处后认为对于这种源于中国的管理“我们一旦理解了它就能够将它与我们自己的组织形式进行对比并了解我们的环境内还欠缺什么东西”。因此重新认识中国的传统管理思想进行中西两大类型管理思想的比较研究正成为当今管理科学发展中的一个“热点”,也将是管理思想的一大发展趋势。

11.1 外国管理思想发展的总趋势

管理从 19 世纪末才开始形成一门学科但管理的观念和实践已经存在了数千年。纵观管理思想发展的全部历史,大致可以划分为 4 个阶段:

第一阶段为早期的管理思想。产生于 19 世纪末以前。

第二阶段为古典的管理思想。指 19 世纪末到 1930 年之间在美国、法国、德国等西方国家形成的有一定科学依据的管理理论,其代表人物有泰勒、法约尔、韦伯等。

第三阶段为行为科学理论。出现于 20 世纪 20 年代,在早期叫做人际关系学说,以后发展成为行为科学理论,在 20 世纪 60 年代中叶又发展成为组织行为学。其代表人物包括梅奥、巴纳德等。

第四阶段为现代管理思想,主要出现于第二次世界大战以后。这一时期管理领域非常活跃,出现了一系列管理学派,每一学派都有自己的代表人物。这些理论和学派在历史渊源和理论内容上互相影响和联系,形成了盘根错节的局面,被形象地称做“管理理论的丛林”。管理理论中的这些学派虽然都有自己的独到之处,但他们所研究的对象基本是一致的,这些学派都在受着实践的检验。

将管理思想的发展按时间划分为 4 个阶段,并不是说各阶段的管理思想是彼此独立、互不相关的。管理思想的发展大多是互相影响、互相补充,很少是全部弃旧立新的。我们也不能认为只有现代管理思想才是正确的而前期的管理思想已无用途,对历史遗留下的各种管理思想我们都应该采取分析和扬弃的态度。

11.1.1　管理思想的发展过程是一部人类社会发展的编年史

人类的管理活动可以追溯到人类进化的过程中。在原始社会,生产力水平极其低下,当时的管理水平也与之相适应。奴隶社会的管理已被作为一种独立的对象和过程纪录下来。这一阶段人类仅仅为了谋求生存而进行各种活动,自觉不自觉地进行着管理活动和管理实践,但是从未对管理活动本身的重要性和必要性加以认识,提出某些见解。仅有的管理知识是代代相传或从实践经验得来的,人们凭经验去管理,尚未对经验进行科学地抽象。

随着人类社会的不断进步,管理思想有了很大发展。18世纪中叶开始的产业革命,使社会生产力有了较大发展,管理思想也发生了一次深刻革命,计划、组织、控制等职能相继产生。在这一期间,亚当·斯密发表了他的代表作《国富论》,关于劳动分工的理论揭示了社会和组织可以从劳动分工中获取巨大经济效益的事实。对管理思想的发展有着重大贡献,他的分工理论为管理学的形成奠定了重要的理论根基。

进入前工业社会,社会分工、分层及人们之间的社会关系和社会活动日趋复杂,资本主义国家中劳资双方矛盾日趋突出,劳动生产率低是工人中存在的主要问题。解决这一问题的途径不仅在于解决劳动力问题,更重要的是解决低劣的管理问题,因此需要一套系统的管理理论和科学的管理方法与之适应。如何改进工厂和车间的管理成了迫切需要解决的问题。当时,泰勒抱着解决劳资双方矛盾的初衷,以追求经济利益为人类的基本需要这一"经济人"假设,重点研究了企业内部具体工作的作业效率,建立了一套以任务为中心的企业管理理论——"科学管理——泰勒制"对工人在特定时间内工作所需要的手段做标准化处理并把工人的报酬与工作绩效联系起来摆脱了传统的、依靠个性进行组织管理的旧模式开创了科学组织管理之先河。与此同时,法约尔把企业作为一个整体加以研究,系统地提出了14条原则和5种管理职能,创立了组织管理理论。在管理人员的管理方式上掀起了一次大的浪潮,由此改变了公司的管理方式。泰勒的科学管理理论与法约尔的组织管理理论,具有较强的系统性和理论性,使管理学体系粗具雏形。

泰勒的科学管理论和方法在20世纪初对提高企业的劳动生产率起了很大作用,但要彻底解决提高劳动生产率的问题是不可能的。因此,一个专门研究人的因素以达到调动人的积极性的学派——人际关系学派应运而生。霍桑试验把管理理论的领域从生产过程管理和行政管理拓展到人性方面,它超越了泰勒的"经济人"假设,提出了"社会人"假设。霍桑试验后广泛应用社会学心理学的理论和方法促进了管理的行为科学的诞生和发展。人作为"社会人"绝不仅仅追求金钱等物质享受还要追求友情、安全感、归宿感、受人尊重等等。因为科学的管理就应该从经济、社会、心理等多方面去采取措施,从而达到提高员工劳动生产率的目的。梅奥的上述研究形成了人际关系学说,直接引起并推动了管理学上对于人的需要动机激励的研究,出现了诸如"层次需要论"、期望理论、公平理论、归因理论等为数众多的管理理论,为以后的行为科学学派奠定了基础,成为科学管理向现代管理过渡的跳板使人类管理思想进入了一个崭新的阶段。

二次世界大战以后进入工业经济时代,生产力飞速发展,生产社会化程度迅速提高,市场不断扩大,企业竞争日趋激烈。由于资本主义发展日益多样化,新的世界科技革命迅速发展,垄断资本主义迅速发展客观上对管理水平提出了更高的要求。为了把握瞬息万变的动态管理过程,各种运用现代数学系统论、信息论、博弈论和网络技术的管理思想相继出现,同时在理论上运用过程方法、系统方法、权变理论综合多样化的管理思想,构建现代管理理论的统一框架,使之在变化着的管理实践中不断完善和发展,成为人类管理思想演进的必然趋势。

综上所述,我们可以看出:社会生产力水平直接影响到管理水平、管理范围和管理的复杂程度,管理思想是随着社会生产力的发展而发展起来的。管理思想的发展大体上经历了传统管理、科学管理、早期行为科学和现代管理思想 4 个阶段。从亚当·斯密的社会劳动分工理论到泰勒的科学管理、法约尔的一般管理理论及梅奥的人际关系理论都为现代管理理论的产生和形成奠定了坚实的基础。每一阶段的思想理论都是前一阶段的扬弃、修正,最终形成了系统的管理学体系。

11.1.2　西方管理思想的发展以对人性的假设为出发点

(1)管理思想的转变

西方的管理思想都是基于对人性的不同假设,对人性的假设由经济人、社会人、决策人假设向复杂人假设转变,从而导致了不同管理思想的出现。

早期管理思想中,把人当成“会说话的工具”,麦格雷戈把这种传统的人性假设称作 X 理论。以泰罗为代表的科学管理理论强调人追求经济利益的本性,使管理学与经济学的人性假设趋于一致。之后,梅奥从“霍桑实验”中认识到除了对经济利益的需求外,人们对社会和心理方面的需求也很重要,因而否定了经济人假设,提出了社会人假设。其他行为科学理论的代表人也从不同侧面强化了社会人假设,其中马斯洛的需求层次理论把社会人假设发展为一个经典而又精致的需求模型。当代管理学派中对人性的假设纷繁复杂,其中较有代表性的是西蒙在他的决策理论中阐述的决策人假设。他认为管理就是决策,并且在组织中,不同层次的员工都在做决策,所以都是决策人。

从马斯洛的需求层次理论中可以看出,由于个人价值观、目的及爱好的不同,人就会有不同的需求。这些需求,会产生多种多样的动机,从而引发出各种各样的行为来满足个人的自我发展、自我实现和自我完善。在当今社会,人们受经济、政治、文化道德等方面的陶冶和洗礼,人性变得非常复杂,如果管理者不及时审时度势,引入激励机制与员工真诚合作,以满足员工的需要,充分调动他们的潜能,组织效率就不可能真正提高。因此,随着知识经济时代的到来,管理学对人性的假设必将超越经济人、社会人、决策人假设,升华为复杂人假设。

(2)管理职能由计划、组织、人事、领导、控制向信息职能延伸

传统的和现代的管理职能构成了一个管理循环体系,使管理活动周而复始地进行,每循环一次,管理水平就提高一级。但随着由工业经济向信息经济转变的进程加快,随着信息技术的推广应用与信息资源的开发利用,信息管理得到了普及和提高,信息管理在整个管理中地位逐渐提升。缺乏信息渗透的管理活动将使管理质量得不到保证。信息管理渗透于各种管理的一切方面的全部过程,可以说若无信息管理也就谈不上任何管理了。

因此,在管理活动中,强化信息职能将是管理学发展的趋势之一。其表现有三:首先,信息职能能革新企业内部的生产力要素结构,使资源转换系统的生产率大幅度提高,并同时以不断增加的柔性以适应市场需求结构和消费结构的快速变化。其次,信息职能能促成管理系统的优化,促进组织的创新,使组织的绩效不断上升。第三,信息职能能提高计划与决策的科学性和及时性,成为信息时代企业生存、发展、竞争制胜的有力武器。信息职能的引入,与传统管理职能将构成一种相互依存、相互促进的管理职能系统。信息职能为传统管理职能的发挥提供了全方位、全过程的信息,反过来,传统管理职能又促使信息职能去开发、收集、处理、传播、分配信息资源。

(3)分工理论走向“合工理论”

200 年以前亚当·斯密以制针业为例论述了劳动分工的作

用,而且他的这一分工理论成了近代产业革命的起点,也成了后来的管理学家创建管理学的理论前提。劳动分工的确能通过提高每个工人的技巧和熟练程度节约变换工作所浪费的时间,较大幅度地提高劳动生产率,也有利于专业化和职能化管理。

但是在现代社会,一方面追求产品个性化、生产复杂化、企业经营多元化,如果片面强调分工精细和专业化,则使得企业的整体协调作业过程变得十分复杂,而且对过程的监控成本越来越高,结果致使企业整体效率低下;与此同时,把人分成上下级关系的官僚体制,使人的积极性、主动性得不到充分发挥,以至于走到了分工与协作原则初始动机的反面。另一方面,高科技的发展,特别是计算机的普及运用,使简化管理环节成为可能。同时,与市场变化和高科技发展相对应的是劳动力素质大大提高,员工不再满足于从事单调、简单的复杂性工作,对分享决策权的要求日益强烈。与分工理论相比,合工理论显示出其强大的优势,即借助信息技术,以重整企业业务流程为突破口,将原先被分割得支离破碎的业务流程再合理地“组装”回去,将几道工序合并,归一人完成,也可将分别负责不同工序的人员组合成工作小组或团队,以利于共享信息、简化交接手续、缩短时间。另外,减少管理层次,提高管理幅度,建立扁平化的组织结构,从而打破官僚体制,减少了内部冲突,增加了组织的凝聚力,大大调动了员工的积极性,促进了员工的个人发展。

(4)管理思想的发展从学派分化到兼容并包,相互借鉴,吸收融合

管理思想的各个理论学派都从不同的角度体现了某个方面的有效性。随着当代社会、经济、科学技术的飞速发展,在学科高度分化、高度综合的趋势下,许多学者发现一种管理思想是解决不了问题的,管理思想也不可避免地要走向融合,即吸取众家之长,促进管理思想的民主化、科学化。在管理思想进入成熟阶段后,越来越多管理学者注重到管理思想一体化的重要性。

11.1.3 外国管理思想发展的总趋势

西方管理思想是与近代大工业生产及科学技术的发展紧密联系在一起的,经历了科学管理运动之后所产生的各种管理理论,更是直接为现代市场经济服务的,因而形成了它自身的优点。这主要是:善于运用科学技术的最新成果,在试验和逻辑分析的基础上进行严格地控制和严密地管理,注意引进竞争机制,提高整个管理活动的效率,不断根据管理实践的结果来变革管理模式和创新管理理论,重视发挥个人的能力和专长,充分利用法律和契约在管理中的作用等。

然而,西方管理思想的这些优点又伴随着诸多弊端。各种"管理科学"都重视对管理的理性分析,但这种过分重视理性的传统却忽视人的主观能动性,无视人的心理情感的结果,这就可能导致管理活动的失败。各种管理理论对管理中的某一要素进行了深入地、科学地分析,总结出某一管理方面的规律,但却往往把局部的规律看成是整个管理活动的普遍法则,产生了以偏概全、走极端的弊病。例如,"科学管理理论"是极端的惟理性论,而"行为科学理论却走上另一极端——惟人性论;"管理科学学派"迷信"组织中心"和"技术中心",强调专业化、规范化、严密化、制度化,再次走到把人机器化的极端,而当代"新潮派"则片面鼓吹价值观念的作用,又摆向了相反的另一极端。现代西方的管理日益趋向复杂化,但这种复杂化又带来了新的矛盾。组织结构的复杂化往往使各种矩阵结构相互牵扯制掣肘,扼杀了创造行为,产生了被称为帕金森效应的弊病;管理技术的复杂化造成了片面追求管理的数学化、模型化和计算机化的倾向,无视人的心理情感因素和管理艺术的丰富性,以致成为被美国人称为对"象牙之塔中的分析和理财手段的迷信"。

与东方的管理思想相比,西方管理思想的弊端正好是中国管理思想的精华所在。中国传统管理思想的优点主要是:重视发挥人在管理中的能动作用，注意各种管理因素的协调平衡，善于从整体的、长远的管理目标出发来决定各种管理措施，努力在管理的过程中建立和谐的人际关系，倡导群体凝聚的精神，培育高尚的道德情操，在具体的管理活动中产生了诸如系统工程思想、运筹学思想、信息思想、综合管理思想等实际应用的光辉范例。中国的传统管理思想闪耀着辩证法的异彩，具有顽强的生命力，在现代的管理中仍可以发挥重要的作用。因此，管理思想回归是大势所趋，其具体表现为“以人为本、以德为先、人为为人”的“三为”管理思想的回归。

人本管理，经历了一个从中国古代形成，然后流传到西方，在西方得以发展形成学派，后又传回中国的过程。以人为本体现在中国传统的管理哲学中是以人为核心的尊重人、爱护人、关心人，主要强调人的心灵解放，鼓励创新，重视人的价值。

对于“人本”管理思想的回归，中国上古时代提出了“德为贵”的思想，强调伦理道德的重要性。以德为先即强调伦理道德的作用。儒家管理思想的逻辑起点是“修己”，即自我管理；其归宿是“安人”，即理想化的社会管理及最终的天下大同。“修己安人”包含了根本性的个人修炼与管理方法。市场经济体制更加需要提倡诚实守信、意志坚强、艰苦奋斗的精神。西方也普遍认识到了这种重要性，在 MBA 课程中也加设了“管理伦理”的课程，我们东方管理学派也提出了“以德为先”观念，强调在市场经济下企业把道德行为放在首位，遵行“德法兼容”。

“人为为人”，从哲学观点看，是人的心理、行为、方法的统一，是管理学本质的核心问题。每个人首先要注意自身的行为修养，“正人必先正己”，然后从“为人”的角度出发，控制和调整自己的行为，创造一种良好的人际关系和激励环境，使人们能够持久地处于激发状态下从事工作，并使其主观能动性得到充分的发挥。信息时代强调双赢竞争、超越竞争，也是“人为为人”思想的体现。

然而，当代西方管理兴起的“人本主义”思潮、现代管理思想中科学管理与人文管理出现路线分歧以及东亚新经济所引发的对中国传统管理思想的讨论都不是意味着传统式的人文管理已可取代西方科学的管理，科学管理也并未失去其生命力。恰恰相反，由于人文管理的挑战，科学管理随着科学技术的进一步发展有可能变得更为合理。科学与人文的界限并非绝对的，人类的进程与一切事物的进程一样，合乎否定之否定的规律。合理的思维方式和管理方式应该是科学与人文的结合。

在世界意义上考察，中国古代管理思想，从 19 世纪起受到了西方管理思想的冲击，但是在 20 世纪和 21 世纪，中国古代管理思想经过具有理性分析的操作行为的西方管理思想的冲击和洗礼后回到本身的起点，会反过来对西方管理思想造成冲击。中西方管理思想将会汇合与互补，形成一种全新的科学的管理体系，这是一个必然趋势。这个趋势一方面在西方管理思想遭受危机、寻找出路的情况下显露出来，另一方面也来源于中国古代管理思想所独具的深厚智慧和管理经验。中国古代管理思想独具的深厚思想智慧和丰富管理经验将给危机下的西方管理思想以新的出路，伴随着全球化进程的趋势，探索融合东西方管理思想，必将成为外国管理思想发展的总趋势。

11.2 中国现当代管理思想的研究及其发展趋势

11.2.1 中国管理思想的形成

管理是以文化为转移的，并且受其社会的价值观、传统与习俗的支配。中国的管理思想是以中华优秀传统管理文化为核心，具有自己“民族的精神标记”，它的特征和内容来源于固有的历史条件和社会背景，这主要是地理环境、物质生产方式和社会组织形态。

(1)地理环境

中华民族的祖先生活在东亚大陆,这种一面临海、三面陆路、对外交通极不便利而内部回旋余地又相当开阔的自然环境使得管理活动获得了一个完备的天然的“隔离机制”。一方面使得管理体制和思想具有极强的融合能力,几千年来一直保持着自己的特点和体系,没有发生过“断层”现象。另一方面又使中国的管理思想强调统一,主张协同,追求和谐的境界,从而使在管理活动中重视人与人、人与自然的协调平衡成为中国管理思想的一大特色。三是“重人”。大陆民族生活较安定,血缘宗法关系非常紧密,因此管理活动的中心是“人”,以伦理关系为基础,以道德和教育为轴心,是一种人文主义型的管理。

(2)物质生产方式

管理思想是由物质生产方式所决定的。中国素来“以农立国”,历史上,虽然经历了许多经济政治制度的变迁,但以农业生产为基础的社会生活和社会结构却一直延续下来。这种农业社会的管理形态反映在思想观念上就具有如下特点:

1)在管理体制上,是专制与民本相互依存的思想。中国农业社会是由大量分散、小型、雷同的、以自然经济为主体的村落和城镇组成的,要维持这种社会结构的稳定就必须有一个高高在上、君临一切的集权管理体制和万众臣服的管理思想。中国自秦汉以来,这种被称之为“东方专制主义”的管理体制基本上 2 000 多年没有什么重大改变。

2)在管理方法上,是经验与理性相互补充的思想。农业生产必须注重经验、注重实际、注重应用,这种从农业社会孕育出来的经验理性方法,一方面在管理上时刻保持着一种清醒的理性态度,重人事轻鬼神,把管理活动放在实实在在的人间实务上。讲求入世,不重出世;重视德育,轻视宗教;崇尚经验,无视神异;尊崇王权,压抑神权。另一方面,它不重言论,不重思辨,而注重在实际经验基础上的切实领会和直觉领悟,注重于实际行动本身。孔子的“君子欲纳于言,而敏于行”,“听其言而观其行”,“君子耻其言而过其行”,不仅是道德修养的格言,而且也是管理的方法论原则。

3)在管理规范上,避免过与不及而力争保持适中状态的思想。周而复始的农业生产、自给自足的自然经济,形成了中国人力求稳定、少走极端和反对冒险的中庸精神,表现在管理行为上则力求使事物不致处于过分偏离稳态的“过”或“不及”的状态,而能保持中和、适度、协调、平衡。《中庸》所说的“中也者,天下之大本也,和也者,天下之达道也。致中和,天地位焉,万物育焉”成为中国管理行为的信条,而“不偏不倚,无过不及”则是中国管理控制过程的标准和规范。

(3)社会组织形态

中国以宗法血缘关系为核心的基本社会组织形态,在很大程度上影响着中国管理活动的各种特征。

1)家族型的管理组织。社会是家庭的放大,君主是全国的“严父”,“天下一家”是中国历代社会组织的基本目标。中国传统管理思想的中心是“礼治”,而“礼”的核心则是“仁”。“亲亲,仁也”,“仁之实,事亲是也”,“仁”的基本含义就是维护这种血缘关系。因此,“礼治”实际上就是一种家族型的管理,它必然要求具有层级分明、秩序井然、分工专职的金字塔形的组织模式。从汉代董仲舒开始,中国的社会管理逐步建立了一个由“孝悌”、读书出身和经由考核、推荐而构成的人才管理和文官体制,这个体制实际上是各种亲族关系和人情关系之网的体现而已。

2)伦理型的管理机制。把“齐家”的原理扩展到各种管理组织的行为中,以“父义、母慈、兄友、弟恭、子孝”作为经纬,从纵横两个方面把血缘关系与管理等级制度联系起来。所谓“君子之事亲孝,故忠可以移于君;事兄弟,故顺可以移于长;居家理,故治可以移于君”,说明这种伦理关系在各种管理行为之中起着关键性的调节机制的功能。

3)心理型的管理方式。中国的传统管理以“求善”、“求治”为目标,非常强调心理的作用,依靠领导者榜样“身教”的力量和道德感召力来调动和团结全体群众,达到管理的目标。虽然在中国历史上,对于管理方式有强调“无为而治”的,有强调“峻法严刑”的,有强调“杂王霸而用之”的各家各派的不同主张,但由于受血缘宗法社会基础的制约,以人道、仁义和群体力中心,以心理情感为纽带,以情理渗透为原则的“德治”方式和“内圣外王之道”则始终占据着主导地位。

11.2.2　中国管理思想的研究及在现代管理中的实际运用

长期以来,人们大多把现代管理理论归结为西方文明的产物,却忽略了管理思想在东方的悠久历史,这种状况直至本世纪中后期,随着日本、亚洲四小龙的经济腾飞中国管理思想才逐渐被人们所重视。中国管理思想是不断汲取包括西方管理思想在内的世界各民族管理思想之精华的开放系统,经过以复旦大学学者群为主的东方管理学派多年的研究、探索和提炼,该系统已经衍生出具有强大影响力和感召力的东方管理学理论。

(1)东方管理研究的过程大体上可分为两个阶段

20世纪70年代中期至20世纪80年代中期,是东方管理研究的古为今用阶段。典型代表如《“红楼梦”经济管理思想》、《中国古代行为学研究》、《现代管理学中的古为今用》等文章。

20世纪80年代中期至20世纪90年代中期,是东方管理学说的创建阶段。东方管理学理论创造性地提出“以人为本、以德为先、人为为人”的“三为”思想,并将此概括为“人为为人”。“人为”即要求每一个人首先要注意自身的行为修养,“正人必先正己”,然后从“为人”的角度出发,来调整、控制自己的行为,创造良好的人际关系和激励环境,使管理者和被管理者都能够持久地处于激发状态下工作,主观能动性得到充分发挥。“人为”与“为人”二者具有辩证关系,互相联系并且可以转化,这一转化过程体现在家庭、行业、国家一切方面的管理之中,管理者和被管理者越是注重自身行为的素质,其“为人”即管理的效果就越好。

(2)东方管理理论的研究现状

20 世纪 90 年代中期以来,东方管理学说日益走向成熟。作为国家自然科学基金项目“东方管理学思想研究”的成果之一,《东方管理》一书于 2003 年 1 月正式出版。东方管理理论进一步完善,并以继承优秀的中华传统文化为主,汲取东方管理文化中儒家、道家、兵家、法家等各大家合理管理思想,结合华商管理实践与中国改革开放的成就,融合西方行为管理、过程管理、决策管理、权变管理、知识管理等管理理论的精华,形成了更为完善的东方管理理论体系。

在新世纪、新经济条件下,东方管理学说的发展还将解决以下 3 个方面的问题:一是对东西方管理思想关系的认识。经过学者们的长期研究与传播,东方管理学说已经引起国际社会的广泛关注和认同。但是,国内仍有不少学者对管理学是否一定要有“东”、“西”之分抱有疑问。实际上,东方管理并非与“西方管理”泾渭分明,而是不断兼收并蓄西方管理核心内核的开放系统,所谓“东方”更强调其文化背景。二是对东方管理学说内涵体系虚无的误解。持这种观点的人认为,所谓东方管理不过是故纸堆中的文字游戏,根本没有体系、内涵可言。需要明确指出的是,这种观点与东方管理思想主张的“古为今用”,是格格不入的。实践证明,古代管理文化带来的丰富管理思想,经过提炼加工是具有明显的现代价值的。三是对东方管理源头的探索。东方管理学说的源头不只是在中国,其他东方文明古国(如印度、埃及)的优秀管理文化同样为东方管理学说的建立提供了丰富的营养。

(3)东方管理理论在管理实践中的运用

从大处说,东方管理思想提倡的“以德为先”思想与“以德治国”方略内在统一;从小处看,东方文化倡导“和为贵”、“人为为人”思想有利于增强企业凝聚力和家庭、社会的稳定与和谐。

从古至今,东方管理文化有力促进了经济的发展和社会的进步。我国改革开放 20 多年所取得的成就也与东方管理思想的恰当运用密不可分。

首先,我国治国方略贯彻了东方管理“以人为本”的思想。我们要实现的全面小康社会,是满足人民物质、精神需求更高层次的社会。其次,东方管理文化倡导的“以德为先”思想,与党中央确立的“以德治国”方略是内在统一的。为实现十六大提出的全面建设小康社会的目标,以及从源头上遏止腐败,我们倡导以“官德、商德、民德”的“新三德”理念作为社会主体经济行为准则与社会活动的精神理念、思想指导。此外,在改革和发展过程中,许多社会矛盾的解决需要运用、借鉴东方管理理论。比如诚信问题,需要借鉴“人为为人”的理念,每个组织、管理者要首先示之以诚,信守承诺,先“正己”给对方以信心和榜样,然后要为他人着想,调整自身的行为,达到双方利益的一致,实现双赢。

在企业管理的微观层面,东方管理学理论同样具有无穷的运用空间,首先体现在华商管理。由于华商企业在初创阶段都是家族式管理,家庭成员内部彼此信任、便于协调,节省信息不对称成本,再加上东方文化倡导“和为贵”思想,家庭成员和谐同心,对家族外成员也是强调礼仪协调,利用“五缘网络”,可以增强企业的竞争优势。其次,随着企业知识密集程度和信息化程度不断提高,以及企业组织结构的扁平化趋势,“人为”管理更显重要。管理者要保持竞争优势,必须持续不断创新,而创新要求管理者首先加强自我修炼,增强创新意识,更新知识结构,实现榜样激励。同时,从“为人”的角度,为员工创造良好的条件和氛围,激励员工更好地发挥优势。

东方管理文化对于今天的家庭管理具有重要的借鉴意义。“百善孝为先”、“夫孝,德之本也,教之所由生也”,孝的精神在治家乃至治国中都有现实意义。“老吾老以及人之老,幼吾幼以及人之幼”的内涵,对于发扬尊老爱幼的传统美德,具有深远意义。东方管理学思想强调社会与自然、国家与经济主体以及企业与个人整体共生的“人为为人”的管理价值观,可使社会、企业与个人进一步走向整合化、柔性化和人性化。

11.2.3 中国管理思想发展的趋势

(1)中国管理理论的发展思路

研究现代管理理论发展历程,从中吸收西方管理学的精华,建立和发展具有中国特色的现代管理理论。

1)继承我国传统的管理思想。历史悠久的中国传统文化,是中国管理思想取之不尽的源泉。中国古代管理思想虽然存在着百家争鸣的态势,但从两汉开始即形成了以儒家为主,儒道交融,兼蓄各家的基本格局和模式。一是管理的人本观,这是管理思想的核心,即人应是一切管理活动的出发点和归宿。具体表现在管理过程中,应贯彻人道原则、心理和主体性原则。二是管理的整体观,这是管理思想的基础,它是把管理活动内外相关,和谐统一的实现最佳目标的有序过程。三是管理的协和观,它是管理的灵魂,它重视管理的协调,稳定这一基本职能,主张“天上合一”、“天下大同”、“知行合一”、“情理合一”,使管理不仅具有科学品格,而且具有艺术品格。四是管理的经权观,它是管理的策略论和方法论,其基本原则有两条:① 要求“执经达权”,即要根据事物运动的客观规律和管理的普遍原理,来选择和确定适宜的管理策略和方法;②要“通权达变”,即根据不断变化的环境条件和情势,而随时调整管理的方式和方法。中国现代管理理论根植于丰厚的民族文化之上,必然会茂盛生长。

2)吸收和应用当代科技成果。我们所面临的知识经济是一种崭新的社会经济体制。当代科学技术的飞速发展,迫使着人类转变观念从工业文明时代走向知识经济时代。纵观现代管理理论的发展历程,管理理论的建立吸收了自然科学和社会科学的研究成果,才会出现百花齐放的蓬勃局面,才会走向多样化和一体化。同样,只有继承悠久的管理文化,借鉴现代管理理论的优秀成果,吸收和运用现代科学技术,才能在改革开放中推进现代管理,发展具有中国特色的现代管理理论。

3)借鉴西方管理理论的优秀成果。现代管理理论在其发展过程中,创造了许多先进的管理思想和管理理念,在其前沿产生了许多优秀成果,诸如“ISO 9000”、“企业再造”、“标高超越”、“六舍格玛”管理等等,在管理实践中得到广泛应用,使西方国家的经济得到空前发展。中国管理理论应能借鉴、吸收西方管理理论中的合理内核,最终才能发展和壮大自己。

以儒家等为代表的中国传统文化与现代西方物质文明是可以共生的。

中国传统文化与现代管理的契合绝不是一种偶然,它有着深刻的时代背景,日本企业的成功有力地证明了这一事实。可以预言,在 21 世纪管理理论的发展过程中,东西方管理文化的交融将会上升到一个新的高度。站在现实的角度,我们可以对现代管理理论的未来发展的基本趋势做出基本预测:

1)决策方面。中国古代系统思维与现代决策的结合将日趋紧密。美国通用汽车公司董事会主席罗杰·史密斯就从《孙子兵法》中学到了许多东西,“孙子 13 篇《兵法》可与历史名著相媲美,今天没有一个对战略的相互关系,应考虑的问题和所受的限制比他有更深刻的认识,它的大部分观点,在我们当前环境中仍然具有和当时同样的重大意义”。由此可见,《孙子兵法》作为我国文化遗产中的瑰宝,在形成中国未来管理模式的战略运筹理论过程中,将会起到更大的推动作用。《孙子兵法》对组织的内外部因素和与这些因素相关联的内外部条件进行系统、动态考察的思维方法,对企业决策者仍有重要的借鉴作用。

2)组织方面。西方管理惯用"二分法"把完整的组织划分为"管理者"和"被管理者"两大对立阵营。中国文化推崇圆满和谐,认为只有组织内处处融通一致,才能形成一个大和谐的系统。打破这一系统,组织便不得安宁,所以管理者不可将自己与下属决然分离,而应始终把自己视为组织中的一员。相应地,组织划分不能拘泥与技术的专业化、组合的便利性、成本的降低、效率的提高等因素,而应以"和"为管理的终极目标。分工、合作乃是达到"和"所需的手段,这样,不论部门如何划分,整体和谐所激发的向心力,就会促成真正的分工合作。

3)领导方面。21 世纪的管理是以人为本的管理,在人本管理从"以个性为本"、"以人性为本"到"以人文为本"的转化过程中,文化对管理的影响权重日益增加,绵延 5 000 年的华夏文化充分说明了我国在对文化的整合与管理方面的巨大成功。中国古代积累了丰富的选人、用人、观人的经验和方法,相对于现代管理,中国古代更注重对人的"德"的考察,更注重候选人在其所处情境下的行为,较强调发挥人才的弹性去配合工作的需要。在人性的看法上,中国古代的"人皆可以为尧舜"、"内养外化,皆可成善"等观点无疑为中国未来的管理模式的发展提供了新的思路。

4)控制方面。不得人心的控制,是不会长久的。科学的控制方法和技术,如果得不到下属的真心配合,将会变得毫无用处。这在预算编制、问卷调查中表现得尤为明显。我国古代先哲都非常重视对心理因素的把握,深知人心的向背才是成败的关键。管理者应"道之以德"、"晓之以理"、"动之以情","正人先正己",运用"德主刑辅"的手段,才能实现"心悦诚服"的控制,以趋向管理的最高境界——"无为而治"。

总而言之,在 21 世纪管理理论的发展过程中,中国未来的管理模式应该具有两个基本特征:一是一切有效的国际经验被融合并以民主化的形式出现,二是具有独特的管理创新。这种创新是由传统文化的优秀内核孕育的,是其他民族只能学习借鉴而无法创新的。如何重组现代管理理论与传统文化,兼顾人性与理性、和谐与原则,形成适合中国国情的管理模式将是中国管理学者所面临的一项重大历史使命。

(2)中国管理思想发展的总趋势

中国传统管理思想是在封建的农业社会的土壤中生长起来的,它有两大缺陷:一是缺乏与近代工业生产和科学技术的有机联系,二是缺乏与市场经济的紧密联系。它自身也没有形成系统的科学形态。在管理思想的各种长处中本身也包含着各种弊端:"人本观"把人放在管理的中心地位,却不重视个人的价值和独立的人格;"整体观"科学地把管理诸要素及过程作为一个有机整体,这个整体却又可能成为失去活力、缺少个性、束缚生产发展的樊笼;"协和观"既正确对待自然、社会的各种辩证关系,注意保持管理系统的和谐稳定,又可能成为反对变革、摒弃竞争、害怕冒险的强大心理惯性;经权观辩证地处理了管理过程中的变与不变、运动与静止的对立统一关系,但"天不变、道亦不变",万古不变的"经"就可能成为社会进步、组织更新、模式变革的极大障碍。传统管理思想中的许多信条,如"不患寡而患不均"、"何必曰利"、"父母在不远游"、"子为父隐"等等,不仅在历史上成为管理方式变革和生产力发展的绊脚石,而且在今天改革开放和建立社会主义市场经济体制中,仍是沉重的历史包袱。

西方管理思想是与近代大工业生产及科学技术的发展紧密联系在一起的,经历了科学管理运动之后所产生的各种管理理论,更是直接为现代市场经济服务的,因而形成了它自身的优点。这主要是:善于运用科学技术的最新成果,在试验和逻辑分析的基础上进行严格的控制和严密的管理,注意引进竞争机制,提高整个管理活动的效率,不断根据管理实践的结果来变革管理模式和创新管理理论,重视发挥个人的能力和专长,充分利用法律和契约在管理中的作用等。

由此可以看出中西方管理思想的互补性,西方管理思想的问题是如何在管理操作过程中配置伦理价值观念和人际(人伦)关系,而中国当代管理思想的问题则是如何在伦理价值上建立操作行为体系。

把中国古代管理思想和西方管理思想相比较就会发现两者之间存在着巨大差异。西方管理是一种理性化的、操作化的、明确的、定量化科学管理,而中国传统管理则是一种整体性的、模糊性的、不确定和非优化的混沌式管理。无论是科学管理还是混沌式管理都在其各自管理目标下实现了其存在的价值。二者的这种技术与操作层面特征区分来源于它们在管理价值观上的不同:中国传统管理思想是以稳定作为管理价值观的基调,而西方管理则追求发展。中西管理思想的这种差异反映了二者各自不同的历史环境和文化背景,也决定了其不同的历史作用。出于对这种差异的理解,现代管理思想已经出现了人文管理和科学管理两种路线的分歧。历史和现实都已证明:中国和西方的传统文化和其管理哲学都有着其各自的长处和短处。正确对待两种不同的管理思想,既反对对传统管理思想的盲目弘扬,也要反对民族虚无主义,对西方科学管理的全盘引进,应把传统管理思想作为一种可供开发的历史资源,同时要看到西方管理面临着危机,在当今世界管理思想中把发展和稳定作为管理价值观的目标协调追求。

综观现代管理理论的发展历程,中国管理思想的发展应根植于中国传统管理思想的土壤,借鉴西方先进的管理理论,吸收和运用现代科学技术的最新成果,才能走向建立具有中国特色的管理理论的道路。对中国与西方、传统与现代的管理理论进行系统地、深入地研究,把现代的先进管理理论与中国实际情况结合起来,东方与西方、传统与现代、理论与运用、多样与综合,已成为当代管理理论完善与更新的大趋势。

参 考 文 献

1 丁祖豪．试论墨家的勤俭经济伦理观及其现代意义．东方论坛，1998(4)

2 范庭卫等．道家管理心理思想概要．心理科学进展，2003(11)

3 傅学良．范蠡的商业经营思想．社会科学，1998(7)

4 郭化林．范蠡经营管理思想放谈．经济论坛，1998(21)

5 黄森荣．先秦商家经营策略新论．科学管理研究，2001(4)

6 李少惠．墨子的管理思想及其特征．兰州大学学报(社会科学版)，1997(2)

7 刘家贵．孟子管理思想的特点及其现代精神．云南民族学院学报(哲学社会科学版)，2001(5)

8 吕庆华等．管子、白圭“取予思想”及其商业经营价值．宁德师专学报(哲学社会科学版)，2001(3)

9 时侠术．孔子的管理思想．经济师论坛，2002(3)

10 夏金华等．墨家人力资源管理心理思想及其现代意义．心理学报，2001(4)

11 徐华．墨子社会思想新论．安徽大学学报(哲学社会科学版)，2001(1)

12 袁建志．白圭的商业经营思想．商业文化，1999(2)

13 张增田．范蠡的经营理念及其现代教益．管子学刊，2001(2)

14 朱华桂等．传统儒家管理思想体系简析．企业纵横，2003(4)

15 官鸣．中西管理思想比较论纲．厦门大学学报(哲社版)，1995(1)

16 石军红,周传义. 诸葛亮用人思想述评. 河南师范大学学报(哲学社会科学版),1995(3)
17 王淑芳,丁汝俊. 论曹操管理思想中的仁与法. 宁夏大学学报(哲学社会科学版),1998(4)
18 岳梁. 诸葛亮的管理理论与实践散论. 河南大学学报(社会科学版),1998(3)
19 齐振翚. 曹操后勤管理思想浅析. 辽宁大学学报(哲学社会科学版),1994(2)
20 余德仁. 韩愈的经济思想研究. 河南师范大学学报(哲学社会科学版),1994(6)
21 杨泽宇,雷从胜. 王安石与沈括的货币信用思想——兼论中国唐宋时期的资本主义的萌芽. 云南财贸学院学报,1998(2)
22 张仁木. 论王安石的法律思想. 江西社会科学,1998(9)
23 冯立鳌. 司马迁《资治通鉴》中的治国理念. 学术研究,2002(8)
24 张跃. 论王安石与司马光义利观之差异. 华中理工大学学报(社会科学版),2000(4)
25 徐明德著. 试论朱元璋的让步政策. 江淮论坛,1980(1)
26 杨建玲. 黄宗羲的管理思想探析. 云南社会科学,2000(S1)
27 刘云柏著. 中国兵家管理思想. 上海:上海人民出版社,1993
28 潘乃樾著. 孔子与现代管理. 北京:中国经济出版社,1994
29 苏南著. 法家文化面面观. 济南:齐鲁书社,2003
30 武树臣等著. 法家思想与法家精神. 北京:中国广播电视出版社,1998
31 徐希燕著. 墨学研究——墨子学说的现代诠释. 北京:商务印书馆,2001
32 徐勇等著. 兵家文化面面观. 济南:齐鲁书社,2000
33 杨鹤皋著. 商鞅的法律精神. 北京:群众出版社,1987
34 虞祖尧等主编. 管理思想探源——中国传统文化与现代企业

文化建设．北京:新华出版社,1990
35 《中国古代管理思想》编写组．中国古代管理思想．北京:企业管理出版社,1986
36 中国古代管理思想研究会编．中国传统管理思想的新探索．北京:企业管理出版社,1988
37 葛荣晋主编．道家文化与现代文明．北京:中国人民大学出版社,1991
38 郝云著.《管子》与现代管理．上海:上海古籍出版社,2001
39 (美)彼得·圣吉著．第五项修炼——学习型组织的实务与艺术．郭进隆译．上海:上海三联书店,1994
40 (美)J·彼得斯,H·沃特曼著．追求卓越．戴春平等译．北京:中央编译出版社,2000
41 (美)迈克尔·波特著．竞争优势．陈小悦译．北京:华夏出版社,1997
42 (美)丹尼尔·戈尔曼著．情感智商．耿文秀等译．上海:上海科学技术出版社,1997
43 窦胜功编著．智商与情商．沈阳:辽宁人民出版社、辽海出版社,2001
44 (日)占部都美著．现代管理论．蒋道鼎译．北京:北京新华出版社,1984
45 泰罗.科学管理原理,北京:中国社会科学出版社,1984
46 (美)哈罗德·孔茨,西里尔·奥唐奈．管理学．北京:中国社会科学出版社,1986
47 金铭编著．行为科学与企业管理．北京:北京经济学院出版社,1988
48 曹杰编著．行为科学．北京:科学技术出版社,1987
49 张岂之主编．中国思想史．西安:西北大学出版社,1996
50 李桂海主编．中国历代名臣(上)．郑州:河南人民出版社,1998
51 王利器主编．史记注译(三)．西安:三秦出版社,1988

52 周桂海,邓习行. 中国传统管理思想的现代价值. 北京:人民大学出版社,1993
53 肖黎著. 司马迁评传. 长春:吉林文史出版社,1986
54 邵德门著. 中国政治制度史. 长春:吉林人民出版社,1988
55 赵靖主编. 中国经济管理思想史教程. 北京:北京大学出版社,1993
56 姚家华,孙引著. 中国经济思想简史. 上海:三联书店上海分店出版,1995
57 万绳楠著. 魏晋南北朝史论稿. 合肥:安徽教育出版社,1983
58 刘云柏著. 中国古代管理思想史. 西安:陕西人民出版社,1997
59 郭咸纲著. 西方管理思想史. 北京:经济管理出版社,2002
60 王德清著. 现代管理学原理. 重庆:西南师范大学出版社,1998
61 邵德门著. 中国政治制度史. 长春:吉林人民出版社,1988
62 赵靖主编. 中国经济管理思想史教程. 北京:北京大学出版社,1993
63 邓广铭著. 王安石——中国十一世纪的改革家. 北京:人民出版社,1975
64 苗枫林著. 中国用人思想史. 济南:齐鲁书社,1997
65 张居正.《张忠文公全集》文集,北京:商务图书馆,1935
66 余守德. 张江陵传. 上海:正中书局,1946
67 隆瑞主编. 世界著名管理学家管理法则全书. 北京:中国对外翻译出版公司,2001
68 现代管理科学编写组. 简明现代管理科学. 北京:解放军出版社,1986
69 苏东水. 管理心理学. 上海:复旦大学出版社,1987
70 矫佩民. 现代管理学. 北京:北京师范学院出版社,1987
71 何奇. 古今中外管理思想选粹. 北京:企业管理出版社,1987
72 芮明杰主编. 管理学:现代的观点. 上海:上海人民出版

社,2000

73 杨洪兰．现代实用管理学．上海:复旦大学出版社,1996

74 芮明杰等．人本管理．杭州:浙江人民出版社,1997

75 李鹏,袁霞辉编著．一次读完25本管理学经典．长春:吉林人民出版社,2001